“十三五”高等职业教育物联网专业规划教材

传感器技术及应用

刘映群　曾海峰　主　编
范兴旺　周朝胜
潘定远　张保新　解相吾　副主编

中国铁道出版社有限公司
CHINA RAILWAY PUBLISHING HOUSE CO., LTD.

内 容 简 介

本书基于一些实用的传感器实训模块，按照“做中学、学中做”的教学理念组织教学内容，旨在培养学生的创新思维和实践能力。主要内容包括认识传感器、光电传感器及其应用、力敏传感器及其应用、温度传感器及其应用、湿度传感器及其应用、气敏传感器及其应用、磁敏传感器及其应用、超声波传感器及其应用、新型传感器及其应用等。

本书适合作为高职高专院校物联网应用技术、电子信息工程技术、应用电子技术、电气自动化等专业相关课程的教材，也可以作为应用型本科、技能竞赛以及开展创新教育的相关培训教材，还可作为其他相关专业技术人员的参考书。

图书在版编目(CIP)数据

传感器技术及应用/刘映群，曾海峰主编．—北京：中国铁道出版社，2016.10(2020.6 重印)
“十三五”高等职业教育物联网专业规划教材
ISBN 978-7-113-21869-0

Ⅰ.①传… Ⅱ.①刘… ②曾… Ⅲ.①传感器—高等职业教育—教材 Ⅳ.①TP212

中国版本图书馆 CIP 数据核字(2016)第 232925 号

书　　名：传感器技术及应用
作　　者：刘映群　曾海峰

策　　划：韩从付　刘丽丽　　**读者热线：**(010) 51873202
责任编辑：周　欣　鲍　闻
封面设计：刘　颖
封面制作：白　雪
责任校对：汤淑梅
责任印制：樊启鹏

出版发行：中国铁道出版社有限公司(100054，北京市西城区右安门西街 8 号)
网　　址：http://www.tdpress.com/51eds/
印　　刷：三河市航远印刷有限公司
版　　次：2016 年 10 月第 1 版　2020 年 6 月第 3 次印刷
开　　本：787 mm×1 092 mm　1/16　印张：16.5　字数：369 千
书　　号：ISBN 978-7-113-21869-0
定　　价：45.00 元

前　言

传感器应用极其广泛，涉及各行各业，而且种类繁多，相关的学科也很多，近年新型传感器不断涌现。根据高职高专学生知识层次及以实用为主的特点，本书重点介绍常用的几类传感器，同时对一些新型传感器也做了简单介绍。本书本着从基础性、实用性出发的原则，结合传感器的应用实例进行讲解，重点引导读者学习掌握传感器的应用技术。

全书共9个模块，主要内容包括：认识传感器、光电传感器及其应用、力敏传感器及其应用、温度传感器及其应用、湿度传感器及其应用、气敏传感器及其应用、磁敏传感器及其应用、超声波传感器及其应用、新型传感器及其应用。除第1个模块介绍了传感器的基础知识外，其余各模块均具有一定的独立性。

为适应现代高等职业教育的特点与规律，本书进行了较多的改革尝试。教材主要特点包括：

（1）以项目为主线，将知识点和技能训练贯穿于完成项目中；

（2）结合高职高专学生特点，简化了理论，避免过多公式推导和电路分析；

（3）在每个项目中，以传感器应用为主线，结合传感器的原理、技术参数及选用原则，通过具体的电路来加深对以上内容的理解；

（4）利用活动完成教学任务，依托典型器件或系统来完成活动，增强教材的广泛适应性。

另外，编者为本书设计了配套实验模块，它能完成或经过扩展能完成本书大部分的项目的内容。一些项目提供了电路原理图和印制电路板图，使用者也可自行设计印制电路板图，配套元器件，供学生装配，人手一套，可将实验室场所极大地延伸。如不方便组织元器件，可联系我们，编者的 E-mail 为 liulaoshi2014@ foxmail. com。

本书是广东省高等职业技术教育研究会2015年度一般课题“推动区域产业转型升级的高职物联网应用技术专业课程建设研究”（课题编号：GDGZ15Y112，主持人：刘映群）支持的特色改革教材。

本书可作为高职高专院校物联网应用技术、电子信息工程技术、应用电子技术、电气自动化等专业的教材，也可作为其他相关专业技术人员的参考书。

本书由广东岭南职业技术学院刘映群任第一主编，负责策划和统稿，广东科贸职业学院曾海峰任第二主编；黑龙江交通职业技术学院范兴旺，广东工程职业技术学院周朝胜，广东岭南职业技术学院潘定远，张保新、解相吾任副主编，广州涉外经济职业技术学院萧晓栩参编。本书模块一、三、四、五由刘映群编写；模块二、六由曾海峰、范兴旺、潘定远编写；

模块七、模块九由张保新、周朝胜、解相吾、萧晓栩编写；模块八、附录 A 由刘映群、范兴旺编写。

在本书编写过程中，广东岭南职业技术学院高能、余健等给予了很大的帮助，中国铁道出版社的编辑对本书的编写工作也给予了大力支持，在此对他们致以衷心的感谢。在本书编写过程中，编者还参考了许多教材、文献及网络资料，在此一并向这些作者深表感谢。

限于编者水平有限，加上时间仓促，书中难免存在不足之处，恳请广大读者批评指正。

编　者

2016 年 4 月

目 录

模块一

认识传感器

人类借助感觉器官（耳、目、口、鼻和皮肤）从自然界获取信息，再将信息输入大脑进行判断（人的思维）和处理，由大脑指挥身体做出相应的动作，这是人类认识和改造世界的最基本模式。现代科学技术使人类进入了信息时代，自然界的信息通过传感器进行采集获取，传感器成为人类五官的延伸，又称为“电五官”。一切现代化的仪器、设备几乎都离不开传感器，同时传感器具有的耐高温、高湿能力及高精度、超细微等特点是人的感觉器官所不能比拟的。

传感器技术是现代科技的前沿技术，许多国家已将传感器技术列为与通信技术和计算机技术同等重要的位置，称之为信息技术的三大支柱之一。目前敏感元器件与传感器在工业部门的应用普及率已被国际社会作为衡量一个国家智能化、数字化、网络化的重要标志。因此，传感器技术作为一种与现代科学密切相关的新兴学科正得到空前迅速的发展，并且在很多领域被越来越广泛的利用。传感技术主要研究关于从自然信源获取信息，并对之进行处理（变换）和识别的一门多学科交叉的现代科学与工程技术。传感技术的核心即传感器，它是负责实现物联网中信息交互的必要组成部分。

本模块主要学习传感器的基本知识和常用的检测电路。

知识点

传感器定义及作用；
传感器的组成及分类；
传感器的基本特性；
传感器的命名与代号；
传感器的发展趋势；
传感器的标定与校准；
测量误差及其分类；
测量系统常用的信号放大电路原理；
测量系统常用的信号处理电路原理；
测量系统常用的信号转换电路原理。

技能点

了解传感器在生产现场中的应用；
正确识别常用的各种类型的传感器；
集成放大器应用电路的安装焊接及调试。

教学法

本模块项目一主要采用讲授为主，讨论为辅的教学方式完成课程教学。教师主要是将项目的基本知识跟学生讲明，学生大部分时间自主学习，并进行讨论。在讨论过程中，教师进行辅导及在讨论完成后进行总结。项目二主要采用实训为主，讲授为辅的教学方式完成课程教学。教师主要是将项目的基本知识及关键步骤跟学生讲明即可，学生大部分时间自主学习，并进行实训。在实训过程中，教师进行辅导及在项目完成后进行总结。

项目一　传感器认知

项目说明

通过传感器的图片展示及实物演示，了解各种传感器一般外形及其测量的物理量，掌握传感器的组成及分类，了解传感器的作用及发展趋势，理解传感器的特性及命名方法，掌握测量误差及其分类等基本知识。

相关知识

一、传感器的定义及作用

根据国家标准 GB/T 7665—2005，传感器（Transducer/Sensor）的定义是：能感受规定的被测量并按照一定的规律转换成可用输出信号的器件或装置，通常由敏感元件和转换元件组成。

传感器是一种以一定的精确度把被测量转换为与之有确定对应关系的、便于应用的某种物理量的测量装置。其包含以下几个方面的意思：

（1）传感器是测量装置，能完成检测任务。

（2）它的输入量是某一被测量，可能是物理量，也可能是化学量、生物量等。

（3）输出量是某种物理量，这种量要便于传输、转换、处理、显示等，这种量可以是气、光、电量，但主要是电量。

（4）输入输出有对应关系，且应有一定的精确度。

关于传感器，我国曾出现过多种名称，如发送器、传送器、变送器等，它们的内涵相同或相似。所以近来已逐渐趋向统一，大都使用传感器这一名称了。

但是，在我国还经常有把“传感器”和“敏感元件”等同使用的情况。当从仪器仪表学科的角度强调是一种感受信号的装置时，称其为“传感器”，而从电子学的角度强调它是一种能感受信号的电子元件时，称其为“敏感元件”。两种不同的提法在大多数情况下并不矛盾。例如，热敏电阻器，既可以称其为“温度传感器”，也可以称之为“热敏元件”。但在有些情况下则只能概括地用“传感器”一词来称谓。例如，利用压敏元件作为敏感元件，并具有质量块、弹按和阻尼等结构的加速度传感器，很难用“敏感元件”类的词称谓，而用“传感器”则更为贴切。

传感器在很多行业都有着重要的应用，而且现在有很多行业试图在开放利用传感器来实现自动化，传感器是一种检测装置，能感受到被测量的信息，并能将检测感受到的信息，按一定规律变换成为电信号或其他所需形式的信息输出，以满足信息的传输、处理、存储、显示、记录和控制等要求。传感器目前最重要的应用领域主要涉及机械制造，医疗设备，汽车电子产业，通信技术等领域。

新技术革命的到来，世界进入信息时代。在利用信息的过程中，首先要解决的就是要获取准确可靠的信息，而传感器是获取自然和生产领域中信息的主要途径与手段。

在现代工业生产尤其是自动化生产过程中，要用各种传感器来监视和控制生产过程中的各个参数，使设备工作在正常状态或最佳状态，并使产品达到最好的质量。因此可以说，没有众多优良的传感器，现代化生产也就失去了基础。

在基础学科研究中，传感器更具有突出的地位。现代科学技术的发展，进入了许多新领域。例如，在宏观上要观察上千光年的茫茫宇宙，微观上要观察微小的粒子世界，纵向上要观察长达数十万年的天体演化，短到 10^{-24} s 的瞬间反应。此外，还出现了对深化物质认识、开拓新能源、新材料等具有重要作用的各种极端技术研究，如超高温、超低温、超高压、超高真空、超强磁场、超弱磁场等等。显然，要获取大量人类感官无法直接获取的信息，没有相适应的传感器是不可能的。许多基础科学研究的障碍，首先就在于对象信息的获取存在困难，而一些新机理和高灵敏度的检测传感器的出现，往往会导致该领域内的突破。一些传感器的发展，往往是一些边缘学科开发的先驱。传感器早已渗透到诸如工业生产、宇宙开发、海洋探测、环境保护、资源调查、医学诊断、生物工程、甚至文物保护等广泛的领域。可以毫不夸张地说，从茫茫的太空，到浩瀚的海洋，以至各种复杂的工程系统，几乎每一个现代化项目，都离不开各种各样的传感器。

由此可见，传感器技术在发展经济、推动社会进步方面的重要作用，是十分明显的。世界各国都十分重视这一领域的发展。相信不久的将来，传感器技术将会出现一个飞跃，达到与其重要地位相称的新水平。

二、传感器的组成

传感器通常由敏感元件、转换元件、转换电路三部分组成，组成框图如图 1-1 所示。

(1) 敏感元件（Sensitive Element）：它是直接感受被测量，并输出与被测量成确定关系的某一物理量的元件。

图 1-2 是一种气体压力传感器的示意图。膜盒 2 的下半部与壳体 1 固定连接，上半部通

过连杆与磁芯 4 相连，磁芯 4 置于两个电感线圈 3 中，后者接入转换电路 5。这里的膜盒就是敏感元件，其外部与大气压力 P_a 相通，内部感受被测压力 P。当 P 变化时，引起膜盒上半部移动，即输出相应的位移量。

图 1-1　传感器的组成框图

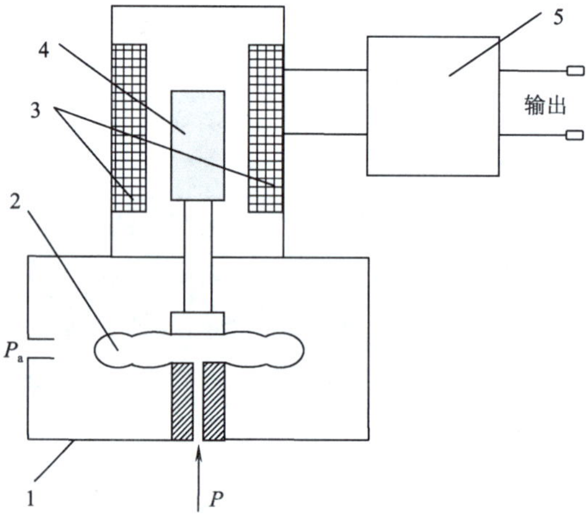

图 1-2　一种气体压力传感器的示意图

1—壳体；2—膜盒；3—电感线圈；4—磁芯；5—转换电路

（2）转换元件（Transduction Element）：以敏感元件的输出为输入，把输入转换成电路参数量。

在图 1-2 中，转换元件是可变电感线圈 3，它把输入的位移量转换成电感的变化。再如压电晶体、热电偶等。

（3）转换电路（Transduction Circuit）：上述电路参数接入转换电路，便可转换成电量输出。

应当指出，不是所有的传感器均由以上三部分组成。实际上，有些传感器很简单，仅由一个敏感元件（兼作转换元件）组成，它感受被测量时直接输出电量，如热电偶。如图 1-3 所示，两种不同的金属材料一端连接在一起，放在被测温度中，另一端为参考端，温度为零，则在回路将产生一个与温度有关的电动势，从而进行温度测量。

有些传感器由敏感元件和转换元件组成，没有转换电路。图 1-4 所示为压电式加速度传感器，其中质量块是敏感元件，压电片（块）是转换元件。因转换元件的输出已是电量，无须转换电路。

有些传感器，转换元件不止一个，要经过若干次转换。

敏感元件与转换元件在结构上常是装在一起的，而转换电路为了减小外界的影响也希望和它们装有一起，不过由于空间的限制或者其他原因，转换电路常装入电箱中。尽管如此，因为不少传感器要在通过转换电路后才能输出电量信号，从而决定了转换电路是传感器的组成环节之一。另外，一般情况下，转换电路的后续电路，如信号放大、处理、显示等电路就应包括在传感器的组成范围之内。

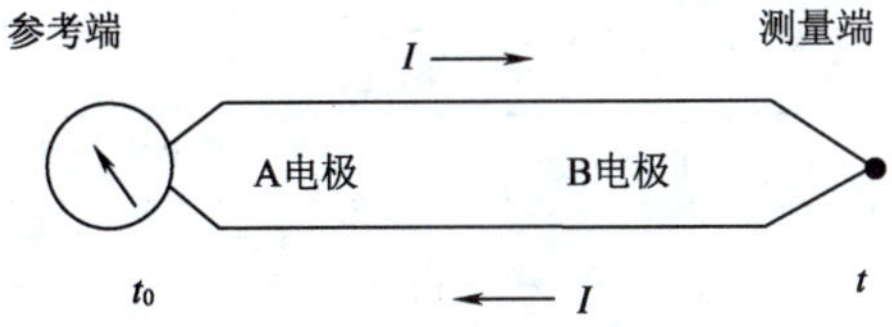

图 1-3　热电偶

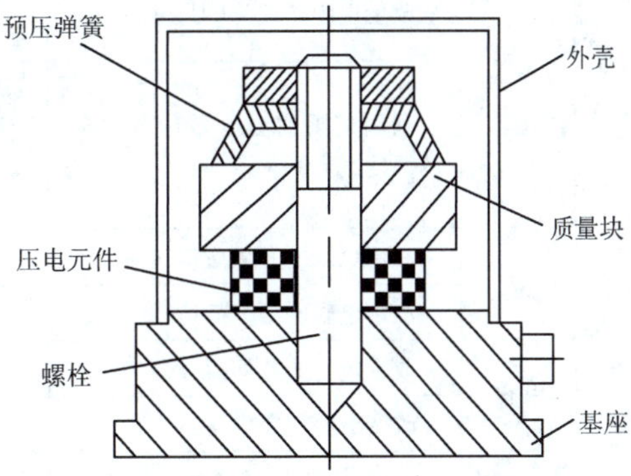

图 1-4　压电式加速度传感器

三、传感器的分类

传感器的分类方法很多，主要有如下几种：

（1）按被测量分类，可分为力学量、光学量、磁学量、几何学量、运动学量、流速与流量、液面、热学量、化学量、生物量传感器等。这种分类有利于选择传感器、应用传感器。

（2）按照工作原理分类，可分为电阻式、电容式、电感式、光电式、光栅式、热电式、压电式、红外、光纤、超声波、激光传感器等。这种分类有利于研究、设计传感器，有利于对传感器的工作原理进行阐述。

（3）按敏感材料不同分为半导体传感器、陶瓷传感器、石英传感器、光导纤维传感器、金属传感器、有机材料传感器、高分子材料传感器等。这种分类法可分出很多种类。

（4）按照传感器输出量的性质分为模拟传感器和数字传感器。其中，数字传感器便于与计算机联合使用，且抗干扰性较强，如脉冲盘式角度数字传感器、光栅传感器等。传感器数字化是今后的发展趋势。

（5）按应用场合不同分为工业用、农用、军用、医用、科研用、环保用和家电用传感器等。若按具体使用场合，还可分为汽车用、船舰用、飞机用、宇宙飞船用、防灾用传感器等。

（6）根据使用目的的不同，又可分为计测用、监视用、检查用、诊断用、控制用和分析用传感器等。

表 1-1 是按传感器转换原理分类给出了各类型的名称及典型应用。各种传感器由于原理、结构不同，使用环境、条件、目的不同，其技术指标也不可能相同。但是有些一般要求却基本是共同的，例如可靠性、静态精度、动态性能、抗干扰能力、通用性、小的轮廓尺寸、低成本、低能耗等，其中传感器的工作可靠性、静态精度和动态性能是最基本的要求。

表 1-1　传感器分类表

传感器分类		转换原理	传感器名称	典型应用
转换形式	中间参量			
电参数	电阻	移动电位器触点改变电阻	电位器传感器	位移
		改变电阻丝或片的尺寸	电阻丝应变传感器、半导体应变传感器	微应变、力、负荷
		利用电阻的温度效应（电阻的温度系数）	热丝传感器	气流速度、液体流量
			电阻温度传感器	温度、辐射热
			热敏电阻传感器	温度
		利用电阻的光敏效应	光敏电阻传感器	光强
		利用电阻的湿度效应	湿敏电阻	湿度
	电容	改变电容的几何尺寸	电容传感器	力、压力、负荷、位移
		改变电容的介电常数		液位、厚度、含水量
	电感	改变磁路几何尺寸、导磁体位置	电感传感器	位移
		涡流去磁效应	涡流传感器	位移、厚度、硬度
		利用压磁效应	压磁传感器	力、压力
		改变互感	差动变压器	位移
			自整角机	
			旋转变压器	
	频率	改变谐振回路中的固有参数	振弦式传感器	压力、力
			振筒式传感器	气压
			石英谐振传感器	力、温度等
	计数	利用莫尔条纹	光栅	大角位移、大直线位移
		改变互感	感应同步器	
		利用拾磁信号	磁栅	
	数字	利用数字编码	角度编码器	大角位移
电能量	电动势	温差电动势	热电偶	温度热流
		霍尔效应	霍尔传感器	磁通、电流
		电磁感应	磁电传感器	速度、加速度
		光电效应	光电池	光强
	电荷	辐射电离	电离室	离子计数、放射性强度
		压电效应	压电传感器	动态力、加速度

四、传感器的基本特性

传感器是实现传感功能的基本部件，传感器的输入-输出关系特性是传感器的基本特性。传感器的各种性能指标都是根据传感器输入与输出对应关系进行描述的。传感器的输入-输出特性是其外部特性，但却是由其内部参数决定的，不同的传感器的内部参数决定了它具有不同的外部特性。

传感器所测量的物理量基本上有两种形式，一种是稳态（静态或准静态）的形式，这种信号不随时间变化（或变化很缓慢），另一种是动态（周期变化或瞬态）的形式，这种信号是随时间变化而变化的。由于输入物理量状态不同，传感器要尽量准确地反映输入物理量的状态，因此所表现出来的输出–输入特性也不同，即存在所谓的静态特性和动态特性。

1. 传感器的静态特性

1）线性度

线性度是评价非线性程序的参数。其定义是：传感器的输出/输入校准曲线与理论拟合直线之间的最大偏差与传感器满量程输出之比，称为该传感器的“非线性误差”或称“线性度”。线性特性示意图如图 1–5 所示。

描述传感器最有效的方法是传感器的数学模型。在静态条件下，若不考虑迟滞及蠕变，则传感器的输出量 y 与输入量 x 的关系可由一代数方程表示，称为传感器的静态数学模型，即

$$y = a_0 + a_1x + a_2x^2 + \cdots + a_nx^n \tag{1-1}$$

式中 a_0——无输入时的输出，即零位输出；

a_1——传感器的线性灵敏度；

$a_2, a_3, \cdots, a_n$——非线性项的待定常数。

设 $a_0=0$，即不考虑零位输出，则静态特性曲线过原点。一般可分为以下几种典型情况。

（1）理想的线性特性

当 $a_2=a_3=\cdots=a_n=0$ 时，静态特性曲线是一条直线，如图 1–6 所示，传感器的静态特性为

$$y = a_1x \tag{1-2}$$

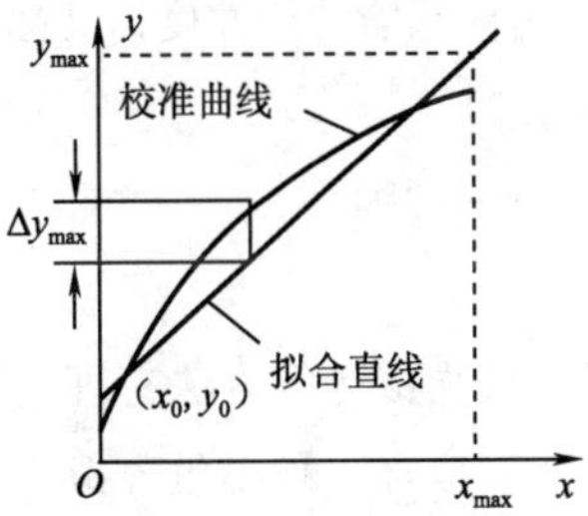

图 1–5 线性特性示意图

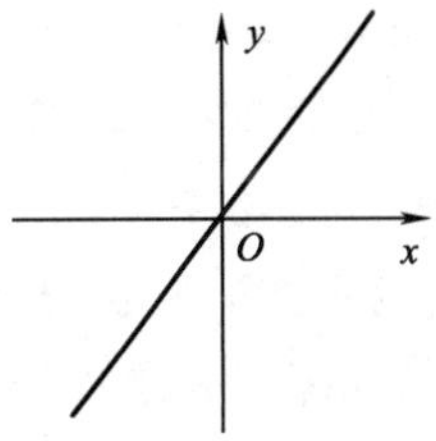

图 1–6 理想的静态特性曲线

（2）无奇次非线性项

当 $a_3=a_5=\cdots=0$ 时，静态特性为

$$y = a_1x + a_2x^2 + a_4x^4 + \cdots \tag{1-3}$$

对应曲线如图 1–7 所示。因不具有对称性，线性范围较窄，线性度较差，所以传感器设计时一般很少采用这种特性。

（3）无偶次非线性项

当 $a_2=a_4=\cdots=0$ 时，静态特性为

$$y = a_1x + a_3x^3 + a_5x^5 + \cdots \tag{1-4}$$

对应曲线如图 1-8 所示。特性曲线关于原点对称，在原点附近有较宽的线性区。线性度较好，灵敏度为该曲线的斜率。

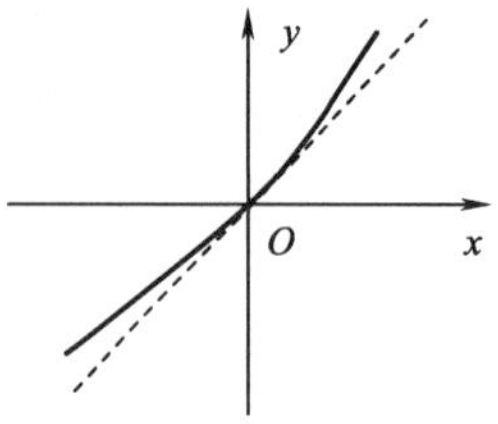

图 1-7　无奇次非线性项的静态特性曲线

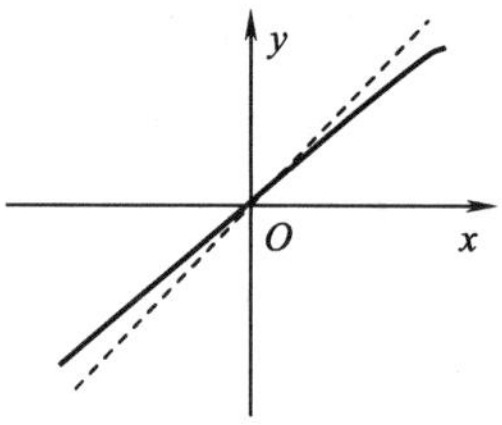

图 1-8　无偶次非线性项的静态特性曲线

（4）一般情况

特性曲线过原点，但不对称。

$$y(x)=a_1x+a_2x^2+\cdots+a_nx^n \tag{1-5}$$

$$y(-x)=-a_1x+a_2x^2-a_3x^3+a_4x^4-a_5x^5\cdots \tag{1-6}$$

$$y(x)-y(-x)=2(a_1x+a_3x^3+a_5x^5+\cdots) \tag{1-7}$$

对应曲线如图 1-9 所示。这就是将两个传感器接成差动形式可拓宽线性范围的理论根据。

借助实验方法确定传感器静态特性的过程称为静态校准。

当满足静态标准条件的要求，且使用的仪器设备具有足够高的精度时，测得的校准特性即为传感器的静态特性。

由校准数据可绘制成特性曲线，通过对校准数据或特性曲线的处理，可得到数学表达式形式的特性，及描述传感器静态特性的主要指标。

传感器的校准曲线与选定的拟合直线的偏离程度称为传感器的线性度，又称非线性误差。

$$e_L=(\pm\Delta y_{\max}/y_{\text{F. S.}})\times 100\% \tag{1-8}$$

式中　$y_{\text{F. S.}}$——传感器的满量程输出值（F. S. 是 Full scale 的缩写）；

$\Delta y_{\max}$——校准曲线与拟合直线的最大偏差。

选定拟合直线的过程，就是传感器的线性化过程，直线拟合的方法有理论拟合、过零旋转拟合、端点连线拟合、端点连线平移拟合、最小二乘法拟合、最小包容拟合、最佳直线拟合等。如图 1-10 至图 1-14 所示。图中实线为实际输出校正曲线，虚线为拟合直线。

（1）理论拟合法。如图 1-10 所示，理论直线以传感器的理论特性直线作为拟合直线，它与实际测试值无关，其优点是简单、方便，但通常最大正、负偏差很大。

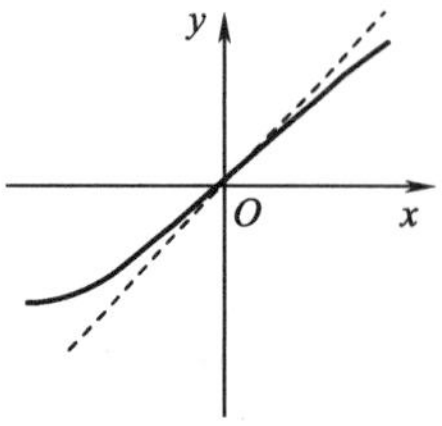

图 1-9　一般情况下的静态特性曲线

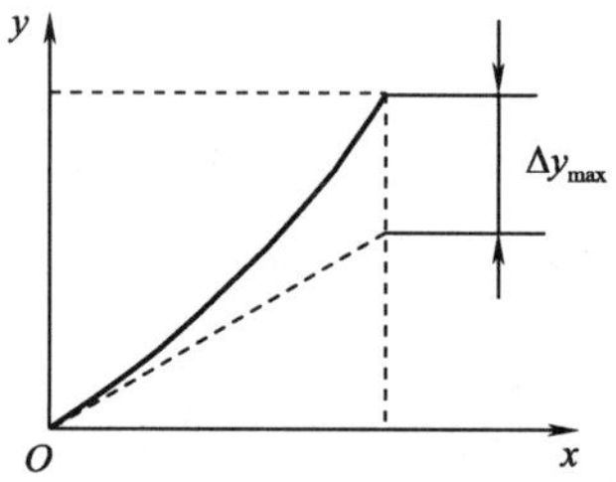

图 1-10　理论拟合法

（2）过零旋转拟合法。如图 1-11 所示，常用于曲线过零的传感器。其优点是简单，非线性误差比前一种小。

（3）端点连线拟合法。如图 1-12 所示，对应的线性度称端点线性度。简单直观，拟合精度较低。最大正、负偏差不相等。

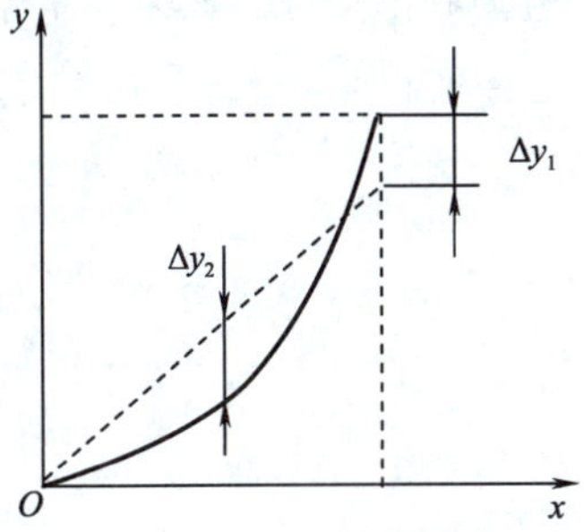

图 1-11 过零旋转拟合法

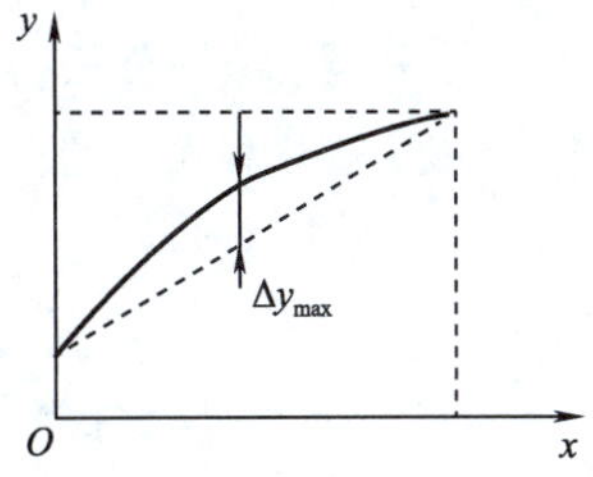

图 1-12 端点连线拟合法

（4）端点连线平移拟合法。如图 1-13 所示，对应的线性度称独立线性度。最大正、负偏差相等。

（5）最小二乘拟合直线法。如图 1-14 所示，这种方法按最小二乘法原理求取拟合直线，该直线能保证传感器校准数据的残差平方和最小。这种方法拟合精度很高。也是最常用的方法，但校准曲线相对拟合直线的最大偏差绝对值并不一定最小，最大正、负偏差的绝对值也不一定相等。

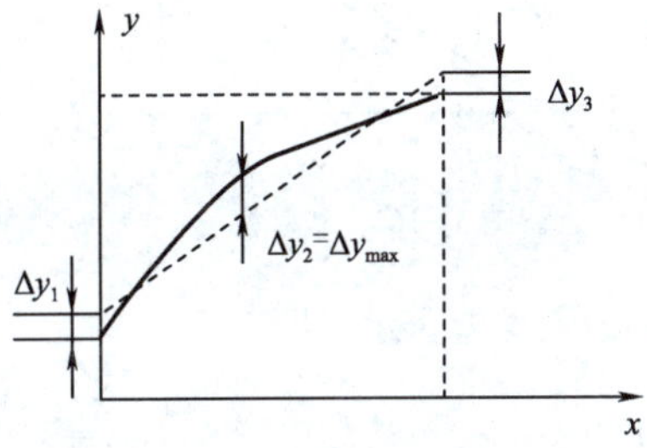

图 1-13 端点连线平移拟合法

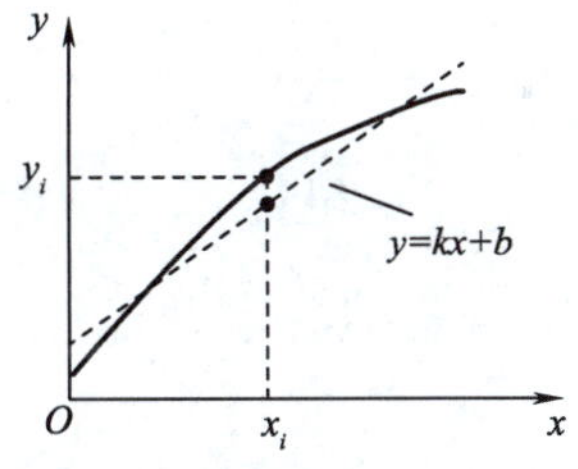

图 1-14 最小二乘拟合直线法

2）灵敏度

灵敏度是指传感器在稳态下输出变化对输入变化的比值，用 S_n 来表示，即 S_n = 输出量的变化/输入量的变化 = $\mathrm{d}y/\mathrm{d}x$。

对于线性传感器，它的灵敏度就是它的静态特性的斜率。非线性传感器的灵敏度为一变量，一般希望传感器的灵敏度高，在满量程范围内是恒定的，即传感器的输出-输入特性为直线。

3）迟滞（迟环）

迟滞特性表明传感器在正反行程期间输出-输入特性曲线不重合的程度，也就是说，对应于同一大小的输入信号，传感器正反行程的输出信号大小不相等，这就是迟滞现象。如图 1-15 所示。

例：一个电子秤称重。

加砝码（x）	10g —	50g —	100g —	200g
电桥输出（y_1）	0.5mV —	2mV —	4mV —	10mV
减砝码输出（y_2）	1mV —	5mV —	8mV —	10mV

产生这种现象的主要原因是由敏感元件材料的物理性质缺陷造成，如弹性元件的滞后，铁磁体、铁电体在外加磁场、电场也有这种现象。或者是传感器机械部分存在不可避免的缺陷，如轴承摩擦、间隙、紧固件松动、材料的内摩擦、积尘等。

迟滞误差一般由满量程输出的百分数表示，即

$$\gamma_{\mathrm{H}} = \pm\frac{1}{2}\left(\frac{\Delta H_{\max}}{y_{\mathrm{F.S.}}}\right)\times 100\% \tag{1-9}$$

式中，$\Delta H_{\max} = y_2 - y_1$为正、反行程输出值间的最大差值。

4）重复性

重复性：指在同一工作条件下，输入量按同一方向在全测量范围内连续变动多次所得特性曲线的不一致性。多次重复测试的曲线重复性好，误差也小。如图 1-16 所示。

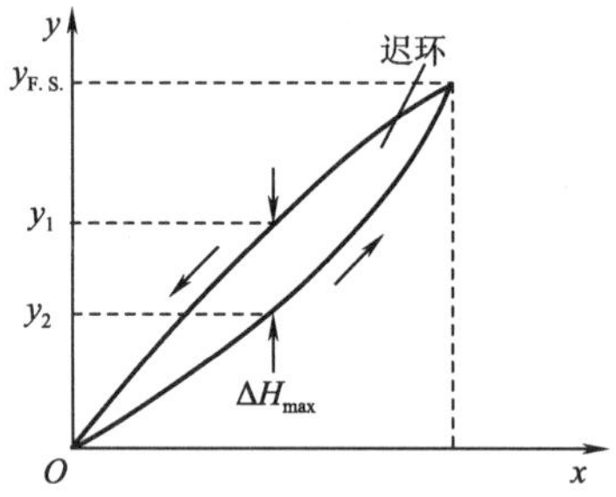

图 1-15　迟滞特性

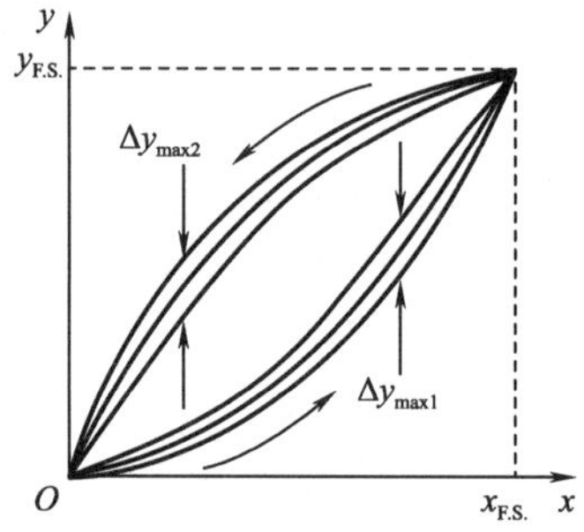

图 1-16　重复性

重复性误差：属于随机误差，常用正反行程中的最大偏差表示，即

$$e_z = \pm\left(\frac{\Delta y_{\max}}{y_{\mathrm{F.S.}}}\right)\times 100\% \tag{1-10}$$

式中，$\Delta y_{\max}$为$\Delta y_{\max1}$和$\Delta y_{\max2}$这两个偏差中的较大者。

因重复性误差属随机误差，故按标准偏差来计算重复性指标更合适，用$\sigma_{\max}$表示各校准点标准偏差中的最大值，则重复性误差可表示为

$$e_z = \pm\frac{(2\sim3)\sigma_{\max}}{y_{\mathrm{F.S.}}}\times 100\% \tag{1-11}$$

标准偏差可以根据贝塞尔公式来计算：

$$\sigma = \sqrt{\frac{\sum_{i-1}^{n}(y_i - \bar{y})^2}{n-1}} \tag{1-12}$$

检测误差：可选取几个测试点，对应每一点多次从同一方向趋近，获得输出值系列，算出最大值与最小值之差或 3 倍标准差作为重复性偏差，在几个中取出最大值作为重复性误差。

5）分辨力与阈值

传感器能检测到输入量最小变化量的能力称为分辨力。对于某些传感器，如电位器式传感器，当输入量连续变化时，输出量只做阶梯变化，则分辨力就是输出量的每个“阶梯”所代表的输入量的大小。一般模拟式仪表的分辨力规定为最小刻度分格值的一半，对于数字式仪表，分辨力就是仪表指示值的最后一位数字所代表的值。当被测量的变化量小于分辨力时，数字式仪表的最后1位数不变，仍指示原值。当分辨力以满量程输出的百分数表示时则称为分辨率。

阈值是指能使传感器的输出端产生可测变化量的最小被测输入量值，即零点附近的分辨力。有的传感器在零位附近有严重的非线性，形成所谓“死区”（Dead Band），则将死区的大小作为阈值；更多情况下，阈值主要取决于传感器噪声的大小，因而有的传感器只给出噪声电平。

6）测量范围及量程

传感器所能测量到的最小输入量与最大输入量之间的范围称为传感器的测量范围。传感器测量范围的上限值与下限值的代数差，称为量程。

7）稳定性

稳定性表示传感器在一个较长的时间内保持其性能参数的能力。理想的情况是不论什么时候，传感器的特性参数都不随时间变化。但实际上，随着时间的推移，大多数传感器的特性会发生改变。这是因为敏感元件或构成传感器的部件，其特性会随时间发生变化，从而影响了传感器的稳定性。

稳定性一般以室温条件下经过一段规定时间间隔后，传感器的输出与起始标定时的输出之间的差异来表示，称为稳定性误差。稳定性误差可用相对误差表示，也可用绝对误差来表示。

2. 传感器的动态特性

传感器的动态特性是指传感器对激励（输入）的响应（输出）特性。一个动态特性好的传感器，其输出随时间变化的规律，将能同时再现输入随时间变化的规律（变化曲线），即具有相同的时间函数。但实际上除了具有理想的比例特性的环节外，输出信号将不会与输入信号具有完全相同的时间函数，这种输出与输入间的差异就是所谓的动态误差。

研究传感器动态特性的方法及其指标，研究动态特性可以从时域和频域两个方面采用瞬态响应法和频率响应法来分析。由于输入信号的时间函数形式是多种多样的，在时域内研究传感器的响应特性时，只能研究几种特定的输入时间函数，如阶跃函数、脉冲函数和斜坡函数等的响应特性。在频域内研究动态特性一般是采用正弦函数得到频率响应特性。动态特性好的传感器暂态响应时间很短或者频率响应范围很宽。

3. 传感器的技术指标

对于一种具体的传感器，并不是全部指标都必需，只要根据自己的实际需要保证主要的参数即可。表1–2列出了传感器的一些常用指标。

表 1-2　传感器的性能指标一览表

<table>
<tr><th>基本参数指标</th><th>环境参数指标</th><th>可靠性指标</th><th>其他指标</th></tr>
<tr><td>动态性能指标：固定频率、阻尼比、时间常数、频率响应范围、频率特性、临界频率、临界速度、稳定时间等</td><td>温度指标：工作温度范围、温度误差、温度漂移、温度系数、热滞后等</td><td rowspan="4">工作寿命、平均无故障时间、保险期、疲劳性能、绝缘电阻、耐压及抗飞弧等</td><td>使用有关指标：供电方式（直流、交流、频率及波形等）、功率、各项分布参数值、电压范围与稳定度等</td></tr>
<tr><td>精度有关指标：精度、误差、线性、滞后、重复性、灵敏度误差、稳定性等</td><td>抗冲振指标：允许各向抗冲振的频率、振幅及加速度、冲振所引入的误差等</td><td>结构方面：外形尺寸、重量、壳体材质、结构特点等</td></tr>
<tr><td>灵敏度指标：灵敏度、分辨力、满量程输出等</td><td rowspan="2">其他环境参数：抗潮湿、抗介质腐蚀等能力、抗电磁场干扰能力等</td><td rowspan="2">安装连接方面：安装方式、馈线、电缆等</td></tr>
<tr><td>量程指标：量程范围、过载能力等</td></tr>
</table>

五、传感器的命名与代号

国家标准 GB/T 7665—2005 规定了传感器的命名方法及图形符号，并将其作为统一传感器命名及图形符号的依据。

1. 传感器的命名

一种传感器产品的名称，应由主题词加四级修饰语构成。

主题词——传感器。

第一级修饰语——被测量，包括修饰被测量的定语。

第二级修饰语——转换原理，一般可后续以“式”字。

第三级修饰语——特征描述，指必须强调的传感器结构、性能、材料特征、敏感元件以及其他必要的性能特征，一般可后续以“型”字。

第四级修饰语——主要技术指标（量程、测量范围、精度等）。

本命名法在有关传感器的统计表格、图书索引、检索以及计算机汉字处理等特殊场合，使用所规定的顺序。

示例 1：传感器，位移，应变［计］式，100 mm；

注：［ ］内的词，在不引起混淆时，可省略（下同）。

示例 2：传感器，声压，电容式，100～160 dB；

示例 3：传感器，加速度，压电式，±20 g；

示例 4：传感器，压力，压阻式，［单晶］硅，600 kPa；

示例 5：传感器，差压，谐振式，智能型，35 kPa。

在技术文件、产品样本、学术论文、教材及书刊的陈述句子中，作为产品名称应采用与上述相反的顺序。

示例 1：100 mm 应变式位移传感器；

示例 2：100～160 dB 电容式声压传感器；

示例 3：±20 g 压电式加速度传感器；

示例4：600 kPa［单晶］硅压阻式压力传感器；

示例5：35 kPa 智能［型］谐振式差压传感器。

当对传感器的产品名称命名时，除第一级修饰语外，其他各级可视产品的具体情况任选或省略。

示例1：业已购进150只各种测量范围的半导体压力传感器。

示例2：广告中介绍了我厂生产的电容式液位传感器。

示例3：附加的测试范围只适用于差压传感器。

示例4：购100mm位移传感器10只。

示例5：加速度传感器可用作汽车安全气囊。

2. 传感器的代号

一般规定用大写汉语拼音字母（或国际通用标志）和阿拉伯数字构成传感器完整的代号。传感器的完整代号应包括以下四部分：

（1）主称（传感器）；

（2）被测量；

（3）转换原理；

（4）序号。

四部分代号表述格式应为：

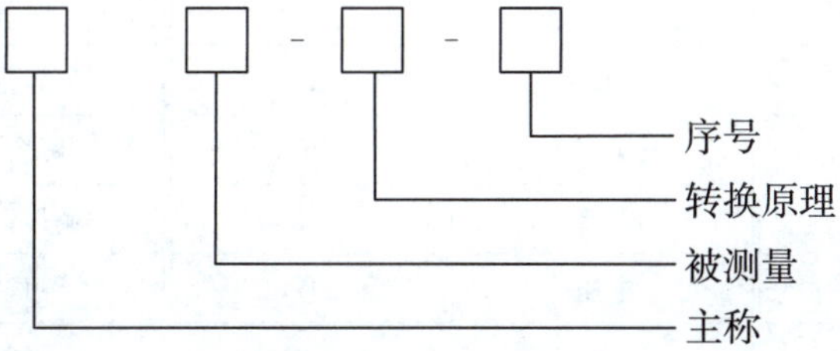

在被测量、转换原理、序号三部分代号之间须有“-”连接。

第一部分 —— 主称（传感器），用汉语拼音字母“C”标记。

第二部分 —— 被测量，用其一个或两个汉字汉语拼音的第一个大写字母标记（见表1-3），当这组代号与该部分的另一个代号重复时，则用其汉语拼音的第二个大写字母作代号，依此类推。当被测量有国际通用标志时，应采用国际通用标志。当被测量为离子、粒子或气体时，可用其元素符号、粒子符号或分子式加圆括号“（ ）”表示。

表1-3　被测量代号举例

被测量	代号	被测量	代号	被测量	代号
压力	Y	黏度	N	氢离子活［浓］度	(H^+)
真空度	ZK	浊度	Z	pH	(pH)
力	L	硬度	YD	DNA	PT
重量（称重）	ZL	流向	LX	葡萄糖	NS
应力	YL	温度	W	尿素	DG

续表

被测量	代 号	被测量	代 号	被测量	代 号
剪切应力	QL	光	G	胆固醇	XZ
力矩	LJ	激光	JG	血脂	(GPT)
扭矩	NJ	可见光	KG	谷丙转氨酶	XX
速度	V	红外光	HG	血型	(BOD)
线速度	XS	紫外光	ZG	生化需氧量	GA
角速度	JS	射线	SX	谷氨酸	(DNA)
转速	ZS	X 射线	(X)	血气	XQ
流速	LS	β 射线	(β)	血液 pH	X (pH)
加速度	A	γ 射线	(γ)	血氧	X (O_2)
线加速度	XA	射线剂量	SL	血液二氧化碳	X (CO_2)
角加速度	JA	照度	HD	血液电解质	XD
振动	ZD	亮度	LU	血钾	X (K^+)
冲击	CJ	色度	SD	血钠	X (Na^+)
流量	LL	图像	TX	血氯	X (Cl^-)
质量流量	[Z] LL	磁	C	血钙	X (Ca^{2+})
容积流量	[R] LL	磁场强度	CQ	血压	[X] Y
位移	WY	磁通量	CT	食道压力	[S] Y
线位移	XW	电场强度	DQ	膀胱内压	[P] Y
角位移	JW	电流	DL	胃肠内压	[W] Y
位置	WZ	电压	DY	颅内压	[L] Y
物位	WW	声	SH	脉搏	MB
液位	YW	声压	SY	心音	XY
姿态	ZT	噪声	ZS	体温	[T] W
尺度	CD	超声波	CS	皮温	[P] W
厚度	H	气体	Q	血流	XL
角度	J	氧气	(O_2)	呼吸	HX
倾角	QJ	湿度	S	呼吸流量	[H] LL
表面粗糙度	MZ	结露	JL	呼吸频率	HP
密度	M	露点	LD	细胞膜电位	RW
液体密度	[Y] M	水分	SF	细胞膜电容	BR
气体密度	[Q] M	离子	LZ	—	—

第三部分 —— 转换原理，用其一个或两个汉字汉语拼音的第一个大写字母标记（见表 1-4）。当这组代号与该部分的另一个代号重复时，则用其汉语拼音的第二个大写字母作代号，依此类推。

表 1-4 转换原理代号举例

转换原理	代 号	转换原理	代 号	转换原理	代 号
电容	DR	分子信标	FX	热辐射	RF
电位器	DW	光导	GD	热释电	RH
电阻	DZ	光伏	GF	热离子化	RL
电磁	DC	光纤	GX	伺服	SF
电感	DG	光栅	GS	石英振子	SZ
电离	DL	霍尔	HE	隧道效应	SD
电化学	DH	红外吸收	HX	声表面波	SB
电涡流	DO	化学发光	HF	生物亲和性	SQ
电导	DD	核辐射	HS	涡轮	WL
电解	DJ	核磁共振	HZ	涡街	WJ
电晕放电	DY	控制电位电解法	KD	微生物	WS
电弧紫外光谱	DZ	晶体管	JG	谐振	XZ
表面等离子激原共振	BJ	PN 结	PN	消失波	XB
磁电	CD	离子选择电极	LX	应变	YB
磁阻	CZ	离子通道	LT	压电	YD
差压	CY	酶	M	压阻	YZ
差动变压器	CB	免疫	MY	荧光	YG
场效应管	CX	浓差电池	NC	阻抗	ZK
超声（波）	CS	热电	RD	转子	ZZ
浮子	FZ	热导	ED	—	—
浮子-干簧管	FH	热丝	RS	—	—

第四部分 —— 序号，用阿拉伯数字标记。序号可表征产品设计特征、性能参数、产品系列等。如果传感器产品的主要性能参数不改变，仅在局部有改进或改动时，其序号可在原序号后面顺序地加注大写汉语拼音字母 A，B，C，…（其中 I、O 两个字母不用）。序号及其内涵可由传感器生产厂家自行决定。

示例 1：压阻式压力传感器：代号为 C Y - YZ - 2.5。

示例 2：电容式加速度传感器：代号为 C A - DR - ±5。

示例 3：电磁式流量传感器：代号为 C LL - DC - 10。

示例 4：霍尔式电流传感器：代号为 C DL - HE - 1200。

示例 5：温度传感：代号为 C W - 800A。

示例 6：压电式心音传感器：代号为 C XY - YD - 12。

示例 7：氢离子活度传感器：代号为 C（H^+）- 12。

六、传感器的发展趋势

近年来，传感器技术新原理、新材料和新技术的研究更加深入、广泛，新品种、新结构、新应用不断涌现。

1. “五化”成为传感器发展的重要趋势

1）智能化

两种发展轨迹齐头并进。一个方向是多种传感功能与数据处理、存储、双向通信等的集成，可全部或部分实现信号探测、变换处理、逻辑判断、功能计算、双向通信，以及内部自检、自校、自补偿、自诊断等功能，具有低成本、高精度的信息采集、可数据存储和通信、编程自动化和功能多样化等特点，如美国凌力尔特公司（Linear Technology Corporation）的智能传感器安装了ARM架构的32位处理器。另一个方向是软传感技术，即智能传感器与人工智能相结合，目前已出现各种基于模糊推理、人工神经网络、专家系统等人工智能技术的高度智能传感器，并已经在智能家居等方面得到利用，如日本电气股份有限公司（NEC Corporation）开发出了对大量的传感器监控实施简化的新方法“不变量分析技术”，并已面向基础设施系统投入使用。

2）可移动化

无线传感网技术应用加快。无线传感网技术的关键是克服节点资源限制（能源供应、计算及通信能力、存储空间等），并满足传感器网络扩展性、容错性等要求。该技术被美国麻省理工学院（MIT）的《技术评论》杂志评为对人类未来生活产生深远影响的十大新兴技术之首。目前研发重点主要在路由协议的设计、定位技术、时间同步技术、数据融合技术、嵌入式操作系统技术、网络安全技术、能量采集技术等方面。迄今，一些发达国家及城市在智能家居、精准农业、林业监测、军事、智能建筑、智能交通等领域对技术进行了应用。如，从MIT独立出来的Voltree Power LLC公司受美国农业部的委托，在加利福尼亚州的山林等处设置温度传感器，构建了传感器网络，旨在检测森林火情，减少火灾损失。

3）微型化

微机电系统（MEMS，Micro-Electro-Mechanical System）传感器研发异军突起。随着集成微电子机械加工技术的日趋成熟，MEMS传感器将半导体加工工艺（如氧化、光刻、扩散、沉积和蚀刻等）引入传感器的生产制造，实现了规模化生产，并为传感器微型化发展提供了重要的技术支撑。近年来，日本、美国、欧盟等在半导体器件、微系统及微观结构、速度测量、微系统加工方法/设备、麦克风/扬声器、水平/测距/陀螺仪、光刻制版工艺和材料性质的测定/分析等技术领域取得了重要进展。目前，MEMS传感器技术研发主要在以下几个方向：

（1）微型化的同时降低功耗；

（2）提高精度；

（3）实现MEMS传感器的集成化及智慧化；

（4）开发与光学、生物学等技术领域交叉融合的新型传感器，如MOMES传感器（与微光学结合）、生物化学传感器（与生物技术、电化学结合），以及纳米传感器（与纳米技术结合）。

4）集成化

多功能一体化传感器受到广泛关注。传感器集成化包括两类：一种是同类型多个传感器的集成，即同一功能的多个传感元件用集成工艺在同一平面上排列，组成线性传感器（如

CCD 图像传感器）。另一种是多功能一体化，如几种不同的敏感元器件制作在同一硅片上，制成集成化多功能传感器，集成度高、体积小，容易实现补偿和校正，是当前传感器集成化发展的主要方向。如意法半导体（ST）集团提出把组合了多个传感器的模块作为传感器中枢来提高产品功能；东芝公司（Toshiba Corporation）已开发出晶圆级别的组合传感器，并发布能够同时检测脉搏、心电、体温及身体活动等4种生命体征信息，并将数据无线发送至智能手机或平板电脑等的传感器模块 SILMEE（Smart healthcare Intelligent Monitor Engine & Eco-system）。

5）多样化

新材料技术的突破加快了多种新型传感器的涌现。新型敏感材料是传感器的技术基础，材料技术研发是提升性能、降低成本和技术升级的重要手段。除了传统的半导体材料、光导纤维等，有机敏感材料、陶瓷材料、超导、纳米和生物材料等成为研发热点，生物传感器、光纤传感器、气敏传感器、数字传感器等新型传感器加快涌现。如光纤传感器是利用光纤本身的敏感功能或利用光纤传输光波的传感器，有灵敏度高、抗电磁干扰能力强、耐腐蚀、绝缘性好、体积小、耗电少等特点，目前已应用的光纤传感器可测量的物理量达 70 多种，发展前景广阔；气敏传感器能将被测气体浓度转换为与其成一定关系的电量输出，具有稳定性好、重复性好、动态特性好、响应迅速、使用维护方便等特点，应用领域非常广泛。另据 BCC Research 公司指出，生物传感器和化学传感器有望成为增长最快的传感器细分领域，预计 2019 年的年均复合增长率可达 9.7%。

2. 未来值得关注的四大领域

随着材料科学、纳米技术、微电子等领域前沿技术的突破以及经济社会发展的需求，四大领域可能成为传感器技术未来发展的重点。

1）可穿戴式应用

据美国 ABI 调查公司预测，2017 年可穿戴式传感器的数量将会达到 1.6 亿。以谷歌眼镜为代表的可穿戴设备是最受关注的硬件创新。谷歌眼镜内置多达 10 余种的传感器，包括陀螺仪传感器、加速度传感器、磁力传感器、线性加速传感器等，实现了一些传统终端无法实现的功能，如使用者仅需眨一眨眼睛就可完成拍照。当前，可穿戴设备的应用领域正从外置的手表、眼镜、鞋子等向更广阔的领域扩展，如电子肌肤等。日前，东京大学已开发出一种可以贴在肌肤上的柔性可穿戴式传感器。该传感器为薄膜状，在 $1m^2$ 面积上的质量只有 3g，是普通纸张的 1/27 左右，厚度也只有 2μm。

2）无人驾驶

美国 IHS 公司指出，推进无人驾驶发展的传感器技术应用正在加快突破。在该领域，谷歌公司的无人驾驶车辆项目开发取得了重要成果，通过车内安装的照相机、雷达传感器和激光测距仪，以 20 次/秒的间隔，生成汽车周边区域的实时路况信息，并利用人工智能软件进行分析，预测相关路况未来动向，同时结合谷歌地图来进行道路导航。谷歌无人驾驶汽车已经在内华达州、佛罗里达州和加利福尼亚州获得上路行使权。奥迪、奔驰、宝马和福特等全球汽车巨头均已展开无人驾驶技术研发，有的车型已接近量产。

3）医护和健康监测

国内外众多医疗研究机构，包括国际著名的医疗行业巨头在传感器技术应用于医疗领域方面已取得重要进展。如罗姆公司目前正在开发一种使用近红外光（NIR）的图像传感器，其原理是照射近红外光 LED 后，使用专用摄像元件拍摄反射光，通过改变近红外光的波长获取图像，然后通过图像处理使血管等更加鲜明地呈现出来。一些研究机构在能够嵌入或吞入体内的材料制造传感器方面已取得进展。如美国佐治亚理工学院正在开发具备压力传感器和无线通信电路等的体内嵌入式传感器，该器件由导电金属和绝缘薄膜构成，能够根据构成的共振电路的频率变化检测出压力的变化，发挥完作用之后就会溶解于体液中。

4）工业控制

2012 年，GE 公司在《工业互联网：突破智慧与机器的界限》报告中提出，通过智能传感器将人机连接，并结合软件和大数据分析，可以突破物理和材料科学的限制，并将改变世界的运行方式。报告同时指出，美国通过部署工业互联网，各行业可实现 1% 的效率提升，15 年内能源行业将节省 1% 的燃料（约 660 亿美元）。2013 年 1 月，GE 在纽约一家电池生产企业共安装了 1 万多个传感器，用于监测生产时的温度、能源消耗和气压等数据，而工厂的管理人员可以通过 iPad 获取这些数据，从而对生产进行监督。此外，荷兰壳牌、富士电机等跨国公司也都在该领域采取了行动。

七、传感器的标定与校准

所谓标定，就是在传感器正式出厂投入使用之前，采用更高一级的基准仪器，给它加上已知的标准输入信号（如给测力传感器加上已知的标准负荷），以得出其输出量与输入量之间的对应关系。根据静态标定的结果可以画出相应的标定曲线。根据动态标定可以测定传感器或仪表的动态特性，确定其可应用频率范围及动态误差大小。

传感器在标定后的实际使用过程中，为了保证工作的可靠性，需要定期或不定期地重复进行全部或部分标定操作，并进行适当的调整（修正、补偿等），或者对某一特性的指标进行校验和调整，这就是所谓校准。

标定和校准就其实验内容来说，都是测定传感器的特性参数。校准可进一步分为静态校准与动态校准。

静态校准是指以静态标准量作为输入信号，测定输出-输入曲线，从中确定线性度、灵敏度和滞后量等静态特性参数，校准时所用基准仪表的精度至少比被校准传感器的精度要高一级。例如，在油压式压力表校验器上校准压力表时，对于 0.5 级以下的普通压力表，一般采用与标准压力表比较的方法来进行校准，此时所用标准压力表的精度至少要比被校压力表高 2 级；对于 0.5 级以上的标准压力表，则采用与砝码相比较的方法来校准，校准时先输入从小到大的各种标准压力，在被校压力表上读出指示值；再输入从大到小的标准压力，读出指示值，把这些数值列成表格并绘成曲线，即可根据这种压力表的输出-输入曲线确定其线性度、灵敏度和迟滞等特性参数。

动态校准是指以正弦信号或阶跃信号等典型信号作为传感器的输入信号来测定传感器的动态响应特性。

对于零阶传感器（如测量位移的电位器式传感器）来说，不存在动态特性，其唯一的参数是静态灵敏度，可通过静态校准来测定。

对于一阶传感器来说，其静态灵敏度 K 也用静态校准测定，而与动态响应有关的参数只有一个时间常数 τ，可用多种方法测定。一个最简单的方法是用阶跃输入测出其输出量达到终值的 63.2% 所经历的时间作为时间常数。但此法没有涉及响应的全过程，其测量结果不很准确，而且无法判断该传感器是否真正是一阶的。若用频率响应法测试，则可以更可靠地证实传感器性能是否是一阶的，但此时的输入信号应为正弦波，而非电量的正弦波一般是难以获得的。

对于二阶传感器来说，其静态灵敏度 K 仍用静态校准法求得，而阻尼率 ξ 和固有角频率 ω_0 则可在阶跃测试中用各种方法求得。

应当指出，目前许多传感器的校准方法尚待进行进一步研究和统一。

八、测量误差及其分类

任何测量都存在误差，只要误差在允许范围内即可认为符合标准。传感器也不例外，所谓传感器的误差，即传感器实际输出值与理论输出值的差值。因此在设计与制造传感器时，允许有误差，但必须在规定的误差范围之内。

1. 传感器的误差

由传感器的定义可知，传感器可将未知的物理量转换成可知的电信号，其误差也就是测量误差。下面介绍有关测量的部分名词。

1）真值

被测量本身具有的真实量值称为真值。真值是一个理想的概念，一般是不知道的。但在某些特定情况下，真值又是可知的，如一个整圆的圆周角为 360°等。

2）约定真值

由于真值往往是未知的，所以一般用基准器的量值来代替真值，称作约定真值，它与真值之间的误差可以忽略不计。

3）实际值

误差理论指出，在排除了系统误差的前提下，对于精度测量，测量次数为无限多时，测量结果的算术平均值接近于真值，因而可将它视为被测量的真值。但是测量次数是有限的，故按有限测量次数得到的算术平均值只是统计平均值的近似值。而且由于系统误差不可能完全被排除掉，故通常只能把精度更高一级的标准器具所测量得的值作为“真值”。为了强调它并非是真正的“真值”，故把它称为实际值。

4）标称值

测量器具上所标出用来参考的数值。

5）示值

由测量器具读数装置所指示出来的被测量的数值。

6）测量误差

用器具进行测量时，所测量出来的数值与被测量的实际值之间的差值。

2. 误差的分类

在测量中由不同因素产生的误差是混合在一起出现的。为了便于分析和研究误差的性质、特点和消除方法，下面将对误差进行分类讨论。

1）按表示方法分类

（1）绝对误差：绝对误差是示值与被测量真值之间的差值。设被测量真值为 A_0，器具的标称值或示值为 x，则绝对误差 Δx 为

$$\Delta x = x - A_0 \tag{1-13}$$

由于一般无法求得真值 A_0，在实际应用时常用精度高一级的标准器具的示值（作为实际值）A 代替真值 A_0，必须指出，A 并不等于 A_0，一般来说，A 总比 x 更接近于 A_0。X 与 A 之差常称为器具的示值误差，记为

$$\Delta x = x - A \tag{1-14}$$

通常即以此值来代表绝对误差，绝对误差一般只适用于标准器具的校准。

（2）相对误差：相对误差是绝对误差 Δx 与被测量的约定值之比。实际测量中，相对误差有下列表示形式：

① 实际相对误差：实际相对误差 γ_A 是用绝对误差 Δx 与被测量的实际值 A 的百分比来表示的相对误差：

$$\gamma_A = \frac{\Delta x}{A} \times 100\% \tag{1-15}$$

② 示值相对误差：示值相对误差 γ_x 是用绝对误差 Δx 与器具的示值 x 的百分比来表示的相对误差

$$\gamma_x = \frac{\Delta x}{x} \times 100\% \tag{1-16}$$

③ 满度（或引用）相对误差：满度相对误差 γ_m 又称满度误差，是用绝对误差 Δx 与器具的满度值 x_m 之比来表示的相对误差

$$\gamma_m = \frac{\Delta x}{X_m} \times 100\% \tag{1-17}$$

在式（1-17）中，当 Δx 取为最大值 Δx_{max} 时，满度（或引用）相对误差就被用来确定仪表的精度等级 S（如 0.5% < 满度，或引用相对误差 ≤1% 时，则称精度等级为 1 级），即

$$S = \frac{\Delta x_{max}}{X_m} \times 100 \tag{1-18}$$

当仪表显示值下限不为零时，精度等级 S 应用式（1-19）表达：

$$S = \frac{\Delta x_{max}}{X_{max} - X_{min}} \times 100 \tag{1-19}$$

式中，X_{max} 和 X_{min} 分别为仪表刻盘上的上限和下限。

我国电工仪表等级分为七级，即 0.1 级、0.2 级、0.5 级、1.0 级、1.5 级、2.5 级、5.0 级。

（3）允许误差：允许误差是根据技术条件的要求，规定某一类器具误差不应超过的最

大范围。

2）按误差出现的规律分布

（1）系统误差：系统误差，是按某种已知的函数规律变化而产生的误差，又分为：

① 恒定系统误差：指在一定条件下，误差的数值及符号都保持不变的系统误差。

② 变值系统误差：指在一定条件下，误差按某一确切规律变化的系统误差。根据其变化规律又可分为以下几种情况：

a. 累进性系统误差：指在整个测量过程中误差的数值逐渐增加或逐渐减少的系统误差。

b. 周期性系统误差：指在整个测量过程中误差的数值发生周期性变化的系统误差。

c. 按复杂规律变化的系统误差：这类误差变化规律十分复杂，一般用曲线，表格或经验公式来表示。

系统误差表明了一个测量结果偏离真值的程度。系统误差越小，测量就越准确，所以还经常用准确度一词来表征系统误差的大小。

（2）随机误差：随机误差又称偶然误差，它是由未知变化规律产生的误差。随机误差表现了测量结果的分散性。经常用精密度一词来表征随机误差的大小，随机误差越小，精密度越高。

（3）粗大误差（过失误差）：粗大误差指在一定条件下测量结果显著地偏离其实际值时所对应的误差。在测量及数据处理中，当发现某次测量结果所对应的误差特别大时，应认真判断该误差是否属粗大误差，如属粗大误差，该值应舍去不用。

3）按误差来源分类

（1）工具误差：指测量工具本身不完善引起的误差，包括：

① 读数误差：由以下几种原因产生：

a. 校准误差：指检测系统在定标时，用标准器具对其指定的某些定标点进行定标时所产生的误差。

b. 检测系统分辨率不高所致的误差。

② 内部噪声引起的误差，主要指电子器件内部产生的噪声。

③ 此外还有灵敏度不足引起的误差，器件老化引起的误差，检测系统工作条件变化引起的误差等。

（2）方法误差：指测量时方法不完善、所依据的理论不严密以及对被测量定义不明确等诸多因素所产生的误差，有时也称为理论误差。

4）按被测量随时间变化的速度分类

（1）静态误差：指在测量过程中，被测量随时间变化很缓慢或基本不变时的测量误差。

（2）动态误差：指在被测量随时间变化很快的过程中测量所产生的附加误差。

5）按使用条件分类

（1）基本误差：指检测系统在规定的标准条件下使用时所产生的误差。检测系统的精确度就是由基本误差决定的。

（2）附加误差：当使用条件偏离规定的标准条件时，除基本误差外还会产生附加误差。

6）按误差与被测量的关系分类

（1）定值误差：指误差对被测量来说是一个定值，不随被测量变化。

（2）累积误差：在整个检测系统量程内误差值 Δx 与被测量 x 成比例变化，即

$$\Delta x = \gamma_s x \tag{1-20}$$

式中　γ_s——比例常数。

项目实施

一、认识各类传感器

图 1-17 至图 1-25 所示为各种传感器的图片，熟悉这些图片及相应的实物做到可以确认传感器的类型。

（a）应变式荷重传感器

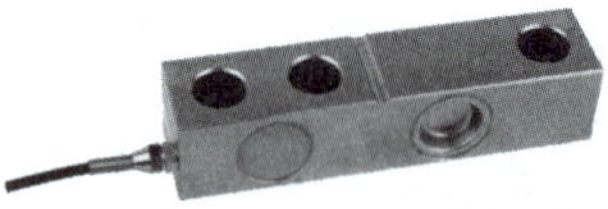

（b）应变式称重传感器

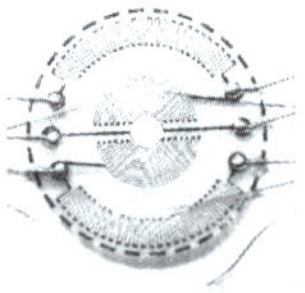

（c）半导体应变片

（d）电位计式小型压力传感器

（e）压阻式压力传感器

图 1-17　电阻应变式传感器

（a）电感式接近开关

（b）电涡流位移传感器

图 1-18　电感式传感器

（a）电容式压力传感器

（b）电容式液位传感器

图 1-19　电容式传感器

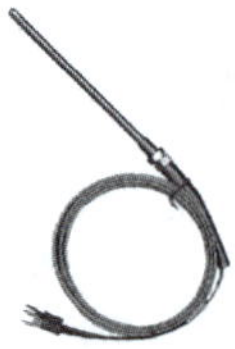

热电偶

图 1-20　热电式传感器

压电式加速度传感器

图 1-21　压电式传感器

磁电转速传感器

图 1-22　磁电式传感器

(a) DS18B20数字式温度计

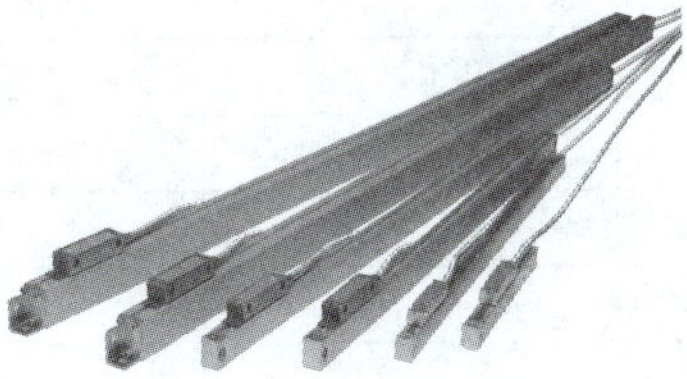

(b) 光栅传感器

图 1-23　数字传感器

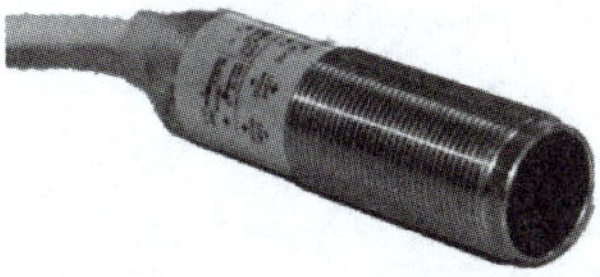

(a) 圆柱形光电传感器

(b) 光纤传感器

图 1-24　光电式传感器

(a) CCD图像传感器

(b) 热释电红外传感器

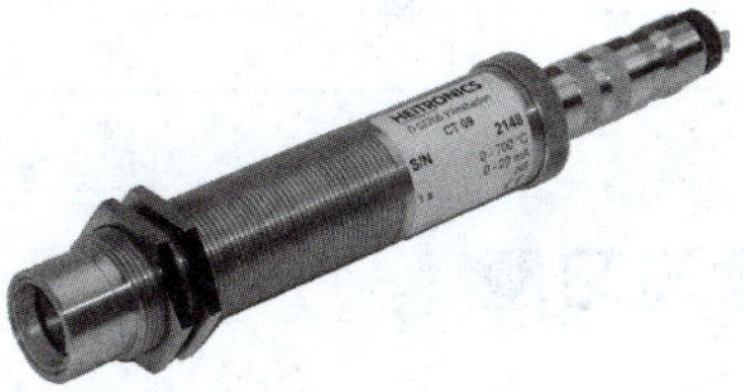

(c) 红外温度传感器

(d) 超声波传感器

图 1-25　其他传感器

二、分析各类传感器

通过查询文献、网络搜寻等方法，收集各类传感器的信息。将它们的类别、基本原理、优缺点以及适用范围填入表 1-5 中。

表 1-5　传感器的信息

类别	基本原理	优点	缺点	适用范围

续表

类别	基本原理	优点	缺点	适用范围

项目拓展与评价

一、训练题目与要求

电子秤静态特性测试

按其最大称重量，用一个电子秤由小到大取10个不同重量的砝码（或组合10个砝码重量）。将砝码从小到大进行称重，记录显示值；再将砝码从大到小进行称重，记录显示值。重复3次。以砝码重量为横坐标，显示值为纵坐标，绘出电子秤称重误差曲线、重复性曲线和迟滞曲线。

二、考核与评价

考核标准见表1-6。

表1-6　项目一考核与评价标准

考核内容	完成项目实施内容	完成训练
成　绩	50	50

思考与习题

1. 从功能上讲，传感器由哪些部分组成？
2. 传感器是如何分类的？
3. 何为传感器静态特性？静态特性主要技术指标有哪些？
4. 什么是传感器的线性度？常用的拟合方法有哪几种？
5. 在常见的家用电器中，分别使用了什么功能的传感器？
6. 传感器有什么作用？列举出3种以上的传感器分类方法。
7. 传感器的型号有几部分组成，各部分有何意义？
8. 某线性位移测量仪，当被测位移由4.5mm变到5.0mm时，位移测量仪的输出电压由3.5 V减至2.5 V，求该仪器的灵敏度。
9. 有三台测温仪表，量程均为0～800℃，精度等级分别为2.5级、2.0级和1.5级，现要测量500℃的温度，要求相对误差不超过2.5%，选那台仪表合理？
10. 什么是测量值的绝对误差、相对误差、引用误差？

项目二 常用检测电路

项目说明

测量系统一般由传感器、检测电路和指示器、记录仪等组成。传感器将测量转换为电信号，但其输出一般很微弱，且有可能包含各种干扰和噪声，需由检测电路将其放大、滤波，并根据显示、记录的要求对其进行处理和转换。本项目从测量系统角度出发，介绍测量系统一些常用的信号放大电路、信号处理电路和信号转换电路。通过一个采用 LM324 实现的电平指示电路的训练初步理解集成放大器的应用。

相关知识

一、信号放大电路

在测量控制系统中，信号放大电路主要用来将传感器输出的微弱电压、电流或电荷信号进行放大处理，为系统提供高精度的模拟输入信号，它对测量控制系统的精度起着关键的作用。

根据传感器输出信号的不同，常见的放大电路有集成运算放大器、电桥放大器、电荷放大器、低漂移直流放大器、高输入阻抗放大器、低噪声放大器等。下面介绍几种常见的放大器。

1. 集成运算放大器

1）反相放大器

图 1-26 所示为反相放大器的基本电路，输入电压 V_i通过电阻 R_1加到反相输入端，其同相端接地，而输出电压 V_o通过电阻 R_f反馈到反相输入端。

反相放大器的输出电压，可由式（1-21）确定，即

$$V_o = -V_i \frac{R_f}{R_1} \tag{1-21}$$

式中，负号表示输出电压与输入电压反相，其放大倍数只取决于 R_f和 R_1的比值，具有很大的灵活性，因此反相放大器广泛应用于各种比例运算中。

2）同相放大器

图 1-27 所示为同相放大器的基本电路。输入电压 V_i直接从同相端加入，而输出电压 V_o通过电阻 R_f反馈到反相输入端。

同相放大器的输出电压，可由式（1-22）确定，即

$$V_o = \frac{R_1 + R_f}{R_1} V_i = \left(1 + \frac{R_f}{R_1}\right) V_i \tag{1-22}$$

从上式可以看出，同相放大器的增益也同样只取决于 R_f与 R_1的比值，这个数值为正，说明输出电压与输入电压同相，而且其绝对值也比反相放大器多 1。

3）差动放大器

图 1-28 所示为差动放大器的基本电路。两个输入信号 V_{i1}和 V_{i2}分别经 R_1和 R_2输入运算

放大器的反相输入端和同相输入端，输出电压则经 R_f反馈到反相输入端。电路中要求 $R_1=R_2$，$R_f=R_3$。

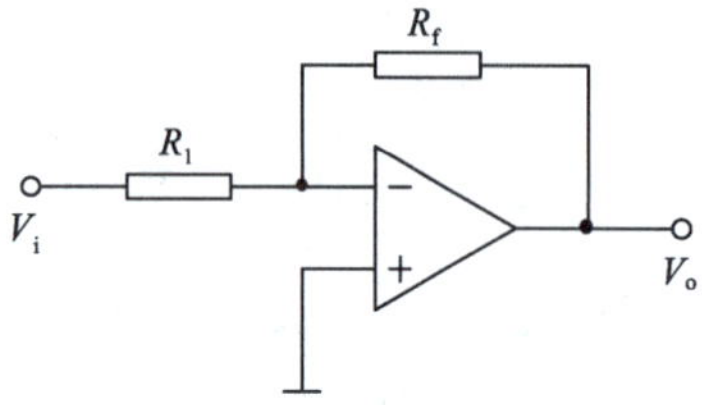

图 1-26　反相放大器基本电路

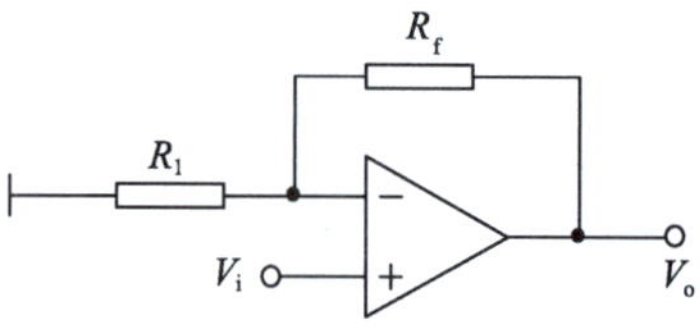

图 1-27　同向放大器的基本电路

差动放大器的输出电压，可由式（1-23）确定，即

$$V_o=\frac{R_f}{R_1}(V_{i2}-V_{i1}) \tag{1-23}$$

差动放大器最突出的优点是能够抑制共模信号。共模信号是指在两个输入端所加的大小相等、极性相同的信号，理想的差动放大器对共模输入信号的放大倍数为零，在差动放大器中温度的变化和电源电压的波动，都相当于共模信号，因此能被差动放大器所抑制，可使差动放大器零点漂移最小。来自外部空间的电磁波干扰也属于共模信号，它们也会被差动放大器所抑制，所以说差动放大器的抗干扰能力极强。

2. 电桥与电桥放大器

传感元件把各种被测非电量转换为电阻、电容、电感的变化后，必须进一步把它转换为电流或电压的变化，才有可能用电测仪表来测定，电桥测量电路正是实现这种变换的一种最常用的方法。

1）电桥

由 4 个电阻组成一个四边形电路，其中一组对角线接激励源（电压或电流），另一组对角线接到电桥放大器上，如图 1-29 所示，R_1～R_4称为电桥的桥臂。

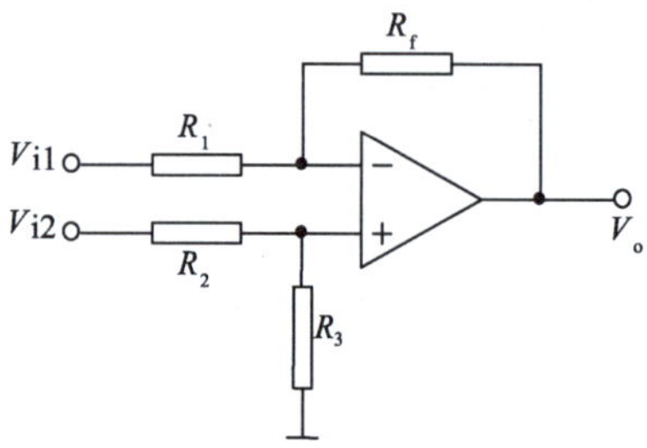

图 1-28　差动放大器的基本电路

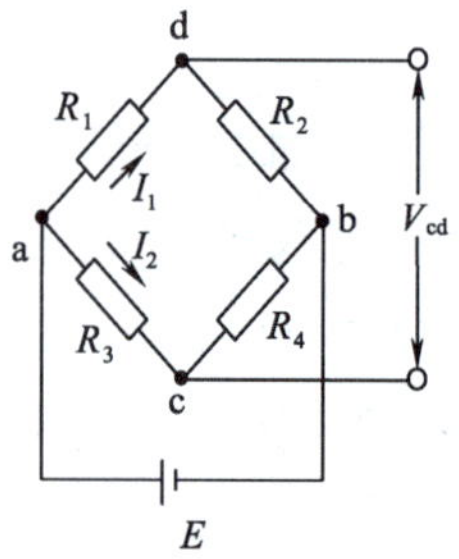

图 1-29　电桥电路

在图 1-29 中，当输出端接到输入阻抗比较高的放大器输入端时，电桥输出端相当于开路，所以输出电流为零。此时有

$$I_1=\frac{E}{R_1+R_2} \tag{1-24}$$

$$I_2=\frac{E}{R_3+R_4} \tag{1-25}$$

由此可求出输出电压为

$$V_{cd}=I_1R_1-I_2R_3=\frac{ER_1}{R_1+R_2}-\frac{ER_3}{R_3+R_4} \tag{1-26}$$

由式（1-26）可见，要使电桥输出电压为零（亦即使电桥平衡），必须满足的条件为

$$R_1R_4-R_2R_3=0 \tag{1-27}$$

式（1-27）为直流电桥平衡条件，它说明欲使电桥达到平衡，其相对的两臂电阻的乘积要相等。

式（1-27）中的任何一个电阻变化，都将使电桥失去平衡，产生输出。测量此输出的大小即可测出被测参数。根据电桥中可变电阻的数目不同，电桥可分为单桥、双桥和全桥3种。

2）电桥放大器

电桥放大器的形式很多，一般要求电桥放大器具有高输入阻抗和高共模抑制比。考虑到实际应用中的种种因素，如供给桥路的电源是接地还是悬空，传感元件是接地还是悬空，输出是否要求线性关系等，应选用不同的电桥放大器。

（1）半桥式放大器

图1-30所示为半桥式放大器。这种桥路结构简单，桥路电源E不受运放共模电压范围限制，但要求E稳定、正负对称、噪声和纹波小。该线路的输出电压为

$$V_o=E\frac{R_f}{R}\left(\frac{x}{1+x}\right) \tag{1-28}$$

式（1-28）表明，当x较大时，输出电压与电阻变量成非线性关系。

本线路抗干扰能力较差，要求输入引线短，并加屏蔽。

（2）电流放大式

图1-31所示为电流放大式电桥放大器，这是差动输入式线路。当$R_f \gg R$，$x \ll 1$时，输出电压为

$$V_o=\frac{E}{2}\left(1+\frac{2R_f}{R}\right)\frac{x}{2+x}\approx\frac{R_f}{2R}Ex \tag{1-29}$$

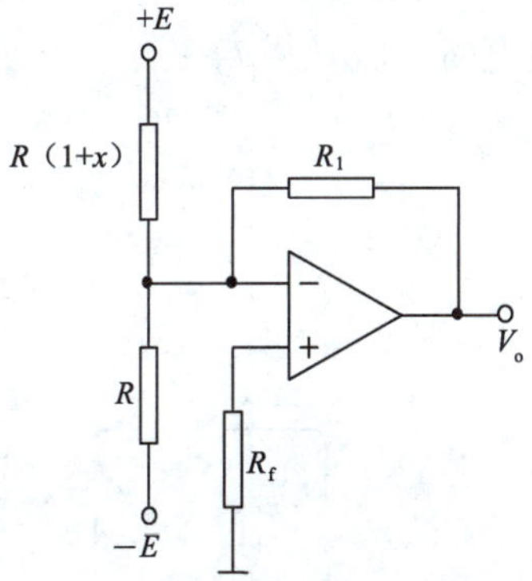

图1-30　半桥式放大器

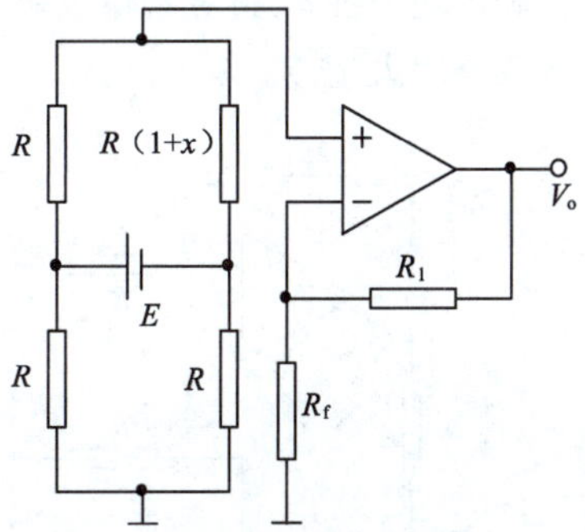

图1-31　电流放大式电桥放大器

该电路特点是电桥供电电源接地。但是电路的灵敏度与电桥阻抗有关。

3. 高输入阻抗放大器

很多传感器的输出阻抗都比较高，如压电传感器、电容传感器等，为了使此类传感器输出的信号在输入测量系统时信号不产生衰减，要求测量电路具有很高输入阻抗，下面介绍自举反馈型高输入阻抗放大器。

图 1-32 所示的电路采用了自举反馈原理，即设想把一个变化的交流信号电压（相位与幅值均与输入信号相同）加到电阻 R_G 不与栅极相连的一端（如图中 A 点），因此使 R_G 两端的交流电压近似相等，即 R_G 上只有很小电流流过，也即 R_G 所引起分路效应很小，从物理意义上理解就是提高了输入阻抗。

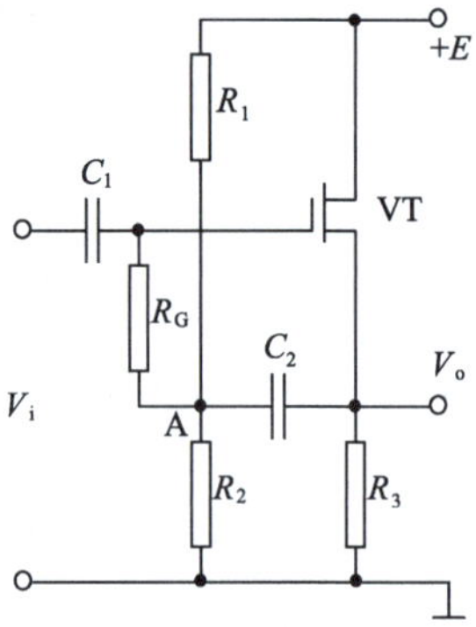

图 1-32　自举型高输入阻抗放大器之一

图 1-32 中的 R_1、R_2 产生偏置电压并通过 R_G 耦合到栅极，电容 C_2 把输出电压耦合到 R_G 的下端，则电阻 R_G 两端电压为 $V_i(1-A_v)$（A_V 为电路的电压增益）。故输入回路的直流输入电阻为

$$R_i = R_G + \frac{R_1 R_2}{R_1 + R_2} \tag{1-30}$$

必须特别指出，自举电容 C_2 的容量要足够大，以防止电阻 R_G 下端 A 点的电压与输入电压有较大的相位差而影响自举效果。为确保 R_G 两端的电压相位差小于 0.6°，则要求 C_2 的容抗 $\frac{1}{\omega C_2}$ 应比 R_1、R_2 并联的阻值小 1%。

由于场效应管是电平驱动元件，栅-漏极电流很小，因而本身就具有很高的输入阻抗。加上自举电路后，具有更高的输入阻抗，其输入阻抗可高达 $10^{12}\Omega$ 以上。因此场效应管常用于前级阻抗变换，且由于其结构简单、体积小，可以直接装在传感器内，以减少外界干扰，在电容拾音器、压电传感器等容性传感器中有广泛应用。

运算放大器作为前置放大器时，也可利用自举原理提高输入阻抗。

图 1-33 所示电路是一种由集成运算放大器构成的自举型高输入阻抗放大器。本电路是利用自举反馈，使输入回路的电流 I_i 主要由反馈电路的电流 I 来提供。这样，输入电路向信号源吸取的电流 I_i 就可以大大减小、从而提高了本级放大器的输入阻抗。适当选择图 1-33 电路参数，可使这种反相比例放大器的输入电阻在 100MΩ 以上。若 A_1、A_2 为理想运算放大器，可应用弥勒定理，将 R_2 折算到输入端，其等效电路，如图 1-34 所示，其中 A_{o2} 为运算放大器 A_2 的开环电压增益。

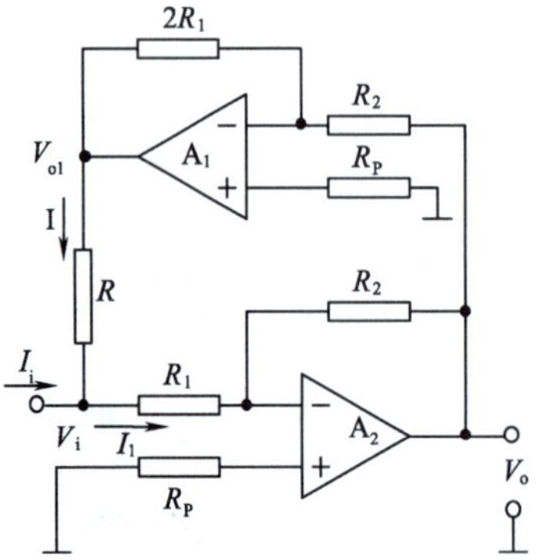

图 1-33　自举型高输入阻抗放大器之二

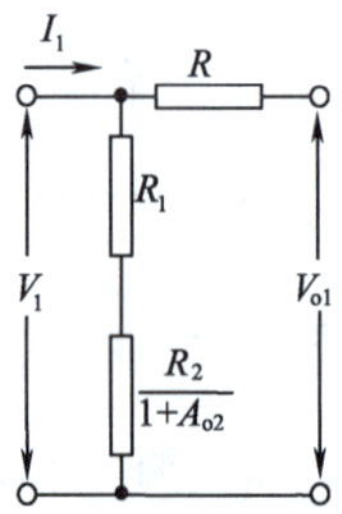

图 1-34　等效输入回路

4. 电荷放大器

电荷放大器是一种输出电压 V_o 与输入电荷 Q 成正比的放大电路。电荷放大器主要被用来与压电传感器相连，其优点在于可以避免传输电缆分布电容的影响。

图 1-35 所示为用于压电传感器的电荷放大器等效电路，这是一种带电容负反馈的高输入阻抗高增益运算放大器，它的输出电压与传感器产生的电荷分别用 V_o 和 Q 表示。C_f 为放大器反馈电容，R_f 为反馈电阻，C_t 为压电传感器等效电容，C_c 为电缆分布电容，R_f 为压电传感器等效电阻，A_o 为放大器开环放大倍数。

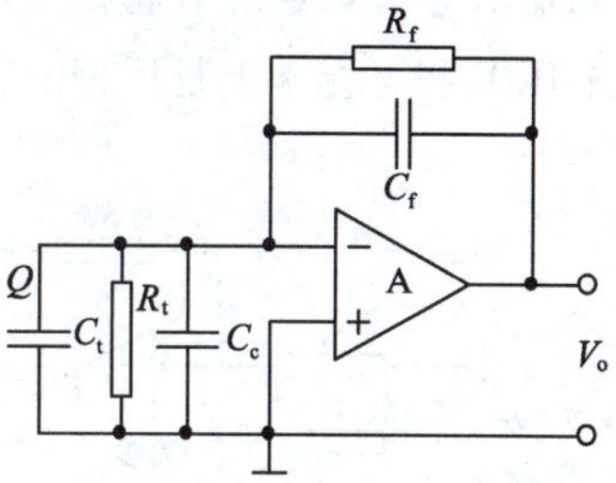

图 1-35 电荷放大器等效电路

为得到输出电压 V_o 与输入电荷 Q 间的关系，先将 C_f 与等效到放大器的输入端，然后对各并联电路使用结点电压法求 V_o，得到

$$V_o = \frac{-j\omega Q A_o}{\left[\frac{1}{R_t} + (1 + A_o)\frac{1}{R_f}\right] + j\omega[C_t + C_c + (1 + A_o)C_f]} \tag{1-31}$$

一般情况下，R_t、R_f 较大，C_t、C_c 与 C_f 大约是同一个数量级，而 A_o 又较大，因此，在式（1-31）中，分母中的 $(C_t + C_c) \ll (1 + A_o)C_f$，$[1/R_t + (1 + A_o)/R_f] \ll \omega(1 + A_o)C_f$，由此得到

$$V_0 = -\frac{A_o Q}{(1 + A_o)C_f} \approx -\frac{Q}{C_f} \tag{1-32}$$

显然，只要 A_o 足够大，则输出电压 V_o 只与电荷 Q 和反馈电容 C_f 有关，与电缆分布电容无关，说明电荷放大器的输出不受传输电缆长度的影响。

二、信号处理电路

从前方电路出来的信号，其中可能包含着不期望的信号，需要剔除；或者对其中某一特定的信号感兴趣，需要提取出来。信号处理电路包括滤波、隔离、接地、屏蔽等。

1. 滤波

传感器输出的信号，由于受到环境等因素的影响，往往含有多种频率成分的噪声信号。严重时，这种信号会覆盖有用的输入信号，使系统无法获取被测信号的真值。此时系统可用滤波来排除干扰、抑制噪声。通过滤波技术，可以提高系统测量信噪比，提高系统测量精度。

滤波电路或滤波器是一种能使某一部分频率顺利通过而另一部分频率受到较大衰减的装置。因传感器的输出信号大多是缓慢变化的，因而对传感器输出信号的滤波常采用有源低通滤波器，它只允许低频信号通过而不能通过高频信号。

图 1-36 所示为一阶 RC 有源低通滤波电路，滤波电路接入运算放大器的同相输入端。这种滤波电路的滤波截止频率为

$$f_0 = \frac{1}{2\pi RC} \tag{1-33}$$

从理想情况看，当干扰信号频率 $f > f_0$ 时，滤波电路的输出应为零，但实际上这种电路

输入比f_0高10倍频率，幅度只下降20dB，滤波效果不够理想。

图1-37所示为典型的二阶*RC*有源低通滤波电路，它由二级*RC*滤波电路，其中将第一级的电容*C*接入到放大器的输出端。当时，输出电压V_o和输入信号V_i的相位差在90°以内，则输出电压V_o通过*C*将使V_i的幅度增强，从而提高了输出电压的幅度；而当$f \geqslant f_0$时，输出电压V_o和V_i基本上是反相的，输出电压V_o通过*C*将使V_i的幅度下降，使干扰信号衰减。

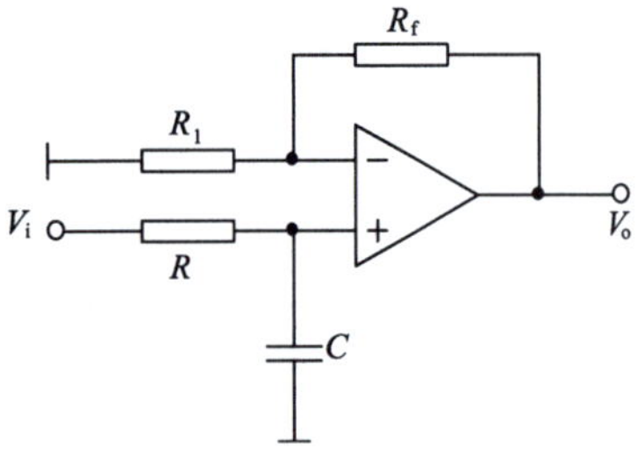

图1-36　一阶*RC*有源低通滤波电路

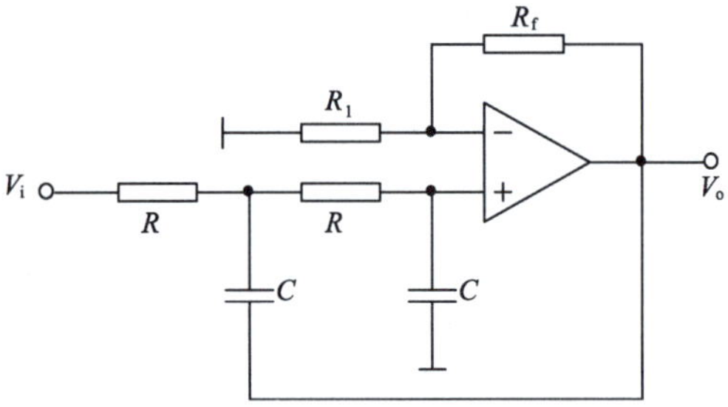

图1-37　二阶*RC*有源低通滤波电路

有些传感器需要高通滤波器，它只允许高频信号通过，而不能通过低频信号。图1-38所示为一个典型的二阶*RC*有源高通滤波电路，可以看出，只要将低通滤波电路中起滤波作用的电阻、电容的位置进行互换，即可成为高通滤波电路，使低频干扰信号衰减。

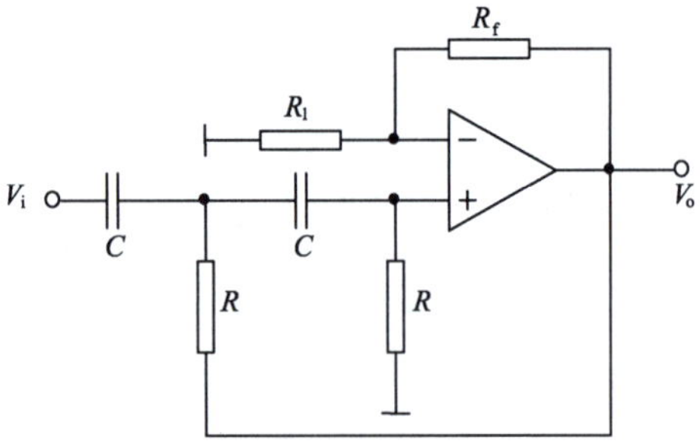

图1-38　二阶*RC*有源高通滤波电路

除了上述的滤波器外，有时还要使用带通滤波器和带阻滤波器。带通滤波器的作用是只允许某一频带内的信号通过，而比通频带下限频率低和比上限频率高的信号被阻断，它常用于从许多信号中获取所需要的信号，从而使干扰信号被滤除。带阻滤波器和带通滤波器相反，在规定的频带内，信号不能通过，而其余频率范围，信号则能顺利通过。总之，对于不同的需要，应选用不同的滤波电路。

2. 隔离

当电路信号在两端接地时，容易形成地环路电流，引起噪声干扰。这时，常采用隔离的方法，把电路的两端从电路上隔开。隔离的方法主要采用变压器隔离和光电耦合隔离。

在两个电路之间加入隔离变压器可以切断地环路，实现前后电路的隔离，变压器隔离只适用于交流电路。在直流或超低频测控系统中，常采用光电耦合的方法实现电路的隔离。

3. 屏蔽

屏蔽就是用低电阻材料或磁性材料把元件、传输导线、电路及组合件包围起来，以隔离内外磁场或电场的相互干扰。屏蔽可分为三种，即电场屏蔽、磁场屏蔽及电磁屏蔽。电场屏蔽主要用来防止元器件或电路间因分布电容耦合形成的干扰。磁场屏蔽主要用来消除元器件或电路间因磁场寄生耦合产生的干扰。磁场屏蔽的材料一般都选用高磁导率的磁性材料。电磁屏蔽主要用来防止高频电磁场的干扰。电磁屏蔽的材料应选用电导率较高的材料，如铜、银等，利用电磁场在屏蔽金属内部产生涡流而引起屏蔽作用。电磁屏蔽的屏蔽体可以不接地，但一般为防止分布电容的影响，可以使电磁屏蔽的屏蔽体接地，起到兼有电场屏蔽的作用。电场屏蔽体必须可靠接地。

4. 接地

电路或传感器中的“地”指的是一个等电位点，它是电路或传感器的基准电位点，与基准电位点相连接，就是接地。传感器或电路接地，是为了清除电流流经公共地线阻抗时产生噪声电压，也可以避免受磁场或地电位差的影响。把接地和屏蔽正确结合起来，就可抑制大部分的噪声。

三、信号转换电路

在实际测量中，传感器输出的信号部分是数字信号，但大多是模拟信号，要使计算机或数字仪表能识别和处理这些信号，必须进行去抖动和模/数转换等处理。

1. 接点开关型传感器

这类传感器的输出信号是由开关的通、断形成的，将这种信号输入计算机是比较容易的，但要注意信号抖动现象。凡是采用机械触点开关的传感器基本上都存在这个问题，开关种类不同及使用方法不同，抖动的时间也不一样。不过，与开关本身的动作时间相比，抖动时间极短，消除抖动对保证计算机正确处理和识别信号是非常重要的，消除抖动可以采用硬件处理或软件处理，通常抖动消除时间设定在几十毫秒就足够了。这种类型传感器与计算机的输入电路，如图 1-39 所示。

2. 无接点开关型传感器

在无接点开关型传感器中，传感器输出的开关信号不存在抖动现象，也不是数字信号，而具有模拟输出特性。这时在计算机的输入电路中设置比较器，根据传感器输出与基准电平相比较的结果，来判断开关状态，然后将比较结果通过输入口给计算机，如图 1-40 所示。

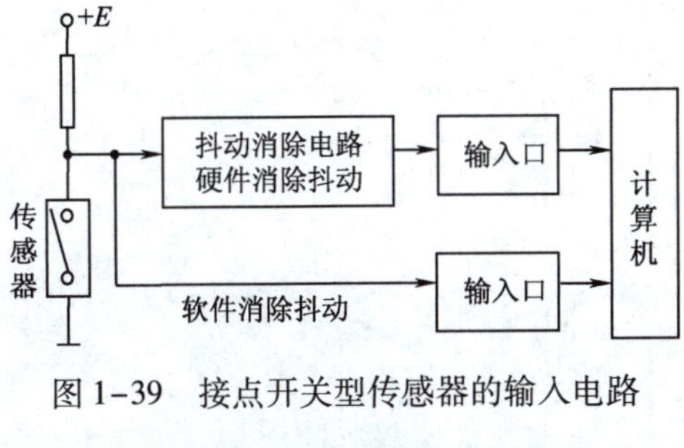

图 1-39 接点开关型传感器的输入电路

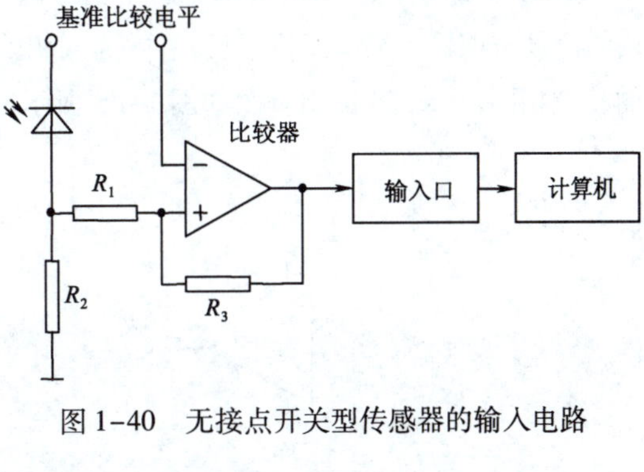

图 1-40 无接点开关型传感器的输入电路

3. 模拟输出型传感器

模拟输出型传感器输出的是模拟信号，计算机无法进行处理，必须把传感器输出的模拟量转换成数字量输入计算机，由计算机对信号进行分析处理。模拟输出型传感器按其输出特性可分为电压输出变化型、电流输出变化型及阻抗输出变化型三种。对于电压输出变化型和电流输出变化型，首先将传感器输出的电压信号或电流信号进行预处理，使它们转换成适当电平的模拟电压，再经 A/D 转换器转换成数字量，经输入口输入给计算机，如图 1-41 所示。

图 1-41　采用 A/D 转换器的输入电路

有时传感器和计算机之间的距离较远，为了提高传输信号抗干扰的能力和减少信号线的数目，传感器的输出信号经预处理后，再经 V/F 转换器将模拟电压转换成频率变化的信号。由于频率变化信号也属于数字量信号，因而可以不使用 A/D 转换器，经输入口传给计算机，如图 1-42 所示。

图 1-42　采用 V/F 转换器的输入电路

对于阻抗变化型传感器，一般采用 *LC* 振荡器或 *RC* 振荡器将传感器输出的阻抗变化转换成频率的变化，再经输入口给计算机，如图 1-43 所示。

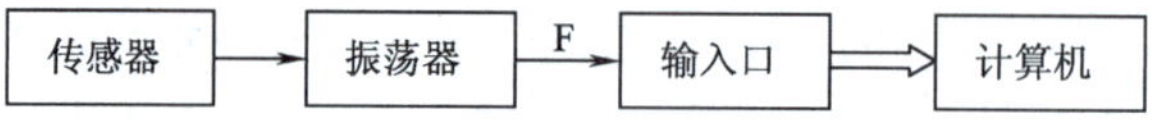

图 1-43　采用振荡器的输入电路

四、LM324 集成放大器的引脚功能和电路原理

LM324 是四运放集成电路，它采用 14 脚直插式封装。它的内部包含四组形式相同的运算放大器，除电源公用外，四组运算放大器相互独立。每一组运算放大器可用图 1-44 所示的符号来表示，它有 5 个引出脚，其中“V_i+”“V_i-”为两个信号输入端，“$V+$”“$V-$”为正、负电源端，“V_o”为输出端。两个信号输入端中，V_i-为反相输入端，表示运放输出端 V_o的信号与该输入端的相位相反；V_i+为同相输入端，表示运放输出端 V_o的信号与该输入端的相位相同。LM324 的引脚图如图 1-45 所示。

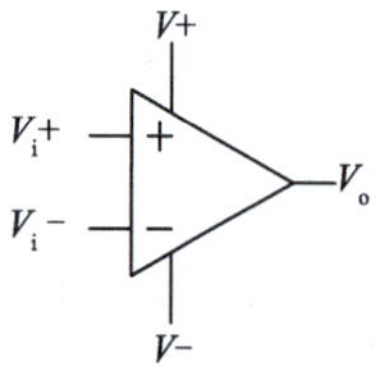

图 1-44　运算放大器

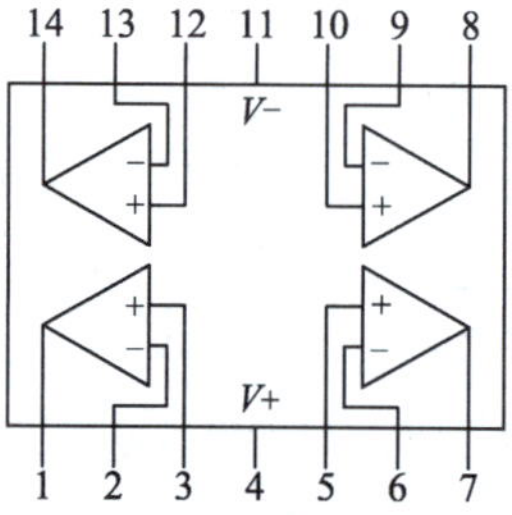

图 1-45　LM324 的引脚图

由于LM324四运放电路具有电源电压范围宽，静态功耗小，可单电源使用，价格低廉等优点，因此被广泛应用在各种电路中。

音频电平指示电路如图1-46所示，采用两片集成运放LM324组成电压比较器。V_{CC}经R9、D1组成降压电路，D1上正向电压的范围是0.6～0.8 V，假设为0.72V，经9只1kΩ电阻器（R10～R18）分压，每级电压变化0.08V，比较器的同相输入端电位自左而右从0.08 V开始成倍升高，音频信号V_i幅度每增加0.08V，比较器A1～A8中就多一个输出为低电平，相应地就多一个发光二极管LED被点亮，LED被点亮的个数随着音频信号的强弱变化而变化。

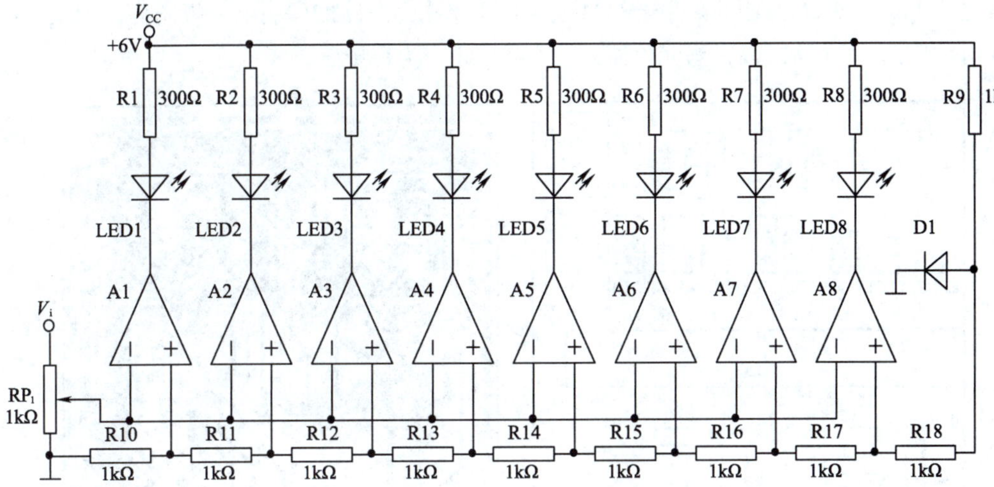

图1-46 音频电平指示电路

项目实施

一、采用LM324实现的电平指示电路的绘制

使用Protel 99 SE绘制完成图1-46所示的原理图。

二、元器件选择

A1～A8选用集成运算放大器LM324。RP1选用1kΩ精密电位器。$R1$～$R18$均选用0.25W碳膜电阻器。D1选用1N4148二极管。LED1～LED8选用直径5mm的红色发光二极管。同时准备6V稳压电源、电平信号输入、实验板等。

项目二的元器件清单表如表1-7所示。

表1-7 项目二元器件清单表

元件序号	元件名称	元件型号与规格	元件参数	数量
D1	二极管	1N4148		1
A1～A8	集成运放	集成运放LM324/DIP8		2
R1～R8	电阻器	碳膜电阻器，功率0.25W	300Ω	8
R9～R18	电阻器	碳膜电阻器，功率0.25W	1kΩ	10

续表

元件序号	元件名称	元件型号与规格	元件参数	数量
RP1	电位器	精密电位器	1kΩ	1
LED1～LED8	发光二极管	红色 $\phi5$		8
J1	6V 电源插座	6V 稳压电源		1
J2	电平信号输入插座	电平信号输入插座		1

三、印制电路板设计

使用 Protel 99 SE 绘制的采用 LM324 实现的电平指示电路的印制电路板图为单面板，如图 1-47 所示。图 1-47（a）为元件面，图 1-47（b）为焊接面。

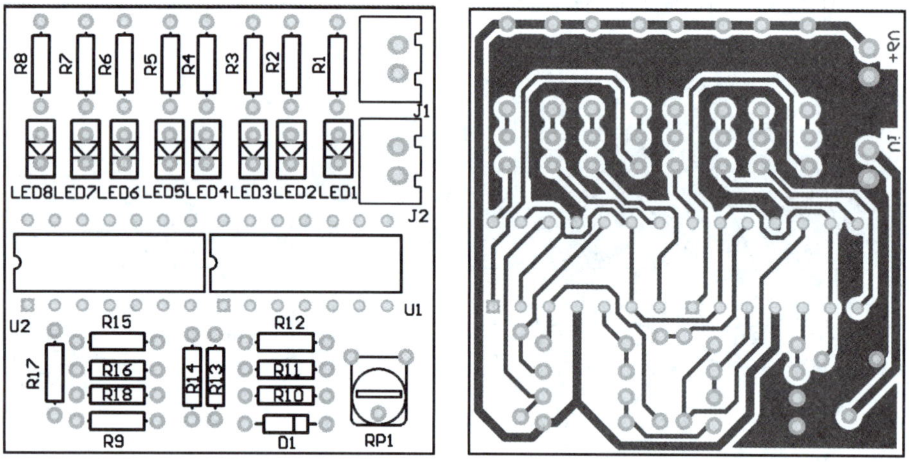

（a）元件面　　（b）焊接面

图 1-47　采用 LM324 实现的电平指示电路的印制电路板图

四、电路调试

按图 1-47 将电路焊接在电路板上，认真检查电路，接入相应电压和输入信号，调节电位器 RP$_1$ 滑动端从接地端到接 V_i 端变化即可看到相应的 LED（LED$_1$～LED$_8$）依次点亮。

项目拓展与评价

一、训练题目与要求

若将 4～20 mA 输入直流电流转换至 0～5 V 的输出直流电压，试设计其转换电路并安装焊接实现。

二、考核与评价

考核与评价标准见表 1-8。

表 1-8　项目二考核与评价标准

考核内容	完成项目实施内容	完成训练
成　绩	50	50

思考与习题

1. 检测系统由哪几部分组成？说明各部分的作用。

2. 各种放大器的特点是什么？

3. 常见的放大器的种类有哪些？

4. 各种放大器主要用于什么样的信号电路？

5. 常用的信号处理电路有哪些？

6. 常见信号处理电路主要应用在什么场所？

7. 电桥测量电路的作用是把传感器的参数变化转为（　　）的输出。

A. 电阻　　B. 电容　　C. 电压　　D. 电荷

8. 一般来说，对屏蔽罩材料的要求有（　　）。

A. 选用高电阻的金属材料　　B. 选用低电阻的金属材料

C. 选用半导体材料　　D. 选用绝缘材料

9. 下面哪种电路主要是为了远距离传输？（　　）

A. 频率–电压变换　　B. 电流–电压变换

C. 数–模变换　　D. 电压–电流变换

10. 在信号的变换中，我们有时为了处理信号的方便，常常把模拟信号转换成数字信号送入微处理器进行处理，下面哪一个是采用这种技术？（　　）

A. A/D 变换电路　　B. F/V 变换电路

C. D/A 变换电路　　D. V/I 转换电路

模块二

光电传感器及其应用

光电传感器是采用光电元器件作为检测元器件的传感器。它是以光电效应为基础，通过把被测量的变化转换为光信号的变化，然后借助光电元器件进一步将光信号转换成电信号。光电传感器一般由光源、光学通路和光电元件三部分组成。光电检测方法具有精度高、反应快、非接触等优点，而且可测参数多，传感器的结构简单，形式灵活多样，因此，光电传感器在检测和控制中应用非常广泛。

本模块主要学习光电传感器的基本原理及其应用。

知识点

光电传感技术的基本原理；

常用光电元器件的结构、特性；

常用光电元器件的典型应用电路；

红外感应开关的工作原理。

技能点

光电传感器的选用；

光敏电阻器、光敏二极管、光敏晶体管应用电路安装、调试；

红外感应开关的制作、调试。

教学法

本模块主要采用实训为主，讲授为辅的教学方式完成课程教学。教师主要是将项目的基本知识及关键步骤跟学生讲明即可，学生大部分时间自主学习，并进行实训。在实训过程中，教师进行辅导及在项目完成后进行总结。

项目一　光控制照明电路的设计

项目说明

设计制作一个光控制照明电路的设计，分别采用光敏电阻器、光敏二极管、光敏晶体管及光电池作为敏感元件，测试它们的光电特性，并能控制继电器动作，发出声或光报警。

相关知识

一、光电效应及光电元件

用光照射某一物体，可以看作物体受到一连串具有一定能量的光子的轰击，组成这物体的材料吸收光子能量而发生相应电效应的物理现象称为光电效应。光电效应可分为内光电效应和外光电效应。

1. 外光电效应及器件

外光电效应：在光线的作用下能使电子逸出物体表面的现象称为外光电效应，基于外光电效应的光电元件有紫外光电管、光电倍增管等。

1）光电管

光电管是基于外光电效应的基本光电转换器件。光电管可使光信号转换成电信号。光电管的图形符号和测量电路如图 2-1 所示，真空光电管的结构和实物图如图 2-2 所示。

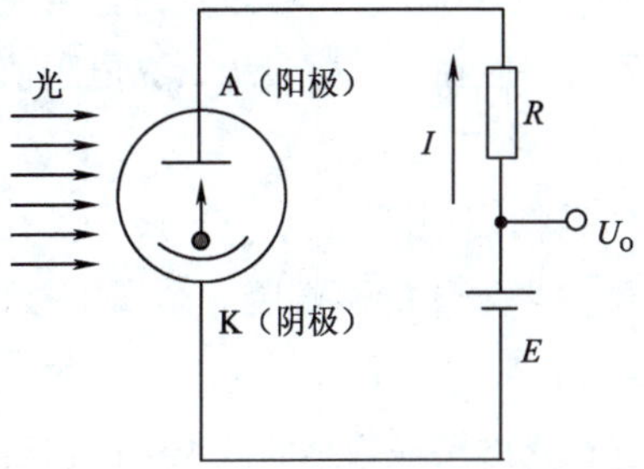

图 2-1 光电管的图形符号和测量电路

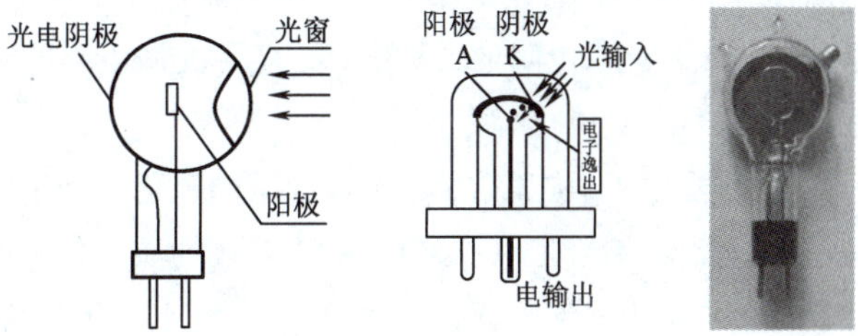

（a）中心阳极型 （b）半圆柱面阴极型 （c）实物图

图 2-2 真空光电管的结构和实物图

2）光电倍增管

光电倍增管能将一次次闪光转换成一个个放大了的电脉冲，然后送到电子线路，记录下来。当光照射到光阴极时，光阴极向真空中激发出光电子。这些光电子按聚焦极电场进入倍增系统，并通过进一步二次发射得到倍增的放大。然后把放大后的电子用阳极收集作为信号输出。光电倍增管的结构、原理电路及实物图如图 2-3 所示。

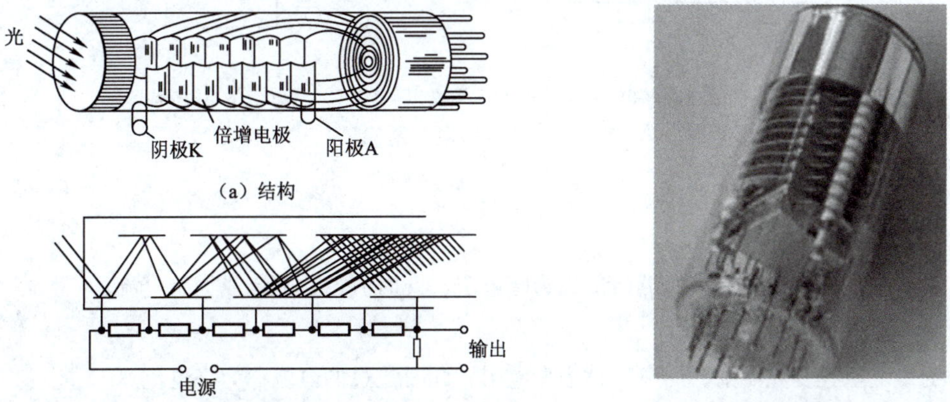

（a）结构

（b）原理电路

（c）实物图

图 2-3 光电倍增管的结构、原理电路及实物图

2. 内光电效应及器件

当光照在物体上，使物体的电导率发生变化，或产生光生电动势的现象称为内光电效应，内光电效应分为光电导效应和光生伏特效应（光伏效应）。

光电导效应是在光线作用下，电子吸收光子能量从键合状态过渡到自由状态，而引起材料电导率的变化。基于这种效应的光电器件有光敏电阻器。

光生伏特效应是在光作用下能使物体产生一定方向电动势的现象。基于该效应的器件有光电池和光敏二极管、光敏晶体管。

1）光敏电阻器

光敏电阻器又称光导管，简称光敏电阻，它几乎都是用半导体材料制成的光电器件，其常用的材料有硫化镉（CdS）、硫化铅（PbS）、锑化铟（InSb）等。光敏电阻没有极性，纯粹是一个电阻元件，使用时既可加直流电压，也可以加交流电压。无光照时，光敏电阻值（暗电阻）很大，电路中电流（暗电流）很小。当光敏电阻受到一定波长范围的光照时，它的阻值（亮电阻）急剧减小，电路中电流迅速增大。一般希望暗电阻越大越好，亮电阻越小越好，此时光敏电阻的灵敏度高。实际光敏电阻的暗电阻值一般在兆欧数量级，亮电阻值在几千欧以下。

光敏电阻的结构很简单，金属封装的硫化镉光敏电阻的结构图如图 2-4（a）所示。在玻璃底板上均匀地涂上一层薄薄的半导体物质，称为光导层。半导体的两端装有金属电极，金属电极与引出线端相连接，光敏电阻就通过引出线端接入电路。为了防止周围介质的影响，在半导体光敏层上覆盖了一层漆膜，漆膜的成分应使它在光敏层最敏感的波长范围内透射率最大。为了提高灵敏度，光敏电阻的电极一般采用梳状图案，如图 2-4（b）所示。光敏电阻的接线图如图 2-4（c）所示。

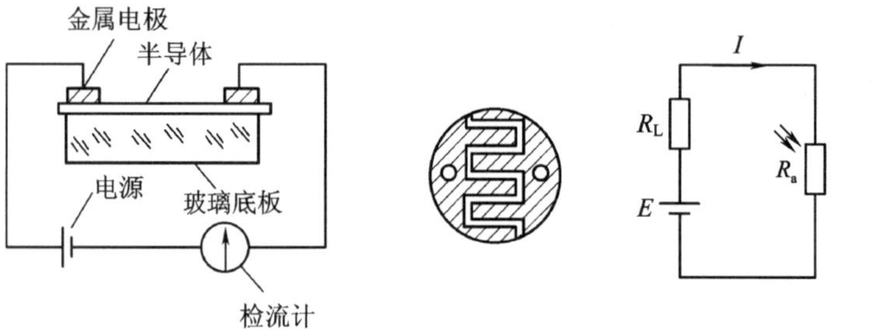

（a）光敏电阻结构　（b）光敏电阻电极　（c）光敏电阻接线图

图 2-4　光敏电阻结构

（1）光敏电阻的主要参数

① 暗电阻与暗电流

光敏电阻在不受光照射时的阻值称为暗电阻，此时流过的电流成为暗电流。

② 亮电阻与亮电流

光敏电阻在受光照射时的电阻称为亮电阻，此时流过的电流称为亮电流。

③ 光电流

亮电流与暗电流之差称为光电流。光敏电阻的暗电阻越大，亮电阻越小，即暗电流要小，亮电流要大，则光敏电阻的性能越好，灵敏度也高。光敏电阻暗电阻的阻值一般为兆欧数量级，亮电阻在几千欧以下。

（2）光敏电阻的基本特性

① 伏安特性

在一定照度下，流过光敏电阻的电流与光敏电阻两端的电压的关系称为光敏电阻的伏安特性。硫化镉光敏电阻的伏安特性曲线如图 2-5 所示。由图可见，光敏电阻在一定的电压范围内，其 $I-U$ 曲线为直线。说明其阻值与入射光量有关，而与电压电流无关。

② 光照特性

光敏电阻的光照特性是描述光电流 I 和光照强度之间的关系，不同材料的光照特性是不同的，绝大多数光敏电阻光照特性是非线性的。硫化镉光敏电阻的光照特性如图 2-6 所示。

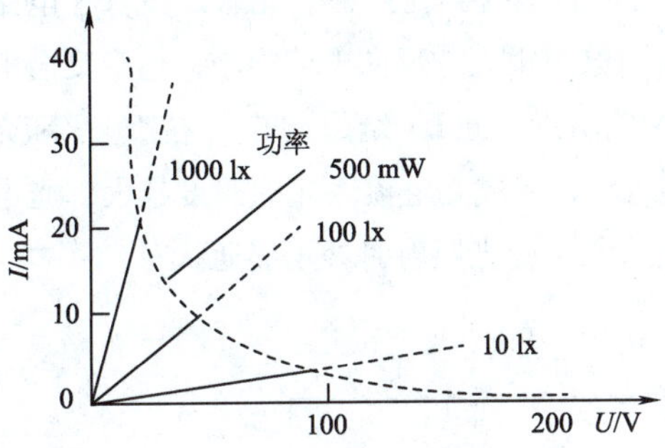

图 2-5　硫化镉光敏电阻的伏安特性

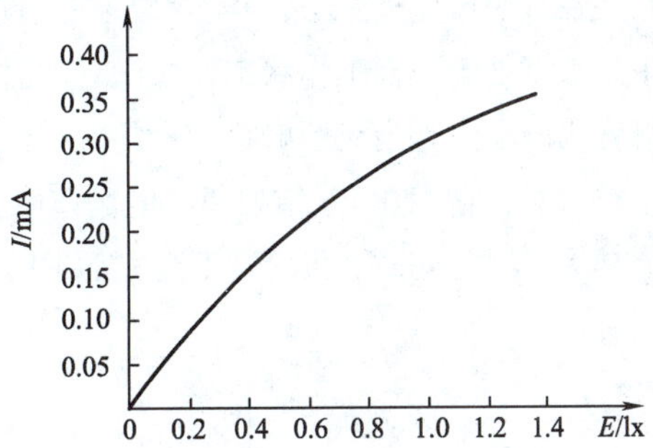

图 2-6　硫化镉光敏电阻的光照特性

③ 光谱特性

光敏电阻对入射光的光谱具有选择作用，即光敏电阻对不同波长的入射光有不同的灵敏度。光敏电阻的相对光敏灵敏度与入射波长的关系称为光敏电阻的光谱特性，亦称为光谱响应。几种不同材料光敏电阻的光谱特性如图 2-7 所示。对应于不同波长，光敏电阻的灵敏度是不同的，而且不同材料的光敏电阻光谱响应曲线也不同。从图中可见硫化镉光敏电阻的光谱响应的峰值在可见光区域，常被用作光度量测量（照度计）的探头。而硫化铅光敏电阻响应于近红外和中红外区，常用做火焰探测器的探头。

④ 频率特性

实验证明，光敏电阻的光电流不能随着光强改变而立刻变化，即光敏电阻产生的光电流有一定的惰性，这种惰性通常用时间常数表示。大多数的光敏电阻时间常数都较大，这是它的缺点之一。不同材料的光敏电阻具有不同的时间常数（毫秒数量级），因而它们的频率特性也就各不相同。

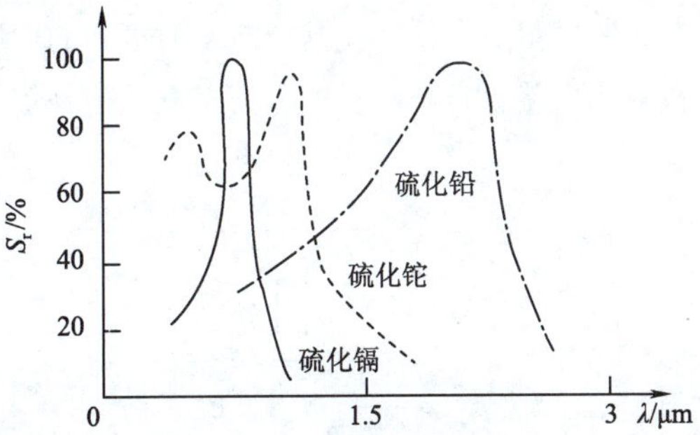

图 2-7　光敏电阻的光谱特性

⑤ 温度特性

光敏电阻和其他半导体器件一样，受温度影响较大。温度变化时，影响光敏电阻的光谱响应，同时光敏电阻的灵敏度和暗电阻也随之改变，尤其是响应于红外区的硫化铅光敏电阻受温度影响更大。因此，硫化铅光敏电阻要在低温、恒温的条件下使用。对于可见光的光敏电阻，其温度影响要小一些。

光敏电阻具有光谱特性好、允许的光电流大、灵敏度高、使用寿命长、体积小等优点，所以应用广泛。此外，许多光敏电阻对红外线敏感，适宜于红外线光谱区工作。缺点是型号相同的光敏电阻参数参差不齐，并且由于光照特性的非线性，不适宜于测量要求线性的场合，常用作开关式光电信号的传感元件。

2）光敏二极管和光敏晶极管

（1）光敏二极管

光敏二极管的结构简图和符号如图 2-8 所示，光敏二极管的结构与一般二极管相似。它装在透明玻璃外壳中，其 PN 结装在管的顶部，可以直接受到光照射。光敏二极管在电路中一般是处于反向工作状态，在没有光照射时，反向电阻很大，反向电流很小，这个反向电流称为暗电流，当光照射在 PN 结上，光子打在 PN 结附近，使 PN 结附近产生光生电子和光生空穴对，它们在 PN 结处的内电场作用下作定向运动，形成光电流。光的照度越大，光电流越大。因此光敏二极管在不受光照射时处于截止状态，受光照射时处于导通状态。

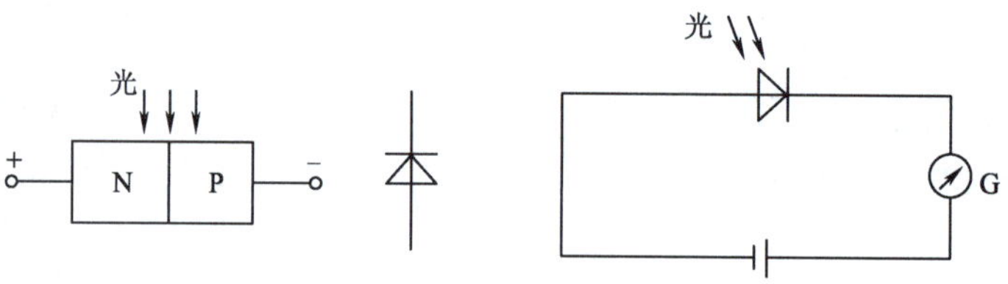

图 2-8　光敏二极管结构简图和符号

（2）光敏晶体管

光敏晶体管与一般晶体管很相似，具有两个 PN 结，如图 2-9（a）所示，只是它的发射极一边做得很大，以扩大光的照射面积。光敏晶体管接线如图 2-9（b）所示，大多数光敏晶体管的基极无引出线，当集电极加上相对于发射极为正的电压而不接基极时，集电结就是反向偏压，当光照射在集电结时，就会在结附近产生电子-空穴对，光生电子被拉到集电极，基区留下空穴，使基极与发射极间的电压升高，这样便会有大量的电子流向集电极，形成输出电流，且集电极电流为光电流的 β 倍，所以光敏晶体管有放大作用。

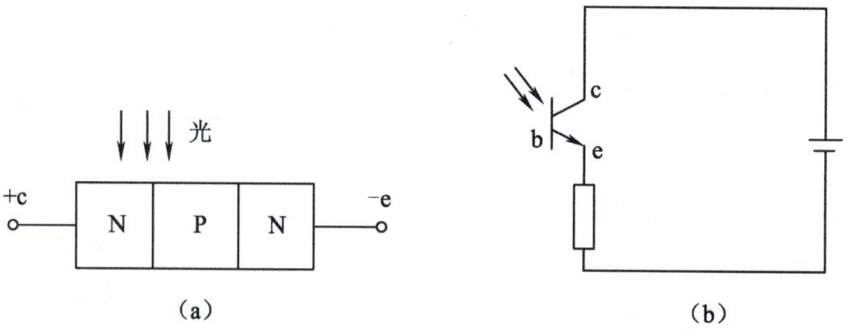

图 2-9　NPN 型光敏晶体管结构简图和基本电路

(3) 光电池

光电池是一种直接将光能转换为电能的光电器件，光电池在有光线作用时实质就是电源，电路中有了这种器件就不需要外加电源。

光电池的工作原理是基于“光生伏特效应”。硅光电池原理图如图 2-10 所示。它实际上是一个大面积的 PN 结，当光照射到 PN 结的一个面，例如 P 型面时，若光子能量大于半导体材料的禁带宽度，那么 P 型区每吸收一个光子就产生一对自由电子和空穴，电子-空穴对从表面向内迅速扩散，在结电场的作用下，最后建立一个与光照强度有关的电动势。

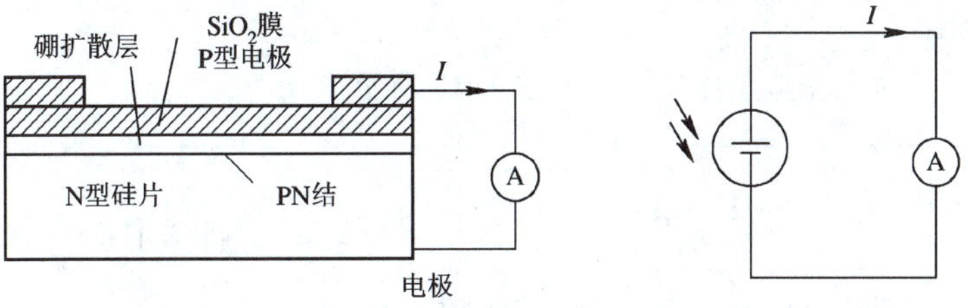

(a) 结构示意图　　(b) 等效电路

图 2-10　硅光电池原理图

光电池基本特性有以下几种：

① 光谱特性

光电池对不同波长的光的灵敏度是不同的。硅光电池和硒光电池的光谱特性曲线如图 2-11所示。从图中可知，不同材料的光电池，光谱响应峰值所对应的入射光波长是不同的，硅光电池波长在 0.8 μm 附近，硒光电池在 0.5 μm 附近。硅光电池的光谱响应波长范围为 0.4～1.2 μm，而硒光电池只能为 0.38～0.75 μm。可见，硅光电池可以在很宽的波长范围内得到应用。

②光照特性

光电池在不同光照度下，其光电流和光生电动势是不同的，它们之间的关系就是光照特性。硅光电池的开路电压和短路电流与光照的关系曲线如图 2-12 所示。从图中看出，短路电流在很大范围内与光照强度呈线性关系，开路电压（即负载电阻 R_L 无限大时）与光照度的关系是非线性的，并且当光照度在 2 000 lx 时就趋于饱和了。因此用光电池作为测量元件时，应把它当作电流源的形式来使用，不宜用作电压源。

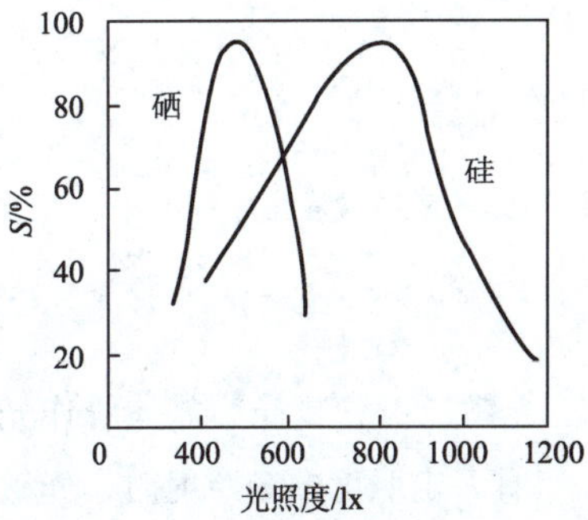

图 2-11　硅光电池的光谱特性

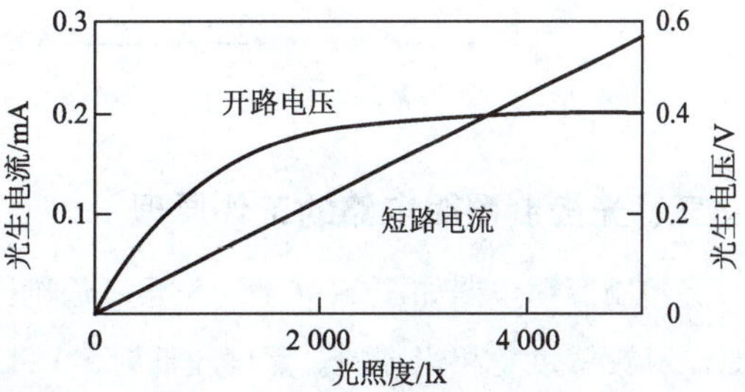

图 2-12　硅光电池的光照特性

③ 频率特性

光电池作为测量、计数、接收元器件时，常用调制光输入。光电池的频率特性是指输出电流随调制光频率变化的关系。

④ 温度特性

光电池的温度特性是指开路电压和短路电流随温度变化的关系。为使光电池作为测量元件时，能保持温度恒定，一般需采取温度补偿措施。

二、光电传感器的典型应用电路

1. 光敏电阻

光敏电阻的两种典型应用原理电路如图 2-13 所示。

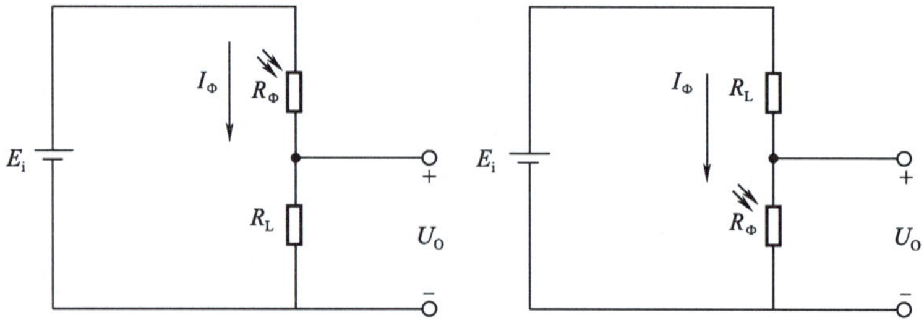

(a) U_O与光照变化趋势相同的电路　(b) U_O与光照变化趋势相反的电路

图 2-13　光敏电阻典型应用原理电路

2. 光敏二极管

光敏二极管的典型应用原理电路如图 2-14 所示。

3. 光敏晶体管

光敏晶体管的典型应用原理电路如图 2-15 所示。

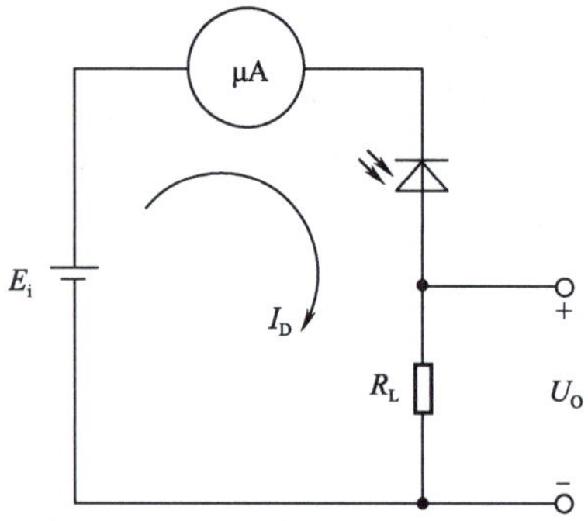

图 2-14　光敏二极管应用原理电路

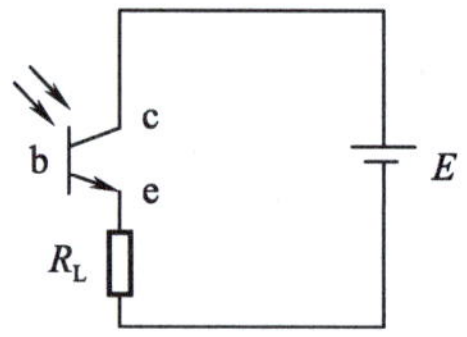

图 2-15　光敏晶体管应用原理电路

三、光控制照明电路的工作原理

光控制照明电路如图 2-16 所示，可分别用光敏电阻、光敏二极管或光敏晶体管作光电元件，其灵敏度是相当高的。照度较低时，VT1 不导通；当有一定照度的光照射时，光敏电阻阻值变小，VT1 获得足够的基极电流而导通，产生较大的集电极电流，使继电器吸合，相应照明灯点亮。二极管 VD 阻尼继电器线圈振荡，因而对 VT 起保护作用。

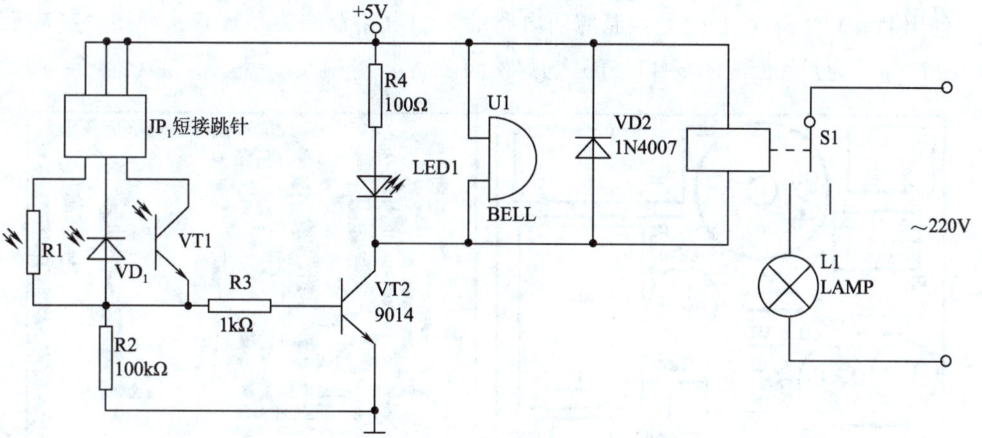

图 2-16 光控制照明电路

项目实施

一、光控制照明电路的绘制

使用 Protel 99 SE 绘制完成图 2-16 所示的原理图。

二、元器件选择

R 选用光敏电阻，D10 为光敏二极管，Q2 为光敏晶体管，Q1 为 9014。其他元件无特殊要求。

项目一的元器件清单表如表 2-1 所示。

表 2-1 项目一元器件清单表

元件序号	元器件名称	元件型号与规格	元件参数	数量
R1	光敏电阻器	5528	电阻 10～20kΩ	1
VD1	光敏二极管	2CU2B		1
VD2	二极管	1N4007		1
VT1	光敏晶体管	3DU5C		1
VT2	三极管	9014		1
R2	电阻器	碳膜电阻器，功率 0.125 W	100kΩ	1
R3	电阻器	碳膜电阻器，功率 0.125 W	2kΩ	1
R4	电阻器	碳膜电阻器，功率 0.125 W	100Ω	1
U1	蜂鸣器	5V		1
LED1	发光二极管	5mm		1
K1	继电器	Φ5V，2A		1
JP1	双排针	双排 6 针，间距 2.54mm		1

三、印制电路板设计

使用 Protel 99 SE 绘制的光控制照明电路的印制电路板图为单面板，如图 2-17 所示。图 2-17（a）为元件面，图 2-17（b）为焊接面。

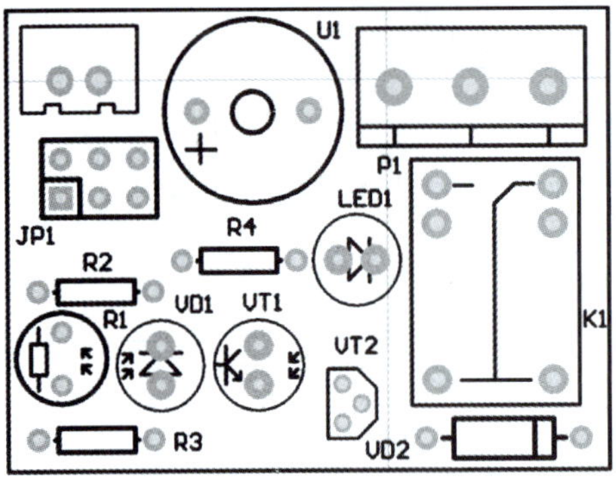

（a）

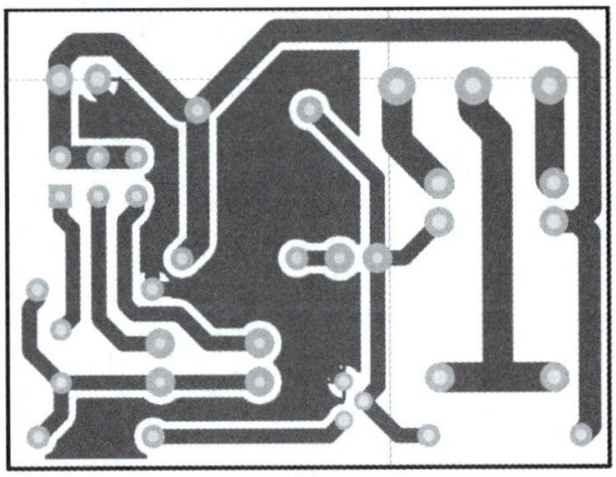

（b）

图 2-17　光控制照明电路的印制电路板图

四、电路调试

此电路相对简单，只要安装无误，就能正常工作，调试时分别用杜邦线或跳线帽将光敏电阻、光敏二极管、光敏晶体管接入电路，并用书本遮挡光线，观察发光二极管是否熄灭、继电器是否动作、蜂鸣器是否停止发声，相应照明灯是否点亮即可。

项目拓展与评价

一、训练题目与要求

利用光敏元件和继电器，设计制作一个路灯自动控制电路，要求傍晚自动开灯，早晨自动关灯。

二、考核与评价

考核与评价标准见表 2-2。

表 2-2　项目一考核与评价标准

考核内容	完成任项目务实施内容	完成训练
成　　绩	50	50

思考与习题

1. 何谓内光电效应、外光电效应、光生伏特效应？
2. 光电元器件有哪几种类型？说明它们的工作原理。
3. 光敏电阻有哪些参数和特性？

4. 试述光敏电阻、光敏二极管、光敏晶体管和光电池的工作原理，如何正确选用这些器件？

项目二 红外线自动水龙头电路的设计

项目说明

设计制作一个红外线自动水龙头电路，可通过检测发射的红外线信号是否被反射来判断前方是否有物体，从而控制继电器的开关动作，水龙头自动出水。

相关知识

1. 红外线

太阳光谱上红外线的波长大于可见光线，波长为0.75～1 000 μm。红外线可分为三部分，即近红外线，波长为0.75～1.50 μm；中红外线，波长为1.50～6.0 μm；远红外线，波长为6.0～1 000 μm。

2. 红外辐射

$$I = I_0 e^{kx} \tag{2-1}$$

式中 I——通过厚度为 x 的介质后的通量；

I_0——射到介质时的通量；

k——与介质性质有关的常数。

辐射是从物质中发射出来的。任何一块小的物体都包含着极大数目的原子或分子。每个原子或分子都有很多能级，从高能级跃迁到低能级都能发射光子。实际发射出来的电磁波就是这些大量光子的总和。红外辐射是由于物体受热引起内部分子转动及振动向外释放能量而引起的，一般常温下，所有的物体都是红外辐射的发射源。

红外线和所有的电磁波一样，具有反射、折射、散射、干涉及吸收等性质，但它的特点是热效应非常大，红外线在真空中传播的速度 $c = 3 \times 10^8$ m/s，而在介质中传播时，由于介质的吸收和散射作用使它产生衰减。

用红外线作为检测媒介，来测量某些非电量，比可见光作为媒介的检测方法要好。其优越性表现在：

（1）红外线（指中、远红外线）不受周围可见光的影响，故可在昼夜进行测量。

（2）由于待测对象发射出红外线，故不必设光源。

（3）大气对某些特定波长范围的红外线吸收甚少（2～2.6μm，3～5μm，8～14μm 三个波段称为“大气窗口”），故适用于遥感技术。

3. 红外传感器的工作原理与结构

红外传感器一般由光学系统、探测器、信号调理电路及显示单元等组成。

红外探测器是红外传感器的核心。红外探测器是利用红外辐射与物质相互作用所呈现的物理效应来探测红外辐射的。

红外探测器的种类很多，按探测机理的不同，分为热探测器（基于热效应）和光子探测器（基于光电效应）两大类。

热探测器是利用辐射热效应，使探测元件接收到辐射能后引起温度升高，进而使探测器中依赖于温度的性能发生变化。这类传感器主要有热释电红外线传感器和红外线温度传感器两大类。

光探测器是利用红外线辐射的光电效应制成的，其核心是光电器件。这类传感器主要有红外二极管、红外晶体管等。

4. 红外光传感器的应用

1）光源本身是被测物的应用实例

（1）照度计

光照度 E 的单位是 lx（勒），它是常用的光度学单位之一，它表示受照物体被照亮程度的物理量，可以用照度计来测量。照度计如图 2-18 所示。照度计原理框图如图 2-19 所示。

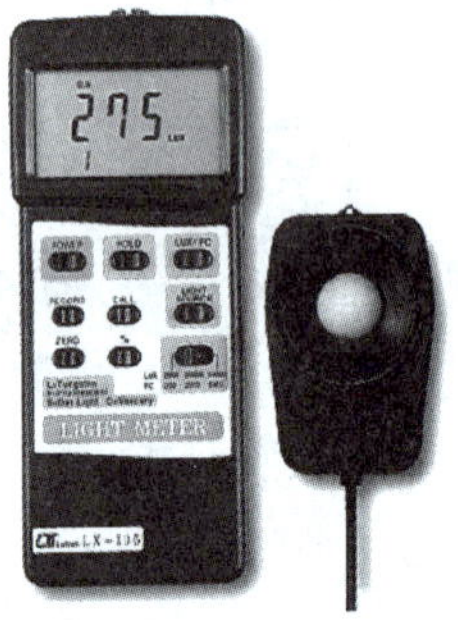

图 2-18　照度计

（2）红外线辐射温度计

红外辐射温度计既可用于高温测量，又可用于冰点以下的温度测量，所以是辐射温度计的发展趋势。市售的红外辐射温度计的温度范围可以为 -30～3 000℃，中间分成若干个不同的规格，可根据需要选择适合的型号。红外辐射温度计如图 2-20 所示。

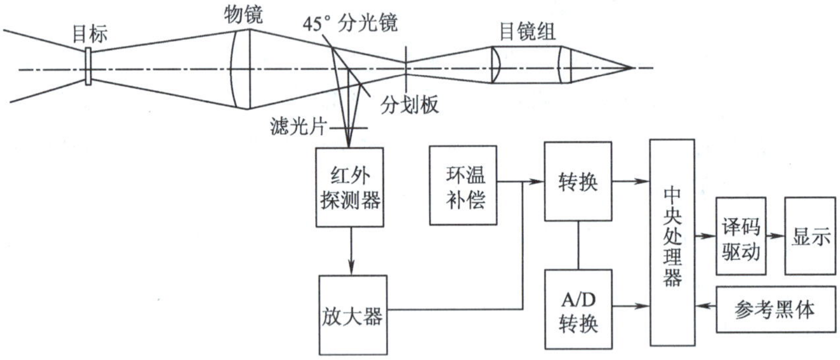

图 2-19　照度计的原理框图

2）被测物体反射光通量的应用实例

反射式烟雾报警器如图 2-21 所示，在没有烟雾时，由于红外对管相互垂直，烟雾室内又涂有黑色吸光材料，所以红外 LED 发出的红外光无法到达红外光敏晶体管。当烟雾进入烟雾室后，烟雾的固体粒子对红外光产生漫反射（图中只画出几个微粒的反射示意），使部分红外光到达光敏晶体管，有光电流输出。

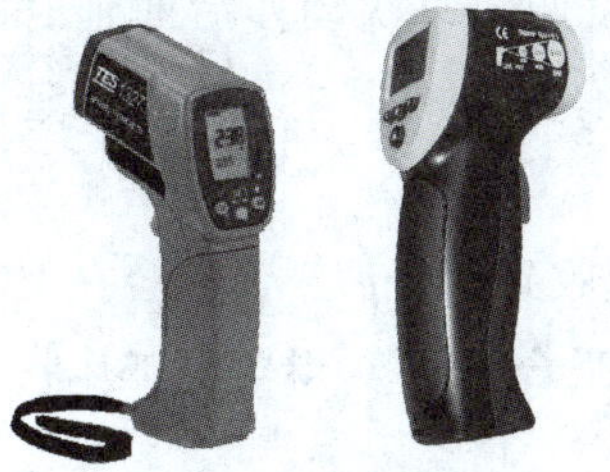

图 2-20　红外辐射温度计

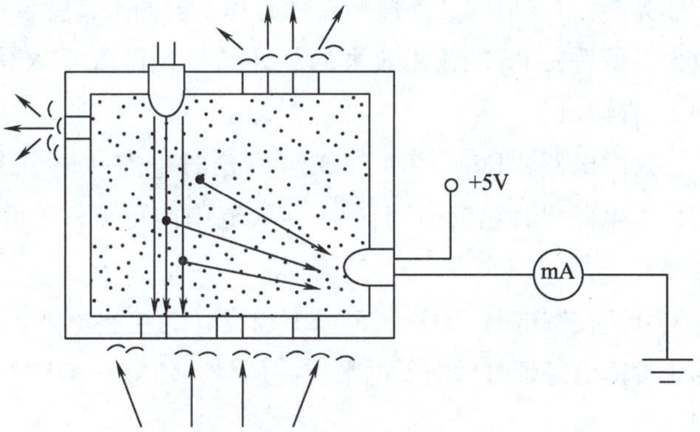

图 2-21　反射式烟雾报警器

5．红外线自动水龙头电路工作原理

1）电路组成

整个系统由电源电路、红外感应电路、延时电路及开关控制电路四大部分构成。

2）电路原理

电路仿真原理图如图 2-22 所示。

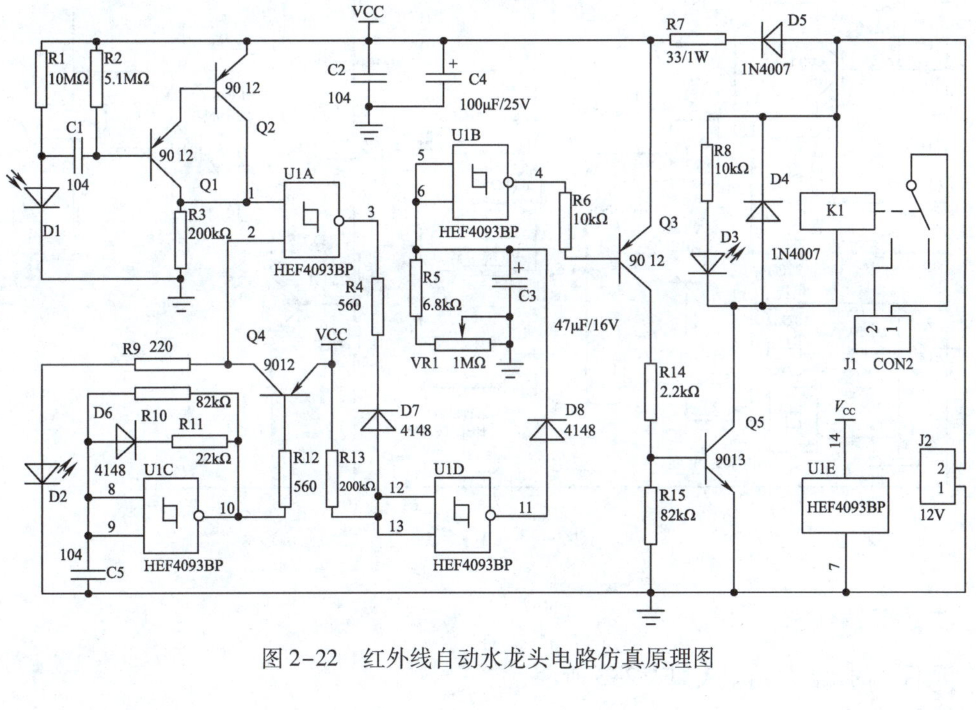

图 2-22　红外线自动水龙头电路仿真原理图

3）工作原理

电源电路：J2 输入 12V 电源，D5 可防止电源极性接反，R7 为限流电阻，C2、C4 滤波。

红外感应电路：由 U1C、R10、R11、D6、C5 构成振荡器，从 U1C 的 10 脚输出脉冲信号，经 Q4 放大后驱动红外发射管 D2 向空间发射红外信号。此信号如果没有被障碍物挡住，红外接收管 D1 无法接收到信号，故后续电路不工作；当 D2 前面有障碍物时（如人手在 D2

前面晃动），发射的红外信号被障碍物反射回来，就会被 D1 接收到，接收的信号经 Q1、Q2 放大，最后在 R3 端输出放大的红外信号，再由 U1A 进行选频、U1D 进行整形最后在 U1D 的 11 脚输出。

延时电路：R5、VR1、C3 组成延时电路，调节 VR1 可以调节每次动作后的延时时间，本电路设计延时时间在 0～40s 范围内可调。（由于元件有一定的误差，故实际延时会略有差别）

开关控制电路：Q3、Q5、K1 构成开关控制电路。若 D1 接收到信号后，最后会在 U1B 的 4 脚输出经延时后的低电平控制信号，使 Q3、Q5 导通，K1 吸合。D3 为继电器工作状态指示灯。

项目实施

一、红外线自动水龙头电路的绘制

使用 Protel 99 SE 绘制完成图 2-23 所示的原理图。

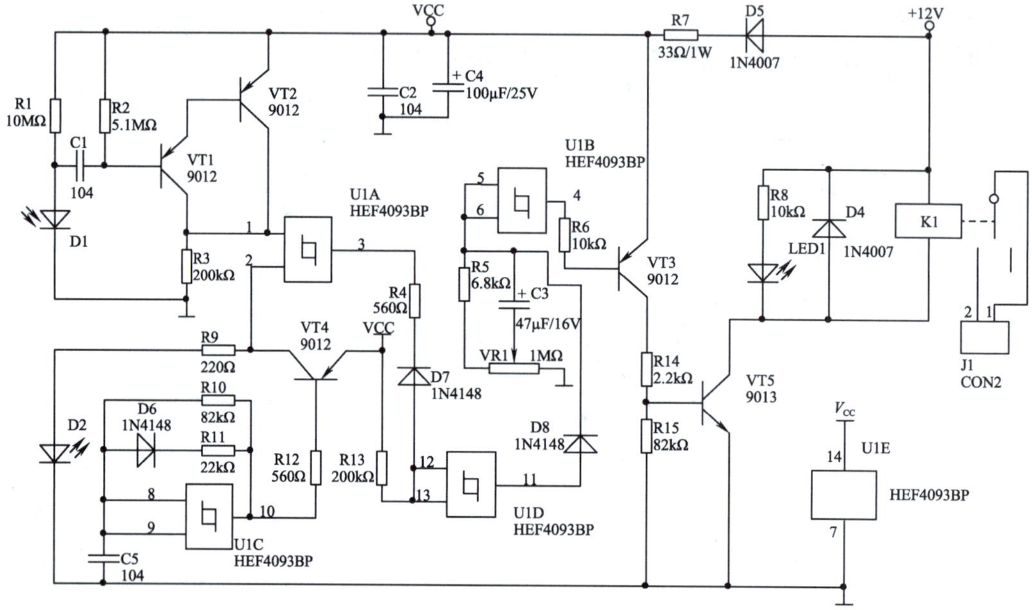

图 2-23　电路原理图

二、元器件选择

项目二的元器件清单表如表 2-3 所示。

表 2-3　红外线自动水龙头电路元器件清单

元器件序号	元器件名称	元器件型号与规格	元器件参数	数量
IC1	集成电路	CD4093		1
D1	红外接收管	ϕ5 黑色		1
D2	红外发射	ϕ5 透明		1

续表

元器件序号	元器件名称	元器件型号与规格	元器件参数	数量
D6～D8	二极管	1N4148		3
D4、D5	二极管	1N4007		1
Q1～Q4	晶体管	9012		4
Q5	晶体管	9013		1
R4、R12	电阻器	碳膜电阻器，功率0.25W	560Ω	2
R14	电阻器	碳膜电阻器，功率0.25W	2.2kΩ	1
R5	电阻器	碳膜电阻器，功率0.25W	6.8kΩ	1
R6、R8	电阻器	碳膜电阻器，功率0.25W	10kΩ	2
R11	电阻器	碳膜电阻器，功率0.25W	15kΩ	1
R10、R15	电阻器	碳膜电阻器，功率0.25W	82kΩ	2
R3、R13	电阻器	碳膜电阻器，功率0.25W	200kΩ	2
R2	电阻器	碳膜电阻器，功率0.25W	5.1MΩ	1
R1	电阻器	碳膜电阻器，功率0.25W	10MΩ	1
R7	电阻器	碳膜电阻器，功率1W	33Ω	1
R9	电阻器	碳膜电阻器，功率1W	100Ω	1
VR1	电位器		1M	1
C1～C2、C5	电容器	瓷片电容器	0.1μF	3
C3	电解电容器	47μF/16V		1
C4	电解电容器	100μF/16V		1
LED1	发光二极管	ϕ5mm 红色		1
K1	继电器	12V 继电器		1
J1	接线端子	301－2P		1

三、印制电路板设计

使用 Protel 99 SE 绘制的光控制照明电路的印制电路板图为双面板，如图 2-24 所示。图 2-24（a）为元件面，图 2-24（b）为焊接面。

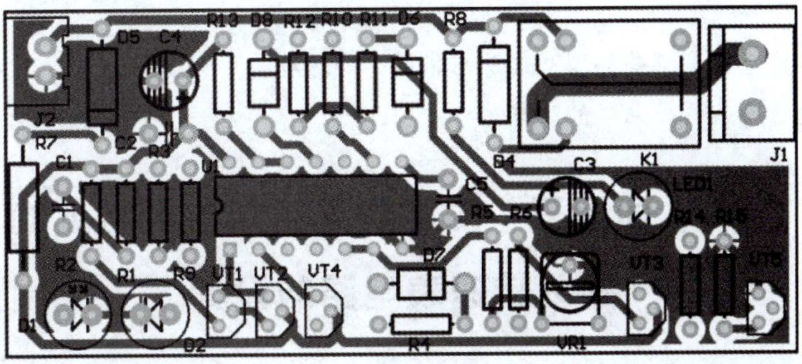

（a）元件面

图 2-24　光控制照明电路的印制电路板图

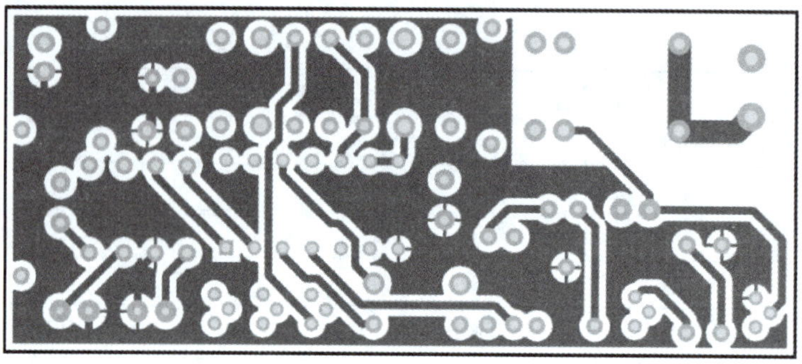

（b）焊接面

图 2-24　光控制照明电路的印制电路板图（续）

四、电路调试

（1）二极管、晶体管、集成电路安装时注意极性。

（2）安装红外发射与接收管时注意不要接反，透明的为发射管，黑色的为接收管。

（3）第一次通电时，继电器会有一个吸合动作，这是正常的电路检测动作。

项目拓展与评价

一、训练题目与要求

利用红外发射接收对管制作红外遥控开关。

二、考核与评价

考核与评价标准见表 2-4。

表 2-4　项目二考核与评价标准

考核内容	完成项目实施内容	完成训练
成　　绩	50	50

思考与习题

1. 红外线传感器有哪些类型？说明它们的工作原理。
2. 试述红外遥控开关电路的工作原理。

项目三　对射式光电传感器构成的简易转速表电路的设计

项目说明

设计制作一个简易转速表电路。采用红外线发光管，通过光学原理实现对转速的测量，通过计数锁存电路、延时电路、脉冲电路的相互有机组合可以使测速范围从 0r/s 到 9999r/s，实现近距离测量。

相关知识

一、红外线转速表的工作原理

红外线转速表采用的红外线探头有直接式和反射式两种。直接式探头、发光管和受光管在被测物体的两边，发光管射出的光线直接照射到受光管上，被测物体运动时阻挡光线，产生计数信号，这种探头经常用做光电计数。反射式探头、发光管和受光管在被测物体的同测，当探头接近物体时，接收到脉冲的红外线信号，用于测量转速比较方便。

测量转速的探头根据测量距离可以采用透镜系统，也可不采用透镜系统。当被测物离开探头距离在 15cm 以内时，无须采用透镜。探头设计可采用小功率发光管 5GL 和光敏受光管 3DU5C。如图 2-25 所示，两管并排放置，两个管子的中心线夹角很小，使它们在 10～15cm 远处相交。这种探头靠接近物体上漫反射回来的光线工作，对全黑色物体，接收灵敏度很低，对白色物体和镜面反射体接收最灵敏，也能接收到其他颜色物体的反射光，但相应的探头距离要近些。

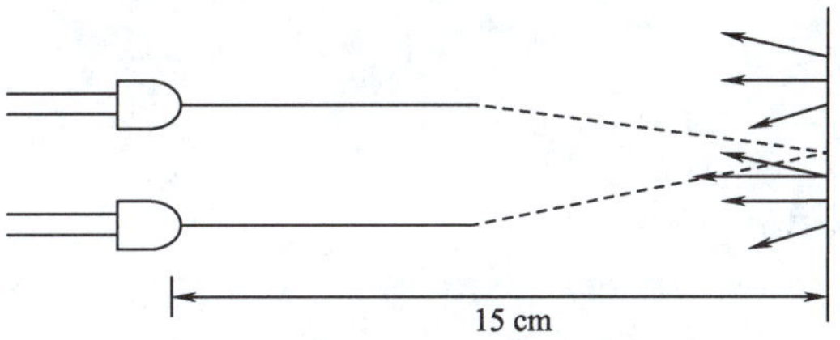

图 2-25 不加透镜，接收漫反射光的探头

测量转速的探头经常用透镜系统，根据光学的折射反射原理，发射管和接收管都固定在探测架上，通过透镜聚焦。在探测架中间用半透膜使发射的红外线折射向转动体，又能使从转动的物体反射回来的红外线通过半透膜射向接收管。半透膜上最好涂一层只能透过某个单色波长的物质，或用单色性很好的滤色玻璃制作，使它只能透过固定波长的红外线（如 0.93μm），这样对于对抗杂散光的干扰更有利。

为了提高反射红外线的能力，通常在转动物体上贴上一小片红外线反射纸，反射效果极好。有时用镜面、铝箔、洁白平滑的纸、白油漆等也能提供反射性能。当转动物体转到反射纸恰好对着从发光管发出的红外线时，接收管接收到光信号，从单位时间内收到光信号的次数便可测出转速。

红外线转速表电路原理框图如图 2-26 所示。为了使红外线转速表不怕可见光干扰，系统可以设置振荡器和波形变换电路，使发射的红外线通过脉冲功率放大和调制，当受光管收到脉冲信号后，电路把调制发光管的脉冲信号和受光管接收到的脉冲信号选通出来，对收到的光电信号，必须“卸调”调制脉冲，即实行解调，从中取得真正需要的转速脉冲输出信号，解调后输出信号送入计数控制门计数。

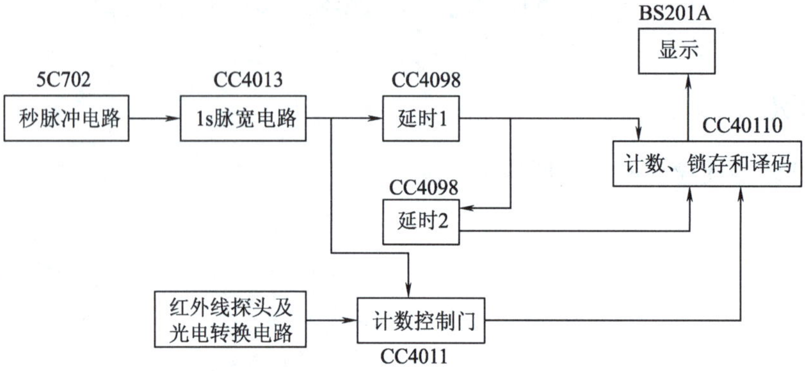

图 2-26 红外线转速表电路原理框图

秒脉冲电路可以得到 1 kHz 的秒脉冲信号，通过 1 s 脉冲电路得到闸门时间（脉宽）为 1s 的闸门信号，该 1s 的脉宽就是转速表的取样时间，是计数控制门的输入信号。

为了在测量过程中，只让显示数字在每次测量结束后自动改变一次数据，要对计数显示“锁存”，所以电路需要一个延时 1 锁存信号。在计算器每测量依次转速后，使计算器自动清零，故设置延时 2 电路，以提供延时清零脉冲。计数、锁存、译码显示电路完成光电转速表的转速数据显示。

二、单元电路设计

1. 红外发射及接收电路

红外发射及接收电路如图 2-27 所示，5GL 最大工作电流为 10 mA，正向电压 $U_F \leqslant 1.3$ V；3DU5C 暗电流为 0.2 mA，光电流为 1 mA。于是，计算出 $R_1 = 500\ \Omega$，$R_2 = 5\ \text{k}\Omega$。

2. 秒脉冲电路

秒脉冲电路如图 2-28 所示。所需要的秒脉冲由 555 定时器所构成的多谐振荡器提供。其中 1 脚是电路地 GND；8 脚是正电源 V_{CC}，工作电压范围为 3～18V；2 脚是低触发端 TR；3 脚是输出端 OUT；4 脚是主复位端 R；5 脚是控制电压端 U_C；6 脚是高触发端 TH；7 脚放电端 DISC。R_1、R_2 和 C 分别为定时电阻和电容，C_1 为电压控制端稳定电容。

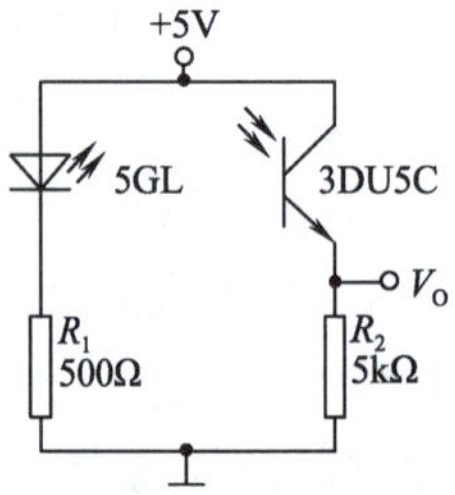

图 2-27 红外发射及接收仿真电路

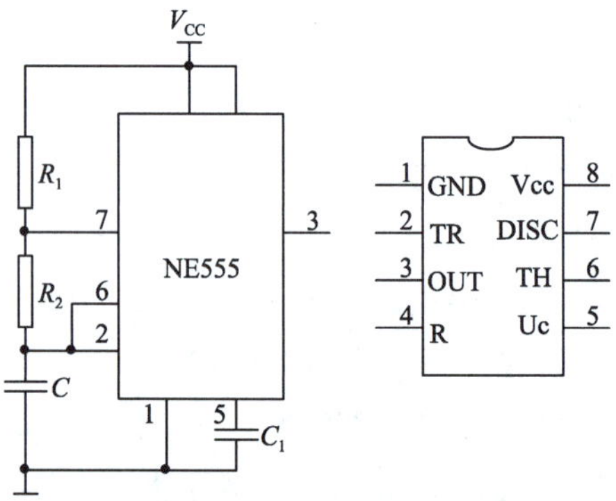

图 2-28 秒脉冲电路

3. 秒脉宽电路

秒脉宽电路用 D 触发器 CC4013 构成 2 分频电路。CD4013 引脚图如图 2-29 所示。

功能说明：

“3”端口接秒脉冲；“2”端口的输出作为“5”端口的输入，“1”端口作为整体信号输出接与非门。

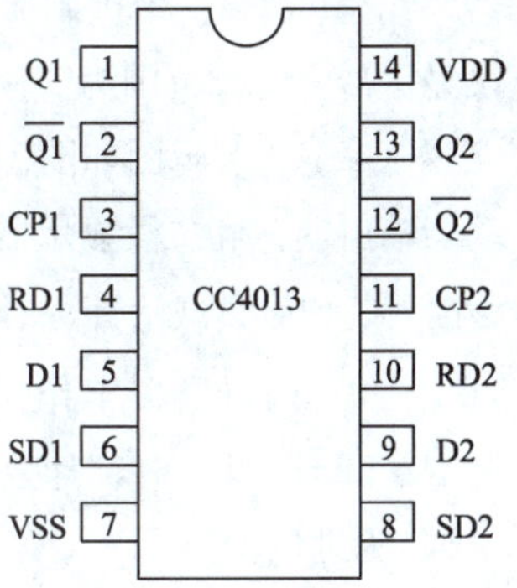

图 2-29　CC4013 引脚图

4. 计数控制电路

计数控制电路用 4×2 输入与非门 CC4011 和非门 4009 构成。CD4011、CC4009 内部结构图如图 2-30 所示。

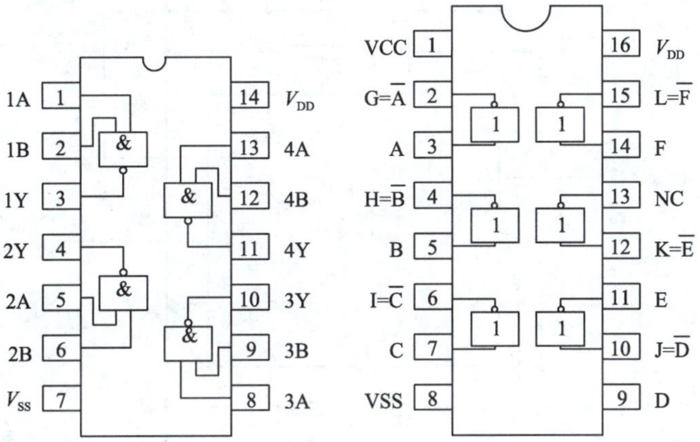

图 2-30　CD4011、CC4009 内部结构图

具体连接图如图 2-31 所示。

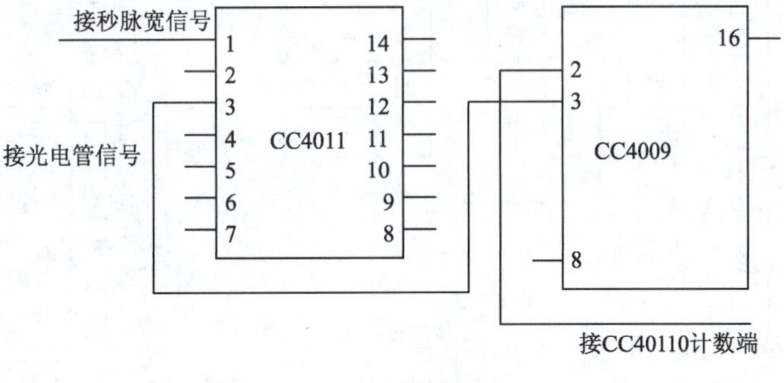

图 2-31　计数控制电路

5. 延时电路

延时电路用单稳态触发器 CC4098 构成，如图 2-32 所示。触发器从 TR+或 TR-端引入（上升沿触发用 TR+端，下降沿触发则用 TR-端）。输入端 $\overline{R}$ 接“1”时，单稳态触发器按触发工作；接“0”时，Q 端输出“0”，$\overline{Q}$ 输出“1”。

6. 计数/锁存/译码/驱动 CC40110

计数/锁存/译码/驱动器 CC40110 是 CMOS 集成电路，内部计数器采用“约翰逊计数器”结构，按二-十进制加/减方式工作，锁存器将数据锁存，译码器、驱动器和输出驱动7段显示器，电源范围为3～18V，输出驱动电流可在10mA以上。

CC40110逻辑图如图2-33所示，CC40110各引出端具体功能如图2-34所示。a～g为驱动器输出端，和7段显示器连接；CR为清零端，R =“1”时，计数器复零；CP_U是加法计数时钟，CP_D是减法计数时钟；Q_{CO}输出进位脉冲，Q_{DO}输出借位脉冲；$\overline{TE}$为触发器使能端，$\overline{TE}$ =“0”时计数器工作，$\overline{TE}$ =“1”时，计数器处于禁止状态，即不计数；LE为锁存控制端，LE =“1”时，计数器锁存。“5”端口清零；“6”端口锁存；“9”端口为计数脉冲；“10”为进位输出。

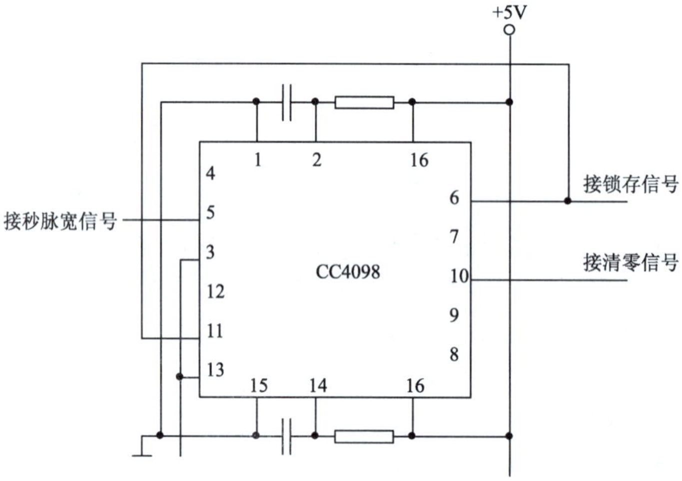

图2-32　延时电路

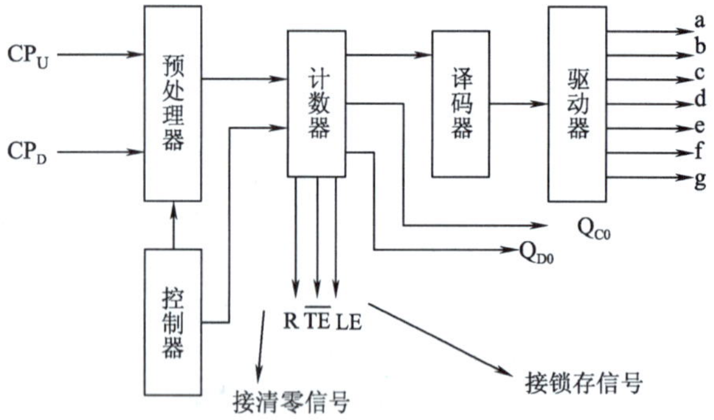

图2-33　CC40110逻辑图

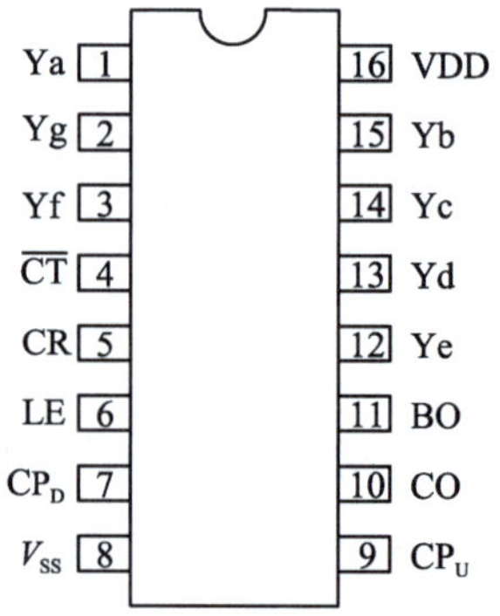

图2-34　CC40110引出端功能图

7. 整机电路

对射式光电传感器构成的简易转速表整机电路原理图如图2-35所示。

项目实施

一、简易转速表电路的绘制

使用Protel 99 SE绘制完成图2-35所示的电路。

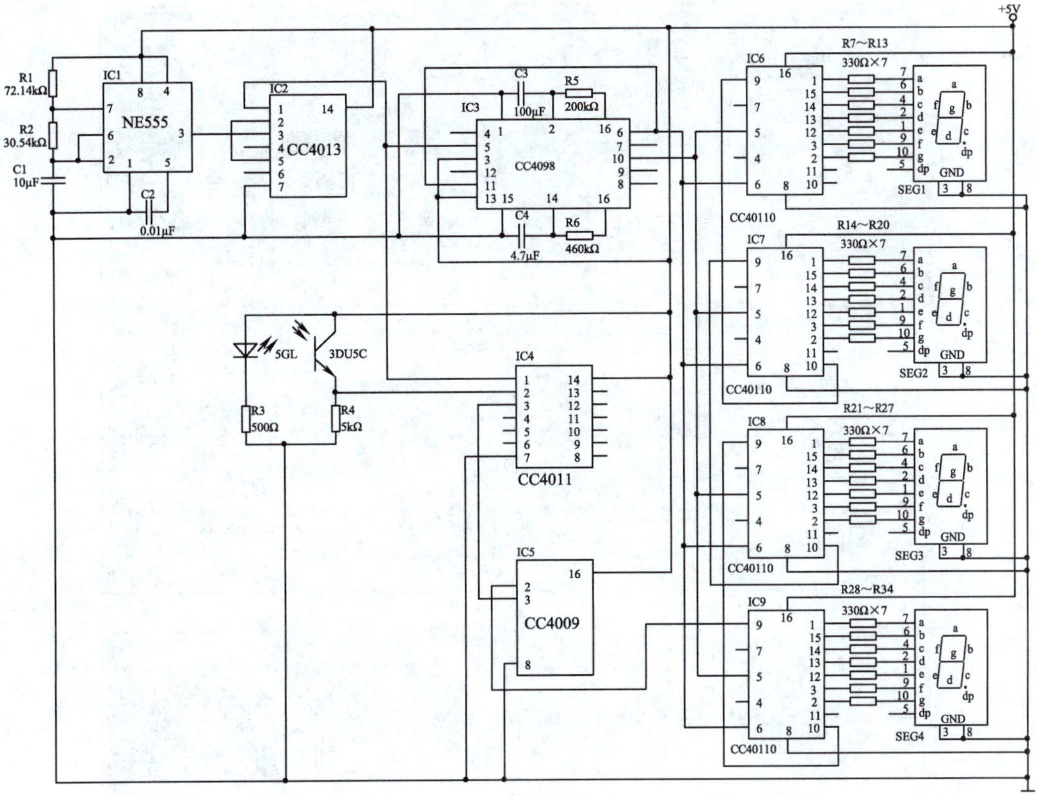

图 2-35　对射式光电传感器构成的简易转速表电路

二、元器件选择

项目三的元器件清单表如表 2-5 所示。

表 2-5　项目三元器件清单表

元件序号	元件名称	元件型号与规格	元件参数	数量
IC1	集成电路	NE555		1
IC2	集成电路	CD4013		1
IC3	集成电路	CD4098		1
IC4	集成电路	CD4011		1
IC5	集成电路	CD4009		1
IC6～IC9	集成电路	CD40110		4
SEG1～SEG4	数码管	7 段共阴数码管		4
D1	红外发光管	5GL		1
T1	光敏晶体管	3DU5		1

三、印制电路板设计

使用 Protel 99 SE 绘制的简易转速表电路的印制电路板图为双面板，如图 2-36 所示。图 2-36（a）为元件面，图 2-36（b）为焊接面。

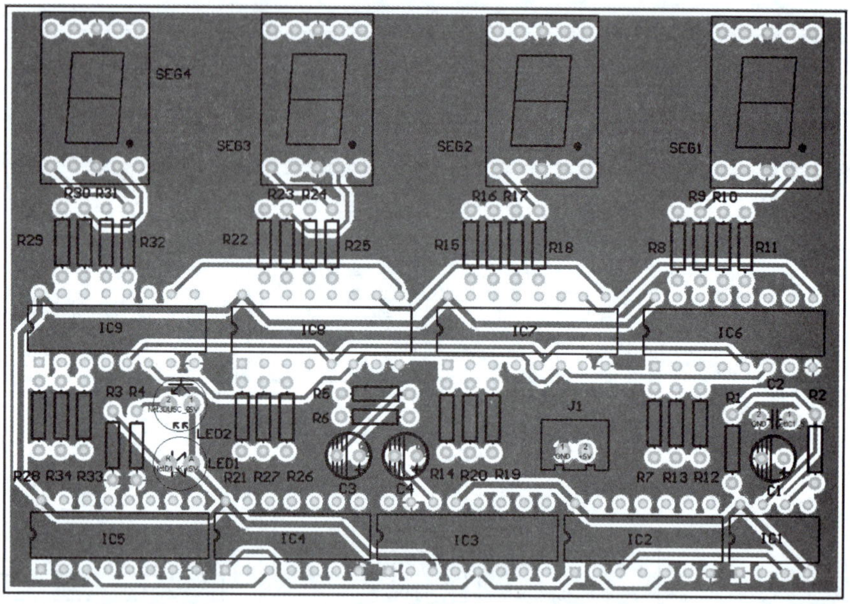

(a)

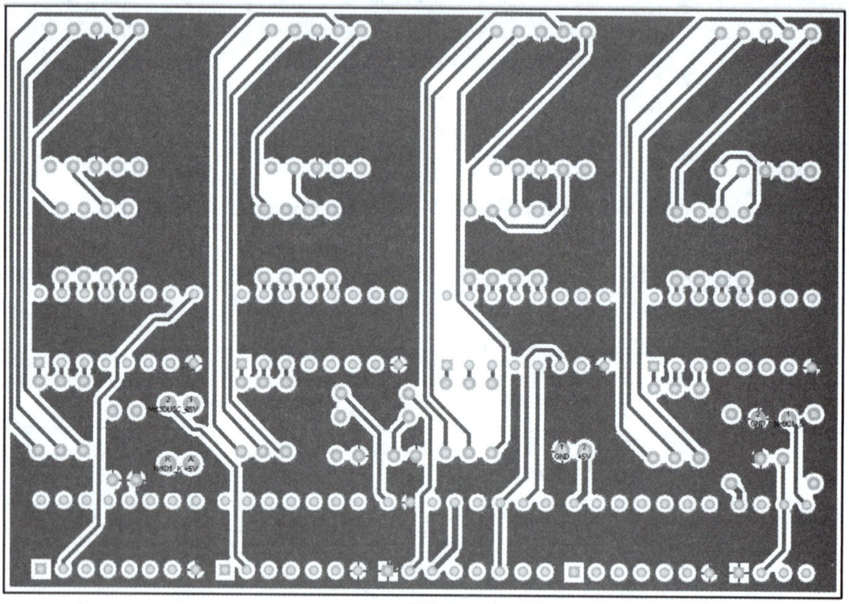

(b)

图 2-36　简易转速表电路的印制电路板图

项目拓展与评价

一、训练题目与要求

利用光敏元件和单片机设计制作一个四位数显转速表。

二、考核与评价

考核与评价标准见表 2-6。

表 2-6　项目三　考核与评价标准

考核内容	完成项目实施内容	完成训练
成　绩	50	50

思考与习题

1. 试述转速测量的方法与原理。
2. 试述光电传感器的分类。

项目四　人体热释电红外传感器报警电路的设计

项目说明

设计制作一个人体热释电红外传感器报警电路，采用热释电红外元件作为敏感元件，警戒监测范围，一旦有人闯入，能控制继电器动作，发出声光报警。

相关知识

热释电元件在红外线检测中得到广泛的应用。它可用于能产生远红外辐射的人体检测，如防盗门、宾馆大厅自动门、自动灯的控制等。

热释电红外传感器是一种能检测人或动物发射的红外线而输出电信号的传感器。早在1938 年，有人提出过利用热释电效应探测红外辐射，但并未受到重视，直到20 世纪60 年代才又兴起了对热释电效应的研究和对热释电晶体的应用。热释电晶体已广泛用于红外光谱仪、红外遥感以及热辐射探测器。除了在楼道自动开关、防盗报警上得到应用外，在更多的领域得到应用。比如：在房间无人时会自动停机的空调机、饮水机；电视机能判断无人观看或观众已经睡觉后自动关机的电路；开启监视器或自动门铃上的应用；摄影机或数码照相机自动记录动物或人的活动；等等。

1. 热释电红外传感器的内部电路

如图 2-37 所示，热释电红外传感器由传感探测元、干涉滤光片和场效应管匹配器三部分组成。由于热电元输出的是电荷信号，并不能直接使用，因而需要用电阻将其转换为电压形式，该电阻阻抗高达 10^4 MΩ，故引入的 N 沟道结型场效应管应接成共漏形式，即源极跟随器来完成阻抗变换。

2. 热释电红外传感器工作原理

热释电红外传感器内部的热电元由高热电系数的铁钛酸铅汞陶瓷，以及钽酸锂、硫酸三甘铁等配合滤光镜片窗口组成，其极化产生正、负电荷，随温度的变化而变化。

如图 2-38 所示，热释电晶片表面必须罩上一块由一组平行的棱柱型透镜所组成菲涅尔透镜，每一透镜单元都只有一个不大的视场角，当人体在透镜的监视视野范围中运动时，顺次地进入第一、第二单元透镜的视场，晶片上的两个反向串联的热释电单元将输出一串交变脉冲信号。当然，如果人体静止不动地站在热释电元件前面，它是“视而不见”的。

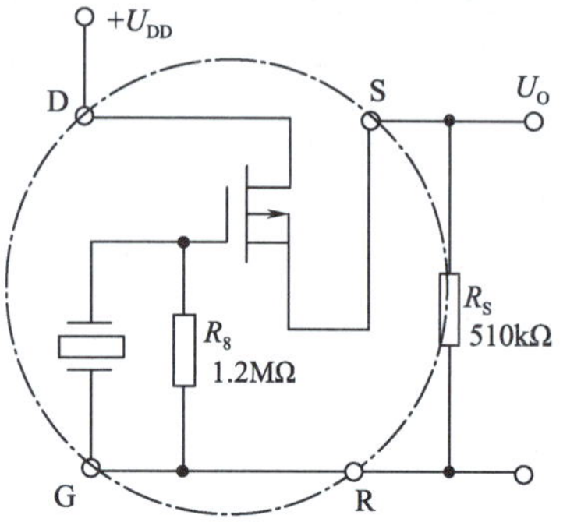

图 2-37　热释电传感器的内部电路

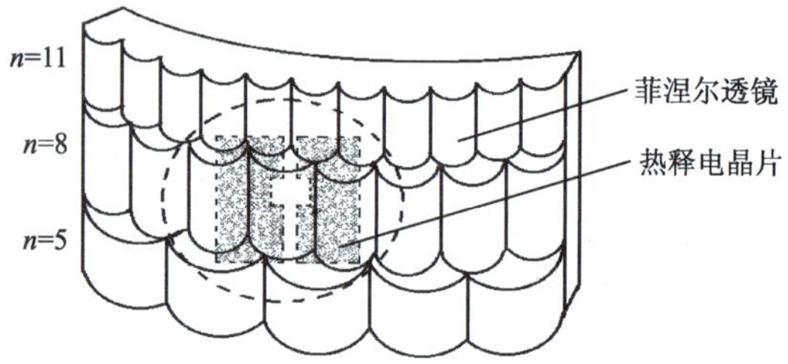

图 2-38　菲涅尔透镜

3. 热释电红外传感器电路原理框图

热释电红外传感器电路原理框图如图 2-39 所示。

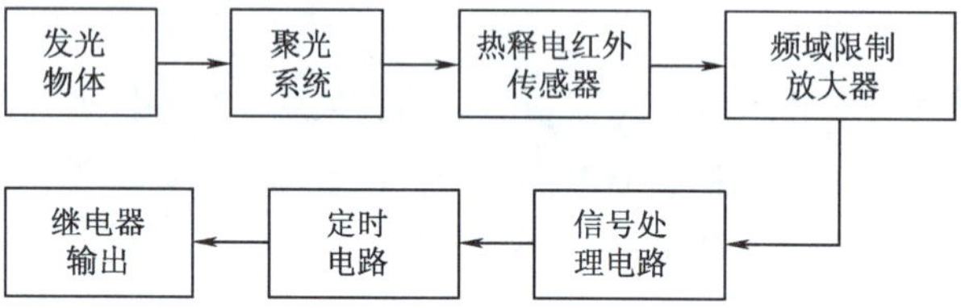

图 2-39　热释电红外传感器电路原理框图

4. 热释电红外防盗报警电路原理图

热释电红外防盗报警电路原理图如图 2-40 所示。

热释电红外防盗电路由热释电红外线传感器 PIR、集成运放 LM358、电压比较器 LM393、110 报警电路及开机延时电路等组成。该电路可用作家居防盗。在家人离开居室时，把开关 S1 闭合，电路便开始工作。只要有人进入室内一段时间后，便会发声报警。

（1）电路通电后，热释电红外传感器 PIR 探测到前方人体辐射出的红外线信号时，由 PIR “2” 脚输出微弱的电信号，经过晶体管 VT1 放大后，通过 C2 输入到运算放大器 IC2A 的 “3” 脚进行高增益低噪声放大，再由 IC2A 的 “1” 脚输出信号。

（2）IC2B 在电路中作为电压比较器，它的 “5” 脚由 R10、VD1 提供基准电压，当 IC2A 的 “1” 脚输出的信号到 IC2B 的 “6” 脚时，“5” “6” 脚输入的电压进行比较，如果此时的 “6” 脚电压比 “5” 脚高，IC2B 的 “7” 脚由原来的高电平变为低电平。此时 C6 通过 VD2 放电，使 IC3 的 “2” 脚变为低电平，如果 “2” 脚的电压比 “3” 脚由电阻 R14、R15 分压提供的基准电压低，则 IC3 的 “1” 脚变为高电平，晶体管 VT2 导通，音乐芯片 IC4 获得电压，其 “2” 脚输出的音频信号经过晶体管 VT4 放大后，驱动蜂鸣器 BELL 发出 110 报警的声音。

（3）当人离开探测区时，IC2B 的 “7” 脚变为高电平，VD2 截止，C6 有一个充电时间（30 s），使得蜂鸣器延时报警 30 s。

（4）VT3、R20 与 C7 组成开机延时电路，时间约 2 min（应大于延时报警时间），以防止开机时立即报警，让人有时间离开现场，也可防止在停电后来电时造成误动作。

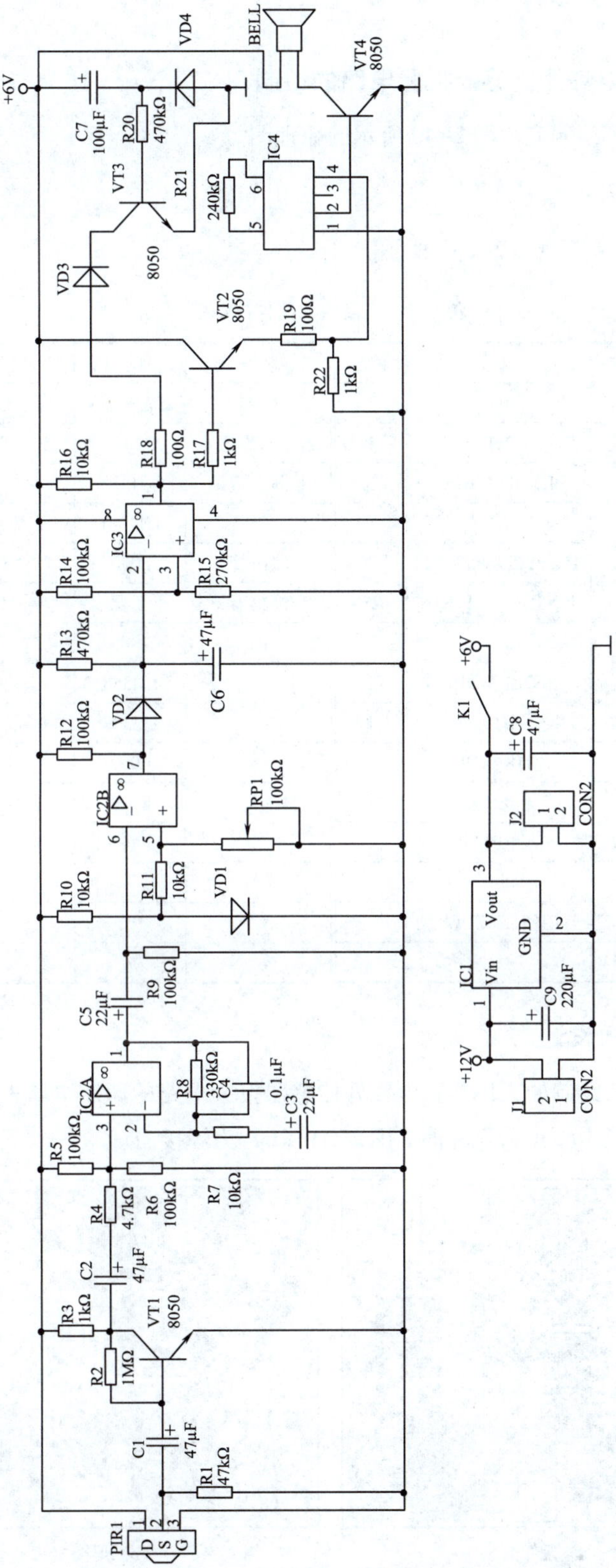

图2-40　热释电红外防盗报警电路原理图

项目实施

一、人体热释电红外传感器报警电路的绘制

使用 Protel 99 SE 绘制完成图 2-40 所示的原理图。

二、元器件选择

项目四的元器件清单表如表 2-7 所示。

表 2-7 项目四元器件清单表

名称	型号/规格	编号	数量	名称	型号/规格	编号	数量
电阻	47kΩ	R1	1	电容	22μF/25V	C3、C5	
	1M	R2	1	热释电传感器	D203S	PIR1	1
	1kΩ	R3、R17、R22	3	菲涅尔透镜	配 PIR1		1
	4.7kΩ	R4	2	二极管	1N4001	VD1、VD2、VD3、VD4	4
	100kΩ	R5、R6、R9、R12、R14	1	三极管	8050	VT1、VT2、VT3、VT4	4
	10kΩ	R7、R10、R11、R16	2	蜂鸣器	无源	BELL	1
	330kΩ	R8	2	IC	7806	IC1	1
	470kΩ	R13、R20	1		LM358	IC2	1
	270kΩ	R15	1		LM393	IC3	
	100Ω	R18、R19	1		C002	IC4	1
	240kΩ	R21	1	自锁开关	8×8	K1	1
电位器	100kΩ	RP1	1				
电容	104	C4					
	47μF/25V	C1、C2、C6、C8					
	100μF/25V	C7					

三、印制电路板设计

使用 Protel 99 SE 绘制的人体热释电红外传感器报警电路的印制电路板图为双面板，如图 2-41 所示。图 2-41（a）为元件面，图 2-41（b）为焊接面。

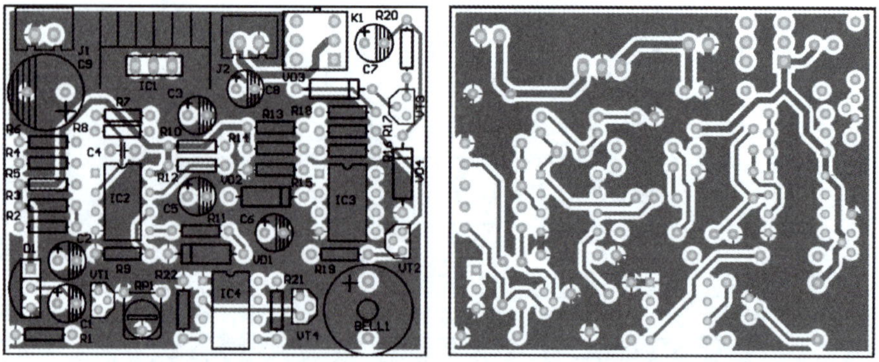

（a）元件面　　（b）焊接面

图 2-41　人体热释电红外传感器报警电路的印制电路板图

四、电路调试

（1）请按照装配工艺要求进行焊接和安装，电阻 R21 直接装在音乐芯片 IC4 最上面的两个焊盘上，并用剪下的元件引脚焊接在 IC4 最下面的 4 个焊盘上，然后插装在印制板上，请注意脚位顺序。

（2）电源电压可选择直流 12V（接在 J1 处）或者直流 6V（接在 J2 处）。

（3）全部安装完通电后，首先检测 2 个基准电压点，调试 RP1，可以改变 IC2B 的“5”脚电压，从而改变红外探测的距离和灵敏度。IC3 的“3”脚电压为 4.3V，当手靠近和离开热释传感器 PIR 时，用万用表（或示波器）可以测量出 IC2A 的“1”脚由低到高的电平变化，此高电平经过 C5 耦合加到 IC2B 的“6”脚，使得 IC2B 的“7”脚输出低电平，从而让后面的比较器 IC3 的“1”脚输出高电平，蜂鸣器报警发声。

（4）当人体靠近热释传感器 PIR 距离越短，则 PIR 的“2”脚变化的信号就越强，从而使得报警延时的时间也越长。

（5）可以用透明胶带封住蜂鸣器上面的小孔，以增强声音效果。

项目拓展与评价

一、训练题目与要求

利用热释电红外传感器制作自动感应灯。

二、考核与评价

考核与评价标准见表 2-8。

表 2-8　项目三考核与评价标准

考核内容	完成项目实施内容	完成训练
成　绩	50	50

思考与习题

1. 试述热释电红外传感器的内部电路和工作原理。
2. 试述菲涅尔透镜的作用。

模块三

力敏传感器及其应用

在工业生产、科学研究等各个领域中，力和压力是需要检测的重要参数之一，它直接影响产品的质量，又是生产过程中一个重要的安全指标。因此，正确测量与控制力和压力是保证生产过程良好运行，达到优质高产、低消耗和安全生产的重要环节。例如，在钢铁工业生产中，安装在型轧钢机上的力传感器，可以测定轧制力，并提供进轧与自动控制厚度的信号；在运输行业中，安装在滑车大型吊车上的力传感器，一方面可以实现自称重，另一方面可以在超重时发出报警信号，避免事故。

力的测量需要通过力传感器间接完成，力传感器是将各种力学量转换为电信号的器件。

力传感器有许多种，从力-电变换原理来看有电阻式（电位器式和应变片式）、电感式（自感式、互感式和涡流式）、电容式、压电式、压磁式和压阻式等，其中大多需要弹性敏感元件或其他敏感元器件的转换。力传感器在生产、生活和科学实验中广泛用于测力和称重。

本模块主要介绍电阻应变式传感器、电感式传感器、压电式传感器的特性，并练习使用这些传感器。

知识点

应变效应、压电效应及力敏传感器的分类；

电阻应变片、电感、压电等力敏传感器的结构、工作原理及特点；

力敏传感器实用电路的工作原理；

简易电子秤电路的工作原理；

简易压电式传感器电路的工作原理。

技能点

湿度传感器的选用、调试；

简易电子秤电路的安装、调试；

简易压电式传感器电路的安装、调试。

教学法

本模块主要采用实训为主，讲授为辅的教学方式完成课程教学。教师主要是将项目的基本知识及关键步骤跟学生讲明即可，学生大部分时间自主学习，并进行实训。在实训过程中，教师进行辅导及在项目完成后进行总结。

项目一　简易电子秤电路的设计

项目说明

电子秤是将重量转换成电信号的称重传感器。电子台秤不仅能快速、准确地称出物品的质量，用数字显示出来，而且具有计算的功能，使用也很方便。本项目利用电阻应变式传感器制作一个简易电子秤。

相关知识

一、认识电阻应变片

1. 电阻应变片及其用途

电阻应变片是一种将被测件上的应变变化转化为电阻变化，并通过测量电路转化为电信号输出的敏感器件。电阻应变片是压阻式应变传感器的主要组成部分，金属电阻应变片的工作原理是吸附在基体材料上的应变电阻随机械形变会产生阻值变化，这种现象俗称为电阻应变效应。一根金属电阻丝、在其未受力时，原始电阻值可表示为

$$R = \rho \frac{L}{S} \tag{3-1}$$

式中 ρ——金属导体的电阻率（$\Omega \cdot m$）；

S——导体的截面积（m^2）；

L——导体的长度（m）。

当金属丝受外力作用时，其长度和截面积都会发生变化，其电阻值即会发生改变。如金属丝受外力作用而伸长，其长度增加，而截面积减小，电阻值便会增大；如金属丝受外力作用而压缩，其长度减小而截面增加，电阻值则会减小。只要测出电阻相关的电量变化（通常是测量电阻两端的电压），即可获得应变金属丝的应变情况。

通常将应变片通过特殊的黏合剂紧密的黏合在产生力学应变的基体上，当基体受力发生应力变化时，电阻应变片也一起产生形变，应变片的阻值跟着发生改变，从而使加在电阻上的电压发生变化。这种应变片在受力时产生的阻值变化通常较小，所以一般都组成应变电桥，并通过后续的仪表放大器进行放大，再传输给处理电路（通常是 A/D 转换电路和 CPU）、显示或执行机构。

2. 电阻应变片的结构

电阻应变片应用最多的是金属电阻应变片和半导体应变片两种。金属电阻应变片按结构形式不同可分为丝状应变片、金属箔状应变片和薄膜式应变片三种。

1）金属电阻应变片的结构

金属电阻应变片由敏感栅（应变丝）、基体（基底）、保护层（覆盖层或盖片）和引线组成，其结构如图 3-1 所示。敏感栅做成栅状，对沿着栅条纵轴方向的应力变化最敏感，粘接在胶质膜基底上，上面粘有盖片，基底和盖片起着保护敏感栅和传递弹性体表面应变和电气绝缘的作用。金属应变片不能直接测力，需要用聚丙烯酸酯等有机黏合剂或者耐高温的磷酸盐等粘贴在弹性元件受力表面，用来传感元件表面应力的变化。

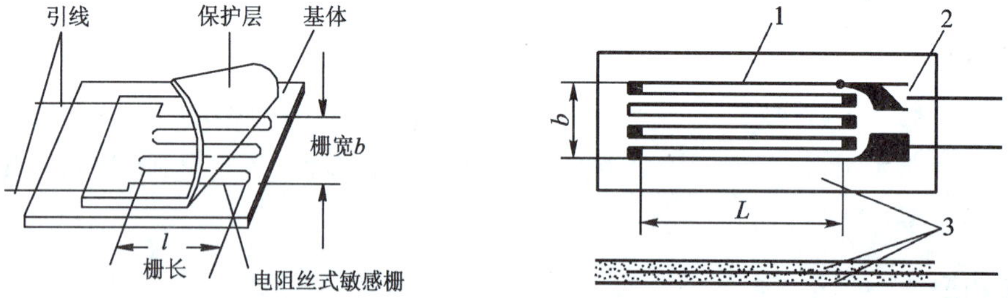

（a）丝式应变片的结构　　（b）箔式应变片的结构

图 3-1　金属电阻应变片结构

1—基体；2—敏感栅（金属箔）；3—保护层（覆盖层）

敏感栅有两种制作方式：一种是图 3-1（a）所示的由直径为 0.02～0.05mm 的康铜或镍铬等金属丝绕成栅状，其电阻片被称为丝状应变片；一种是图 3-1（b）所示的用 0.003～0.01mm 厚的康铜或镍铬箔片利用光刻技术腐蚀成栅状，其电阻片被称为箔状（箔式）应变片。丝状应变片多采用纸基体和纸覆盖层，且这种敏感栅不易制成小尺寸栅长，所以这种应变片标距较大，适用范围不宽，价格较低。而箔状应变片的栅箔薄而宽，因而粘贴牢固、散热性好，能较好地反映构件表面的变形，测量精度高，同时易于制成栅长很小或各种形状的应变片，所以在各个测量领域得到广泛的应用。各式金属电阻应变片花形图如图 3-2所示。

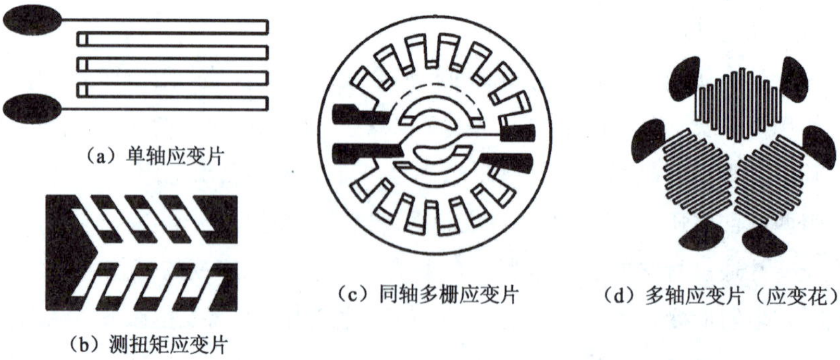

（a）单轴应变片　（b）测扭矩应变片　（c）同轴多栅应变片　（d）多轴应变片（应变花）

图 3-2　各式金属电阻应变片花形图

按照敏感栅的结构形状，金属箔状应变片又可分为单轴应变片和多轴应变片。单轴应变片即在一个基底上只有一个敏感栅，只能测量构件表面沿敏感栅长度方向的应变。而多轴应变片常称为应变花［如图3-2（d）所示］，是将由2个或3个以上轴线相交成一定角度的敏感栅制作在一个基底上，可测量构件表面贴片处沿几个敏感栅长度方向的应变。应变花有90°应变花（两个敏感栅互成90°）、45°应变花、120°应变花［三个敏感栅互成120°，如图3-2（d）所示］和60°应变花（三个敏感栅互成60°）等几种规格。

2）半导体应变片

半导体应变片的优点是灵敏度高、体积小；缺点是温度稳定性和可重复性不如金属应变片。一般场合下常用金属电阻应变片做传感器。

3）应变片的主要参数

（1）几何参数（敏感栅尺寸）：指应变片敏感栅的标距长度（栅长）和宽度（栅宽）。

（2）标称电阻（初始电阻）*R*：也称应变片的原始电阻值，是指应变片未粘贴前在室温下测得的静态电阻值，常见的有60 Ω、120 Ω、200 Ω、250 Ω、600 Ω和1 000 Ω等类型。其中120 Ω和350 Ω电阻片在实验中最为常用。

（3）允许工作电流*I*：应变片的允许工作电流又称为最大工作电流，是指允许通过应变片而不影响其工作特性的最大电流值。一般应变片静态测量时的工作电流为25 mA左右；动态测量时，允许工作电流可为75～100 mA，而箔状应变片的允许工作电流则可更大一些。如电流大，应变片温度将升高，会影响应变测量精度。

（4）绝缘电阻：指电阻应变片（计）引出线与构件之间的电阻值。短期使用绝缘电阻应为50～100 MΩ。长期使用绝缘电阻应保证在500 MΩ以上。

（5）灵敏系数*K*：表示应变计变换性能的重要参数。灵敏度系数*K*值的大小是由金属电阻丝的材料性质决定的一个常数，它和应变片的形状、尺寸大小无关，该值由制造厂家用专门的设备抽样标定，并在成品上标明。不同材料的*K*值一般为1.5～3.6。

表示应变计性能的参数还有工作温度、滞后、蠕变、零漂及疲劳寿命、横向灵敏度等。

二、认识弹性敏感元件

弹性敏感元件是指传感器中由弹性材料制成的敏感元件。在传感器的工作过程中常采用弹性敏感元件把力、压力、力矩、振动等被测参量转换成应变量或位移量，然后再通过各种转换元件把应变量或位移量转换成电量。弹性敏感元件的形式可以是实心或空心的圆柱体、等截面圆环、等截面或等强度悬臂梁、扭管等，也可以是弹簧管、膜片、膜盒、波纹管、薄壁圆筒、薄壁半球等。弹性敏感元件在传感器中占有很重要的地位，其质量的优劣直接影响传感器的性能和精度。在很多情况下，它甚至是传感器的核心部分。

1. 弹性敏感元件及其用途

（1）作为弹性敏感元件，其作用是将被测参量力、压力、力矩转换成应变量或位移量（由弹性敏感元件），然后再转换成电量（电压、电流或电阻）。例如：弹簧秤、电子秤、压力表。

（2）作为弹性支承，其作用是支承传感器中活动部分（形变、位移不是测质量）。例如：动圈式传声器。

2. 弹性敏感元件的结构

常用弹性敏感元件的结构如图 3-3 所示。

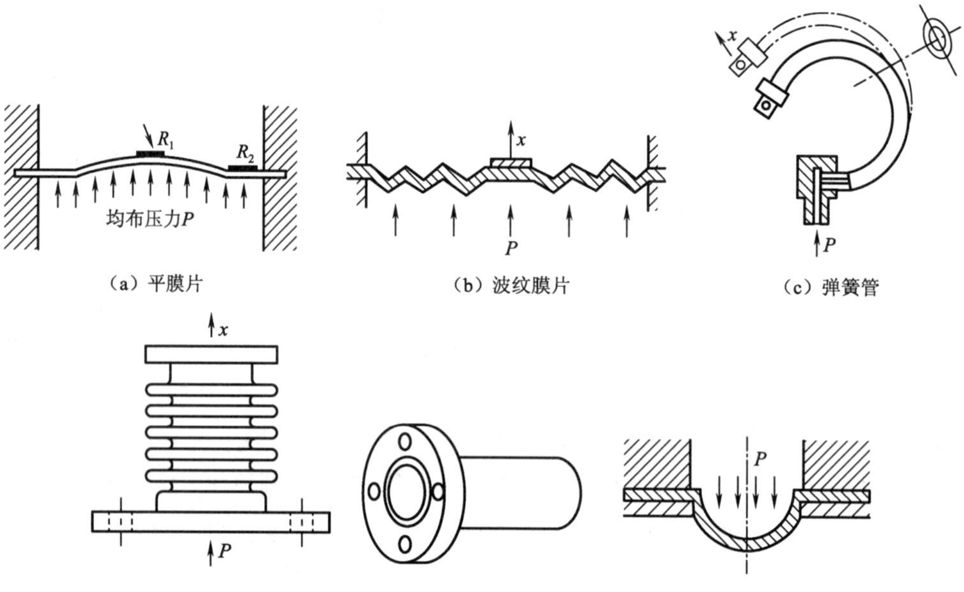

（a）平膜片　（b）波纹膜片　（c）弹簧管

（d）波纹管　（e）薄壁圆筒　（f）薄壁半球

图 3-3　常用弹性敏感元件的结构

3. 弹性敏感元件的特性

变形（形变）：有外力作用时，物体改变尺寸或形状。

弹性变形：外力撤销时，物体恢复原尺寸或形状。

1）刚度

刚度是弹性元器件在外力作用下变形大小的量度，一般用 k 表示：

$$k = \frac{dF}{dx} \tag{3-2}$$

式中，F 为作用在弹性元器件上的外力；x 为弹性元器件产生的变形。

2）灵敏度

灵敏度是指弹性敏感元器件在单位力作用下产生变形的大小，在弹性力学中称为弹性元器件的柔度。它是刚度的倒数，用 K 表示：

$$K = \frac{dx}{dF} \tag{3-3}$$

在测控系统中希望它是常数。

3）弹性滞后

实际的弹性元器件在加载/卸载的正反行程中变形曲线是不重合的，这种现象称为弹性滞后现象，它会给测量带来误差。产生弹性滞后的主要原因是：弹性敏感元器件在工作过程中分子间存在内摩擦。当比较两种弹性材料时，应都用加载变形曲线或都用卸载变形曲线，这样才有可比性。

4）弹性后效

当载荷从某一数值变化到另一数值时，弹性元器件变形不是立即完成相应的变形，而是经一定的时间间隔逐渐完成变形的，这种现象称为弹性后效。由于弹性后效的存在，弹性敏感元件的变形始终不能迅速地跟上力的变化，所以在动态测量时将引起测量误差。造成这一现象的原因是由于弹性敏感元器件中的分子间存在内摩擦。

4. 固有振荡频率

弹性敏感元器件都有自己的固有振荡频率f_0，它将影响传感器的动态特性。传感器的工作频率应避开弹性敏感元器件的固有振荡频率，往往希望f_0较高。

实际选用或设计弹性敏感元器件时，若遇到上述特性矛盾的情况，则应根据测量的对象和要求综合考虑。

三、电阻应变式传感器

应用电阻应变片为敏感元件制成的各种电阻应变式传感器（如测力、称重、位移、加速度及扭矩传感器）由于具有精度高、稳定性好、制作简单、价格便宜，以及电信号易与后续测控仪器相匹配等特点，在工业各部门中获得了广泛应用，并且在力学量传感器中，电阻应变式传感器至今仍占有主导地位。

1. 电阻应变式传感器及其用途

电阻应变式传感器由弹性敏感元件、电阻应变片（计）、补偿电阻和外壳组成，可根据具体测量要求设计成多种结构形式。弹性敏感元件受到所测量的力而产生形变，并使附着其上的电阻应变片一起变形，电阻应变片再将变形转换为电阻值的变化，通过测量仪器，将此变化转变成和被测物理量成比例的电信号输出，从而可以测量力、压力、扭矩、位移、加速度和温度等多种物理量。常用的电变式传感器有应变式测力传感器、应变式压力传感器、应变式扭矩传感器、应变式位移传感器、应变式加速度传感器和测温应变计等，图 3-4 所示是几种电阻应变式传感器。电阻应变式传感器具有精度高、测量范围广、结构简单、频响特性好、能在恶劣条件下工作，易于实现小型化、整体化和品种多样化等优点。因此广泛应用于自动测试和控制技术中。它的不足之处是对于大应变有较大的非线性，输出信号较弱，需采取一定的补偿措施。

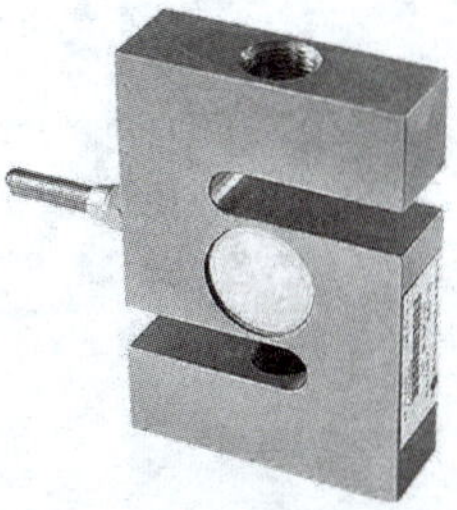

（a）S型拉压力传感器

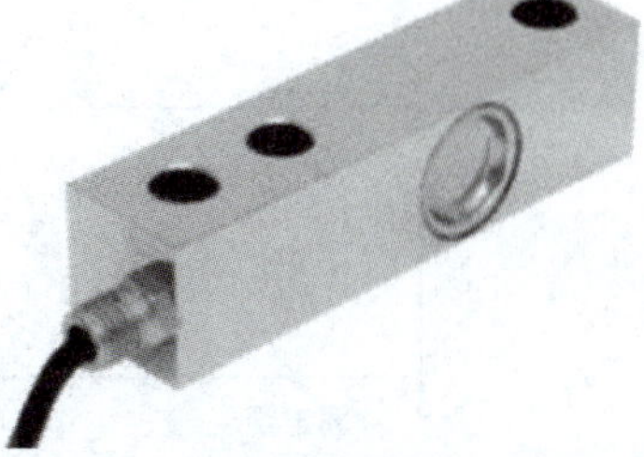

（b）悬臂梁式传感器

图 3-4 几种电阻应变式传感器

（c）箔式压力传感器

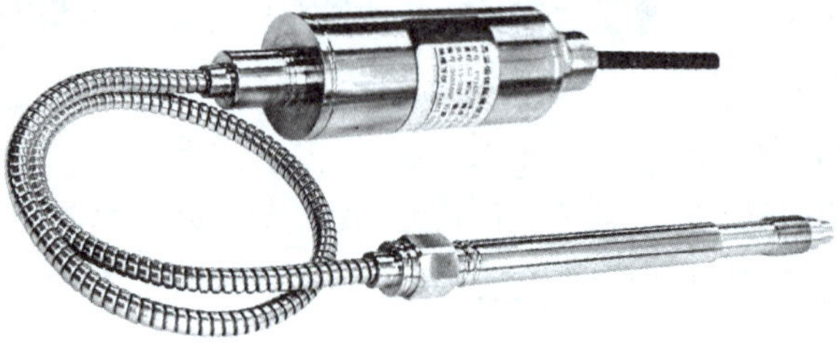

（d）高温熔体压力传感器

（e）称重传感器

图 3-4　几种电阻应变式传感器（续）

2. 电阻应变式传感器的结构及实物安装

1）电阻应变式传感器的结构

常见电阻应变式传感器的几种结构形式如图 3-5 所示。

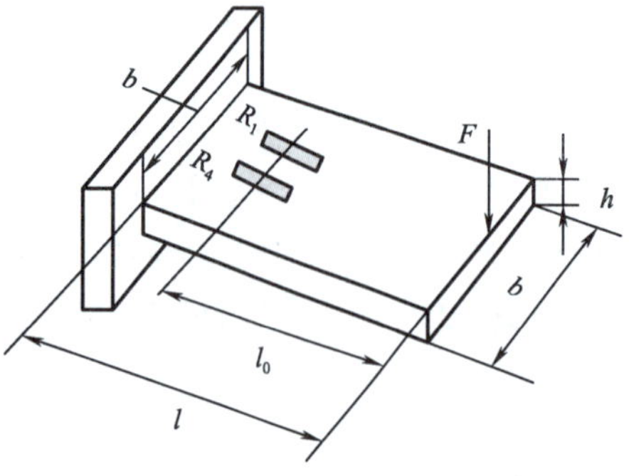

（a）等截面悬臂梁

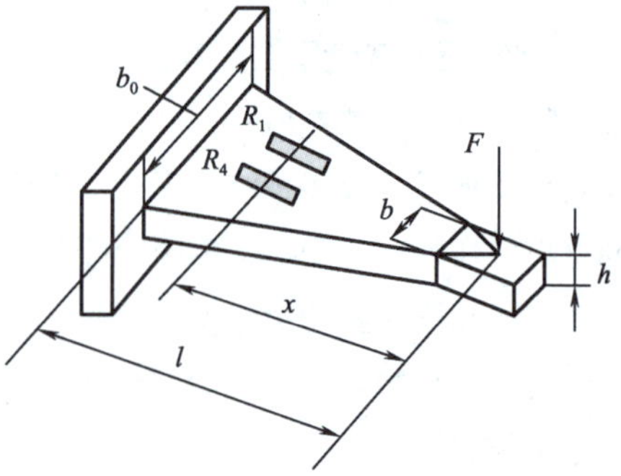

（b）等强度悬臂梁

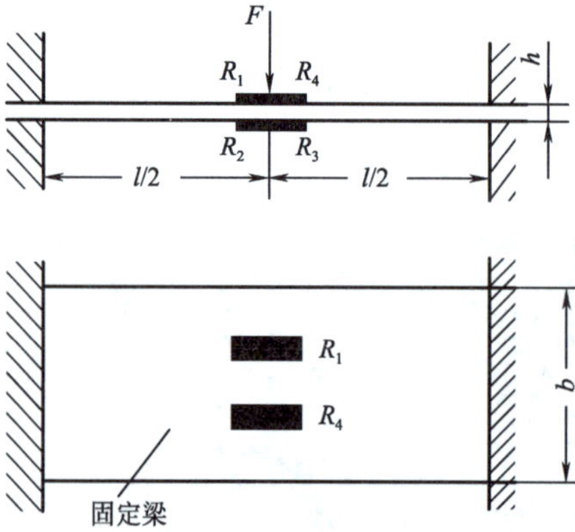

（c）双端固定梁

图 3-5　常见电阻应变式传感器的几种结构形式

2）应变片的安装

如图 3-6 所示是应变片在传感器弹性材料上的安装示意图。图 3-7 所示是 GX-1 型和 PE-1 型称重传感器的实物外形。

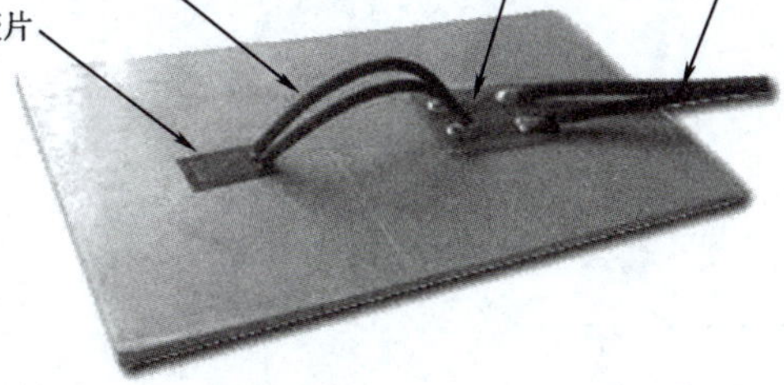

图 3-6 应变片安装示意图

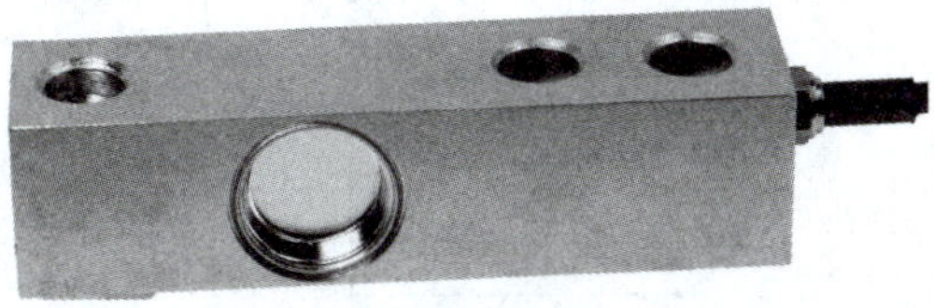

（a）GX-1型称重传感器

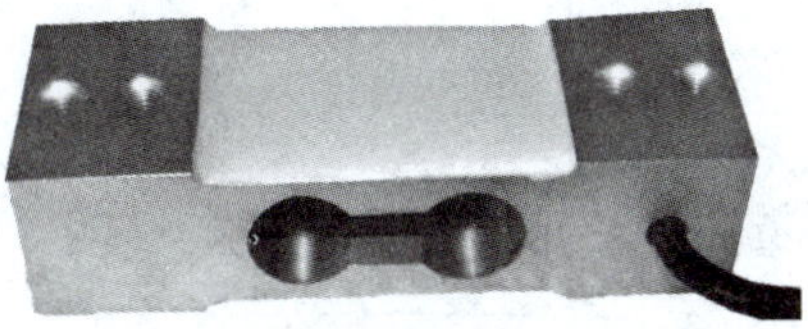

（b）PE-1型称重传感器

图 3-7 GX-1 型和 PE-1 型称重传感器的实物外形

3. 电阻应变式传感器的工作原理

电阻应变式传感器的工作原理是将被测物理量的变化转换成电阻值的变化，再经相应的测量电路显示或记录被测量值的变化。传感器中应变片的电阻变化很微弱，用万用表无法测量，为了便于显示和控制，需将变化的电阻值转换成电信号输出，所以通常采用电桥作为测量电路。电桥电路有半桥单臂、半桥双臂和全桥电路。

1）半桥单臂电路

半桥单臂的电路形式如图 3-8 所示，R_1 为应变片，则输出电压 U_o为

$$U_o=\frac{R_1R_3-R_2-R_4}{(R_1+R_2)(R_3+R_4)}U_i \tag{3-4}$$

初始时，$R_1=R_2=R_3=R_4=R$，电桥平衡，$U_o=0$ V。

当 R_1 为应变片时，受力所产生的应变变化为 ΔR，由于 $\Delta R \ll R$，则输出电压为

$$U_o=\frac{U_i\Delta R}{4R} \tag{3-5}$$

半桥单臂的灵敏度为

$$K=\frac{U_i}{4} \tag{3-6}$$

2）半桥双臂电路

半桥双臂的电路形式如图 3-9 所示，R_1 和 R_2 为相同规格的应变片，并接成差动形式，即 R_1 与 R_2 电阻变化大小相同但方向相反。则输出电压 U_o为

$$U_o=\frac{R_1R_3-R_2-R_4}{(R_1+R_2)(R_3+R_4)}U_i \tag{3-7}$$

初始时，$R_1=R_2=R_3=R_4=R$，电桥平衡，$U_o=0$ V。

当 R_1、R_2 为应变片时，受力所产生的应变变化为 ΔR，由于 $\Delta R \ll R$，则输出电压为

$$U_o=\frac{U_i\Delta R}{2R} \tag{3-8}$$

半桥双臂的灵敏度为

$$K=\frac{U_i}{2} \tag{3-9}$$

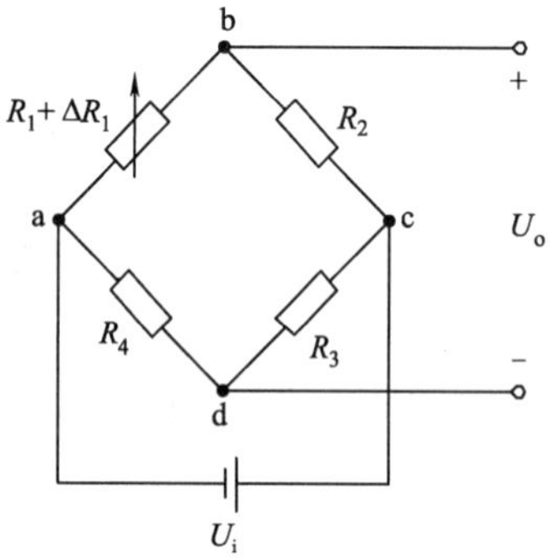

图 3-8　半桥单臂电路

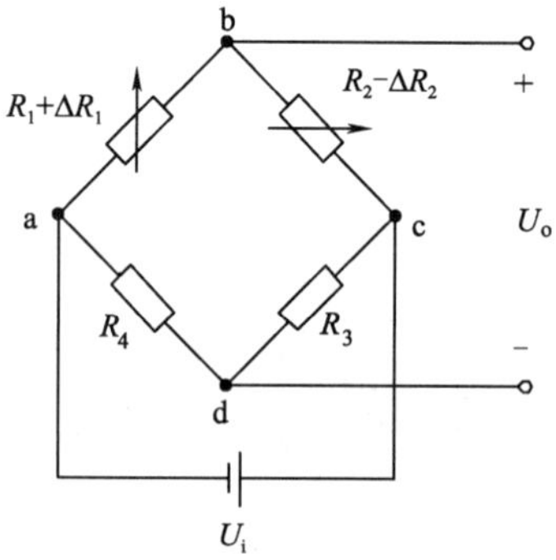

图 3-9　半桥双臂电路

3）全桥电路

全桥电路如图 3-10 所示，R_1、R_2、R_3 和 R_4 为相同规格的应变片，并接成差动形式，即 R_1、R_2、R_3 和 R_4 电阻变化大小相同、方向相反。则输出电压为

$$U_o=U_i\frac{\Delta R}{R} \tag{3-10}$$

全桥电路的灵敏度为

$$K=U_i \tag{3-11}$$

综上所述：

（1）直流电桥的输出电压与被测应变量呈线性关系。

（2）全桥电路的灵敏度是半桥双臂电路的 2 倍，全桥电路的灵敏度是半桥单臂电路的 4 倍。

（3）半桥双臂电路与全桥电路能够较好地解决温度漂移问题。

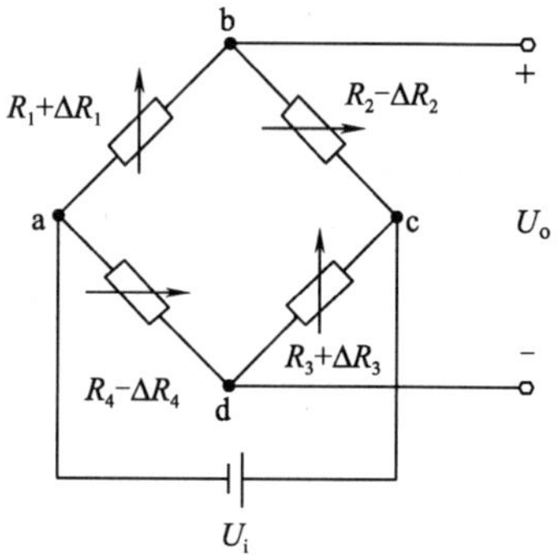

图 3-10　全桥电路

4. 工作过程

电阻应变式传感器的工作过程实际上是应变片的变化（电阻变化）和电信号的传输。图 3-11 所示是筒式应变荷重传感器的工作过程。荷重传感器是应力计中最具有代表性的压力传感器。筒式荷重传感器采用箔状应变片贴在合金钢做的弹性体上，当 F 向下作用时，R_2 与 R_4 受到压力应变，R_1 与 R_3 受到拉力应变。

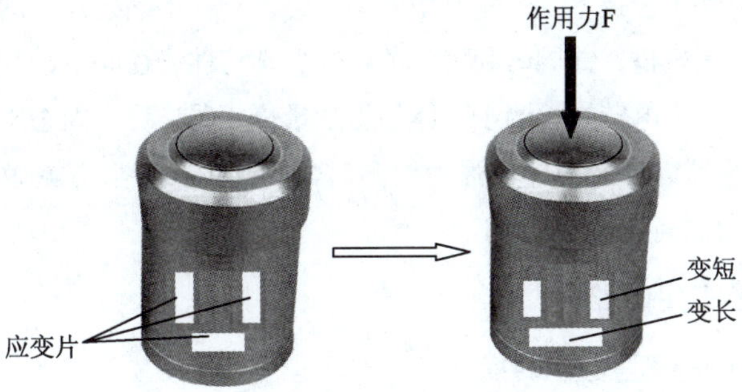

（a）工作过程

（b）实物

图 3-11　筒式应变荷重传感器工作原理与实物图

5. 传感器的接线

PE-1 型铝质传感器系列产品为双孔悬臂梁式结构，在制作过程中进行了温度补偿和四角调整等工艺处理，其高度低、体积小，适于制作电子计价秤、电子台秤等。图 3-12 是 PE-1型称重传感器的接线图。

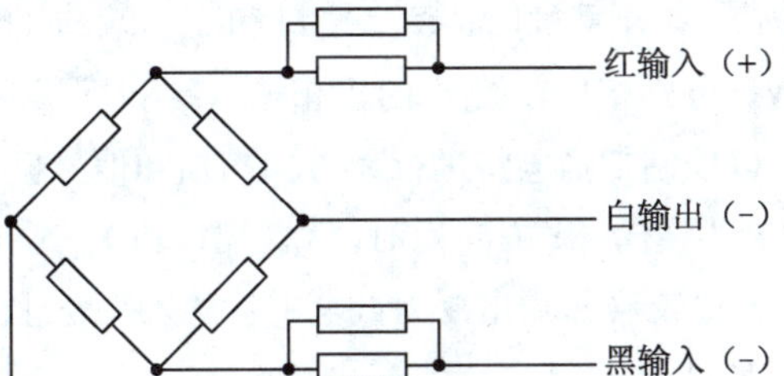

图 3-12　PE－1 型称重传感器的接线图

应变式传感器按其工作原理可分为：变阻器及电位器式、电阻应变式、固态压阻式、热敏电阻式、气敏电阻式、磁敏电阻式等。电阻应变式传感器是基于测量物体受力变形所产生应变的一种传感器，最常用的传感元件为电阻应变片。

固态压阻式传感器用半导体单晶硅材料作为敏感元件，在受到外力作用时，即使产生极微小应变，由其材料制成的电阻也会出现极大变化，这种物理效应称为压阻效应。利用压阻效应原理，采用三维集成电路工艺技术及一些专用的特殊工艺，在单晶硅片上的特定晶向制成由应变电阻构成的惠斯通检测电桥，并同时利用硅的弹性力学特性，在同一硅片上进行特殊的机械加工，制成集应力敏感与力电转换检测于一体的力学量传感器，称为固态压阻式传感器。

固态压阻压力传感器以气、液体压强为检测对象，其主要特点有灵敏度高、精度高、体积小、重量轻、动态频响高等。

四、力敏传感器实用电路

1. 手机和平板电脑的横竖显示转换

ADXI320 双轴加速度传感器可用于手机和平板电脑屏幕，使其横竖显示方向自动转换，即具有 G-Sensor 重力感应功能。电路如图 3-13 所示。

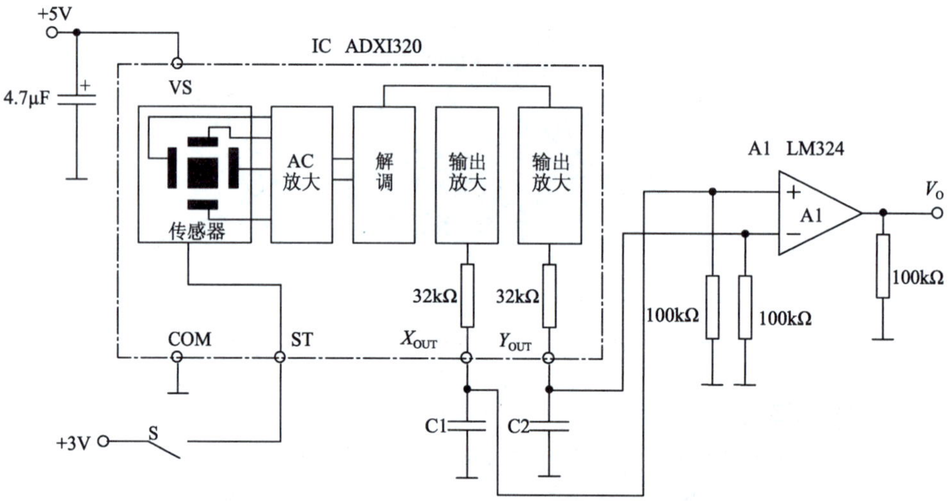

图 3-13 手机和平板电脑屏幕的横竖显示方向自动转换电路

当人们纵向（X 方向）拿着手机时，X_{OUT} 端口和 Y_{OUT} 端口的输出电压分别为 X_{OUT} = 1.500 V 和 Y_{OUT} = 1.326 V，分别接比较器 A 的正相输入端和反相输入端，比较器 A 输出高电平，送入微处理器中，以控制扫描电路进行 X 方向扫描和信号显示。

当人们将拿着的手机转为横向（Y 方向）时，X_{OUT} 端口和 Y_{OUT} 端口的输出电压变为 X_{OUT} = 1.326 V 和 Y_{OUT} = 1.500 V，比较器 A 输出变为低电平，送入微处理器中，微处理器控制扫描电路改为 Y 方向扫描和信号显示。

平板电脑的侧面有屏幕旋转锁启动时，重力感应功能不起作用，横竖方向旋转将不改变屏幕显示方式。

2. SFG-15N1A 压力测量电路

SFG-15N1A 是霍尼韦尔（Honeywell）公司生产的力传感器，是一种硅压阻式力传感器。它是利用微细加工工艺技术在一小块硅片上加工成硅膜片，并在联片上用离子注入工艺做了四个电阻并连接成电桥。当力作用在硅膜片上时，膜片产生变形，电桥中两个桥臂电阻的阻值增大；另外两个桥臂电阻的阻值减小，电桥失去平衡，输出与作用力成比例的电压信号。

这种力传感器的特点是结构简单、内部无放大电路及温度补偿电路、功能低、有较好线性度及重复性、较高的灵敏度（典型值为0.24 mV/g），最大可测力为1 500 g、最大的过载力可达5 500 g、工作温度范围宽（-40～+85℃）等。其缺点是没有温度补偿，在较大的温度范围使用时有一定的温度误差。

该传感器应用范围较广，其典型应用有医疗注入泵、肾透析仪、机械手（感觉触力）、张力控制器、负载或压缩力的测量、接触力的测量等。

外形及安装

SFG-15N1A 的外形如图3-14（a）所示，其中“1”脚接电源正极，“3”脚接电源负极，“2”脚和“4”脚为电桥输出引脚。

该传感器的安装方向可为任意方向，不会因安装方向而引起性能变化。值得注意的是，不要堵住壳体底部的排气孔，若错误地堵住排气孔会引起输出不稳定。安装可采用专用安装支架，如图3-14（b）所示。

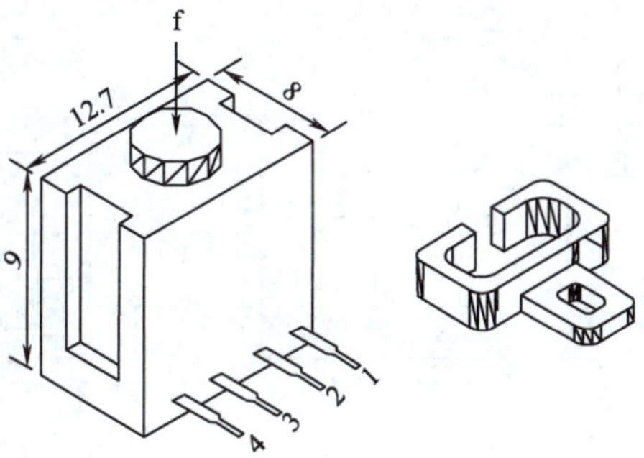

（a）外形图　　（b）专用安装支架

图3-14　SFG-15N1A 的外形及其专用安装支架（单位：mm）

如图3-15所示为一种测量电路，当作用力为0～1 500 g时，U_0输出0～1 500 mV（灵敏度为1 mV/g）。电源由±12V供电，力传感器由+12V经三个二极管降压后（约为10V）供电。A1～A3组成仪器放大器，其差动输入端直接与力传感器的2脚、4脚连接。A4接成跟随器，电位器RP2的作用是消除零点输出，即作用力为零时，若电桥有不平衡输出或放大器有失调电压时，可以调整RP2，使输出$U_0=0$V。调整RP1（调放大倍数）可以在满量程即1 500 g作用力时，使$U_0=1\ 500$ mV。

为了保证测量电路的精度，A1～A3的外围电阻采用误差为±1%的金属膜电阻，对应的电阻参数一样。

3. 带温度补偿的压力电子开关

用MPX2100P压力传感器和NTC热敏电阻构成的带温度补偿的压力电子开关电路如图3-16所示。MPX2100P压力传感器将压力转换成电信号，经A1、A2两级放大，将输出信号送比较器A3反相输入端，将由NTC热敏电阻降压后的参考电压加到比较器A3同相输入端。

当压力传感电压大于参考电压时，A3输出低电平，触发执行器电路工作。当温度降低时，压力传感电压减小。由于温度降低使NTC热敏电阻值增大，降压增大，参考电压降低，所以保持A3输出低电平，起到温度补偿的作用。

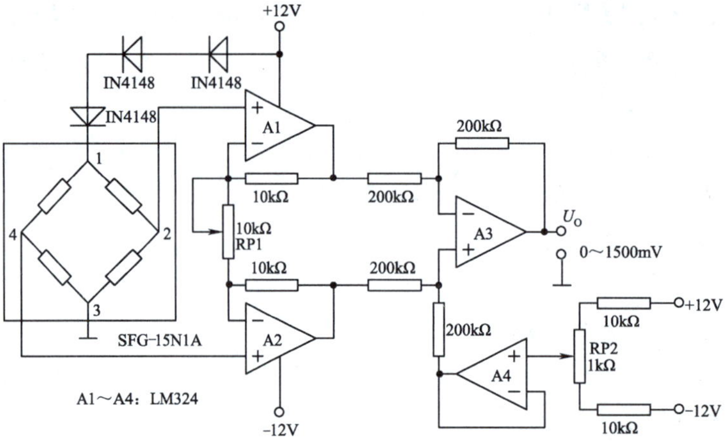

图 3-15　压力测量电路

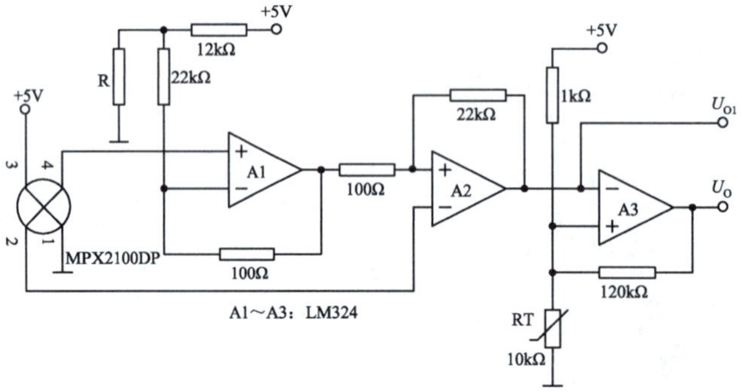

图 3-16　带温度补偿的压力电子开关

4. MPX5100 系列巴图压力计

用 MPX5100 系列压力传感器代替 MPX2100 系列传感器，则电路可以大大简化，其电路如图 3-17 所示。

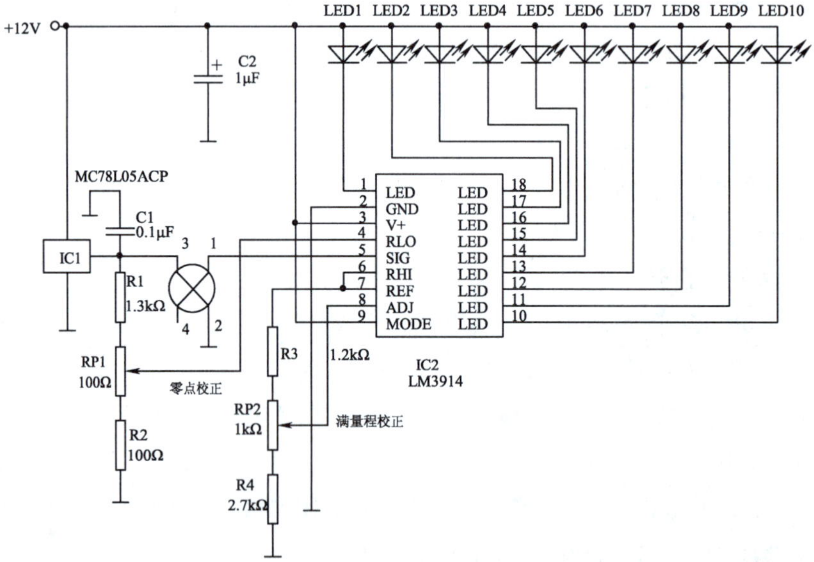

图 3-17　MPX5100 巴图压力计电路

MPX5100 系列均为精密集成压力传感器，在没有压力源的情况下可采用此调试办法：调节电位器 RP1 使放大器的输出电压为 0.5 V；然后调节电位器 RP2 使输出电压为 4.5 V，这样一来，将 0～100 kPa 的压力信号转换成 0.5～4.5 V 的电压信号。零点电位器 RP1 和满量程电位器 RP2 的校准彼此互不影响。

5. 半导体应变片压力传感器测量电路

对于半导体压力传感器而言，最重要的是它的温度特性，所以半导体应变片压力传感器需选择合适的恒流源，其测量电路如图 3-18（a）所示。利用运算放大器 IC1 和电阻 *R* 构成恒流源给电桥供电，电桥上流过的电流 $I=1.5$ mA。

由于半导体应变片的电阻较大，因此选择合适的恒流源很重要。若 *I* 取得小了，则电桥的输出太小；若 *I* 取大了，则要求电源电压要高，假设电桥的阻值为 6kΩ，则 $V_{AB}=(1.5\times6+1.5\times1)\text{V}=10.5\text{ V}$，运算放大器 IC1 的输出必须在 11 V 以上，电路中的电源电压就要取 15 V。

由于半导体应变片电桥本身的电阻较大，因此，必须采用高输入阻抗的放大器，在图 18（a）所示的电路中采用了 3 个运算放大器构成的仪表放大器，其中 IC2、IC3 的增益为 25 倍，IC4 的增益为 1～6 倍并可调。

若要在电路中消除零点偏移电压，可在电桥中增设一只可调电阻器 RP3，如图 3-18（b）所示。

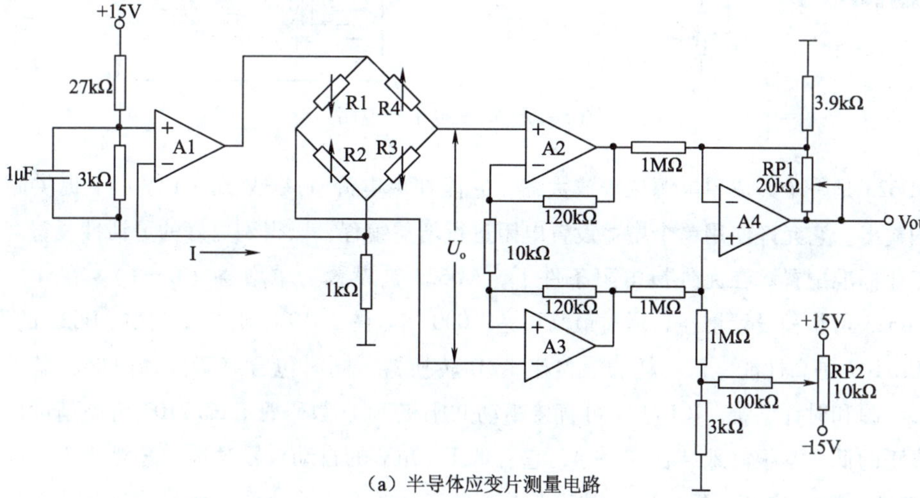

（a）半导体应变片测量电路

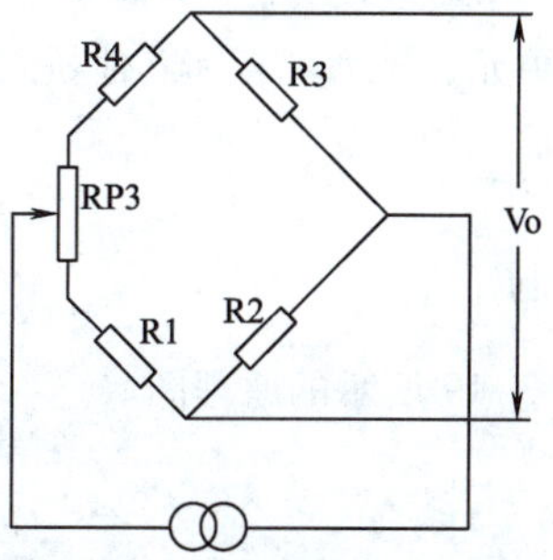

（b）调零电路

图 3-18　半导体应变片压力传感器测量电路

五、简易电子秤电路的工作原理

简易电子秤由传力机构、传感器、测量显示和电源组成。传力机构是将被称重物的重力传递到称重传感器。简易电子秤电路如图 3–19 所示。

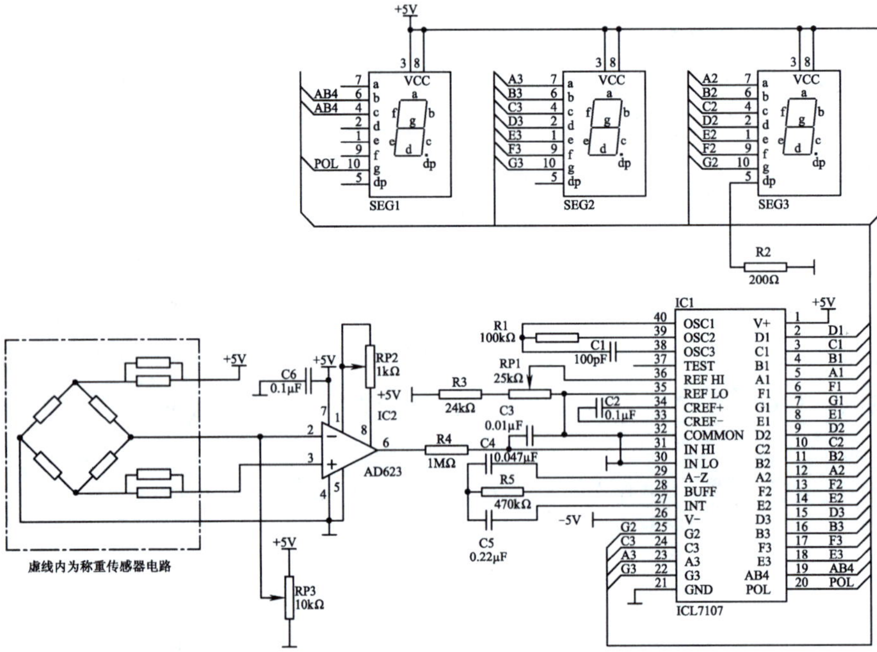

图 3–19　简易电子秤电路

AD623 是一个集成单电源仪表放大器，它能在单电源（+3V 到 +12V）下提供满电源幅度的输出。它允许使用单个增益设置电阻进行增益编程，以得到更好的灵活性。符合 8 引脚的工业标准配置。在无外接电阻条件下，AD623 被设置为单增益（$G=1$）。在外接电阻后，AD623 可编程设置增益，增益最高可达 1 000 倍。图 3–19 中由 RP2 调整 AD623 的增益。

ICL7107 是高性能、低功耗的三位半 A/D 转换器，同时包含有 7 段译码器、显示驱动器、参考源和时钟系统。ICL7107 可直接驱动共阳极 LED 数码管。ICL7107 将高精度、通用性和真正的低成本很好地结合在一起，它有低于 10μV 的自动校零功能，零漂小于 1μV/℃，低于 10pA 的输入电流，极性转换误差小于一个字。真正的差动输入和差动参考源在各种系统中都很有用。在用于测量负载单元、压力规管和其他桥式传感器时会有更突出的特点。

项目实施

一、简易电子秤电路的绘制

使用 Protel 99SE 绘制完成图 3–19 所示的原理图。

二、元器件选择

IC1 选用 ICL7107，IC2 选用 AD623。R1～R5 均选用 0.25W 金属膜电阻器。C1～C5 选用涤纶电容器或薄膜电容器，C6 选用瓷片电容器。SEG1～SEG4 选用 0.56 英寸（1 英寸 =

2.54 cm）共阳 1 位数码管。同时准备 ±5V 稳压电源、实验板等。

项目一的元器件清单表如表 3-1 所示。

表 3-1 项目一元器件清单表

元器件序号	元器件名称	元器件型号与规格	元器件参数	数量
IC1	集成电路	ICL7107/DIP40		1
IC2	集成电路	AD623/DIP8		1
C1	电容器	涤纶电容或薄膜电容	100pF	1
C2	电容器	涤纶电容或薄膜电容	0.1μF	1
C3	电容器	涤纶电容或薄膜电容	0.01μF	1
C4	电容器	涤纶电容或薄膜电容	0.047μF	1
C5	电容器	涤纶电容或薄膜电容	0.22μF	1
R1	电阻器	金属膜电阻器，功率 0.25W	100kΩ	2
R2	电阻器	金属膜电阻器，功率 0.25W	200Ω	1
R3	电阻器	金属膜电阻器，功率 0.25W	24kΩ	1
R4	电阻器	金属膜电阻器，功率 0.25W	1MΩ	1
R5	电阻器	金属膜电阻器，功率 0.25W	470kΩ	1
RP1	电位器	电位器	25kΩ	1
RP2	电位器	电位器	1kΩ	1
RP3	电位器	电位器	10kΩ	1
SEG1～SEG4	数码管	共阳 1 位数码管/0.56 英寸		4
J1	±5V 电源插座	±5V 稳压电源		1
J2	PE-1 称重传感器	PE-1 称重传感器插座		1

三、印刷电路板设计

使用 Protel 99SE 绘制的简易电子秤电路的印刷电路板图如图 3-20 所示为双面板，如图 3-20 所示。图 3-20（a）为元件面，图 3-20（b）为焊接面。

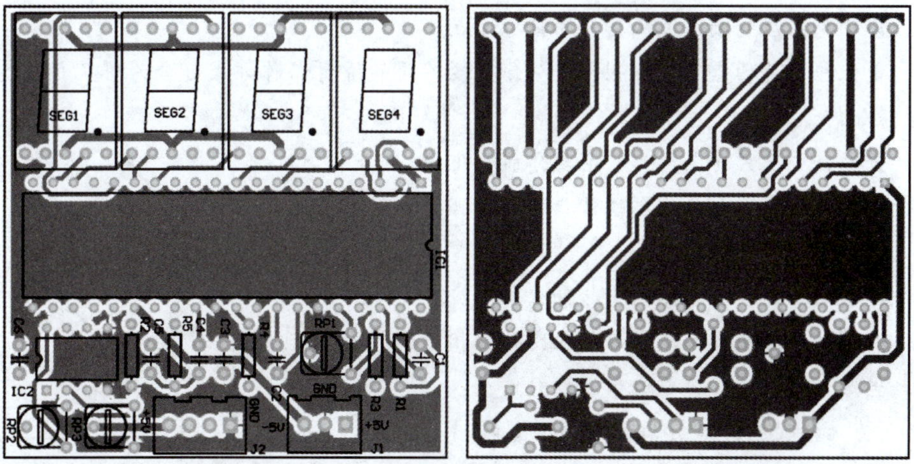

（a）元件面　　（b）焊接面

图 3-20　简易电子秤电路的印刷电路板图

四、电路调试

（1）按图 3-19 连接好电路。检查电路无误后，接通电源。

（2）把 ICL7107 第 37 脚与 +5V 短接可以测试数码管的好坏，如果电路正常，数码管所有段均能显示，显示为“1888”。

（3）AD623 的电位器调到最接近中间的位置。

（4）调节 ICL7107 的第 36 脚电位器，使基准电压为 1V。

（5）在接通电源并稳定一段时间后，仔细调节零点电位器 RP3，使数码管显示读数恰好为零，此时电桥平衡。

项目拓展与评价

一、训练题目与要求

1. 将图 3-19 所示的简易电子秤电路的输出，接到 ICL7106 显示驱动集成电路和液晶显示器上，成为液晶显示简易电子秤。

二、考核与评价

考核与评价标准见表 3-2。

表 3-2　项目一考核与评价标准

考核内容	完成项目实施内容	完成训练
成　　绩	50	50

思考与习题

1. 什么是应变效应？利用应变效应解释金属电阻应变片的工作原理。

2. 说明电阻应变测试技术具有的独特优点。

3. 电阻应变片的直流电桥测量电路，若按不同的桥臂工作方式可分为哪几种？各自的输出电压如何计算？

4. 什么是电阻式传感器？它主要分成哪几种？

5. 应变式传感器与其他类型传感器相比具有如下特点？

6. 什么是弹性敏感元件？

7. 弹性敏感元件在传感器中起什么作用？

8. 试说明金属应变片与半导体应变片的相同和不同之处。

9. 电阻应变片为什么要进行温度补偿？

10. 直流应变电桥如图 3-21 所示，$E=4$ V，$R_1=R_2=R_3=R_4=350\ \Omega$，求：

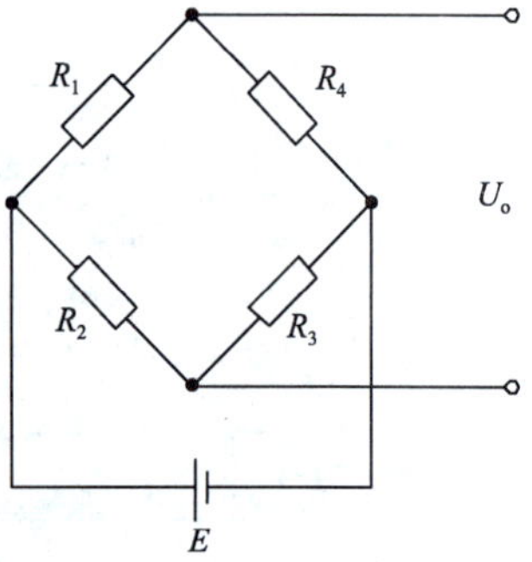

图 3-21　直流应变电桥

① R_1 为应变片其余为外接电阻，R_1 增量为 $\Delta R_1=3.5\ \Omega$

时，电压输出 U_o = ?

② R_1、R_2 是应变片，感受应变极性、大小相同，其余为电阻，电压输出 U_o 为多少?

③ R_1、R_2 是应变片，感受应变极性相反，大小相同，其余为电阻，电压输出 U_o 为多少?

④ R_1、R_2、R_3、R_4 都是应变片，对臂同性，邻臂异性，电压输出 U_o 为多少?

项目二　简易压电式传感器电路设计

项目说明

压电陶瓷元件的自振频率高，特别适合测量变化剧烈的载荷。本项目通过制作、调试简易压电式传感器，体会其动态测力特性。

相关知识

过去人们要用火柴给煤气灶点火，现在只要旋转煤气灶的开关就可以点燃燃气了。为什么呢？现在的煤气灶都安装上了压电点火装置，类似的还有气体打火机、燃气热水器等。压电点火装置的核心是压电材料，如压电晶体、压电陶瓷等，它不仅可以用作点火装置，还可以用来测量力，尤其是对测量周期性瞬间变化的力或冲击压力更具优越性。例如，实践中工程技术人员常用压电式传感器测量发动机内部的燃烧压力；在军事工业，用它来测量枪炮子弹在膛中击发的一瞬间膛压的变化和炮口的冲击波压力。压电式传感器既可以用来测量大的压力，也可以用来测量微小的压力。

压电式压力传感器是一种典型的有源传感器（或发电型传感器）。它利用压电效应把非电量转换为电量。压电式传感器是一种力敏元件，凡是能够变换为力的物理量，如应力、压力、加速度等，均可测量。同时，它又是一种可逆型换能器，常用作超声波发射与接收装置，这种传感器具有体积小、质量轻、精确度高和灵敏度高等优点。

一、压电效应

压电现象是100多年前居里兄弟研究石英时发现的。一些离子型晶体的电介质（如石英、酒石酸钾钠、钛酸钡等）在电场力和机械力作用下都会产生极化现象，即在这些电介质的一定方向上施加机械力而产生变形时，就会引起它内部正、负电荷中心相对转移而产生极化，从而导致两个相对表面（极化面）上出现符号相反的束缚电荷，且其电位移 D（在MKS单位制中即电荷密度）与外应力张量 T 成正比；当外力消失，又恢复不带电状态；当外力变向，电荷极性随之而变。这种现象称为正压电效应，或简称压电效应。反过来，当在电介质的极化方向施加电场，电介质也会产生几何变形，这种现象称为“逆压电效应”。逆压电效应将电能转换为机械能。逆压电效应说明压电效应具有可逆性。

二、压电材料的分类及特性

压电传感器中的压电元件材料一般有三类：一类是压电晶体（单晶体）；另一类是经过

极化处理的压电陶瓷（多晶体）；第三类是高分子压电材料。

1. 石英晶体

石英晶体是一种性能良好的压电晶体，它的突出优点是性能非常稳定。在20～200℃的范围内压电常数的变化率只有 -0.0001/℃。此外，它还具有自振频率高、动态响应好、机械强度高、绝缘性能好、迟滞小、重复性好、线性范围宽等优点。石英晶体的不足之处是压电常数较小（$d=2.31\times10^{-12}$ C/N）。因此石英晶体大多只在标准传感器、高准确度传感器或使用温度较高的传感器中使用，而在一般要求的测量中，基本上采用压电陶瓷。

2. 压电陶瓷

压电陶瓷是人工制造的多晶压电材料，它由无数细微的电畴组成。这些电畴实际上是分子自发极化的小区域。在无外电场作用时，各个电畴在晶体中杂乱分布，它们的极化效应被相互抵消了，因此原始的压电陶瓷呈中性，不具有压电性质。为了使压电陶瓷具有压电效应，必须在一定温度下做极化处理。极化处理之后，陶瓷材料内部存在有很强的剩余极化强度，当压电陶瓷受外力作用时，其表面也能产生电荷，所以压电陶瓷也具有压电效应。

3. 高分子压电材料

高分子压电材料是近年来发展很快的一种新型材料。典型的高分子压电材料有聚偏二氟乙烯（PVF2 或 PVDF）、聚氯乙烯（PVF）、改性聚氯乙烯（PVC）等。其中以 PVDF 的压电常数最高，有的材料可比压电陶瓷还要高十几倍。其输出脉冲电压有的可以直接驱动 CMOS 集成门电路。

高分子压电材料是一种柔软的压电材料，可根据需要制成薄膜或电缆套管等形状。经极化处理后就显现出电压特性。它不易破碎，具有防水性，可以大量连续拉制，制成较大面积或较长的尺度，因此价格便宜。其测量动态范围可达 80 dB，频率响应范围可从 0.1Hz 至 10^9Hz。这些优点都是其他压电材料所不具备的。因此在一些不要求测量准确度的场合，例如水声测量，防盗、振动测量等领域中获得应用。它的声阻抗与空气的声阻抗有较好的匹配，因而是很有希望的电声材料。例如，在它的两侧面施加高压音频信号时，可以制成特大口径的壁挂式低音喇叭。

高分子压电材料的工作温度一般低于100℃。温度升高时，灵敏度将降低。它的机械强度不够高，耐紫外线能力较差，不宜暴晒，以免老化。

现在人们还开发出一种压电陶瓷——高聚物复合材料，它是无机压电陶瓷和有机高分子树脂构成的新型压电复合材料，例如可以在高分子化合物中掺杂压电陶瓷（锆钛酸铅或钛酸钡）粉末来制成高分子压电薄膜。

这种复合压电材料兼备了无机和有机压电材料的性能。可以根据需要，综合两种材料的优点，制作性能更好的传感器。它的接收灵敏度很高，更适合于制作水声换能器。除此之外，近年来还出现了多种压电半导体，如硫化锌（ZnS）、碲化镉（CdTe）、氧化锌（ZnO）、硫化镉（CdS）、碲化锌（ZnTe）和砷化镓（GaAs）等。这些材料的显著特点是即有压电特性，又具有半导体特性。因此，即可用其压电性研制传感器，又可用其半导体性制作电子器件，也可以两者结合，集元件与线路于一体，研制成新塑压电集成传感器测试系统。

三、压电材料的主要特性指标

1. 压电系数

压电系数（一般用 d 表示）表示压电材料产生电荷与作用力的关系。它是衡量材料压电效应强弱的参数，它直接关系到压电元件的输出灵敏度。一般用单位作用力产生电荷的多少来表示，单位为 C/N（库/牛）。

2. 弹性常数

压电材料的弹性常数、刚度是决定其固有频率和动态的重要参数。

3. 介电常数

这是决定压电晶体固有电容的主要参数，而固有电容影响传感器工作频率的下限值。

4. 机械耦合系数

衡量压电材料机电能量转换效率的重要参数，其值等于转换输出能量（如电能）与输入能量（如机械能）之比的算术平方根。

5. 电阻

电阻（R）是压电晶体的内阻，它的大小决定其泄漏电流。

6. 居里点

压电材料的温度达到某一值时，便开始失去压电特性，这一温度称为居里点或居里温度。

四、压电式传感器的工作原理

压电式传感器是依靠某些晶体材料的压电效应工作的，当这些晶体受压力作用发生机械变形时，在其相对的两个侧面上会产生异性电荷。

压电效应是压电传感器的主要工作原理。压电元件在交变力的作用下，电荷可以不断补充，供给测量回路一定的电流，适用于测量动态的应力（一般必须高于 100 Hz，但在 50 kHz 以上时，灵敏度下降），不能用于静态测量。

五、压电式传感器的结构

1. 压电式测力传感器

压电式测力传感器在直接测量拉力或压力时，通常多采用双片或多片石英晶体做压电元件。按测力状态分为单向力、双向力和三向力传感器。这里只对单向力传感器做介绍，双向力和三向力传感器这里不做介绍。

压电式单向测力传感器的结构原理如图 3-22 所示。图 3-22 中压电晶片为力-电转换元件，晶片数目通常是使用机械串联而电气并联的两片，晶片的几何尺寸为合理的传力结构。压电晶片材料的选择则决定于所测力的量值大小。压电式单向测力传感器的压电晶片为 X 切割石英晶片，尺寸为 8 mm × 1 mm，上盖为传力元件，其变形壁的厚度为0.1～0.5mm，由测力范围（F_{max} = 500 kg）决定。

压电式单向测力传感器的绝缘套用来绝缘和定位。基座内、外底面对其中心线的垂直度，上盖及晶片、电极的上、下底面的平行度与表面光洁度都有极严格的要求，否则会使横向灵敏度增加或使片子因应力集中而过早破坏。为提高绝缘阻抗，传感器装配前要经过多次净化（包括超声波清洗），然后在超净工作环境下进行装配，加盖之后用电子束封焊。

2. 压电式加速度传感器

压缩型压电加速度传感器的结构原理如图 3-23 所示，压电元件一般由两片压电晶片组成。在压电片的两个表面上镀银层，并在银层上焊接输出引线，或在两个压电晶片之间夹一片金属，引线就焊接在金属片上，输出端的另一根引线直接与传感器基座相连。在压电晶片上放置一个密度较大的质量块，然后用一个硬弹簧或螺栓、螺帽对质量块预加载荷。整个组件装在一个厚基座的金属壳体中，为了隔离试件的应变，避免传递到压电元件上去，产生信号输出，一般要加厚基座或选用刚度较大的材料来制造。

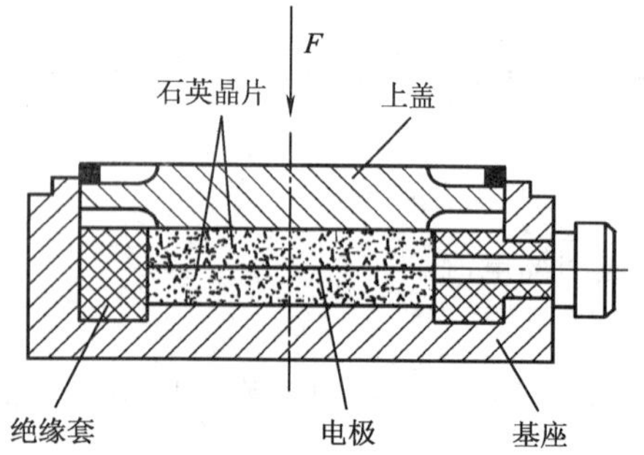

图 3-22 压电式单向测力传感器的结构

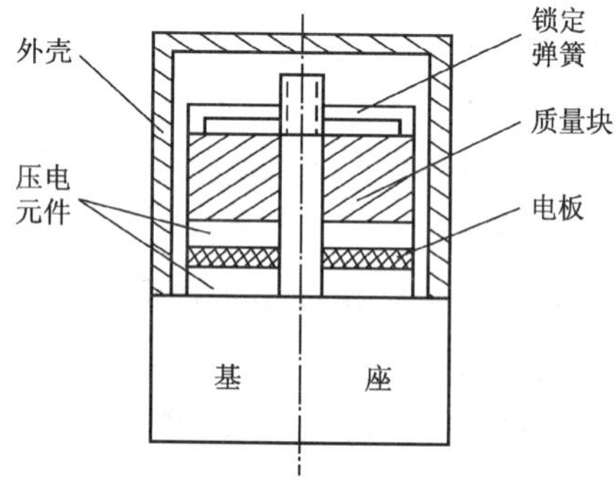

图 3-23 压缩型压电加速度传感器的结构示意图

测量时，将传感器基座与试件刚性固定在一起。当传感器受到振动时，由于弹簧的刚度相当大，而质量块的质量相当小，可认为质量块的惯性很小。因此质量块感受与传感器基座相同的振动，并受到与加速度方向相反的惯性力的作用。这样，质量块就有正比于加速度的交变力作用在压电晶片上。由于压电晶片具有压电效应，因此在它的两个表面上就产生交变电荷（电压），当振动频率远低于传感器的固有频率时，传感器的输出电荷（电压）与作用力成正比，亦即与试件的加速度成正比。输出电量由传感器输出端引出，输入前置放大器后即可用普通的测量仪器测出试件的加速度，如在放大器中加进适当的积分电路，还可测出试件的振动位移或速度。

压电元件的受力和形变常见的有外圆配合压缩式、中心配合压缩式、倒装中心配合压缩式、剪切式四种。按上述四种形变有相应的四种结构的传感器，但最常见的是基于厚度形变的压缩式和基于厚度剪切形变的剪切式两种，前者使用更为普遍。四种压电式加速度传感器的典型结构如图 3-24所示。

剪切式加速度传感器具有很高的固有频率，频响范围很宽，特别适用于测量高频振动，它的体积和重量都可做得很小，有助于实现传感器微型化。但是，由于压电元件与中心柱之间以及惯性质量环与压电元件之间要用导电胶黏结，要求一次装配成功，因此，成品率较低。

目前，优质的剪切式加速度传感器同压缩式传感器相比，横向灵敏度小一半，灵敏度受瞬时温度冲击和基座弯曲应变效应的影响都小得多，因此，剪切式加速度传感器有替代压缩式加速度传感器的趋势。

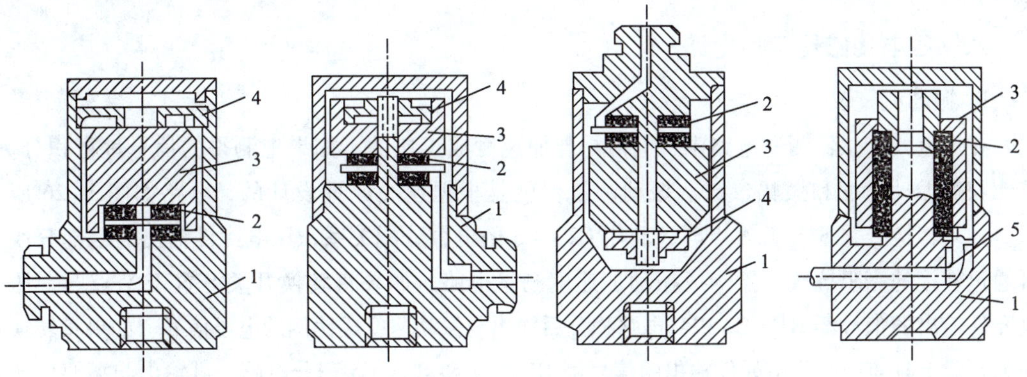

（a）外圆配合压缩式　（b）中心配合压缩式　（c）倒装中心配合压缩式　（d）剪切式

图 3-24　四种压电式加速度传感器的典型结构

1—基座；2—压电晶片；3—质量块状；4—弹簧片；5—电缆

六、压电式传感器的用途

压电式传感器结构简单、体积小、功耗小、寿命长，特别是它具有良好的动态特性，因此适合有很宽频带的周期作用力和高速变化的冲击力，它主要应用在加速度、压力和力等的测量中。如用压电式传感器制成加速度计，用于测量飞机、汽车、船舶、桥梁、建筑的振动和冲击力，特别是在航空和宇航领域中更有它的特殊地位。

压电式传感器也广泛应用在生物医学测量中，比如心室导管式微声器就是由压电式传感器制成的，因为测量动态压力的测量很普遍，所以压电式传感器的应用就非常广泛。

七、认识压电式传感器

各种压电式传感器实物图如图 3-25 所示。

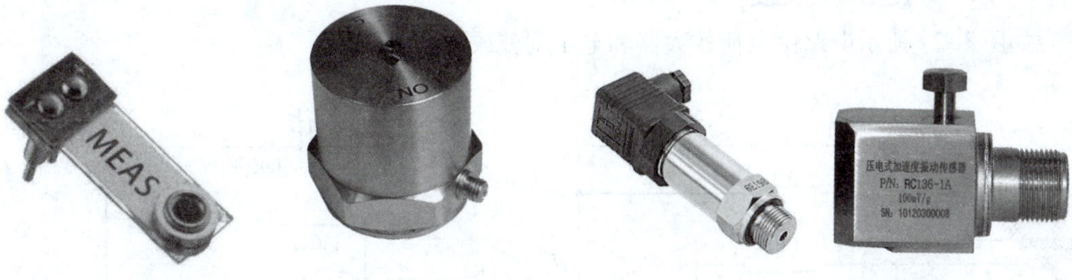

（a）压电薄膜传感器　（b）压电式IEPE加速度传感器　（c）压电式加速度传感器

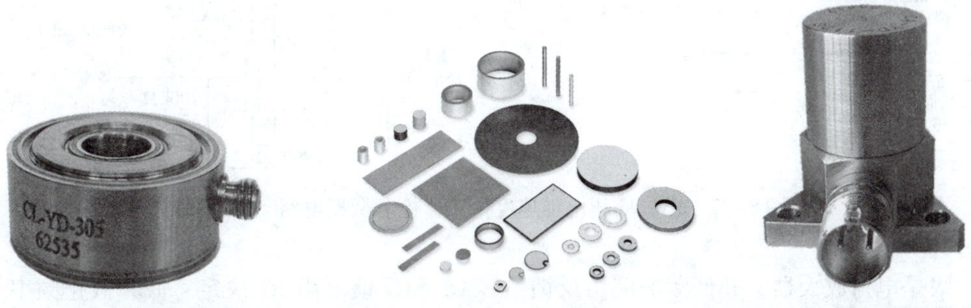

（d）压电式力传感器　（e）压电陶瓷元件　（f）CA-YD-112压电式加速度传感器

图 3-25　各种压电式传感器实物图

八、压电传感器实用电路

1. 振动测量仪

在压电式传感器测试电路中，电荷是与加速度成正比的，如果把测得的信号进行积分。就能获得振动速度和振幅参数。振动测量仪就是根据这一原理设计的，电路如图 3-26 所示。如果转换开关 S 置于 A 点时，利用 C2、C3 的电容分配关系，压电元件输出的一部分便可通过外接的高阻抗放大器构成振动加速度测量电路。如果将转换开关 S 置于 V 点时，压电元件输出的信号经 R1、C1 积分电路积分后输出与振动速度成比例的电压信号。如果将转换开关 S 置于 D 点时，压电元件输出的信号经 R1、C4 和 R2、C5 积分电路，可输出与振幅成比例的电压信号。根据上述原理，该振动仪可测量 10～160 μg 物体的加速度、0.4～80 cm 范围内的振动速度，以及 4μm～8cm 的振幅。

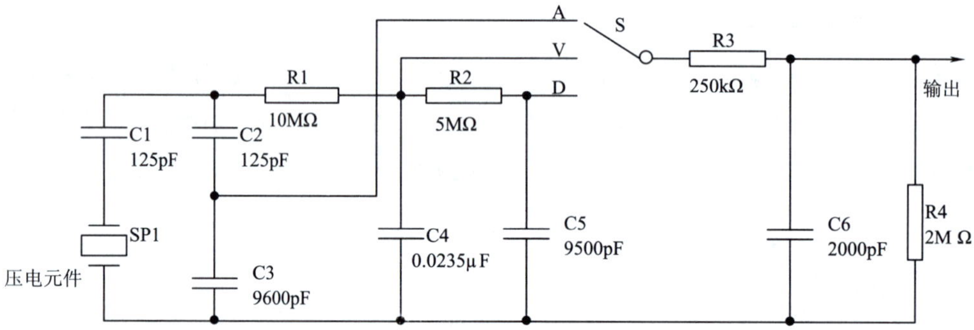

图 3-26 振动测量仪

2. PV-96 压电式加速度传感器电路

如图 3-27 所示电路由电荷放大器和电压调整放大器组成。

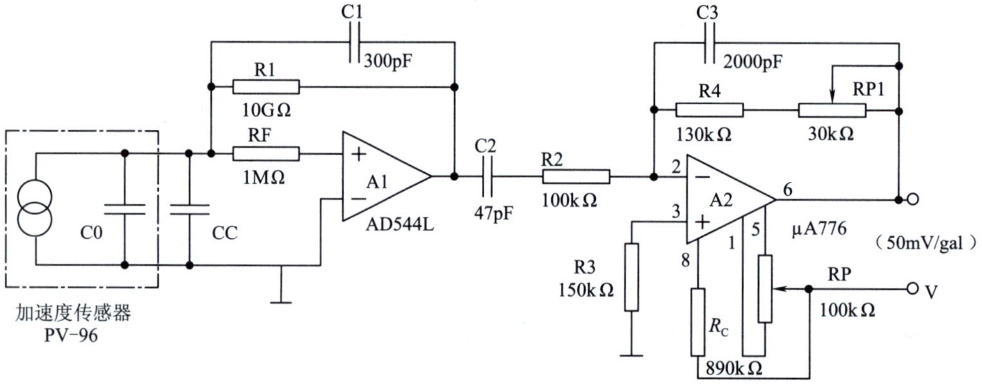

图 3-27 PV-96 压电加速度传感器检测微振电路

第一级是电荷放大器，其低频响应由反馈电容 C1 和反馈电阻 R1 决定。低频截止频率为 0.053 Hz。RF 是过载保护电阻。第二级为输出调整放大器，调整电位器可使其输出约为

50 mV/gal。A2 是多用途可编程运算放大器的低功耗型运算放大器，为了降低噪声影响，可在其第 8 脚输入适当的工作电流 I_{sct}，本电路选 $I_{sct}=15\mu A$。图中 CC 为电缆电容，C0 为传感器电容。

该电路主要用于测量微振动。

3. GIA 型压电加速度检测电路

GIA 型压电加速度检测电路如图 3-28 所示，GIA 型压电加速度传感器是采用聚偏二氟乙烯等压电薄膜材料研制成的全塑料加速度传感器。其内含放大电路，是一种固有频率高，频响特性好，灵敏度高，重量轻，价格较低的压电加速度传感器。特别适合于冲击测量设备。

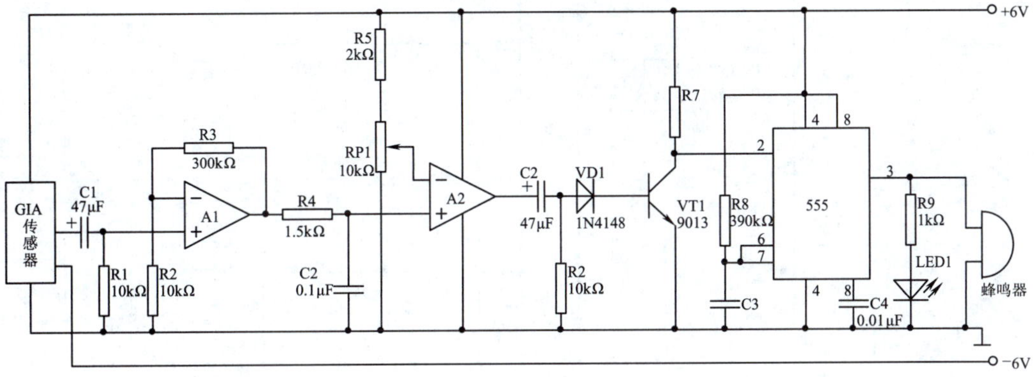

图 3-28　G1A 的冲击检测电路

图 3-28 所示电路由比例放大器、电压比较器和电平转换器构成。C1 和 R1 构成高通滤波器，消除直流成分及温度漂移的影响；A 为比例放大器，放大倍数由 R2 和 R3 确定。R4 和 C2 的作用是滤去高频杂音。A2 为电压比较器，当冲击量达到某一值时，A2 输出某一开关量信号，阈值电平可由 W1 调节。C3 为隔离电容。晶体管 VT 作电平转换，处于开关工作状态。二极管增加延迟 VT 的导通时间。当冲击量过大时，可采用 555 电路报警。555 组成单稳触发器。当 A 点输入低电平时，555 的 3 脚输出高电平，使 LED 灯亮，并驱动蜂鸣器鸣叫。

4. 振动检测器电路

振动检测器电路如图 3-29 所示。接通电源时，电路通过启动复位电路 C2 和 R1 使级联计数器 CD4017（IC1）复位，结果 IC1 的 Q0 输出端③脚变高电位，这时整个电路处于闲置状态。而 LED1 发光指示电源已接通。如果有振动发生，IC1 的时钟输入端脚便会收到来自与其相连的压电陶瓷元件产生的时钟脉冲，IC1 的 Q1 至 Q9 输出端便经由连接成或门的二极管 VD1 至 VD9 将信号送至驱动继电器的开关晶体管 VT1。使可控硅 SCR1 导通。继电器 RL1 吸合，其触点用来接通任何报警设备。短暂按下开关 S1 可使电路复位。

连接在 IC1 时钟输入端的稳压二极管 ZD1 和 ZD2 用来保护输入端不产生高压。为防止误触发 IC1，可在压电陶瓷元件两端并接一只 100 nF 的电容。

这种振动检测器可以用在办公室和商店的卷帘门上作防盗器。它可以灵敏地检测到如钻门等一类动作引起的振动。并接通灯泡、压电蜂鸣器等负载报警。

电路用 6V 直流电压供电。并采用压电陶瓷元件 PZ1 作为振动传感器。可以从有源蜂鸣器中拆出来使用。

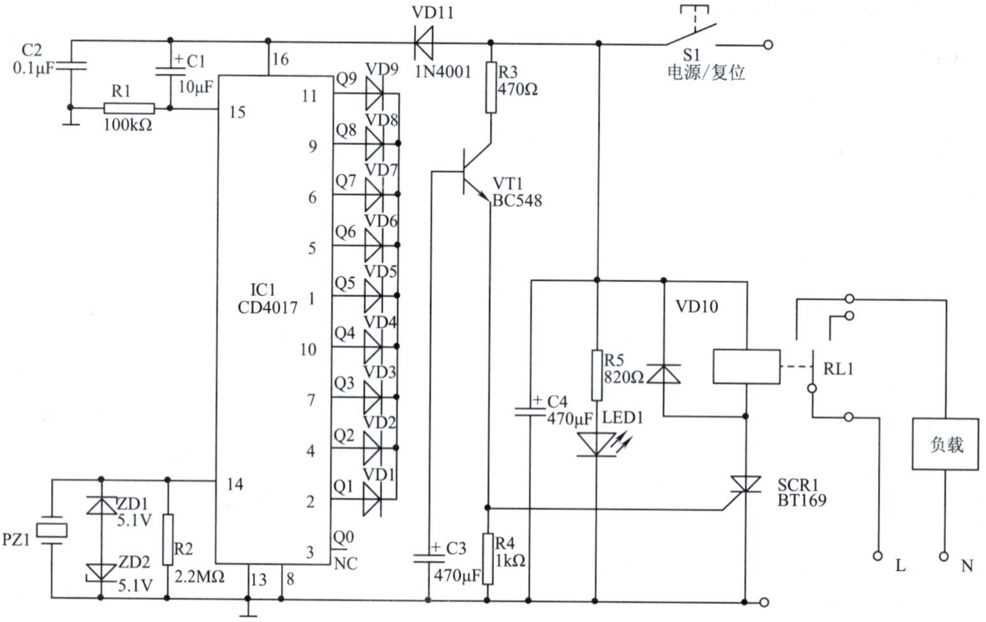

图 3-29　振动检测器电路

5. 振动式防盗报警器电路

本报警器使用一只隐藏在门窗上的廉价压电蜂鸣器 X1 作为传感器。这种蜂鸣器具有双向压电效应：当在其两端加上电压时，它的压电陶瓷材料会产生机械变形而发出振动声；反之，当它受到盗贼破门入室时产生的机械振动时，在其两端就会产生相应的输出电压。这里利用后一种特性，使它起到振动式传感器的作用。

如图 3-30 所示，压电传感器 X1 产生的电压由晶体管 VT1 等组成的第一级放大器放大约 100 倍。晶体管 VT2 起检波的作用，其集电极电压只有 50mV。由于 R3 将 VT2 的基极直接接到电源正极，VT2 总是处于导通状态而不起放大作用。如果需要增大放大倍数，可将 R3 的上端改接到 VT2 的集电极。晶体管 VT3 提供约 3 倍的电压增益，并驱动脉冲检波器 VD1。当输入的脉冲电平足够高时，VT4 迅速向 C6 充电。脉冲过后，C6 通过 R9 和 R10 及 VT5 基极组成的高阻抗电路缓慢放电，此放电时间决定了继电器的接通时间。因此 C6 所需的容量需要通过试验来决定，其值可在 1～10 μF 之间选定。压电传感器 X1 应使用屏蔽电缆接到本电路的输入端，而且电缆应尽可能短。如果出现射频干扰，则可如图 3-30 中虚线所示，在 T1 基极与地之间加接一只旁路射频干扰的 1nF 瓷介电容器。使用中，已知振动源（如正常环境下产生的各种声音）应尽量远离传感器，以免引起误触发。当继电器不工作时，本电路耗电只有几毫安。

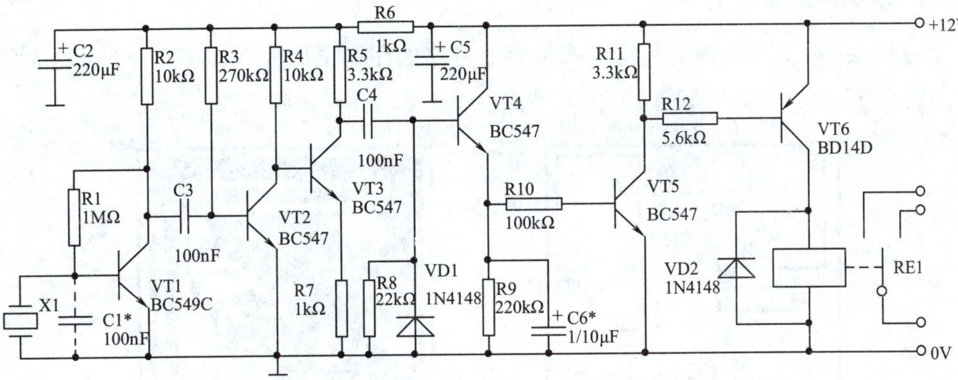

图 3-30　振动式防盗报警器电路图

九、简易压电式传感器电路的工作原理

实验电路如图 3-31 所示。本实验采用基本的单管共发射极放大电路，由传感器 SP1、R1、RP1 充当分压电路，当 VT1 的基极电流 I_b 变化，且 $U_{be} \geqslant 0.7V$ 时，控制 VT1 导通，驱动发光二极管 LED1 发光。注意，VT1 的基极上接有 4.7 kΩ 电阻，用它保护晶体管的发射结，以免短路时电流过大损坏 VT1。

▶ 项目实施

一、简易压电式传感器电路的绘制

使用 Protel 99SE 绘制完成图 3-32 所示的原理图。

二、元器件选择

SP1 选用压电陶瓷片。R1 选用 0.25W 碳膜电阻器。VT1 选用三极管。LED1 选用 ϕ5mm 红色发光二极管。RP1 选用电位器，同时准备 3V 稳压电源、实验板等。

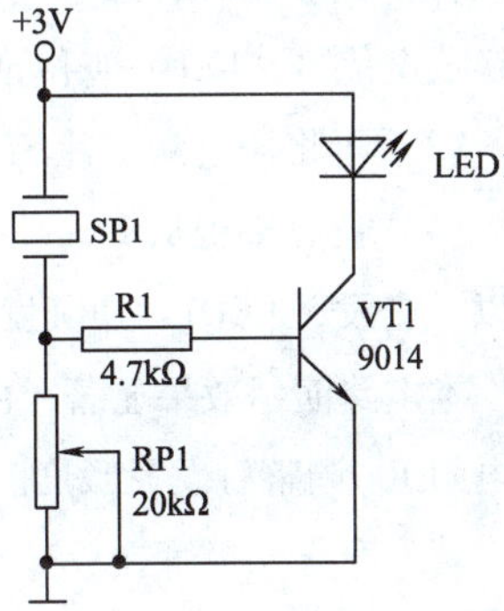

图 3-31　简易压电式传感器电路

项目二的元器件清单表如表 3-3 所示。

表 3-3　项目二元器件清单表

元器件序号	元器件名称	元器件型号与规格	元器件参数	数量
SP1	压电陶瓷片	压电陶瓷片		1
VT1	三极管	9014		1
RP1	电位器	微调电位器	20kΩ	1
R1	电阻器	碳膜电阻器，功率 0.25W	4.7kΩ	1
LED1	发光二极管	ϕ5mm 红色发光二极管		1
J1	电源插座	3V 稳压电源		1

三、印刷电路板设计

使用 Protel 99SE 绘制的简易压电式传感器电路的印刷电路板图如图 3-32 所示为单面板，如图 3-32 所示。图 3-32（a）为元件面，图 3-33（b）为焊接面。

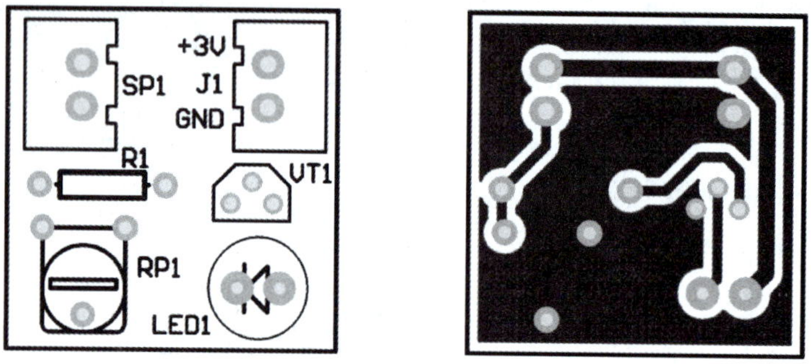

（a）元件面　　（b）焊接面

图 3-32　简易压电式传感器电路的印刷电路板图

四、电路调试

（1）连接好实验电路。

（2）用手指轻轻敲击或碰撞压电陶瓷片 SP 时，SP 由于弯曲形变而产生电荷，将机械能转换成电信号，LED1 饱和导通，LED1 闪亮。

（3）再将压电陶瓷片 SP 的镀银表面向内，黄铜面向上。

（4）让火柴棍从 1 cm 以上的高处（不需要太高）自由落下，撞击压电陶瓷片黄铜面，可以“击发”LED1，使其发光。

本电路演示效果显著，由于传感器是短促触发，用红色发光二极管指示即可，可配合微调电阻 RP 调整触发灵敏度。

若将发光二极管换成直流 5V 电压表，用手指按压压电瓷片 SP，可观察指针的摆动变化过程。

项目拓展与评价

一、训练题目与要求

焊接并调试实现图 3-29 所示的振动检测器电路的功能。

二、考核与评价

考核与评价标准见表 3-4。

表 3-4　项目二考核与评价标准

考核内容	完成项目实施内容	完成训练
成　　绩	50	50

思考与习题

1. 简述正、逆压电效应。

2. 常用压电材料一般有哪些？

3. 压电材料的主要特性参数有哪些？

4. 压电式传感器主要应用在什么地方？

5. 能否用压电式传感器测量静态压力？为什么？

6. 简述压电陶瓷特性，作为压电元件比较它与石英晶体有哪些特点？

7. 简述压电式加速传感器的工作原理。

8. 压电传感器的输出信号的特点是什么？它对放大器有什么要求？放大器有哪两种类型？

9. 简述压电传感器测量范围。

10. 设计压电式传感器检测电路的基本考虑点是什么？为什么？

模块四 温度传感器及其应用

温度检测是各类工业检测控制和日常生活中应用最为广泛的一类。在测试检测中，使用最多的是热电式传感器，常见的热电式传感器有热电阻温度传感器、热敏电阻温度传感器及热电偶温度传感器；随着半导体技术的快速发展，利用 PN 结温度特性的集成数字温度传感器的使用也越来越多。热电式传感器还可用于测量与温度相关的其他物理量，如流速、金属材质、气体成分等。此外，还有微波测温温度传感器、噪声测温温度传感器、温度图测温温度传感器、热流计、射流测温计、核磁共振测温计、穆斯保尔效应测温计、约瑟夫逊效应测温计、低温超导转换测温计、光纤温度传感器等。这些温度传感器有的已获得应用，有的尚在研制中。

本模块主要学习温度传感器的基本原理及其应用。

知识点

温度的基本概念及各种温标；
温度传感器的分类；
热敏电阻的结构、工作原理及特点；
热电阻的结构、工作原理及特点；
热电偶的结构、工作原理及特点；
热敏电阻温度测量电路的工作原理；
热电阻温度测量系统的工作原理；
热电偶温度测量系统的工作原理；
集成温度传感器温度测量系统的工作原理。

技能点

温度传感器的选用、调试；
热敏电阻温度测量电路的安装、调试；
热电阻温度测量系统的安装、调试；
热电偶温度测量系统的安装、调试；
集成温度传感器温度测量系统的安装、调试。

教学法

本模块主要采用实训为主，讲授为辅的教学方式完成课程教学。教师主要是将项目的基本知识及关键步骤跟学生讲明即可，学生大部分时间自主学习，并进行实训。在实训过程中，教师进行辅导并在项目完成后进行总结。

项目一　热敏电阻温度测量电路的设计

项目说明

以热敏电阻为传感器，设计并制作一个简易的指针式温度计，完成测温范围为40～80℃的温度测量电路。

相关知识

一、温度测量的基本概念

温度是和人们生活环境密切相关的物理量，也是在生产、科研、生活中需要测量和控制的重要物理量，是国际单位制七个基本量之一。这里将系统介绍温度、温标、测量方法等一些基本知识。

1. 温度的基本概念

温度是表征物体冷热程度的物理量。温度的概念是以热平衡为基础的，如果两个相接触的物体温度不相同，它们之间就会产生热交换，热量将从温度高的物体向温度低的物体传递，直到两个物体温度相同为止。

温度的微观概念是：温度标志着物质内部大量分子无规则运动的剧烈程度。温度越高表示物体内部分子热运动越剧烈。

2. 温标

温度的数值表示方法称为温标。它规定了温度读数的起点（即零点），以及温度的单位。各类温度计的温度刻度均由温标确定，国际上规定的温标有摄氏温标、华氏温标、热力学温标等。

1）摄氏温标（℃）

摄氏温标把在标准大气压下冰的熔点定为0℃，把水的沸点定为100℃。在这两固定点间划分100等份，每一等份为1℃，符号为t。

2）华氏温标（℉）

它规定在标准大气压下，冰的熔点为32℉，水的沸点为212℉。在这两固定点间划分180等份，每一等份为1℉，符号为θ。华氏温标与摄氏温标之间的关系为

$$\theta/℉ = 1.8t/℃ + 32 \tag{4-1}$$

例如，37℃的华氏温度为$\theta = (1.8 \times 37 + 32)$℉ $= 98.6$℉。西方国家在日常生活中经常使用华氏温度。

3）热力学温标（K）

热力学温标是建立在热力学第二定律基础上的最科学的温标，是开尔文（Kelvin）根据热力学定律提出来的，因此又称为开氏温标。其符号为T，单位为开［尔文］（K）。

热力学温标规定分子的运动和停止，即没有热存在时的温度为绝对温度，水的三相点（即气、液、固三态同时存在，并进入平衡状态时）的温度为 273.16K，把从绝对零度到水的三相点的温度均分为 273.16 格，每格为 1K。由于一直沿用水的冰点温度 273.15K，因此用式（4-2）和式（4-3）进行开氏温标和摄氏温标的换算

$$t/℃ = T/K - 273.15 \tag{4-2}$$

或

$$T/K = t/℃ + 273.15 \tag{4-3}$$

例如，100℃时的热力学温度 $T = (100 + 273.15)\ K = 373.15K$。

在传感器的测量中，一般使用摄氏温标与热力学温标，因此要注意二者之间的转换关系，不能混淆，防止人为产生测量误差。

各温标间换算关系如表 4-1 所示。

表 4-1　各温标间换算关系

温标单位	热力学温度 T/K	摄氏温度	华氏温度
K	1	$T-273.15$	$(T-273.15)\times1.8+32$
℃	$t+273.15$	1	$1.8t+32$
℉	$(\theta-32)/1.8+273.15$	$(\theta-32)/1.8$	1

3. 温度测量及传感器分类

温度传感器的分类方法很多。按照用途可分为基准温度传感器和工业温度传感器；按照测量方法又可分为接触式和非接触式；按工作原理又可分为膨胀式、电阻式、热电式、辐射式，等等；按输出方式分为自发电型、非电测型等。总之，测量温度的方法有很多，至今人们仍在不断研究新型的温度测量方法。常用的温度传感器如表 4-2 所示。

表 4-2　常用的温度传感器

按测温方式分类	温度传感器种类		测温范围/℃	优　点	缺　点
接触式测温仪表	膨胀式	玻璃液体	-50～600	结构简单，使用方便，测量准确，价格低廉	测量上限和精度受玻璃质量限制，不能记录和远传
		双金属	-80～600	结构简单紧凑，牢固可靠	精度低，量程和使用范围有限
	压力式	液体	-30～600	抗振、坚固、防爆，价格低廉	精度低，测温距离短，滞后大
		气体	-20～350		
		蒸气	0～250		
	热电偶	铂铑-铂	0～1600	测温范围广，精度高，便于远距离、多点、集中测量和自动控制	需冷端温度补偿，低温段测量精度较低
		镍铬-镍铝	0～900		
		镍铬-考铜	0～600		
	热电阻	铂电阻	-200～500	测量精度高，便于远距离、多点、集中测量和自动控制	不能测量高温，需注意环境温度的影响
		铜电阻	-50～150		
		热敏电阻	-50～300		

续表

按测温方式分类	温度传感器种类		测温范围/℃	优　点	缺　点
非接触式测温仪表	辐射式	辐射式	400～2000	测温时不破坏被测温度场	低温段测量不准确，环境条件会影响测量准确度
		光学式	700～3200		
		比色式	900～1700		
	红外线	热敏探测	-50～3200	测温时不破坏被测温度场，响应快，测温范围大，适合测量温度分布	容易受外界干扰，标定困难
		光电探测	0～3500		
		热电探测	200～2000		

二、热敏电阻的工作原理与特性

热敏电阻是一种新型的半导体测温元件，它是利用半导体的电阻随温度显著变化的特性而制成的测温元件。由金属氧化物和化合物按不同的配方比例烧结而成。

1. 热敏电阻的电阻-温度特性

热敏电阻的电阻-温度特性是指半导体材料阻值随温度变化而变化的特性。根据半导体的电阻-温度特性，热敏电阻可分为 3 类，即负温度系数（Negative Temperature Coefficient，NTC）热敏电阻、正温度系数（Positive Temperature Coefficient，PTC）热敏电阻和临界温度系数（Critical Temperature Resistors，CTR）热敏电阻。它们的温度特性曲线如图 4-1 所示。

大多数热敏电阻具有负温度系数，其阻值与温度的关系可用式（4-4）表示。

$$R_t = R_0 \exp\left(\frac{B}{t} - \frac{B}{t_0}\right) \tag{4-4}$$

式中：R_t，R_0——温度为 t 和 t_0 时的电阻值；

B——热敏电阻的材料常数（由材料、工艺及结构决定，一般在 1 500～6 000 K 之间）；

t_0——0℃时的绝对温度，$t_0 = 273.15\text{K}$。

图 4-2 为负温度系数（NTC）热敏电阻在不同 B 值时的电阻-温度特性，温度越高，阻值越小，且有明显的非线性。NTC 热敏电阻具有很高的负电阻温度系数，特别适用于 -100～+300 ℃之间的测温。

PTC 热敏电阻的阻值随温度升高而增大，且有斜率最大的区域，当温度超过某一数值时，其电阻值朝正的方向快速变化。其用途主要是彩电消磁、各种电器设备的过热保护等。

CTR 热敏电阻也具有负温度系数，但在某个温度范围内电阻值急剧下降，曲线斜率在此区段特别陡，灵敏度极高。主要用作温度开关。

各种热敏电阻的阻值在常温下很大，通常都在数千欧以上，所以连接导线的阻值（最多不过 10 Ω）几乎对测温没有影响，不必采用三线制或四线制接法，给使用带来了方便。

另外，热敏电阻的阻值随温度改变显著，只要很小的电流流过热敏电阻，就能产生明显的电压变化，而电流对热敏电阻自身有加热作用，所以应注意不要使电流过大，防止带来测量误差。

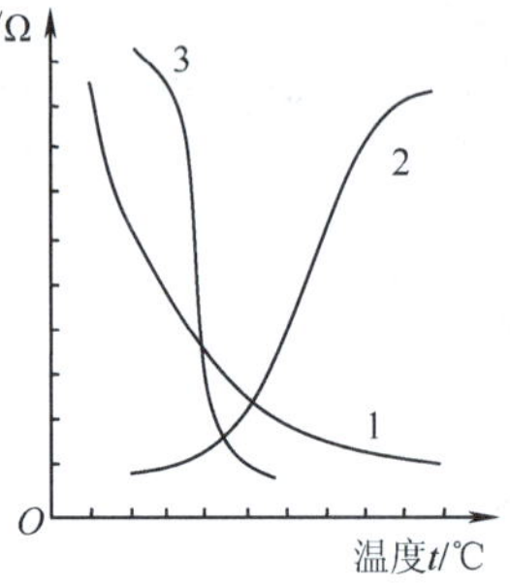

图 4-1　三类热敏电阻的温度特性曲线

1—负温度系数（NTC）；2—正温度系数（PTC）；3—临界温度系统

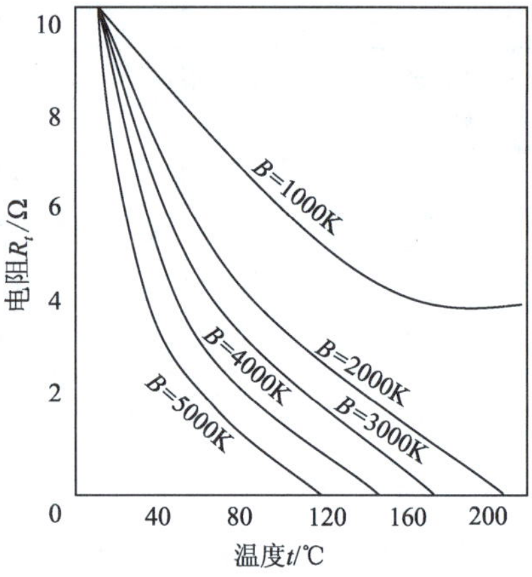

图 4-2　NTC 热敏电阻在不同 B 值时的电阻-温度特性

2. 热敏电阻输出特性的线性化处理

由式（4-4）可知，热敏电阻值随温度变化呈指数规律，非线性非常严重。线性变换常用的方法有以下两种。

（1）线性化网络

对热敏电阻进行线性化处理的最简单方法是用温度系数很小的精密电阻与热敏电阻串联或并联构成电阻网络代替单个热敏电阻，其等效电阻与温度呈一定的线性关系。图 4-3 所示的是两种最简单的热敏电阻线性化方法。

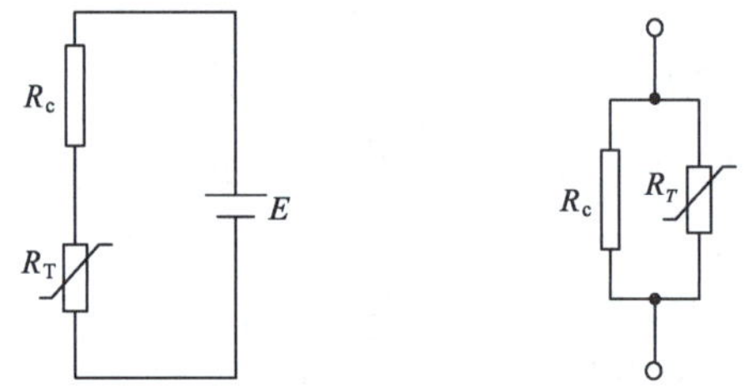

（a）串行补偿电路　　（b）并行补偿电路

图 4-3　两种最简单的热敏电阻线性化方法

（2）计算修正法

大部分传感器的输出特性都存在非线性，因此实际使用时都必须对其进行线性化处理，其方法有硬件（电子线路）法和软件（程序）法两种。在带有微处理器的测量系统中，可以用软件对传感器进行处理。当已知热敏电阻的实际特性和要求的理想特性时，可以用线性插值等方法将特性分段并把分段点的值存放在计算机的内存中，计算机将根据热敏电阻的实际输出值进行校正计算，给出要求的输出值。

三、热敏电阻器的主要技术指标

在选用热敏电阻器时，需根据使用要求，选择相应技术指标的热敏电阻器。

1. 标称电阻值（R25）

标称电阻值即热敏电阻器在25℃时的电阻值，多数厂商在热敏电阻器出厂时会给出热敏电阻器在25℃时的电阻值。

2. 温度系数

热敏电阻器的温度系数是指温度变化导致的电阻的相对变化。温度系数越大，热敏电阻器对温度变化的反应越灵敏。

3. 时间常数

时间常数即温度变化时，热敏电阻器的阻值变化到最终值63.2%时所需的时间。

4. 额定功率

额定功率即允许热敏电阻器正常工作的最大功率。

5. 温度范围

温度范围指允许热敏电阻器正常工作，且输出特性没有变化的温度范围。

四、热敏电阻器的优缺点

热敏电阻器的优点有：

（1）灵敏度高。其灵敏度比热电阻要大1～2个数量级。由于灵敏度高，可大大降低后面调理电路的要求。

（2）热敏电阻器的标称电阻在几欧到十几兆欧之间，且型号和规格多样，因而不仅能很好地与各种电路匹配，而且远距离测量时几乎无须考虑连线电阻的影响。

（3）体积小（最小珠状热敏电阻直径仅为0.1～0.2mm），可用来测量“点温”。

（4）热惯性小，响应速度快，适用于快速变化的测量场合。

（5）结构简单、坚固，能承受较大的冲击、振动。采用玻璃、陶瓷等材料密封包装后，可应用于有腐蚀性气体等的恶劣环境。

（6）制作热敏电阻的原料资源丰富，制作简单，可方便地制成各种形状，易于大批量生产，成本和价格十分低廉。

热敏电阻器的缺点主要是特性分散性很大，即使同一型号的产品特性参数也有较大差别，互换性差，热电特性的非线性也很严重，电阻与温度的关系不稳定，因而测量误差较大。

五、认识热敏电阻器

各种热敏电阻器的实物图如图4-4所示。

图4-4 各种热敏电阻器的实物图

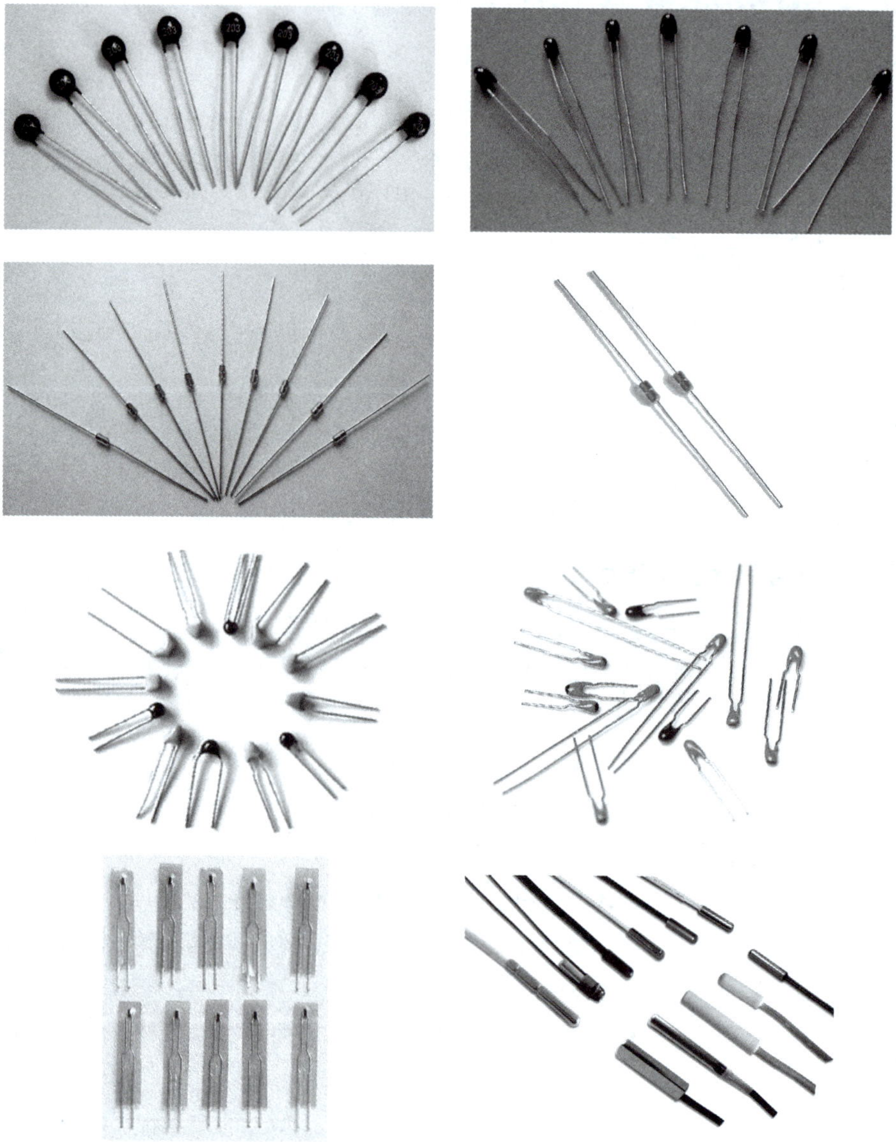

图 4-4　各种热敏电阻器的实物图（续）

六、热敏电阻基本应用电路

图 4-5 所示为热敏电阻的基本连接方式。图 4-5（a）所示为热敏电阻 R_T 与电阻 R_S 并联，输出电压 U_o 为

$$U_o = \left(\frac{R_a}{R_{TH} + R_a}\right) U_{CC} \tag{4-5}$$

式（4-5）中，$R_{TH} = R_T // R_S$。这种电路非常简单，电源电压的变化直接影响输出，因此，工作电源一般采用稳压电源。

图 4-5（b）所示为热敏电阻桥接方式，热敏电阻作为桥路的一臂，输出为桥路之

差，即

$$U_o = \left(\frac{R_a}{R_{TH} + R_a} - \frac{R_c}{R_b + R_c}\right)U_{CC} \tag{4-6}$$

式中，$R_{TH} = R_T // R_S$。

图 4-5（c）所示为热敏电阻与比较器组合的电路，电路中，若达到设定温度，则比较器 A_1 开关工作，A_1 应具有适当滞回特性，这样，电路具有较好的开关特性。

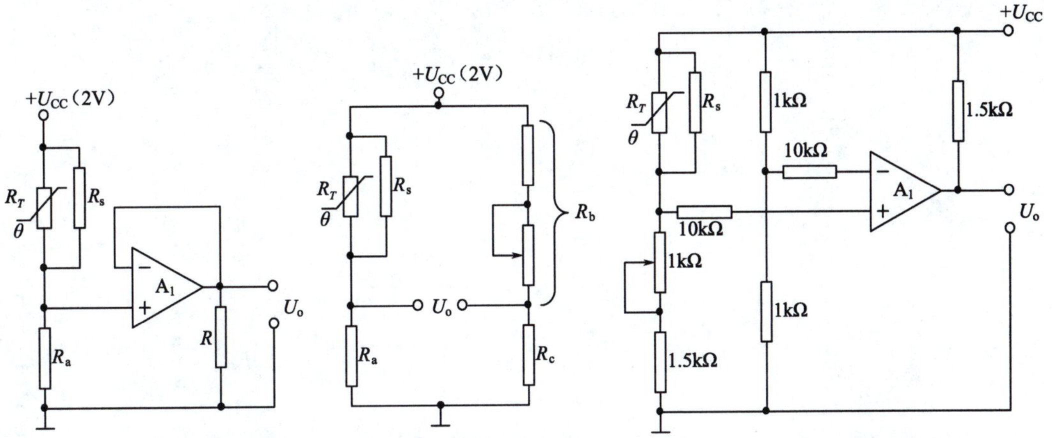

（a）并联方式　（b）桥接方式　（c）热敏电阻与比较器组合的电路

图 4-5　热敏电阻的基本连接方式

七、热敏电阻实用电路

1. LT1008 桥式测温电路

LT1008 也是低温漂（温度漂移 < 1.5μV/℃）、低偏置输入电流（ < 600pA）、低电压偏移量（ < 120μV）、低噪声（0.1～10Hz，峰值 0.5V）、低 CMRR 和高 PSRR（保证值最小为 114dB）的高性能运算放大器。LT1008 构成的桥式测温电路具有输入阻抗高、测温精度高、输出噪声低的特点，如图 4-6 所示。

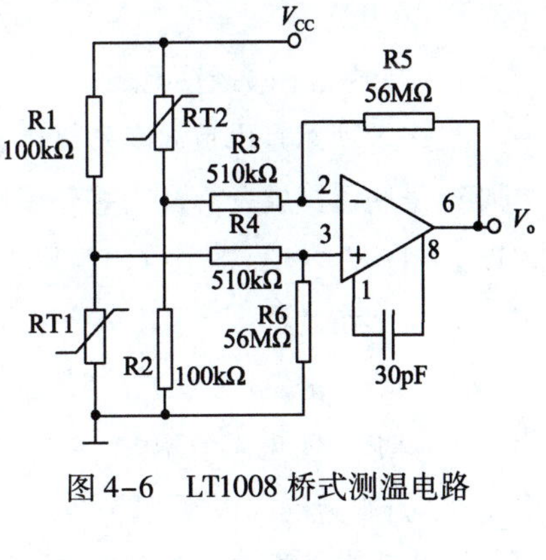

图 4-6　LT1008 桥式测温电路

由于 LT1008 的输入电流极低，因此，R3～R6 的阻值取得较大，提高了放大电路的输入阻抗。R1、R2、RT1、RT2 为桥式检测电路，检测信号输出到运算放大器的（+）、（-）端，经放大后从“6”脚输出。放大器的放大倍数为 $R_5/R_3 \approx 100$。

2. TLE2024 精密测温电路

TLE2024 是非常优秀的四高速运算放大器，内部集成了 4 个相同的运算放大器。TLE2024 具有温漂低、偏置输入电流低（ < 50 nA）、电压偏移小于 100 μV、噪声低（19 nV/Hz，典型值）、转换速度高、单位增益带宽（2 MHz）、开环增益大（6.5V /μV、136 dB）的特

性。另外，还专门设置了 +5V 和 ±15V 两种电源工作方式。TLE2024 精密测温电路如图 4-7 所示。

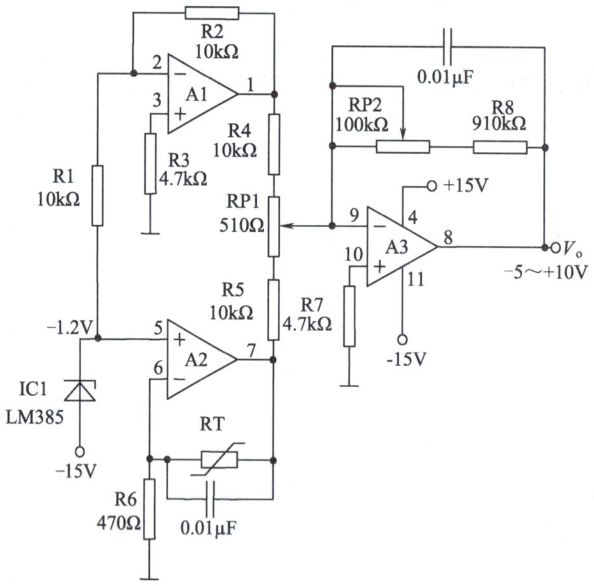

图 4-7　TLE2024 精密测温电路

该电路测温分辨率为 0.10℃，测温范围为 -500～+150℃。IC1 为精密基准电压源，给 A1、A2 提供 -1.2V 基准电压。A1 为基准电压放大，A2 为信号放大，放大器的增益由 RT/R6 决定，当 RT 的阻值随温度改变时，增益也发生改变而使输出电压发生变化，变化量经 R5、RP1 送校正放大器 A3 进一步放大后输出 -5～+10V 电压。

RP1 调“零”，在 0℃时，调 RP1，使 $V_o = 0.00$V；RP2 调节线性，在 100℃时，调 RP2，使 $V_o = 10.00$V。

3. 温度上下限报警电路

图 4-8 所示是由负温度系数热敏电阻构成的温度上下限报警电路。其中 RT 为 NTC 热敏电阻。采用运算放大器及一些外围电阻构成迟滞电压比较器。LED1、LED2 分别由 VT1 和 VT2 控制是否发光，其中 LED1 用于上限报警，LED2 用于下限报警。

电路工作过程：当温度 t 等于设定值时，$U_{ab} = 0$，VT1 和 VT2 都截止，LED1 和 LED2 都不发光，即不报警；当 t 升高时，RT 电阻值减小，$U_{ab} > 0$，使 VT1 导通，LED1 发光报警；当 t 下降时，RT 电阻值增大，$U_{ab} < 0$，使 VT2 导通，LED2 发光报警。

4. 开水壶自动报警电路

开水壶自动报警电路由与非门集成电路块及 PTC 热敏电阻器为核心，其原理图如图 4-9 所示。在水温未达到预设值之前，RT 的阻值较小，IC 的输入电压低于阈值电压，B 不会报警。当水温上升到沸点时，RT 阻值迅速增大，并超过阈值电压，约 30s 后，IC 输出音频信号，B 发出水开报警声。调整 RP1 阻值能改变这一电路的报警温度，RP1 阻值大报警温度高，反之则低。

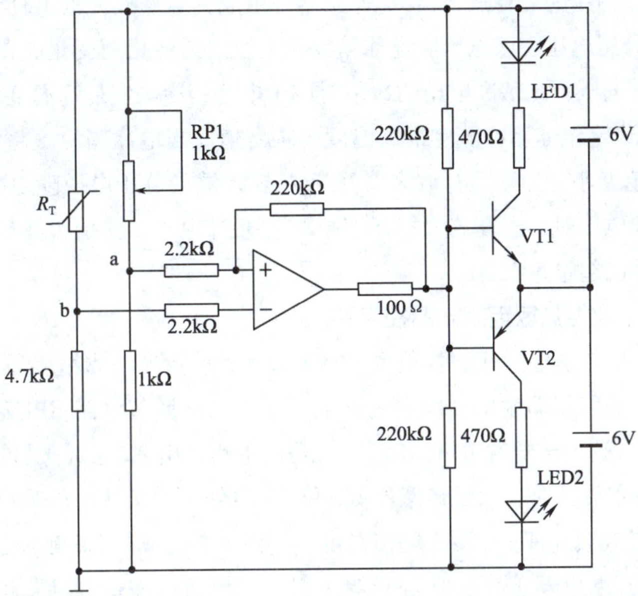

图 4-8 负温度系数热敏电阻构成的温度上下限报警电路

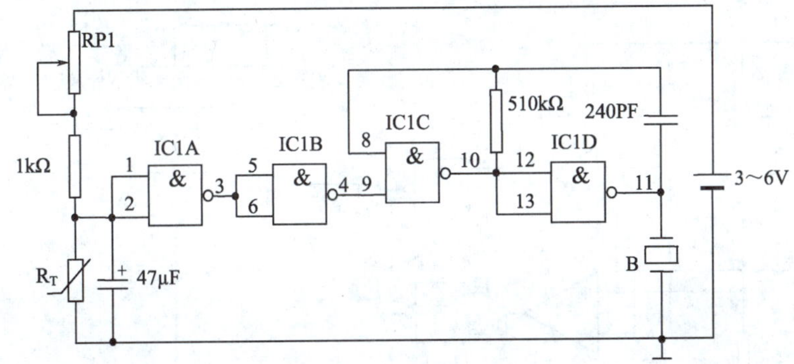

图 4-9 开水壶自动报警电路

开水壶自动报警电路的 R_T，选用 PTC 热敏电阻做感温探头，常温电阻≤500Ω，蜂鸣片 B 选用 ϕ27mm 的压电式蜂鸣器（用压电蜂鸣片加装助声腔后制成），IC 选用 CD4011 或 CC4011、C036、C066 型四与非门集成电路。使用时将水温探头的感温端插入水壶的壶口内，报警器安在易于听到报警声的地方，并注意防潮。

5. 电冰箱温度超标指示电路

电冰箱冷藏室的温度一般都保持在 5℃以下，利用热敏电阻制成的电冰箱温度超标指示器，可在温度超过 5℃时，提醒用户及时采取措施。

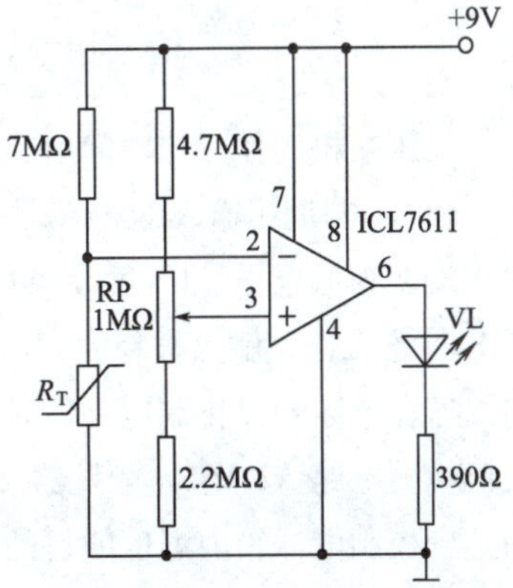

图 4-10 电冰箱温度超标指示电路

电冰箱温度超标指示电路如图 4-10 所示。电路由热

敏电阻 R_T和作比较器用的运算放大器 IC 等元器件组成。运算放大器 IC 反相输入端加有 R1 和热敏电阻 R_T的分压电压，该电压随电冰箱冷藏室温度的变化而变化。在运算放大器 IC 同相输入端加有基准电压，此基准电压的数值对应于电冰箱冷藏室最高温度的预定值。可通过调节电位器 RP 来设定电冰箱冷藏室最高温度的预定值。当电冰箱冷藏室的温度上升，NTC 热敏电阻 R_T的阻值变小，加于运算放大器 IC 反相输入端的分压电压随之减小。当分压电压减小至设定的基准电压时，运算放大器 IC 输出端呈现高电平，使指示灯 VL 点亮报警，表示电冰箱冷藏室温度已超过 5℃。

6. 电冰箱、电冰柜热敏电阻式温控电路

电冰箱、电冰柜热敏电阻式温控电路如图 4-11 所示。当电冰箱接通电源时，由 R4 和 R5 经分压后给 A1 的同相端输出一固定基准电压，由温度调节电路 RP1 输出一设定温度电压给 A2 的反相输入端，这样就由 A1 组成开机检测电路，由 A2 组成关机检测电路。当电冰箱内的温度高于设定温度时，由于传感器 RT 和 R3 的分压大于 A1 的同相输入端和 A2 反相输入端电压，A1 输出低电平，而 A2 输出高电平。由 IC2 组成的 RS 触发器的输出端输出高电平，使 VT 导通，继电器工作，其常开触点闭合，接通压缩机电动机电路，压缩机开始制冷。

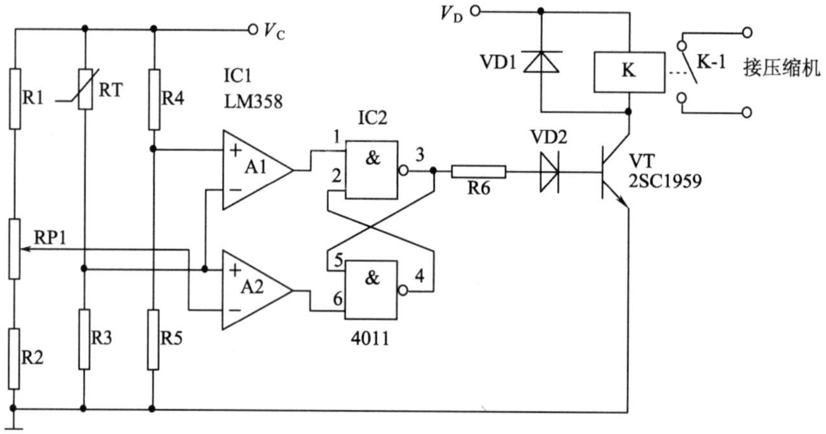

图 4-11 电冰箱、电冰柜热敏电阻式温控电路

在压缩机工作一定时间后，电冰箱内温度下降，当到达设定温度时，温度传感器阻值增大，使 A1 的反相输入端和 A2 的同相输入端电位下降，A1 的输出端变为高电平，而 A2 的输出端变为低电平，RS 触发器的工作状态翻转，其输出为低电平，从而使 VT 截止，继电器 K 停止工作，触点被释放，压缩机停止运转。

若在电冰箱停止制冷一段时间后，则电冰箱内温度会慢慢升高，此时开机检测电路 A1、关机检测电路 A2 及 RS 触发器又翻转一次，使压缩机重新开始制冷。这样周而复始地工作，即达到控制电冰箱内温度的目的。

7. 电饭煲温度控制器

家用电饭煲在煮饭时分加温和保温两个过程。煮饭时首先加热到约 103℃，将饭煮熟，然后再将饭保温在 65～70℃。普通电饭煲采用机械触点控制温度，容易损坏。这里介绍一种电饭煲全电子控温电路，没有机械触点，具有使用寿命长、稳定可靠的特点。

(1) 工作原理

电饭煲温度控制器电路如图 4-12 所示。NTC 热敏电阻器 RT 的阻值随着温度的升高而减小，它和 R1、R2 及 RP1 等组成感温电桥。改变 μA741 运算放大器 3 脚的电位即可改变控制温度。单向晶闸管 VTH1 作为两个控温过程的转换器件。双向晶闸管 VTH2 作为加热开关使用。

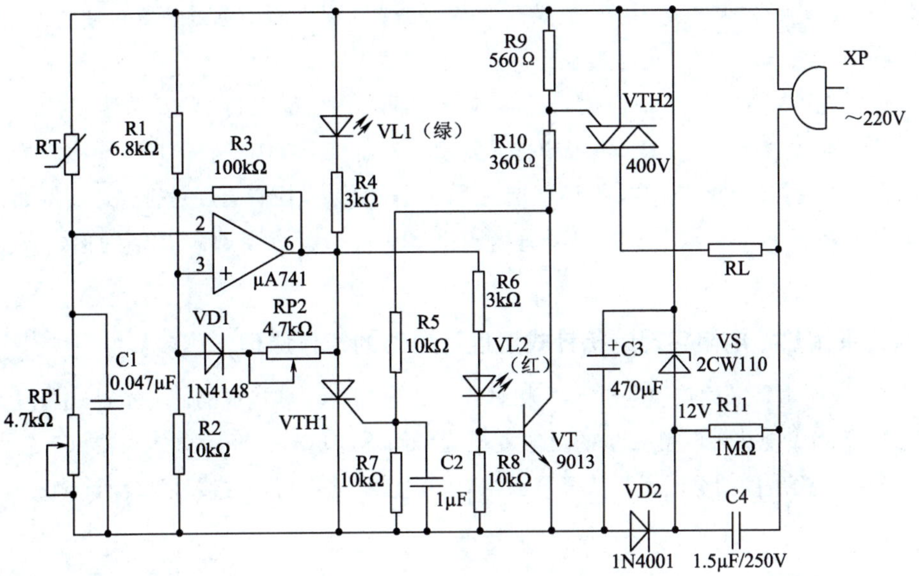

图 4-12 电饭煲温度控制器电路

电饭煲的工作过程如下：

① 煮饭过程

放好米和水后，接上电源，因电饭煲内的温度较低，安装在其底部的热敏电阻器的阻值较大，μA741 的 2 脚电位低于 3 脚电位，其 6 脚输出高电平，VT 导通，使 VTH2 触发导通，加热盘通电升温。同时 VL2 发光以指示加热。由于此时 VT 集电极为低电平，故 VTH1 截止，其阳极为高电平，VD1 截止，RP2 对电桥参数没有影响。

② 保温过程

饭煮熟后，锅内水被煮干，锅底温度开始高于 100℃，当温度达到 103℃时，μA741 的 2 脚电位高于 3 脚电位，6 脚输出低电平，VT 截止，使 VTH2 截止，加热盘断电停止加热。此时 VT 的集电极为高电平，VTH1 被触发导通并自锁，通过 RP2 使 μA741 的 3 脚电位降低，从而使控制温度预设值降低，电饭煲进入保温阶段，这时 VL1 发光以指示保温。

停止加热后，温度下降，当温度低于 65℃时，μA741 的 2 脚电位低于 3 脚电位，6 脚输出高电平，加热盘通电加热；当温度高于 70℃时，μA741 的 2 脚电位高于 3 脚电位，6 脚输出低电平，加热盘断电停止加热。重复上述过程即可将温度控制在 65～70℃。为避免加热盘的开、停过于频繁，电路中 R3 作为正反馈，使 μA741 的 3 脚电位产生回差，使控制温度有一定的变化范围。R3 的阻值越小，温度变化范围越大。

（2）元器件选择

运算放大器选用 μA741。VTH1 选用触发电流小于 1mA、维持电流小于 3mA 的单向晶闸管；VTH2 选用 6A/400V 的双向晶闸管，其触发电流应小于 30mA。热敏电阻器要选用负温度系数热敏电阻器，其最高工作温度应高于 110℃，如 MF12、MF52 等型号。其余元器件的选用如图 4-12 所示，无特殊要求。

（3）制作与调试

制作时将热敏电阻器放入一个绝缘瓷管内，安装在锅底原磁钢的位置，使之贴紧锅底。引出线除用绝缘线外，还需套上高温绝缘胶管，以确保安全。

调试时先不接 VD1，在锅内放入适量沙子，插入一个量程为 150℃ 的温度计。接通电源，调节 RP1 使温度达到 103℃时断电停止加热。然后接上 VD1，在 VTH1 导通的情况下调节 RP2，使温度控制在 65～70℃。调试结束后再通过实际煮饭看温度是否合适。例如，若电饭煲底部的锅巴一点儿也不黄，则可适当调小 RP1 的值，否则调大 RP1 的值，再重新调节 RP2。

八、采用热敏电阻实现的指针式温度计电路的工作原理

图 4-13 所示是采用热敏电阻 RT1 和对数二极管 VD1 串联构成的简易指针式温度计。它利用二极管 VD1 把热敏电阻 RT1 的阻值变换为等间隔的信号，经运算放大器 IC1 放大这一压缩信号，其输出接到电压表，就可显示相应的温度，从而可构成线性温度计。

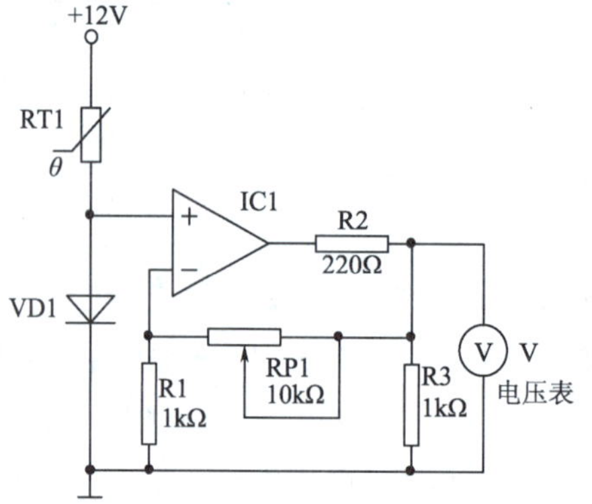

图 4-13　热敏电阻和对数二极管构成的测温电路

项目实施

一、采用热敏电阻实现的指针式温度计电路的绘制

使用 Protel 99 SE 绘制完成图 4-13 所示的原理图。

二、元器件选择

RT1 选用热敏电阻。IC1 选用运算放大器 LM358。RP1 选用 10kΩ 精密电位器。R1～R3 均选用 0.25W 碳膜电阻器。VD1 选用 1N4148 二极管。5V 电压表头选用 85C1 小机械直流指针电压表头。同时准备 12V 稳压电源、实验板、水银温度计等。

项目一的元器件清单表如表4-3所示。

表4-3 项目一元器件清单表

元器件序号	元器件名称	元器件型号与规格	元器件参数	数量
RT1	热敏电阻	热敏电阻		1
VD1	二极管	1N4148		1
IC1	集成电路	运算放大器 LM358/DIP8		1
R1、R3	电阻器	碳膜电阻器，功率0.25W	10kΩ	2
R2	电阻器	碳膜电阻器，功率0.25W	220Ω	1
RP1	电位器	精密电位器	10kΩ	1
V1	电压表头	85C1 小机械直流指针电压表头	0~5V	1
J1	12V 电源插座	12V 稳压电源		1

三、印制电路板设计

使用 Protel 99 SE 绘制的采用热敏电阻实现的指针式温度计的印制电路板图为单面板，如图4-14所示。图4-14（a）为元件面，图4-14（b）为焊接面。

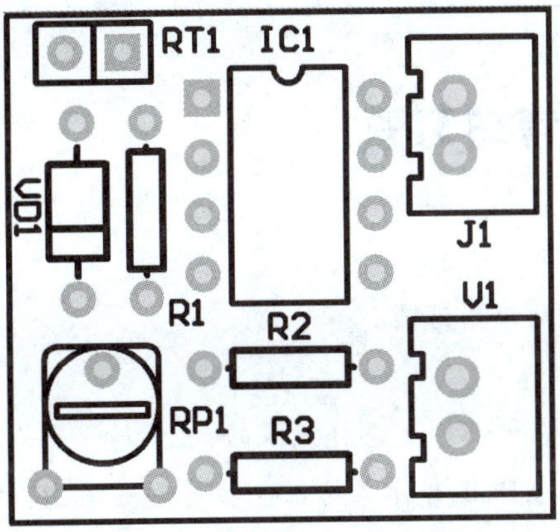

（a）元件面

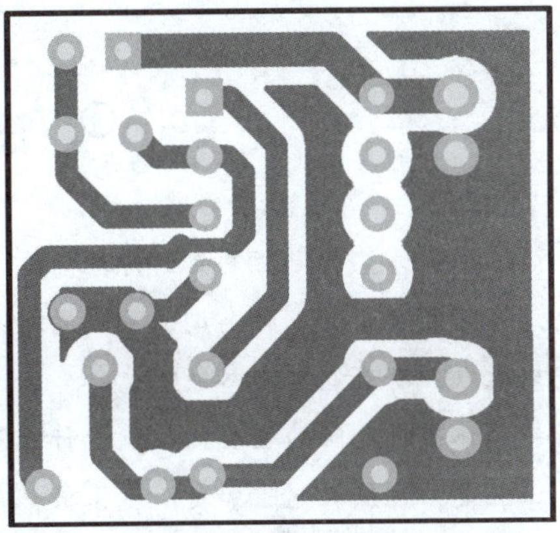

（b）焊接面

图4-14 采用热敏电阻实现的指针式温度计的印制电路板图

四、电路调试

按图4-14将电路焊接在电路板上，认真检查电路，正确无误后接好热敏电阻RT1和5V电压表头。

（1）热敏电阻RT1和水银温度计放入盛水容器中，接通电路电源。加入热水（不断搅动），使水温保持40℃，调节电路中的电位器使5V电压表表头指针指在0V刻度上。

（2）容器中继续加热水并加温，不断搅动，当水温达到80℃，通过调节电路中的RP1精密电位器使5V电压表表头指针指在5V刻度上。

（3）重复步骤（1）和（2）两三次，调试完成。5V电压表表头指示的电压值乘以8再加40就等于所测温度。

(4) 检验在 40～80℃范围内的任一温度点，水银温度计的读数与指针式温度表的读数是否一致，误差应不大于 ±1℃。

注意：调试过程中要不断搅动，以使传感器与水银温度计感受同一温度，同时要等水银温度计的读数稳定后再调试电路。

项目拓展与评价

一、训练题目与要求

利用 NTC 热敏电阻制作一个简单的可以对温度上下限进行报警显示的装置。

(1) 在常温下（室内温度）此装置不报警。

(2) 当温度上升到上限时，LED1 发绿光报警，当温度降低到下限时，LED2 发红光报警。

二、考核与评价

考核标准见表 4-4。

表 4-4 项目一考核与评价标准

考核内容	完成项目实施内容	完成训练
成　绩	50	50

思考与习题

1. 简述半导体热敏电阻的工作原理。

2. 试述热敏电阻的三种类型、它们的特点及应用范围。

3. 热敏电阻有哪些主要参数?

4. 半导体热敏电阻的主要优缺点是什么？在电路中是怎样克服的?

5. 正温度系数热敏电阻和负温度系数热敏电阻各有什么特性？各有哪些用途？哪一种热敏电阻可以做“可恢复熔丝”?

6. 根据热敏电阻的三种类型，哪种最适合开关型温度传感器?

7. 哪种热敏电阻适合做温度升高电阻值降低的温度补偿元件?

8. 某热敏电阻在 0℃和 100℃时，电阻值分别为 230kΩ 和 15kΩ. 试计算该热敏电阻在 30℃时的电阻值。

9. 某热敏电阻，其 B 值为 2900K，若冰点电阻为 500kΩ，求热敏电阻在 100℃时的阻值。

10. 如图 4-15 所示的电路中，电源内阻不可忽略，RT 为半导体热敏电阻，其阻值随温度的升高而减小，当 RT 所在位置温度升高时（　　）。

A. 灯泡 L1 变亮　　B. 灯泡 L2 变亮

C. 电压表读数增大　　D. 电源内阻消耗功率减小

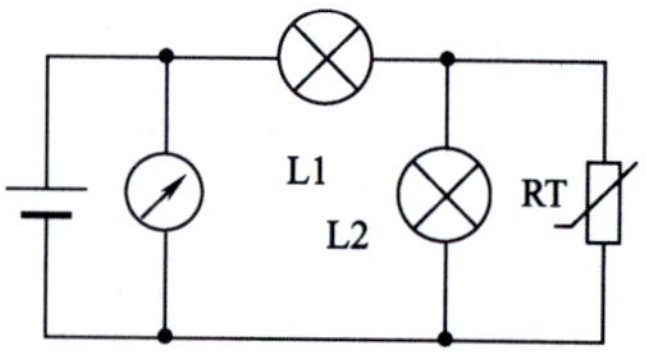

图 4-15　习题 10 电路图

项目二 热电阻温度测量电路的设计

项目说明

以金属热电阻为传感器，设计并制作一个简易的指针式的温度计，完成测温范围为0～100℃的温度测量电路。

相关知识

电阻式温度传感器就是以一定方式将温度变化转化为敏感元件的电阻变化，进而通过电路变成电压或电流信号输出的传感器。它结构简单，性能稳定，成本低廉，在许多行业已得到了广泛应用。其敏感元件若按制造材料来分，可分为金属热电阻器（铂、铜、镍）和半导体热电阻器（热敏电阻器），热敏电阻器已在项目一作了介绍，本项目学习金属热电阻器。

工业检测中，在低温时，通常采用热电阻来进行温度的检测，其检测温度范围一般为－200～600℃，在特殊情况下，上、下限温度范围可更大。如铟热电阻温度计可测到3.4K，铂热电阻温度计可测到1 000℃。

热电阻温度计的最大优点是测温精度高、无冷端温度补偿问题，特别适合于低温检测，所以在工业生产中得到了广泛的使用。

一、金属热电阻的基本工作原理

绝大多数金属具有正的电阻温度系数，温度越高电阻越大。利用这一规律可制成电阻温度传感器。众多测温方法中，电阻温度传感器（或电阻测温器，通常简称为RTD）是最精确的一种方法。在RTD中，器件电阻与温度成正比。尽管有些RTD使用镍或铜，但RTD最常用的电阻材料还是铂，其次为铜电阻。RTD拥有很宽的温度测量范围，根据其构造，RTD可测量－270～850°C的温度范围。

热电阻的材料要求电阻温度系数（α）要大，以获得较高的灵敏度；电阻率（ρ）尽可能大，以便使元件尺寸小；热容量要小，在测量范围内，应具有稳定的物理和化学性能；电阻与温度的关系最好接近于线性；应有良好的可加工性，且价格便宜。

1. 铂热电阻

铂热电阻的一大特点是在氧化性介质中，甚至高温下的物理化学性能稳定，除此之外它还具有精度高、电阻率较大、性能可靠等特点，所以在温度传感器中得到了广泛应用。按IEC（国际电工委员会，International Electro technical Commission）标准，铂热电阻的使用温度范围为－200～850℃。

铂热电阻的阻值与温度之间的特性方程为

在－200℃≤t≤0℃的温度范围内，则

$$R_t = R_0[1 + At + Bt^2 + Ct^3(t - 100)] \quad (4\text{-}7)$$

在 0℃ ≤t≤850℃ 的温度范围内；则

$$R_t = R_0(1 + At + Bt^2) \tag{4-8}$$

式中：R_t、R_0——铂热电阻在 t℃ 和 0℃ 时的电阻值：

A、B、C——分度常数。

在 ITS－90（国际实用温标）中，这些常数规定为

$$A = 3.9083 \times 10^{-3}/℃, B = -5.775 \times 10^{-7}/℃^2, C = -4.183 \times 10^{-12}/℃^4$$

可以看出，铂热电阻在温度为 t℃ 时的电阻值与 0℃ 时的电阻值 R_0 有关。目前我国规定工业用铂热电阻有 $R_0 = 10\Omega$ 和 $R_0 = 100\Omega$ 两种，它们的分度号分别为 Pt_{10} 和 Pt_{100}，其中以 Pt_{100} 为常用。铂热电阻不同分度号亦有相应分度表，即 $R_t - t$ 的关系表，表 4-5 为 Pt_{100} 的分度表的一部分，其他见附录 A。这样在实际测量中，只要测得热电阻的阻值 R_t，便可从分度表上查出对应的温度值。对于分度号为 Pt_{10} 的铂热电阻，可由表中查得的电阻值除以 10 得到。

铂热电阻中的铂丝纯度用电阻比 W（100）表示，它是铂热电阻在 100℃ 时电阻值 R_{100} 与 0℃ 时电阻值 R_0 之比，按 IEC 标准，工业使用的铂热电阻的 W（100）>1.3850。

表 4-5　铂热电阻 Pt_{100} 分度表

温度/℃	0	-1	-2	-3	-4	-5	-6	-7	-8	-9	-10
	电阻值/Ω										
-20	92.16	91.77	91.37	90.93	90.59	90.19	89.80	89.40	89.01	88.62	88.22
-10	96.09	95.69	95.30	94.91	94.52	94.12	93.73	93.34	92.95	92.55	92.16
0	100.00	99.61	99.22	98.83	98.44	98.04	97.65	97.26	96.87	96.48	96.09
温度/℃	0	1	2	3	4	5	6	7	8	9	10
	电阻值/Ω										
0	100.00	100.39	100.78	101.17	101.56	101.95	102.34	102.73	103.12	103.51	103.90
10	103.90	104.29	104.68	105.07	105.46	105.85	106.24	106.63	107.02	107.40	107.79
20	107.79	108.18	108.75	108.96	109.35	109.73	110.12	110.51	110.90	111.28	111.67
30	111.67	112.06	112.45	112.83	113.22	113.61	113.99	114.38	114.77	115.15	115.54
40	115.54	115.93	116.31	116.70	117.08	117.47	117.85	118.24	118.62	119.01	119.40
50	119.40	119.78	120.16	120.55	120.93	121.32	121.70	122.09	122.47	122.86	123.24
60	123.24	123.62	124.01	124.39	124.77	125.16	125.54	125.92	126.31	126.69	127.07
70	127.07	127.45	127.84	128.22	128.60	128.98	129.37	129.75	130.13	130.51	130.89
80	130.89	131.27	131.66	132.04	132.42	132.80	133.18	133.56	133.94	134.32	134.70
90	134.70	135.08	135.46	135.84	136.22	136.60	136.98	137.36	137.74	138.12	138.50
100	138.50	138.88	139.26	139.64	140.02	140.39	140.77	141.15	141.53	141.91	142.29

2. 铜热电阻

铜热电阻的电阻温度系数比铂高，电阻与温度的关系 $R-t$ 曲线几乎是线性的，并且铜价格便宜、易于提纯、工艺性好。因此，在一些测量精度要求不高、测温范围不大且温度较低的测温场合，可采用铜热电阻进行测温，铜热电阻的测量范围为 -50～150℃。

铜热电阻在测量范围 -50～150℃ 内其电阻值与温度的关系可近似地表示为

$$R_t = R_0(1+\alpha t) \tag{4-9}$$

式中：α——铜热电阻的电阻温度系数，取 $=4.2840^{-3}/℃$；

R_t，R_0——铜热电阻在 t℃ 和 0℃ 时的电阻值。

铜热电阻有两种分度号，分别为 Cu_{50}（$R_0=50\Omega$）和 Cu_{100}（$R_{100}=100\Omega$）。分度号为 Cu_{50} 的铜热电阻的分度表如表 4-6 所示。对于分度号为 Cu_{100} 的铜热电阻，可将表中的电阻值加倍即可。铜热电阻线性好，价格便宜，但它的电阻率小、体积大、热惯性也大，容易氧化，测量范围窄，因此不适宜在腐蚀性介质中或高温下工作。

表 4-6 铜热电阻 Cu_{50} 分度表

温度/℃	0	-1	-2	-3	-4	-5	-6	-7	-8	-9
	电阻值/Ω									
-50	39.242									
-40	41.400	41.184	40.969	40.753	40.537	40.322	40.106	39.890	39.674	39.458
-30	43.555	43.349	43.124	42.909	42.693	42.478	42.262	42.047	41.831	41.616
-20	45.706	45.491	45.276	45.061	44.846	44.631	44.416	44.200	43.985	43.770
-10	47.854	47.639	47.425	47.210	46.995	46.780	46.566	46.351	46.136	45.921
0	50.000	49.786	49.571	49.356	49.142	48.927	48.713	48.498	48.284	48.069
温度/℃	0	1	2	3	4	5	6	7	8	9
	电阻值/Ω									
0	50.000	50.214	50.429	50.643	50.858	51.072	51.286	51.501	51.715	51.929
10	52.144	52.358	52.572	52.786	53.000	53.215	53.429	53.643	53.857	54.071
20	54.285	54.500	54.714	54.928	55.142	55.356	55.570	55.784	55.998	56.212
30	56.426	56.640	56.854	57.068	57.282	57.496	57.710	57.924	58.137	58.351
40	58.565	58.779	58.993	59.207	59.421	59.635	59.848	60.062	60.276	60.490
50	60.704	60.918	61.132	61.345	61.559	61.773	61.987	62.201	62.415	62.628
60	62.842	63.056	63.270	63.484	63.698	63.911	64.125	64.339	64.553	64.767
70	64.981	65.194	65.408	65.622	65.836	66.050	66.264	66.478	66.692	66.906
80	67.120	67.333	67.547	67.761	67.975	68.189	68.403	68.617	68.831	69.045
90	69.259	69.473	69.687	69.901	70.115	70.329	70.544	70.762	70.972	71.186
100	71.400	71.614	71.828	72.042	72.257	72.471	72.685	72.899	73.114	73.328
110	73.542	73.751	73.971	74.185	74.400	74.614	74.828	75.043	75.258	75.477
120	75.686	75.901	76.115	76.330	76.545	76.759	76.974	77.189	77.404	77.618
130	77.833	78.048	78.263	78.477	78.692	78.907	79.122	79.337	79.552	79.767
140	79.982	80.197	80.412	80.627	80.843	81.058	81.272	81.488	81.704	81.919
150	82.134									

3. 其他热电阻

上述两种热电阻对于低温和超低温测量性能不理想，而铟、锰、碳等热电阻材料却是测量低温和超低温的理想材料。

(1) 铟电阻：用99.999%高纯度的铟丝绕成电阻，可在4.2K至室温范围内使用。

实验证明：在4.2～15K温度范围内，灵敏度比铂电阻高10倍；其缺点是材料软，复制性差。

(2) 锰电阻：在2～63K温度范围内，电阻随温度变化大，灵敏度高。缺点是材料脆，难拉成丝。

(3) 碳电阻：适合用液氦温域（4.2K）的温度测量，价廉，对磁场不敏感，但热稳定性较差。

二、热电阻的结构

图4-16所示为热电阻结构。ϕ0.02～0.07mm铂丝或铜丝绕在云母等绝缘骨架上（无感绕制），装入保护套管，接出引线，就做成了一个热电阻。

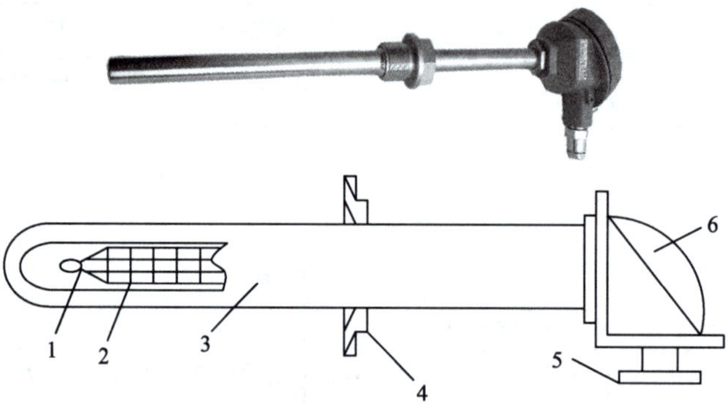

图4-16 热电阻结构

1—电阻体；2—瓷绝缘套管；3—不锈钢套管；4—安装固定件；5—引线口；6—接线盒

三、热电阻的种类

1. 按使用材料分类

可分为铂热电阻、铜电热阻、镍热电阻、锰热电阻和铑热电阻等。用同一材料制作的热电阻中，又有不同分度号的区别。如分度号Pt_{100}表示0℃时电阻值为100Ω的铂热电阻；Cu_{50}代表0℃时电阻值为50Ω的铜热电阻。

2. 按结构分类

可分为防爆型热电阻、铠装型热电阻、端面型热电阻和普通型热电阻。

(1) 防爆型热电阻

如图4-17所示，它通过特殊结构的接线盒，将内部爆炸性混合气体因受到火花或电弧等影响而发生的爆炸局限在接线盒内，生产现场不会引起爆炸。防爆型热电阻用于具有爆炸性危险场所的温度测量。

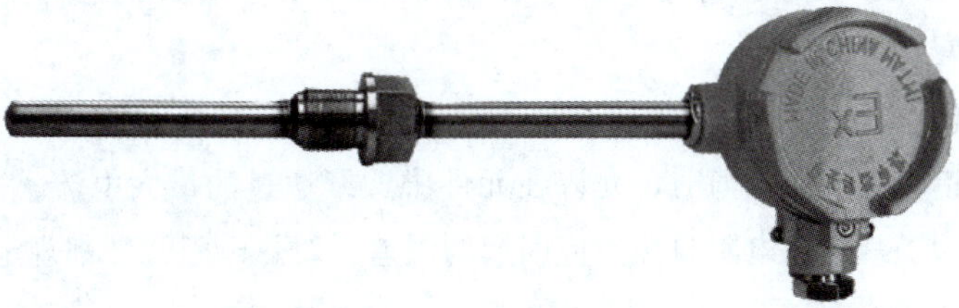

图 4-17 防爆型热电阻

（2）铠装型热电阻

如图 4-18 所示，它与普通型热电阻相比有下列优点：

① 体积小，内部无空气隙，热惯性小，测量滞后小；

② 机械性能好，耐振，抗冲击；

③ 能弯曲，便于安装；

④ 使用寿命长。

（3）端面型热电阻

如图 4-19 所示，它的感温元件由特殊处理的电阻材料绕制，紧贴在温度计端面。它与一般的热电阻相比，能更正确和快速地反映被测端面的实际温度，适用于测量汽轮机和轴瓦及其他机件的端面温度。

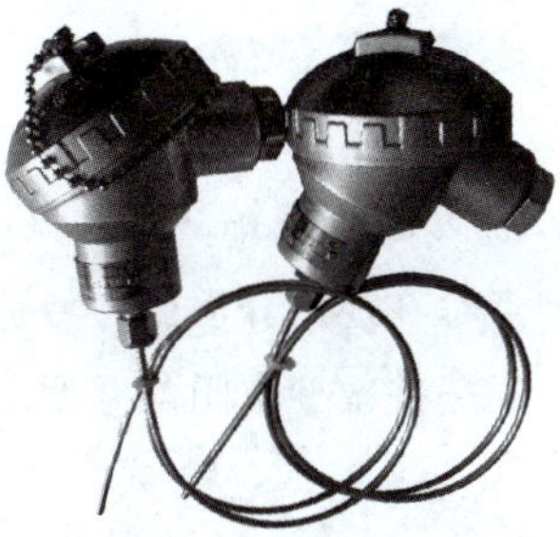

图 4-18 铠装型热电阻

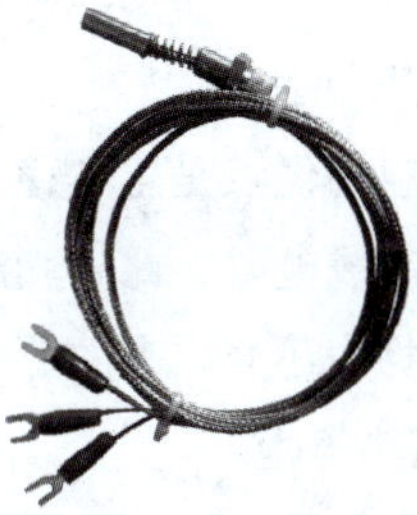

图 4-19 端面型热电阻

四、热电阻器的主要技术指标

1. 热电阻分度表与分度号

在工业上，将热电阻的 R_t 值与温度 t 的对应关系列成的表格称为热电阻分度表。制成电阻的金属材料加上标称电阻值即为其分度号。例如 Cu_{50}、Pt_{100} 等。

2. 允许偏差

允许偏差即热电阻实际的电阻值与温度关系偏离分度表的允许范围。

3. 热响应时间

当温度发生阶跃变化时，热电阻的电阻值变化至相当于该阶跃变化的某个规定百分比所需要的时间，称为热响应时间，通常以 τ 表示。一般记录变化 50% 或 90% 的响应时间分

别为 $\tau_{0.5}$ 与 $\tau_{0.9}$。热电阻的响应时间不仅与结构、尺寸、材质有关，还与被测介质的散热系数、比热容等因素有关。

4. 额定电流

额定电流是指在测量电阻值时，允许在元件中连续通过的最大电流，一般为 2～5 mA。限制额定电流是为了减少热电阻自热效应引起的误差，对热电阻元件都规定了额定电流。

表 4-7 和表 4-8 分别给出铂电阻和铜电阻的部分技术参数。

表 4-7 铂热电阻的部分技术参数

名称	等级	分度号	测温范围/℃	允许偏差/℃
铂热电阻	A	Pt_{10}	-200～850	±（0.15 + 0.002 |T|）
		Pt_{100}		
	B	Pt_{10}		±（0.30 + 0.005 |T|）
		Pt_{100}		

表 4-8 铜热电阻的部分技术参数

名称	分度号	测温范围/℃	允许偏差/℃	0℃时电阻值/Ω
铜热电阻	Cu_{50}	-50～150	±（0.30 + 0.006 |T|）	50.000 ± 0.050
	Cu_{100}			100.00 ± 0.10

注：|T| 为温度的绝对值（℃）。

五、热电阻的优缺点

1. Pt_{100} 型热电阻

金属铂材料的优点是化学稳定性好、能耐高温，容易制得纯铂，又因其电阻率 ρ 较大，可用较少材料制成电阻，此外其测温范围大。它的缺点是在还原介质中，特别是在高温下很容易被从氧化物中还原出来的蒸汽所沾污，使铂丝变脆，并改变电阻与温度之间的关系。

2. Cu_{50} 型热电阻

铜热电阻的价格便宜，线性度好，工业上在 -50～+150℃ 范围内使用较多。铜热电阻怕潮湿，易被腐蚀，熔点亦低。

六、认识热电阻

各式热电阻器实物图如图 4-20 所示。

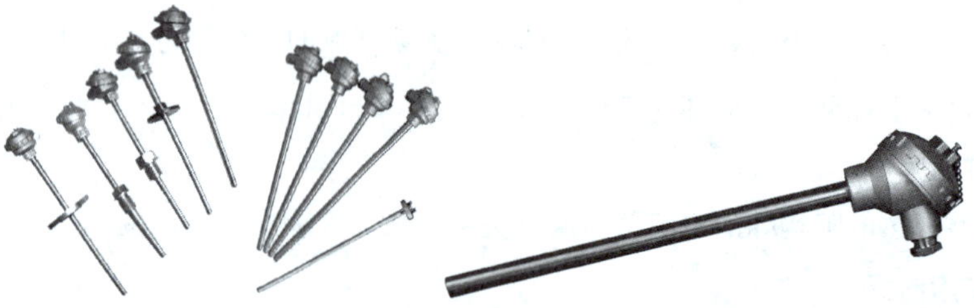

装配式铂热电阻

图 4-20 各种热电阻实物图

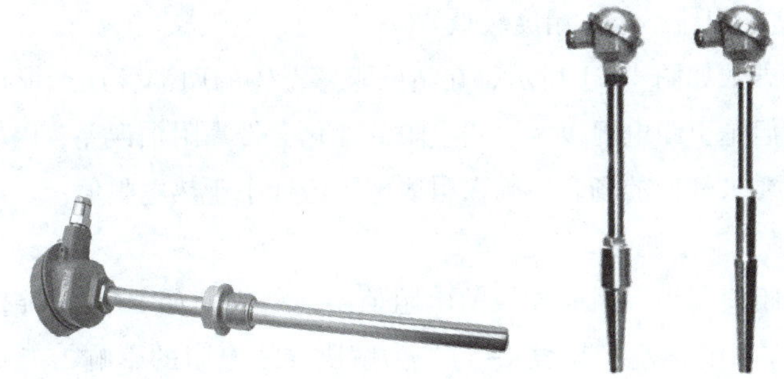

装配式铂热电阻（续）

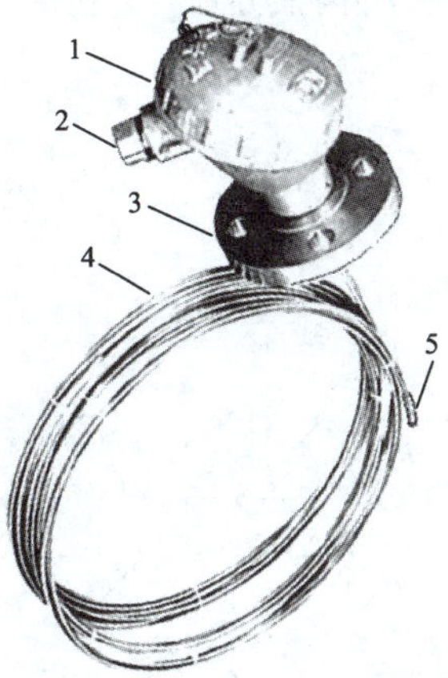

铠装式铂热电阻

端面式热电阻

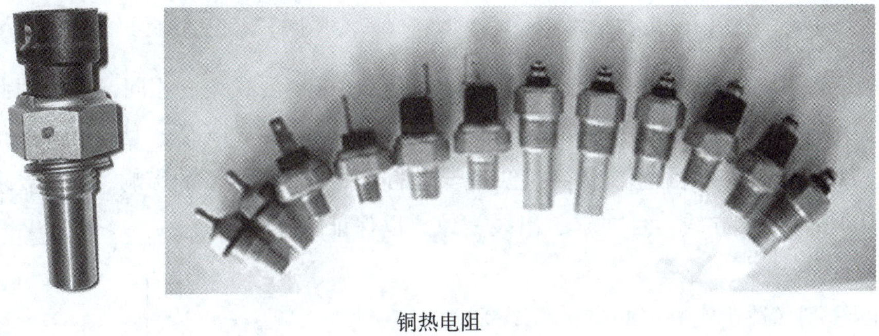

铜热电阻

图 4-20　各种热电阻实物图（续）

1—接线盒；2—引出线密封管；3—法兰盘

4—柔性外套管（可达百米）；5—测温端部

七、热电阻的测量电路

工业上广泛应用热电阻作为 -200～500℃范围的温度测量。其特点是：精度高，性能稳定，适于测低温。其缺点是：热惯性大，需辅助电源。流过热电阻丝的电流不要过大，否则会产生较大的热量，影响测量精度，此电流值一般不宜超过 6mA。

工业用热电阻安装在生产现场，离控制室较远，因此，热电阻的引线电阻对测量结果有较大的影响。目前，热电阻引线方式有两线制、三线制和四线制 3 种。

1. 两线制（适于引线不长，精度较低）

两线制的接线方式如图 4-21 所示，在热电阻感温体的两端各连一根导线。这种引线方式简单、费用低，但是引线电阻以及引线电阻的变化会带来附加误差，因此，两线制适于引线不长、测温精度要求较低的场合，确保引线电阻值远小于热电阻值。

2. 三线制（适于工业测量，一般精度）

由于热电阻的阻值很小，因此导线的电阻值不能忽视。如 100Ω 的铂电阻，1Ω 的导线电阻可能产生 3℃左右的误差（见表 4-5）。为解决导线电阻的影响，工业热电阻大多采用三线制电桥连接法，如图 4-22 所示。图中 R_t 为热电阻，其三根引出导线相同，阻值都是 r。其中一根与电桥电源相串联，它对电桥的平衡没有影响；另外两根分别与电桥的相邻两臂串联，当电桥平衡时，可得下列关系：

$$(R_t + r)R_2 = (R_3 + r)R_1 \tag{4-10}$$

所以有：

$$R_t = \frac{(R_3 + r)R_1 - r R_2}{R_2} \tag{4-11}$$

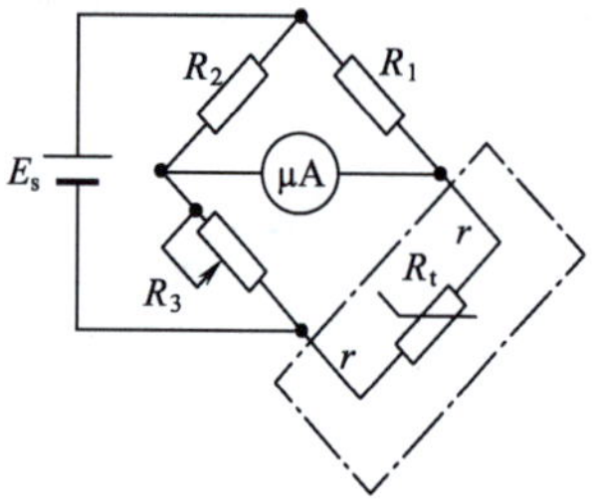

图 4-21 两线制

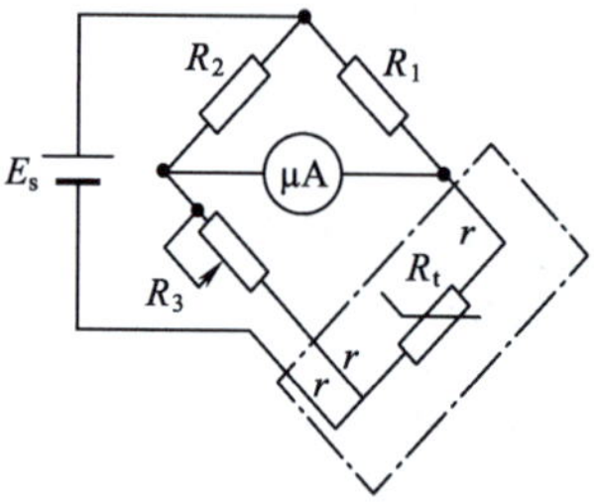

图 4-22 三线制

如果使 $R_1 = R_2$，则式（4-10）就和 $r = 0$ 时的电桥平衡公式完全相同，即说明此种接法导线电阻 r 对热电阻的测量毫无影响。注意：以上结论只有在 $R_1 = R_2$，且只有在平衡状态下才成立。为了消除从热电阻感温体到接线端子间的导线对测量结果的影响，一般要求从热电阻感温体的根部引出导线，且要求引出线一致，以保证它们的电阻值相等。

3. 四线制（适于实验室测量，精度高）

三线制接法是工业测量中广泛采用的方法。在高精度测量中，可设计成四线制的测量电路，如图 4-23 所示。

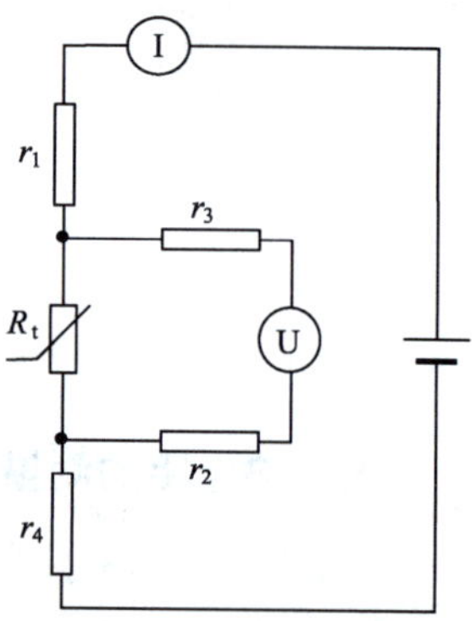

图 4-23 四线制

图中 I 为恒流源，测量仪表一般用直流电位差计，热电阻上引出各为 r_1，r_4 和 r_2，r_3 的四根导线，分别接在电流和电压回路，电流导线上 r_1，r_4 引起的电压降，不在测量范围内，而电压导线上虽有电阻但无电流（电位差计测量时不取用电流，认为内阻无穷大），所以四根导线的电阻对测量都没有影响。

八、热电阻应用电路

1. 由Pt_{100}铂热电阻构成的温控开关电路

由Pt_{100}铂热电阻构成的温控开关电路如图4-24所示，它是二线制铂热电阻接线实例。该电路是一种恒温器电路，可用于多种温度控制设备，如可作为恒温器中的温度开关电路，还可以用于检测印制电路板上功率晶体管周围的温度等，若超过60℃就输出信号，实现自动调温。电路中，RT采用Pt_{100}，RT与R1串联接到恒压源（+12V），RT中流过约1mA的电流。实际选用的R1阻值比RT高很多，因此，电阻值变化引起的测量电流变化不大，获得近似恒流法的线性输出。当功率晶体管周围温度低于60℃时，A1的同相输入端电位（RP、R2和R3分压确定）高于反相输入端，A1的输出为高电平；温度高于60℃时，则RT阻值增大到123.64Ω（0℃时的电阻值为100Ω），A1的反相输入端电位高于同相输入端，A1的输出变为低电平，从而控制有关电路进行温度调节。调试电路时调节电阻RP，当功率晶体管周围温度低于60℃，A1的输出V_o为高电平；只有当功率晶体管周围温度高于60℃时，A1的输出V_o跳变为低电平。

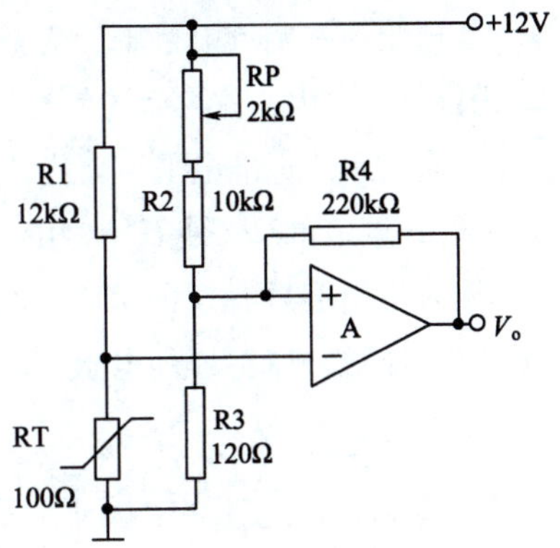

图4-24　由Pt_{100}铂热电阻构成的温控开关电路

2. 铂热电阻线性化测温电路

铂热电阻线性化测温电路如图4-25所示。该电路能够对铂热电阻的线性进行调整，还设置了漂移调节、增益调节功能。测温范围为0～100℃，温度精确度为0.025℃。

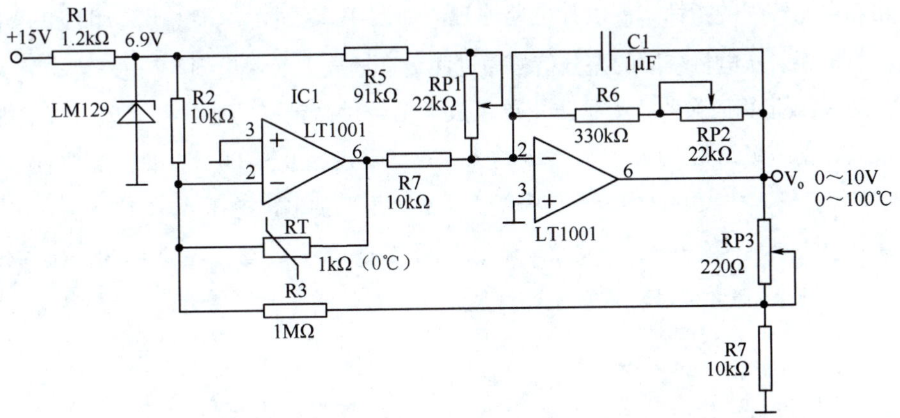

图4-25　铂热电阻线性化测温电路

IC1、IC2为低漂移、高共模抑制比运算放大器，IC1与铂电阻RT构成温度检测放大，IC2为带漂移（RP1）、增益（RP2）、线性（RP3）调节的放大器，对IC1的输出信号进一步放大，在0～100℃输出0～10V电压。LM129提供6.9V的基准电压。

3. 采用 EL-700（100Ω）铂电阻的测温电路

图 4-26 所示为采用 EL-700（100Ω）铂电阻的测温电路，测温范围为 20～120℃。相应的输出为 0～2V，输出电压可直接输入单片机作显示及控制信号（若单片机无 A/D 转换器，则需经 5G14433 后再输入）。

铂电阻接在测量电桥中，为减少连接线过长而引起的测量误差，应该采用三线制。由 A1 进行信号放大，放大后的信号经 A2 组成的低通滤波器滤去无用杂波。

调整时采用标准电阻箱来代替传感器。在 $t=20$℃时，调节 RP1，使输出 $U_o=0V$；在 $t=120$℃时，调节 RP2，使 $U_o=2.0V$。

若采用阻值为 1kΩ 的 EL-700 铂电阻时，将图 4-26 中 8.2kΩ 的电阻换成 18kΩ 的电阻，20kΩ 的电阻换成 68kΩ 的电阻，RP1 改用 2kΩ 电位器即可。

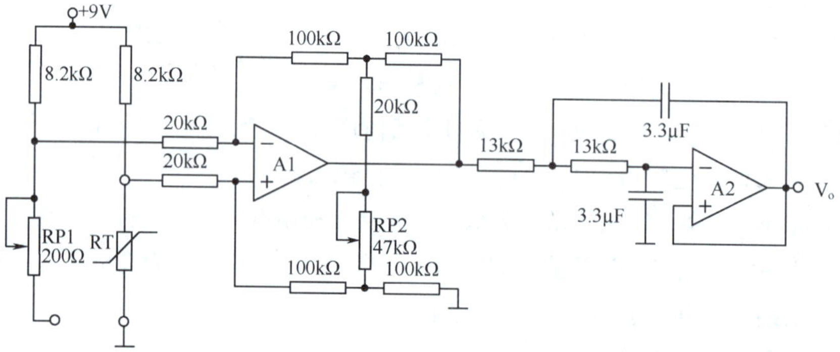

图 4-26　EL-700 铂电阻测温电路

九、采用热电阻实现的指针式温度计电路的工作原理

采用热电阻实现的指针式温度计电路原理图如图 4-27 所示。R1、R2、R3 和 Pt_{100} 组成传感器测量电桥，从电桥获取的差分信号通过两级运放放大后输出到 5V 电压表。放大电路采用 LM358 集成运算放大器，为了防止单级放大倍数过高带来的非线性误差，放大电路采用两级放大，前一级约为 10 倍，后一级约为 3 倍。温度在 0～100℃变化，当温度上升时，Pt_{100} 阻值变大，输入放大电路的差分信号变大，放大电路的输出电压 Av 对应升高。

注意： 整个模块的电压 V_{CC} 一定要稳定，否则随着 V_{CC} 的波动，运放 LM358 的工作电压波动，输出电压 Av 随之波动，最后导致结果波动，测量结果上下跳变。

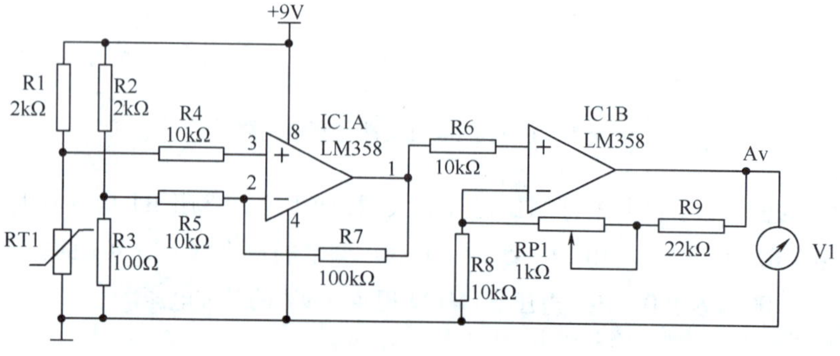

图 4-27　采用热电阻实现的指针式温度计电路原理图

项目实施

一、采用热电阻实现的指针式温度计电路的绘制

使用 Protel 99 SE 绘制完成图 4-27 所示的原理图。

二、元器件选择

RT1 选用热电阻。IC1 选用运算放大器 LM358。RP1 选用 10kΩ 精密电位器。R1～R9 均选用 0.25W 碳膜电阻器。5V 电压表头选用 85C1 小机械直流指针电压表头。同时准备 9V 稳压电源、实验板、水银温度计等。

项目二的元器件清单表如表 4-9 所示。

表 4-9 项目二元器件清单表

元器件序号	元器件名称	元器件型号与规格	元器件参数	数量
RT1	热电阻	金属热电阻 Pt_{100}		1
IC1	集成电路	运算放大器 LM358/DIP8		1
R1～R2	电阻器	碳膜电阻器，功率 0.25W	2kΩ	2
R3	电阻器	碳膜电阻器，功率 0.25W	100Ω	1
R4～R6、R8	电阻器	碳膜电阻器，功率 0.25W	10kΩ	4
R7	电阻器	碳膜电阻器，功率 0.25W	100kΩ	1
R9	电阻器	碳膜电阻器，功率 0.25W	22kΩ	1
RP1	电位器	精密电位器	1kΩ	1
V1	电压表头	85C1 小机械直流指针电压表头	0～5V	1
J1	9V 电源插座	9V 稳压电源		1

三、印制电路板设计

使用 Protel 99 SE 绘制的采用热电阻实现的指针式温度计的印制电路板图为单面板，如图 4-28 所示。图 4-28（a）为元件面，图 4-28（b）为焊接面。

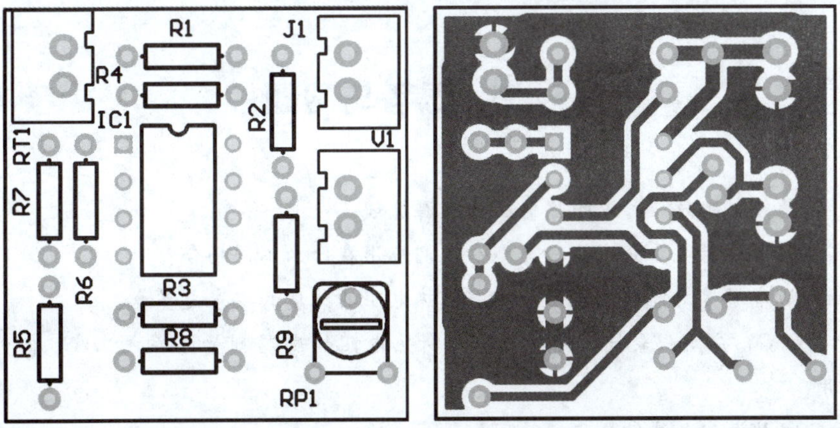

（a）元件面　　（b）焊接面

图 4-28　采用热电阻实现的指针式温度计的印制电路板图

四、电路调试

按图 4-28 将电路焊接在电路板上，认真检查电路，正确无误后接好热电阻 RT1 和 5V 电压表头。

（1）热电阻 RT1 和水银温度计放入盛水容器中，接通电路电源。加入冷水和冰块（不断搅动），使水温保持 0℃，调节电路中的 RP1 电位器使 5V 电压表表头指针指在 0V 刻度上。

（2）容器中加热水并加温，不断搅动，当水沸腾时达到 100℃，通过调节电路中的 RP1 精密电位器使 5V 电压表表头指针指在 5V 刻度上。

（3）重复步骤（1）和（2）2～3 次，调试完成。5V 电压表头指示的电压值乘以 20 就等于所测温度。

（4）检验在 0～100℃范围内的任一温度点，水银温度计的读数与指针式温度表的读数是否一致，误差应不大于 ±1℃。

注意：调试过程中要不断搅动，以使传感器与水银温度计感受同一温度，同时要等水银温度计的读数稳定后再调试电路。

项目拓展与评价

一、训练题目与要求

设计一个电路，该电路采用 Pt_{100} 三线制电桥连接法实现当温度范围是 0～300℃时，电桥电压经过放大后，输出电压正好是 0～5 V。

二、考核与评价

考核与评价标准见表 4-10。

表 4-10　项目二考核与评价标准

考核内容	完成项目实施内容	完成训练
成　　绩	50	50

思考与习题

1. 什么是热电阻效应？说明热电阻的测温原理。

2. 热电阻传感器主要分为几种类型？它们应用在什么不同场合？

3. 铂的纯度通常用什么来表示？标准铂热电阻的纯度的要求是多少？

4. Pt_{100} 和 Cu_{50} 分别代表什么传感器？分析热电阻传感器测量电桥之三线、四线连接法的主要作用。

5. 试比较热电阻与热敏电阻的异同。

6. 简述铠装热电阻有什么的优点？

7. 选择金属热电阻测温时，应从哪几方面考虑？

8. 热电阻材料应满足哪些要求？

9. 一支测温热电阻，分度号看不清，你如何用简单方法鉴别出热电阻分度号？

10. 已知一支分度号为 Cu_{100} 的热电阻，百度电阻比 W（100）=1.428，当用此热电阻测量120℃温度时，其电阻值为多少？若测温时的电阻值为80Ω，则被测温度是多少？

项目三 热电偶温度测量电路的设计

项目说明

以热电偶为传感器，设计并制作一个简易的指针式的温度计，完成测温范围为0～100℃的温度测量电路。

相关知识

一、热电偶的工作原理

热电偶是利用物理学中的塞贝克效应制成的温敏传感器。当两种不同的导体A和B组成闭合回路时，若两端结点温度不同（分别为 T_0 和 T），则回路中产生电流，相应的电动势称为热电动势，这种装置称为热电偶，如图4-29所示。热电动势是由接触电动势和温差电动势两部分组成，其大小和两端点的温差有关，还和材料性质有关。实验和理论都表明，在A、B间接入第三种材料C，只要结点2、3（参考端）温度相同，则和2、3直接连接时的热电动势一样。这一点很重要，它为热电偶测量时接测量引线带来方便。这种由两种不同导体组成的热电偶的热电动势一般情况和两端点温度 T、T_0 都有关。若使 T_0 为给定的恒定温度，如取为0℃，则热电动势仅为 T 一端（称为测量端）温度 T 的单值函数。

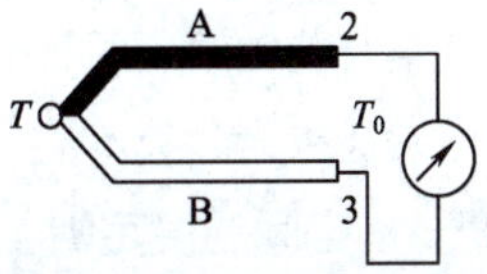

图4-29 热电偶电路符号

$$E_{AB}(T,T_0)=K(T-T_0) \tag{4-12}$$

显然，利用热电偶这一特性做成测温计可用于测温，但要求材料的热性能要稳定、电阻率小、电导率高、热电效应强、复制性好。

二、热电偶基本定律

1. 均质导体定则

如果热电偶回路中的两个热电极材料相同，无论两接点的温度如何，热电动势为零，称为热电偶的均质导体定则。

根据这个定则，可以检验两个热电极材料相同（称为同名极检验法），也可以检查热电极材料的均匀性。

2. 中间导体定则

在热电偶回路中接入第三种导体，只要第三种导体的两接点温度相同，则回路中总的热电动势不变，这就是热电偶中的中间导体定则。

如图 4–30 所示，在热电偶回路中接入第三种导体 C。导体 A 与 B 接点处的温度为 T，A 与 C、B 与 C 两接点处的温度相同都为 T_0，则回路中的总电动势是不变的。

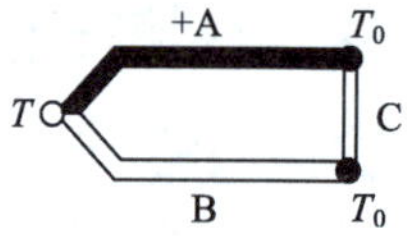

图 4–30 热电偶中接入第三种导体

热电偶的这种性质在实用上有着重要的意义，它使我们可以方便地在回路中直接接入各种类型的显示仪表或调节器，也可以将热电偶的两端不焊接而直接插入液态金属中或直接焊在金属表面进行温度测量。

3. 标准热电极定则

如果两种导体分别与第三种导体组成的热电偶所产生的热电动势已知，则由这两种导体组成的热电偶所产生的热电动势也就已知，这就是热电偶的标准热电极定则。

导体 A，B 分别与标准热电极 C 组成热电偶，若它们所产生的热电动势已知，那么，导体 A 与 B 组成的热电偶，其热电动势可由式（4–13）求得。

$$E_{AB}(T,T_0)=E_{AC}(T,T_0)-E_{BC}(T,T_0) \tag{4-13}$$

标准热电极定则是一个极为实用的定则。可以想象，纯金属的种类很多，而合金类型更多。因此，要得出这些金属之间组合而成热电偶的热电动势，其工作量是极大的。由于铂的物理、化学性质稳定，熔点高，易提纯，所以我们通常选用高纯铂丝作为标准热电极，只要测得各种金属与纯铂组成的热电偶的热电动势，则各种金属之间相互组合而成的热电偶的热电动势就可直接计算出来。

例如：热端为100℃，冷端为0℃时，镍铬合金与纯铂组成的热电偶的热电动势为2. 9 mV，而考铜与纯铂组成的热电偶的热电动势为 –4. 0mV，则镍铬和考铜组合而成的热电偶所产生的热电动势应为2. 95mV –（ –4. 0 mV）=6. 95mV。

4. 中间温度定则

热电偶在两接点温度 t，t_0时的热电动势等于该热电偶在接点温度为 T，T_n和 T_n，T_0时的相应热电动势的代数和，这就是热电偶的中间温度定则。

中间温度定则可以用式（4–14）表示。

$$E_{AB}(T,T_0)=E_{AB}(T,T_n)-E_{AB}(T_n,T_0) \tag{4-14}$$

中间温度定则为补偿导线的使用提供了理论依据。它表明：若热电偶的热电极被导体延长，只要接入的导体组成热电偶的热电特性与被延长的热电偶的热电特性相同，且它们之间连接的两点温度相同，则总回路的热电动势与连接点温度无关，只与延长以后的热电偶两端的温度有关。

三、热电偶基本结构

为了适应不同生产对象的测温要求和条件，热电偶的结构形式有普通型热电偶、结装型热电偶和薄膜热电偶等。热电偶的种类虽然很多，但通常由金属热电极、绝缘子、保护套管及接线装置等部分组成。

1. 热电偶基本结构类型

1）普通型热电偶

普通型结构热电偶工业上使用最多，它一般由热电极、绝缘套管、保护管和接线盒组成，其结构如图 4-31 所示。普通型热电偶按其安装时的连接形式可分为固定螺纹连接、固定法兰连接、活动法兰连接、无固定装置等多种形式。

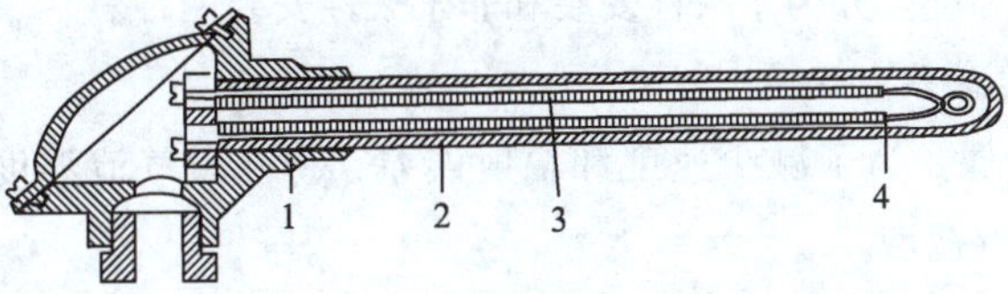

图 4-31 普通型热电偶结构图

1—接线盒；2—保险套管；3—绝缘套管；4—热电偶丝

2）铠装型热电偶

铠装型热电偶又称套管热电偶。它是由热电偶丝、绝缘材料和金属套管经拉伸加工而成的坚实组合体，如图 4-32 所示。它可以做得很细很长，使用中根据需要能任意弯曲。铠装型热电偶的主要优点是测温端热容量小，动态响应快，机械强度高，挠性好，可安装在结构复杂的装置上，因此被广泛应用于工业部门中。

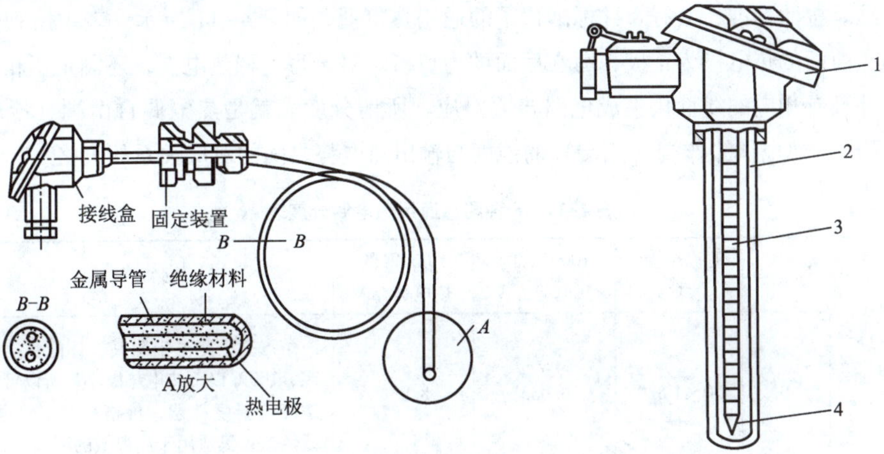

图 4-32 铠装型热电偶结构图

1—接线盒；2—保护套管；3—绝缘管；4—热电极

3）薄膜热电偶

用真空蒸镀（或真空溅射）、化学涂层等工艺，将热电极材料沉积在绝缘基板上形成的一层金属薄膜。热电偶测量端既小又薄（厚度可为 0.01～0.1μm），因而热惯性小，反应快，可用于测量瞬变的表面温度和微小面积上的温度，如图 4-33 所示。薄膜热电偶的结构有片状、针状和将热电极材料直接蒸镀在被测表面上 3 种，所用的电极类型有铁-康铜、铁镍、铜-康铜、镍铬-镍硅等，测温范围为 -200～300℃。

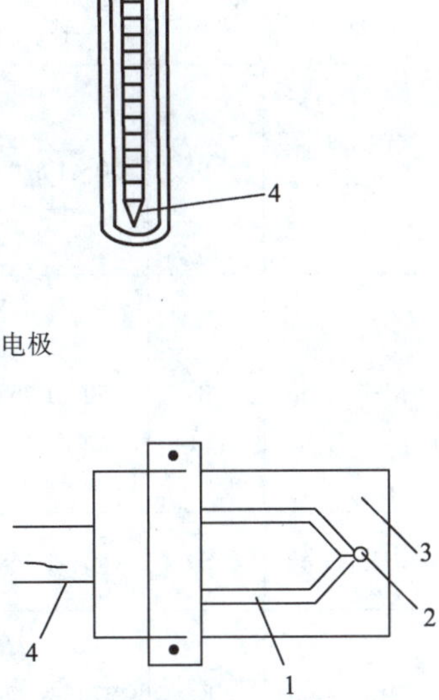

图 4-33 薄膜型热电偶结构图

1—热电极；2—热接点；3—绝缘基板；4—引出线

4）表面热电偶

表面热电偶是用来测量各种状态的固体表面温度的，如测量轧辊、金属块、炉壁、橡胶筒和涡轮叶片等表面温度。分为永久性安装和非永久性安装两种。

5）测量气流温度的热电偶

（1）屏罩式热电偶。为了减少速度和辐射误差，将测量气流温度的热电偶装上屏罩，如测量喷气发动机排气温度。

（2）抽气式热电偶。测量高温气流温度时，采用抽气方法，有效地减少热电偶的传热误差。

（3）采样热电偶。在自动控制中，通常需要测量不同位置的平均温度，这时可采用采样热电偶。

6）浸入式热电偶

浸入式热电偶主要用来测量液态金属温度，它可直接插入液态金属中，常用于钢水、铁水、铜水、铝水和熔融合金温度的测量。

我国从1991年开始采用国际计量委员会规定的“1990年国际温标”（简称ITS-1990）的新标准。按此标准，共有8种标准化了的通用热电偶，如表4-11所示。表中所列热电偶中，写在前面的热电极为正极，写在后面的为负极。对于每一种热电偶，还制定了相应的分度表，并且有相应的线性化集成电路与之对应。所谓分度表就是热电偶自由端（冷端）温度为0℃时，热电偶工作端（热端）的温度与输出热电势之间的对应关系的表格。

表4-11　8种国际通用热电偶分度表

名称	分度号	测温范围/℃	100℃时的热电势/mV	1 000℃的热电势/mV	特　点
①铂铑$_{30}$-铂铑$_{6}$	B	50～1 820	0.033	8.834	熔点高，测温上限高，性能稳定，精度高，100℃以下热电势极小，所以可不必考虑冷端温度补偿；价格昂贵，热电势小，线性差；只适用于高温域的测量
铂铑$_{13}$-铂	R	-50～1 768	0.647	10.506	使用上限较高，精度高，性能稳定，复现性好；但热电势较小，不能在金属蒸气和还原性气氛中使用，在高温下连续使用时特性会逐渐变坏，价格昂贵；多用于精密测量
铂铑$_{10}$-铂	S	-50～1 768	0.646	9.587	优点同上；但性能不如R型热电偶；长期以来作为国际温标的法定标准热电偶
镍铬-镍硅	K	-270～1 370	8.096	41.276	热电势大，线性好，稳定性好，价廉；但材质较硬，在1000℃以上长期使用会引起热电势漂移；多用于工业测量
镍铬硅-镍硅	N	-270～1 300	2.744	36.256	是一种新型热电偶，各项性能均比K型热电偶好，适宜于工业测量

续表

名称	分度号	测温范围/℃	100℃时的热电势/mV	1 000℃的热电势/mV	特　点
镍铬-铜镍（康铜）	E	-270～1300	6.319	—	热电势比K型热电偶大50%左右，线性好，耐高湿度，价廉；但不能用于还原性气氛；多用于工业测量
铁-铜镍（康铜）	J	-210～760	5.269	—	价格低廉，在还原性气体中较稳定；但纯铁易被腐蚀和氧化；多用于工业测量
铜-铜镍（康铜）	T	-270～400	8.279	—	价廉、加工性能好，离散性小，性能稳定，线性好，精度高；铜在高温时易被氧化，测温上限低；多用于低温域测量。可做-200～0℃温域的计量标准

注：①铂铑$_{30}$表示该合金含70%的铂及30%的铑，以下类推。

2. 热电偶材料

1）对热电极材料的一般要求

（1）配对的热电偶应有较大的热电势，并且热电势对温度尽可能有良好的线性关系。

（2）能在较宽的温度范围内应用，并且在长时间工作后，不会发生明显的化学及物理性能的变化。

（3）电阻温度系数小，电导率高。

（4）易于复制，工艺性与互换性好，便于制定统一的分度表，材料要有一定的韧性，焊接性能好，以利于制作。

2）电极材料的分类

（1）一般金属：如镍铬-镍硅，铜-镍铜，镍铬-镍铝，镍铬-考铜等。

（2）贵金属：这类热电偶材料主要是由铂、铱、铑、钌、锇及其合金组成，如铂铹-铂、铱铑-铱等。

（3）难熔金属：这类热电偶材料系由钨、钼、铌、铼、锆等难熔金属及其合金组成．如钨铼-钨铼、铂铑-铂铑等热电偶。

3）绝缘材料

热电偶测温时，除测量端以外，热电极之间和连接导线之间均要求有良好的电绝缘，否则会有热电势损耗而产生测量误差，甚至无法测量。

（1）有机绝缘材料：这类材料具有良好的电气性能、物理及化学性能，以及工艺性，但耐高温、高频和稳定性较差。

（2）无机绝缘材料：其有较好的耐热性，常制成圆形或椭圆形的绝缘管，有单孔、双孔、四孔及其他特殊规格。其材料有陶瓷、石英、氧化铝和氧化镁等。除管材外，还可以将无机绝缘材料直接涂覆在热电极表面，或者把粉状材料经加压后烧结在热电极和保护管之间。

4）保护管材料

对保护材料的要求如下：

（1）气密性好，可有效地防止有害介质深入而腐蚀结点和热电极。

（2）应有足够的强度及刚度，耐振、耐热冲击。

（3）物理化学性能稳定，在长时间工作中不至于介质、绝缘材料和热电极互相作用，也不产生对热电极有害的气体。

（4）导热性能好，使结点与被测介质有良好的热接触。

四、热电偶的冷端温度补偿

由热电偶的工作原理可知，热电偶所产生的热电动势不仅与热端温度有关，而且还与冷端的温度有关。只有当冷端温度恒定时，热电动势才是热端温度的单值函数。由于热电偶分度表是以冷端温度为0℃时做出的，因此，在使用时要正确反映热端温度（被测温度），最好设法使冷端温度恒为0℃，否则将产生测量误差。但在实际应用中，热电偶通常靠近被测对象，且受到周围环境温度的影响，其冷端温度不可能恒定不变。为此，必须采取一些相应的措施进行补偿或修正，以消除冷端温度变化和不为0℃所产生的影响。常用的方法有以下几种。

1. 补偿导线法

热电偶由于受到材料价格的限制一般做得比较短（除铠装热电偶外），冷端距测温对象很近，使冷端温度较高且波动较大，这时就需要采用补偿导线将冷端延伸至远离温度对象而温度恒定的场所（如控制室或仪表室）。

补偿导线由两种不同性质的廉价金属材料制成，在0～150℃温度范围内与配接的热电偶具有相同的热电特性。补偿导线起到了延伸热电极的作用，达到了移动热电偶冷端位置的目的，如图4-34所示。

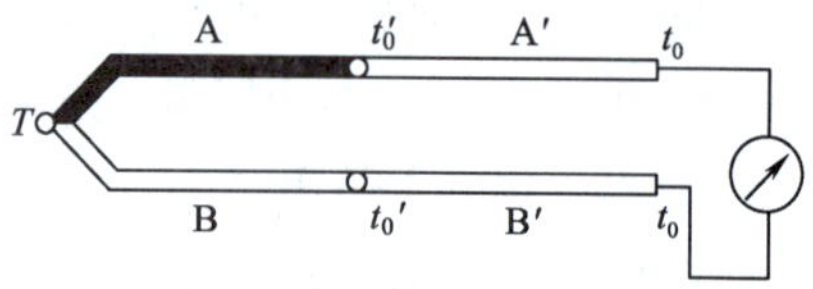

图4-34　补偿导线在测温回路中的连接

A、B—热电偶电极；A′、B′—补偿导线；

t_0'—热电偶原冷端温度；

t_0—热电偶新冷端温度

补偿导线的型号由两个字母组成，第1个字母与配用热电偶的型号相对应，第2个字母表示补偿导线的类型。补偿导线分为延伸型（X）和补偿型（C）两种。延伸型补偿导线选用的金属材料与热电极材料相同；补偿型补偿导线所选金属材料与热电极材料不同。表4-12所示为常用热电偶补偿导线。

表4-12　常用热电偶补偿导线

补偿导线型号	配用热电偶	补偿导线材料		补偿导线绝缘层着色	
		正极	负极	正极	负极
SC	S	铜	铜镍合金	红色	绿色
KC	K	铜	铜镍合金	红色	蓝色
KX	K	镍铬合金	镍硅合金	红色	黑色
EX	E	镍硅合金	铜镍合金	红色	棕色
JX	J	铁	铜镍合金	红色	紫色
TX	T	铜	铜镍合金	红色	白色

根据中间温度定律，只要热电偶和补偿导线的两个结点温度一致，是不会影响热电势输出的。

使用补偿导线必须注意以下几个问题：

（1）两根补偿导线与两个热电极的接点必须具有相同的温度。

（2）只能与相应型号的热电偶配用，而且必须满足工作范围。

（3）极性切勿接反。

2. 冷端恒温法

（1）0℃恒温法。在实训室及精密测量中，通常把参考端放入装满冰水混合物的容器中，以便参考端温度保持0℃，这种方法又称冰浴法。

（2）其他恒温法。将热电偶的冷端置于各种恒温器内，使之保持恒定温度，避免由于环境温度的波动而引入误差。这类恒温器可以是盛有变压器油的容器，利用变压器油的热惰性恒温，也可以是电加热的恒温器，这类恒温器的温度不为0℃，故最后还需对热电偶进行冷端修正。

3. 计算修正法

上述冷端恒温方法解决了一个问题，即设法使热电偶的冷端温度恒定。对于冷端温度不等于0℃，但能保持恒定不变的情况，可采用计算修正法。

1）热电势修正法

在工作中由于冷端不是0℃而是某一恒定温度 t_1，所以测出的热电势还是不能正确反映热端的实际温度。为此，必须对温度进行修正，公式为

$$E_{AB}(t,t_0)=E_{AB}(t,t_1)+E_{AB}(t_1,t_0) \tag{4-15}$$

式中：$E_{AB}(t,t_0)$——热电偶热端温度为 t，冷端温度为0℃时的热电势；

$E_{AB}(t,t_1)$——热电偶热端温度为 t，冷端温度为 t_1时的热电势；

$E_{AB}(t_1,t_0)$——热电偶热端温度为 t_1，冷端温度为0℃时的热电势。

例如：用镍铬-镍硅热电偶测某一水池内水的温度，测出的热电动势为2.436mV。再用温度计测出环境温度为30℃（且恒定），求池水的真实温度。

由镍铬-镍硅热电偶分度表查出 E（30，0）=1.203 mV，所以

$$E_{AB}(t,0)=E_{AB}(t,30)+E_{AB}(30,0)=2.436\ \text{mV}+1.203\ \text{mV}=3.639\ \text{mV}$$

查分度表知其对应的实际温度为 $T=89$℃，即池水的真实温度是89℃。

若直接用测得的热电动势2.436mV查分度表则其值为60℃，比实际炉温低了29℃，产生-29℃的测量误差。

2）温度修正法

令 T'为仪表的指示温度，T_0为冷端温度，则被测的真实温度 T 为

$$T=T'+KT_0 \tag{4-16}$$

式中，K 为热电偶的修正系数，取决于热电偶种类和被测温度范围，如表4-13所示。

表4-13 几种常用热电偶 K 值表

测量端温度/℃	热电偶类别				
	铜-康铜	镍铬-考铜	铁-康铜	镍铬-镍硅	铂铑$_{10}$-铂
0	1.00	1.00	1.00	1.00	1.00
20	1.00	1.00	1.00	1.00	1.00

续表

测量端温度/℃	热电偶类别				
	铜－康铜	镍铬－考铜	铁－康铜	镍铬－镍硅	铂铑$_{10}$－铂
100	0.86	0.90	1.00	1.00	0.82
200	0.77	0.83	0.99	1.00	0.72
300	0.70	0.81	0.99	0.98	0.69
400	0.68	0.83	0.98	0.98	0.66
500	0.65	0.79	1.02	1.00	0.63
600	0.65	0.78	1.00	0.96	0.62
700	–	0.80	0.91	1.00	0.60
800	–	0.80	0.82	1.00	0.59
900	–	–	0.84	1.00	0.56
1000	–	–	–	1.07	0.55
1100	–	–	–	1.11	0.53
1200	–	–	–	–	0.53
1300	–	–	–	–	0.52
1400	–	–	–	–	0.52
1500	–	–	–	–	0.53
1600	–	–	–	–	0.53

上例中测得炉温为60℃（2.436 mV），冷端温度为30℃，查表 $K=1.00$，则 $T=60℃+1\times30℃=90℃$，与用热电势修正法所得结果相比，只差1℃。因而这种方法在工程上应用较为广泛。

4. 电桥补偿法

测温时若保持冷端温度为某一恒温也有困难，此时可采用电桥补偿法，即利用不平衡电桥产生的电势来补偿热电偶因冷端温度变化而引起的热电势变化值，如图4-35所示，图中的 E 是电桥的电源，R 为限流电阻。

补偿电桥与热电偶冷端处于相同的环境温度下，其中三个桥臂电阻用温度系数接近零的锰铜绕制，使 $R_1=R_2=R_3$；另一桥为补偿桥臂，用铜导线绕制。使用时选取 R_{Cu} 的阻值，使电桥处于平衡状态，电桥输出 $U_{ab}=0$。当冷端温度升高时，补偿桥臂 R_{Cu} 的阻值增大，电桥失去平衡，输出 U_{ab} 随着增大，而热电偶的热电势则由于冷端温度升高而减小。若电桥输出值的增大量 U_{ab} 等于热电偶电势的减小量 E_x，则总输出值 U_{ab} 就不会随着冷端温度的变化而变化了。

在有补偿电桥的热电偶电路中，冷端温度若为20℃，补偿电桥就处于平衡状态，这样只要在回路中加入相应的修正电压，或调整指示装置的起始位置，就可达到完全补偿的目的，准确测出冷端为0℃时的输出。

补偿电桥法是利用不平衡电桥产生的不平衡电压来自动补偿热电偶因冷端温度变化而引起的热电势变化值的，有与被补偿热电偶对应型号的成品补偿电桥可供选用。图4-36所示为XCT2-WR系列热电偶冷端补偿器。

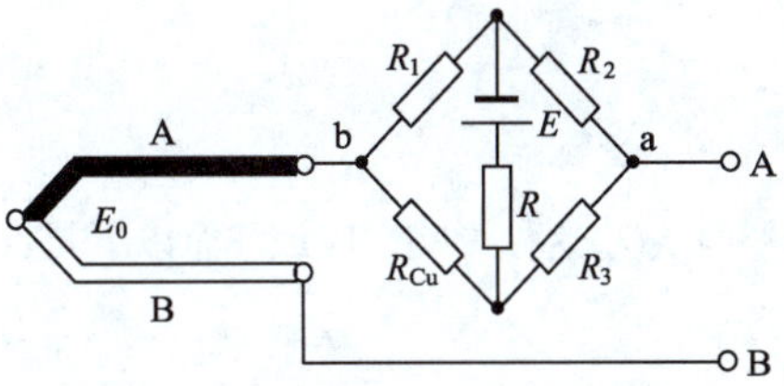

图 4-35 冷端温度的补偿电桥

图 4-36 XCT2-WR 系列热电偶冷端补偿器

5. 集成冷端补偿芯片

因为桥式补偿精度较低，所以现在常用专用的集成电路实现温度的冷端补偿，如 PCS203、MAX6675 等，这种方式精度高，使用方便，应用广泛。

MAX6675 是基于 SPI 总线，专门用于对工业中最常用的镍铬-镍硅 K 型热电偶进行温度补偿的芯片。它能将补偿后的热电势转换为代表温度的数字脉冲，从 SPI 串行接口输出。

6. 显示仪表机械零位调整法

当热电偶冷端温度已知且恒定时（$t_0 \neq 0$℃），工程上常用一种简单方便的机械零位调整法，进一步对温度测量值进行校正，即在未工作之前，预先将有零位调整器的温度显示仪表的指针从刻度的初始值（机械零位）调至已知的冷端温度值上即可。

调整仪表的机械零位相当于预先给仪表输入电动势 $E_{AB}(t_0, 0)$，测量过程中热电偶回路产生热电势 $E_{AB}(t, t_0)$，这时显示仪表接收的总热电势为所以仪表的示值即为被测温度。

当冷端温度发生变化时，应及时断电，重新调整仪表的机械零点至新的冷端温度处。

7. 软件补偿法

对于计算机系统，不必全靠硬件进行热电偶冷端补偿。例如，温度恒定但不为 0℃ 的情况，只需在采样后加一个与冷端温度对应的常数即可。

对于 T_0 经常波动的情况，可利用热敏电阻或其他传感器把 T_0 信号输入到计算机，按照运算公式设计一些程序，便能自动修正。

利用计算机的软件优势实施补偿，可节省硬件成本，在智能传感器中应用广泛。

五、热电偶的优缺点

1. 热电偶的优点

（1）测温范围宽，能测量较高的温度（-180～2 800 ℃）。

（2）输出电压信号，测量方便，便于远距离传输、集中检测和控制。

（3）结构简单、性能稳定、维护方便、准确度高。

（4）热惯性和热容量小，便于快速测量。

（5）自身能产生电压，不需要外加驱动电源，是典型的自发电式传感器。

（6）构造简单，使用方便。热电偶通常是由两种不同的金属丝组成，外有保护套管，用起来非常方便。

2. 热电偶的缺点

低灵敏度、低稳定性、响应速度慢、高温下容易老化和有漂移，以及非线性。另外热电偶需要外部参考端。

六、热电偶使用时的注意事项

热电偶导体及套管的传热问题可能引起测量误差，为了减小这种影响，应该注意以下几点。

1. 插入深度要求

测量端应有足够的插入深度，应使保护套管的测量端超过管道中心线 510mm。

2. 插入方向要求

保证测温元件与流体充分接触，最好是迎着被测介质流向插入，正交 90°也可，但切勿与被测介质形成顺流，如图 4-37 所示。

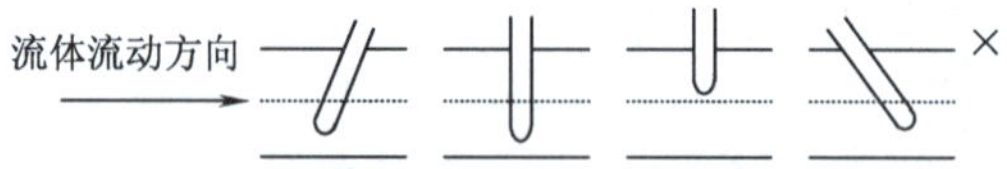

图 4-37　热电偶使用

3. 热电偶的选择要求

如果被测对象体积小，热容量不大，应尽可能不用金属套管，并且采用细直径的热电偶丝。

七、认识热电偶

各种热电偶实物图如图 4-38 所示。

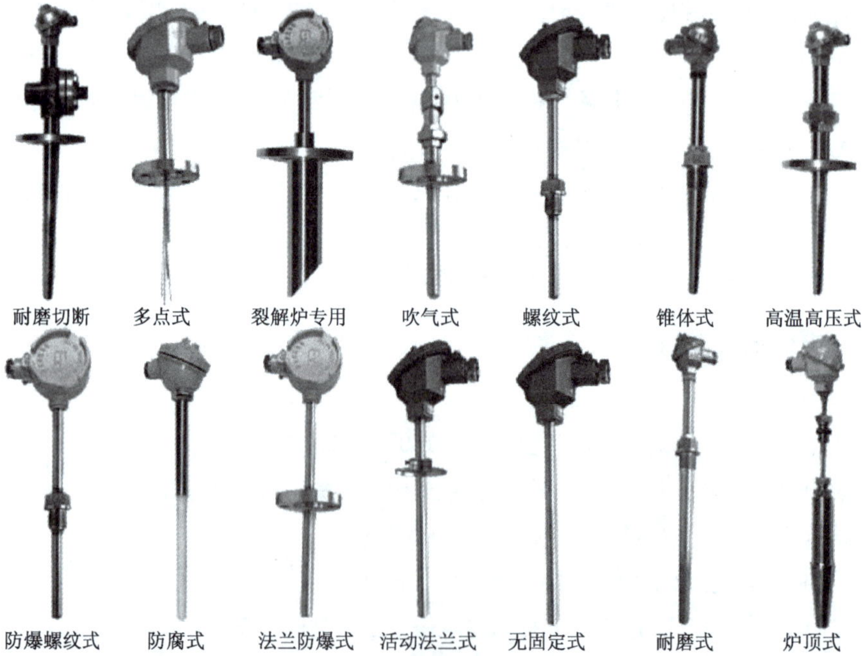

各种热电偶

图 4-38　各种热电偶实物图

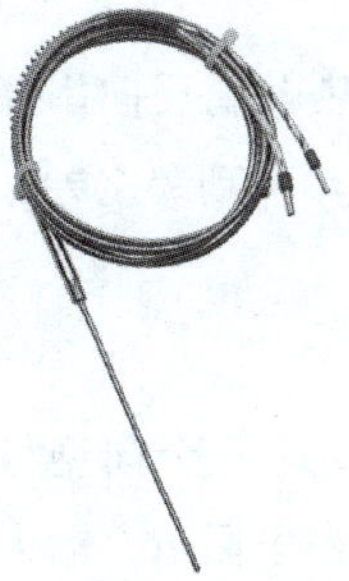
普通热电偶

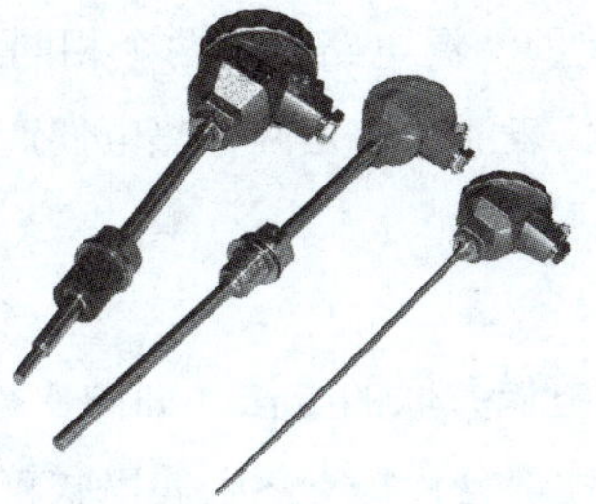
装配式热电偶

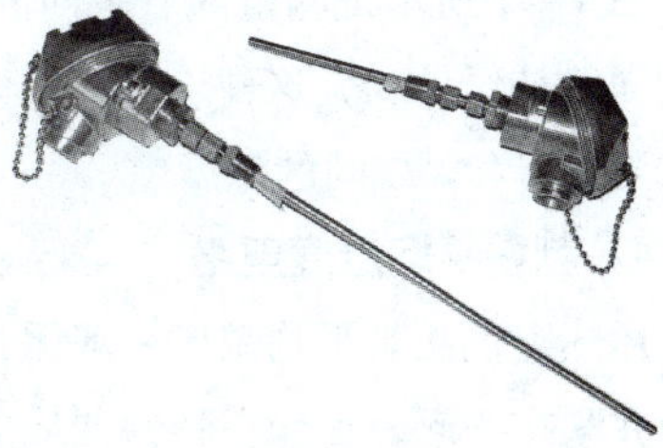
铠装热电偶

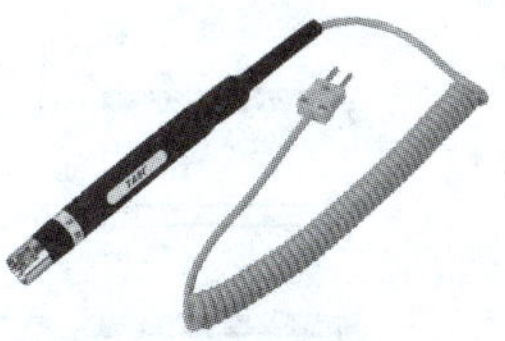
表面热电偶

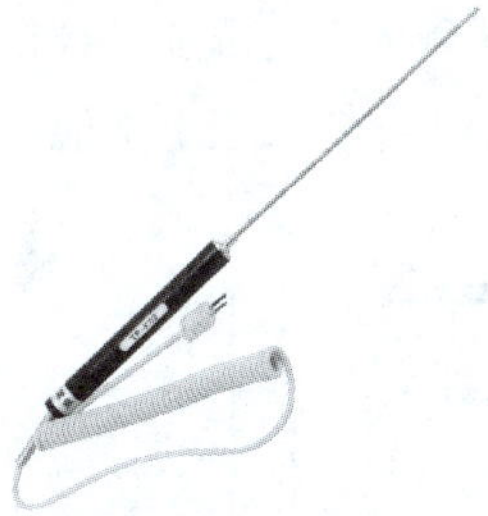
浸入式热电偶

图 4-38　各种热电偶实物图（续）

八、热电偶常用测温电路

1. 测量温度的基本电路

图 4-39 所示是热电偶测量温度的基本电路，图中为热电偶补偿导线，t_0为使用补偿导线后热电偶的冷端温度，实际使用时把补偿导线一直延伸到测量仪表的接线端子，冷端温度即为仪表接线端子所处的环境温度。

2. 测量多点温度电路

如图 4-40 所示，多个被测温度用多个型号相同的热电偶分别测量，多个热电偶共用一台显示仪表，它们是通过多路转换开关来进行测温点切换的。常用的切换开关有密封微型精密继电器和电子模拟式开关两类。多点测温电路用于自动巡回检测中，按要求显示各测点的温度值，只需要一套显示仪表和补偿热电偶。

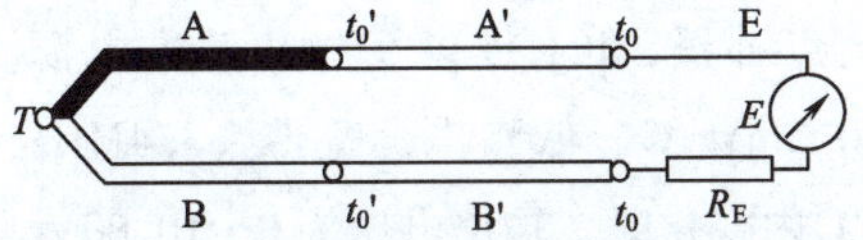

图 4-39　热电偶测温基本电路图

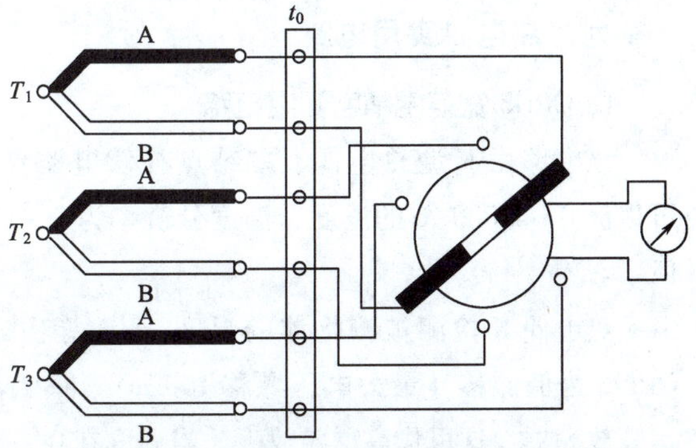

图 4-40　热电偶多点测温电路

3. 测量温度差电路

图 4-41 所示是测量两点之间温度差的测温电路，用两个相同型号热电偶反向串联，配以相同的补偿导线，这种连接方法使得仪表测量的是两个热电偶产生的热电动势之差，因此可以测量 t_1 和 t_2 之间的温度差。

4. 测量平均温度电路

用热电偶测量平均温度一般采用热电偶并联的方法，如图 4-42 所示。3 个同型号的热电偶并联在一起，工作在特性曲线的线性部分，每支热电偶串联较大均衡电阻 R，输入到仪表两端的毫伏值为 3 个热电偶输出热电动势的之和，即因此可以反映 3 个测温点的平均温度。可以测量被测区域的平均温度，且仪表分度和使用一个热电偶时一样；缺点是当某一热电偶断线后仍能正常工作，仪表上不能很快反映出来。

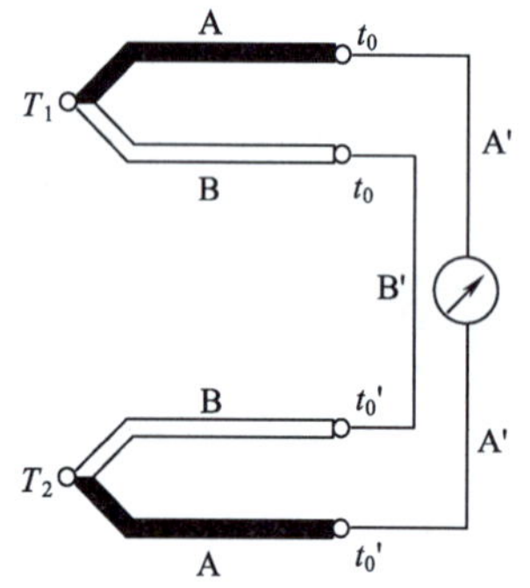

图 4-41　热电偶测量温差电路图

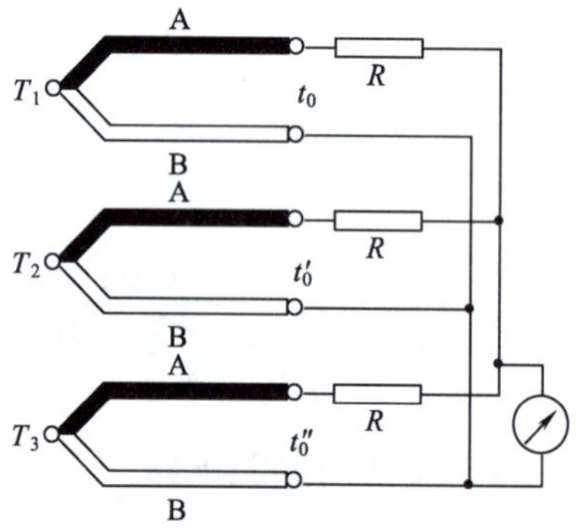

图 4-42　热电偶测量平均温度电路

5. 测量温度和电路

用热电偶测量几点温度之和的测温电路的方法一般采用几支相同型号热电偶的同向串联，如图 4-43 所示，输入仪表两端的热电动势之总和，即 $E = E_1 + E_2 + E_3$。此种电路的优点是，一支热电偶断线时热电势立即消失，另一支热电偶断线时热电势立即下降，仪表上均可立即反映出来，另外可以获得较大的热电动势。

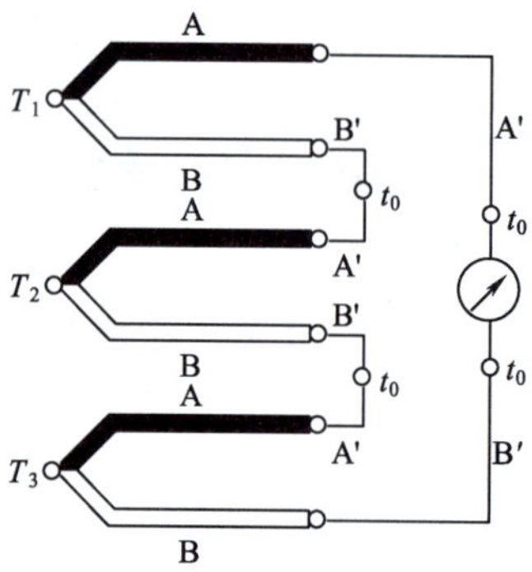

图 4-43　热电偶测量温度和电路

九、热电偶实用电路

1. OP113 宽范围精密测温电路

该电路由 K 型热电偶、冷结点补偿电路、精密 5.000 V 基准电压源和 OP113 组成，可以测 0～1 000 ℃的温度，温度分辨率为 0.02℃。OP113 宽范围精密测温电路如图 4-44 所示。

热电偶 K 检测被测物体的温度，VD 等构成冷结点补偿，IC1 提供 5.00V 基准电源。OP113 为低漂移（最大电压漂移 100 mV、最大温漂 0.2mV/℃、低噪声、宽带（3.4MHz）运算放大器，这里作高增益放大，当温度在 0～1 000 ℃内变化时，输出电压为 0～10.00V。

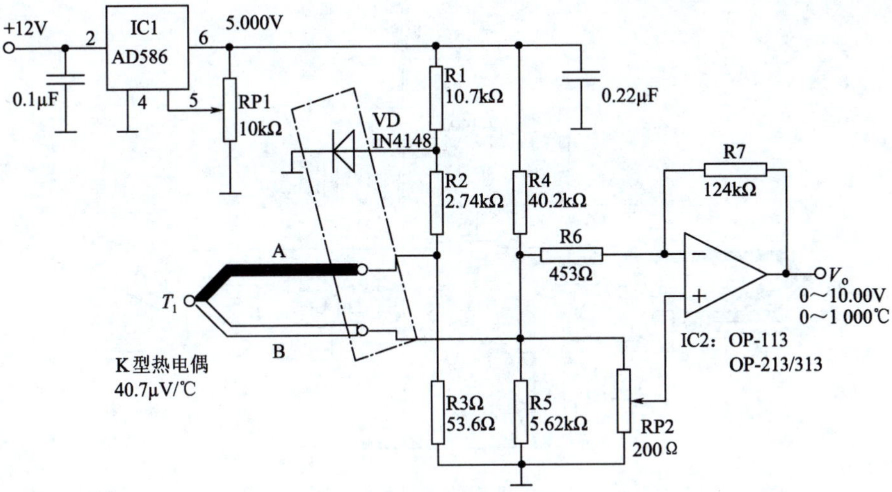

图 4-44 OP113 宽范围精密测温电路

2. AD594 集成式单片热电偶冷端湿度补偿器

AD594、AD595、AD597 等是美国 ADI 公司生产的单片热电偶冷端补偿器，内部还集成了仪表放大器，所以除能实现对不同的热电偶进行冷端补偿之外，还可作为线性放大器。其引脚功能是：U_+、U_-为电源正负端，IN+、IN−为信号输入端，ALM+、ALM−为热电偶开路故障报警信号输出端，FB 为反馈端，做温度补偿时 U_o端与 FB 端短接，详细资料见其使用说明。图 4-45 为 AD594C 的应用电路图。热电偶的信号经过 AD594 的冷端补偿和放大后，再用 OP07 放大后输出。

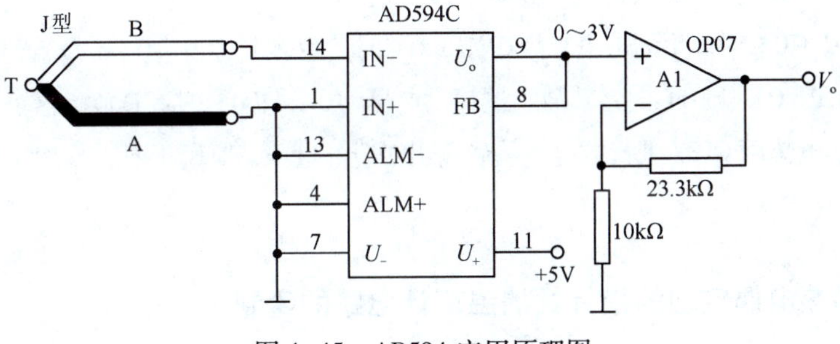

图 4-45 AD594 应用原理图

3. 用 AD592 做冷端补偿的热电偶应用电路

如图 4-46 所示，图中 MC1403 为精密电压源，AD592 为电流输出型集成温度传感，温度系数为 1μA/K，在这里做冷端温度补偿。其温度补偿过程，就是在冷端加入一个受同一环境温度控制、相反极性的补偿电势 E_1，从而使冷端的总热电势不再随环境温度而变化，图中，由 AD592 和电阻 R_1 来提供补偿电势 E_1，其极性为上正下负，并且

$$E_1 = -(1\mu A/K)R_1 T - (1\mu A/K_1)R_1 t \tag{4-17}$$

对于 K 型热电偶，$K_1 = +40.96\mu V/℃ \approx +41\mu V/℃$。现取 $R_1 = 41\Omega$，代入（4-17）式中得到补偿电压 $E_1 = -$（41μV/℃），实现冷端温度自动全补偿。需要注意，使用其他类型热电偶时，需相应调整的阻值。

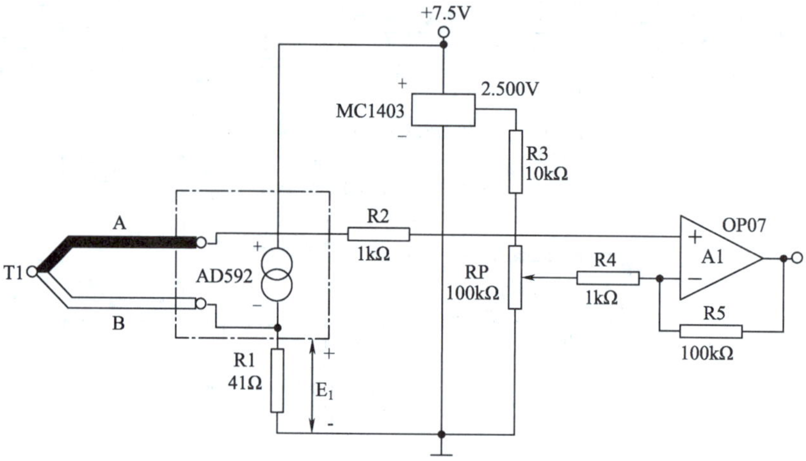

图 4-46　AD592 做冷端补偿的应用原理图

十、采用热电偶实现的指针式的温度计电路的工作原理

图 4-47 所示为 K 型热电偶的放大电路。热电偶的输出电压极小。因此，要采用低失调压运算放大器进行放大。目前运算放大器种类很多，而且价格便宜，可以选择合适的运算放大器作为热电偶的放大电路。但要注意外围元件的选用。

电路中，A1 及其周围电阻构成放大器，增益为 1221.00；R1～R3 是 0.25W 金属膜电阻，精度为 20%；RP1 和 RP2 是 10 圈线绕电位器；C1 是滤波电容，采用精度为 20%，耐压为 50V 的漏电小的电解电容器，它与 R3 组成输入滤波电路。因为热电偶的热电势很小，如果电容漏电大，就会产生漂移电压。

K 型热电偶在 0℃时产生的热电势为 0V，100℃时产生热电势为 4.095mV。若 RP1 设置运算放大器的增益为 1221.00，则 0℃时运算放大器输出电压为 0V，100℃时运算放大器输出电压为 5.0V。该电路只是将热电势用 OP07 进行放电，然后输出对应的电压，应用于要求不高的场合。

项目实施

一、采用热电偶实现的指针式的温度计电路的绘制

使用 Protel 99 SE 绘制完成图 4-47 所示的原理图。

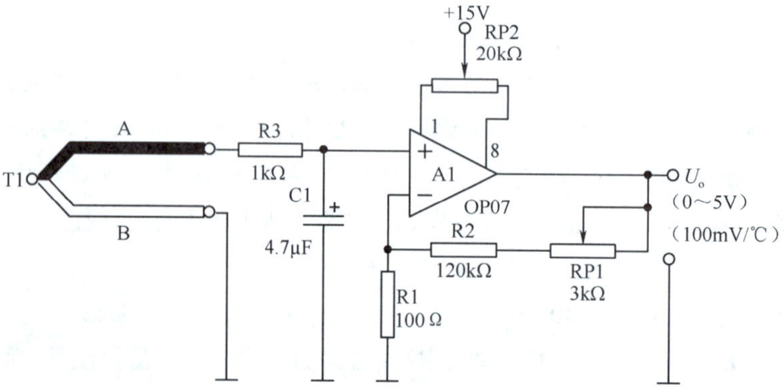

图 4-47　采用热电偶实现的指针式的温度计电路

二、元器件选择

T1 选用 K 型热电偶。IC1 选用运算放大器 OP07。RP1 选用 10kΩ 精密电位器。R1～R3 均选用 0.25W 金属膜电阻器。C1 选用耐压为 50V 的漏电小的电解电容器。RP1 和 RP2 选用 10 圈线绕电位器。5V 电压表头选用 85C1 小机械直流指针电压表头。同时准备 ±15V 稳压电源、实验板、水银温度计等。

项目三的元器件清单表如表 4-14 所示。

表 4-14 项目三元器件清单表

元器件序号	元器件名称	元器件型号与规格	元器件参数	数量
T1	热电偶	K 型热电偶		1
IC1	集成电路	运算放大器 OP07/DIP8		1
C1	电解电容器	耐压为 50V 的电解电容	4.7μF	1
R1	电阻器	金属膜电阻器，功率 0.25W	100Ω	1
R2	电阻器	金属膜电阻器，功率 0.25W	120kΩ	1
R3	电阻器	金属膜电阻器，功率 0.25W	1kΩ	1
RP1	电位器	10 圈线绕电位器	3kΩ	1
RP2	电位器	10 圈线绕电位器	20kΩ	1
V1	电压表头	85C1 小机械直流指针电压表头	0～5V	1
J1	±15V 电源插座	±15V 稳压电源		1

三、印制电路板设计

使用 Protel 99 SE 绘制的采用热电偶实现的指针式温度计电路的印制电路板图为单面板，如图 4-48 所示。图 4-48（a）为元件面，图 4-48（b）为焊接面。

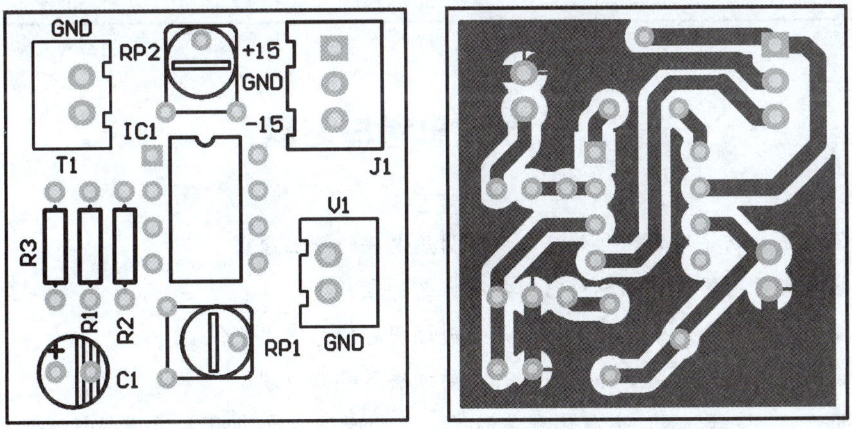

（a）元件面　　（b）焊接面

图 4-48 采用热电偶实现的指针式的温度计电路的印制电路板图

四、电路调试

按图 4-48 将电路焊接在电路板上，认真检查电路，正确无误后接好热电偶 T1 和 5V 电压表头。

（1）热电偶 T1 和水银温度计放入盛水容器中，接通电路电源。加入冷水和冰块（不断搅动），使水温保持 0℃，调节电路中的 RP2 电位器使 5V 电压表表头指针指在 0V 刻度上。

（2）容器中加热水并加温，不断搅动，当水沸腾时达到 100℃，通过调节电路中的 RP1 精密电位器使 5V 电压表表头指针指在 5V 刻度上。

（3）重复步骤（1）、（2）两三次，调试完成。5V 电压表头指示的电压值乘以 20 就等于所测温度。

（4）检验在 0～100℃范围内的任一温度点，水银温度计的读数与指针式温度表的读数是否一致，误差应不超过 ±1℃。

注意： 调试过程中要不断搅动，以使传感器与水银温度计感受同一温度，同时要等水银温度计的读数稳定后再调试电路。

项目拓展与评价

一、训练题目与要求

以热电偶为传感器，设计并制作一个简易的指针式的温度计，完成测温范围为 0～1000℃的温度测量电路。

二、考核与评价

考核与评价标准见表 4-15。

表 4-15　项目三考核与评价标准

考核内容	完成项目实施内容	完成训练
成　　绩	50	50

思考与习题

1. 什么是金属导体的热电效应？试说明热电偶的测温原理。

2. 热电式传感器有哪几类？它们各有什么特点？

3. 简述热电偶的几个重要定律，并分别说明它们的实用价值。

4. 试述热电偶冷端温度补偿的几种主要方法和补偿原理。

5. 用镍铬-镍硅（K）热电偶测量温度，已知冷端温度为 40℃，用高精度毫伏表测得这时的热电动势为 29.188mV，求被测点的温度。

6. 已知铂铑$_{10}$-铂（S）热电偶的冷端温度 $t_0=25$℃，现测得热电动势 $E(t, t_0)=11.712$ mV，求热端温度是多少摄氏度？

7. 已知镍铬-镍硅（K）热电偶的热端温度 $t=800$℃，冷端温度 $t_0=25$℃，求 $E(t, t_0)$ 是多少毫伏？

8. 现用一只镍铬-康铜（E）热电偶测温。其冷端温度为30℃，动圈显示仪表（机械零位在0℃）指示值为400℃，则认为热端实际温度为430℃，对不对？为什么？如不正确，正确值是多少？

9. 如图4-49所示之测温回路，热电偶的分度号为K，毫伏表的示值应为多少？

10. 用镍铬-镍硅（K）热电偶测量某炉温的测量系统如图4-50所示，已知：冷端温度固定在0℃，$t_0=30$℃，仪表指示温度为210℃，后来发现由于工作上的疏忽把补偿导线，相互接错了，问：炉温的实际温度t为多少？

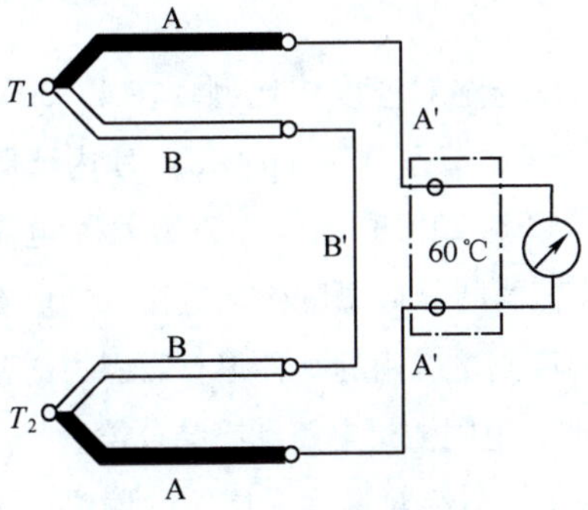

图4-49 热电偶测温回路

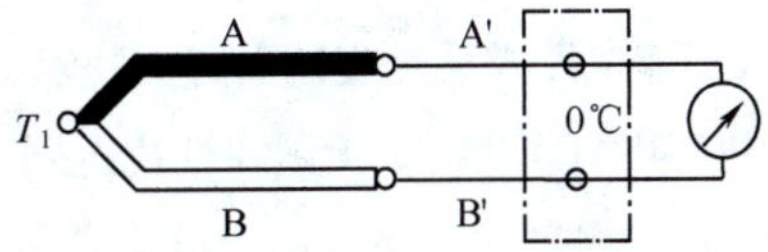

图4-50 热电偶测量某炉温的测量系统图

项目四 集成温度传感器温度测量电路的设计

项目说明

以集成温度传感器LM35为传感器，设计并制作一个用数码管显示的数字显示温度计，完成测温范围为0～100℃的温度测量电路。

相关知识

一、认识集成温度传感器

集成温度传感器（温度IC）将温度敏感元件，以及放大、运算和补偿等电路采用微电子技术和集成工艺集成在一片芯片上，从而构成集测量、放大、电源供电回路于一体的高性能的测温传感器。集成温度传感器设计原理是利用半导体PN结的电流电压与温度有关的特性。最大的优点是输出线性好、测量精度高，传感驱动电路、信号处理电路等都与温度传感部分集成在一起，因而封装后的组件体积非常小，使用方便，价格便宜，故在测温技术中越来越得到广泛应用。

集成温度传感器可分为：模拟型集成温度传感器和数字型集成温度传感器。模拟型输出信号形式有电压型和电流型两种。电压型的灵敏度多为10mV/℃（以0℃作为电压的零点），电流型的灵敏度多为1μA/K（以0K作为电流的零点）；数字型又可以分为开关输出型、并行输出型、串行输出型等几种不同的形式。

二、电流输出型集成温度传感器的应用

电流输出型 IC 温度传感器是把线性集成电路和与之相容的薄膜工艺元件集成在一块芯片上，再通过激光修版微加工技术，制造出性能优良的测温传感器。这种传感器的输出电流正比于热力学温度，即 1μA/K；其次，因电流型输出恒流，所以传感器具有高输出阻抗。其值可达 10MΩ。这为远距离传输及深井测温提供了一种新型器件，如 AD590、AD592、TMP17 等。

1. AD590 集成温度传感器的简介

AD590 是一款双端集成电路温度传感器，其输出电流与绝对温度成比例。在 4～30V 电源电压范围内，该器件可充当一个高阻抗的恒流调节器，调节系数为 1μA/K。片内薄膜电阻经过激光调整，可用于校准器件，使该器件在 298.2K（约 25℃）时输出 298.2μA 电流。

AD590 适用于 150℃以下、目前采用传统电气温度传感器的任何温度检测应用。低成本的单芯片集成电路及无须支持电路的特点，使它成为许多温度测量应用的一种很有吸引力的备选方案。应用 AD590 时，无须线性化电路、精密电压放大器、电阻测量电路和冷结补偿。

除温度测量外，还可用于分立器件的温度补偿或校正、与绝对温度成比例的偏置、流速测量、液位检测以及风速测定等。AD590 可以以裸片形式提供，适合受保护环境下的混合电路和快速温度测量。

AD590 特别适合远程检测应用。它提供高阻抗电流输出，对长线路上的压降不敏感。任何绝缘良好的双绞线都适用，与接收电路的距离可达到数百英尺（1 英尺 =30.48cm）。这种输出特性还便于 AD590 实现多路复用：输出电流可以通过一个 CMOS 多路复用器切换，或者电源电压可以通过一个逻辑门输出切换。

2. AD590 集成温度传感器的特性

- 线性输出电流：1μA/K。
- 宽温度范围：-55～+150℃。
- 与探头兼容的陶瓷传感器封装。
- 双端器件：电压输入/电流输出。
- 激光调整至 ±0.5℃校准精度（AD590M）。
- 出色的线性度：满量程范围 ±0.3℃（AD590M）。
- 宽电源电压范围：4～30V。
- 传感器与外壳绝缘。
- 成本低。

3. AD590 集成温度传感器的封装形式及引脚功能

AD590 集成温度传感器的封装形式及引脚功能如图 4-51 所示，包含 2 引脚扁平（2-lead FLATPACK）封装、4 引脚架构芯片级封装［4-lead LFCSP（Lead Frame Chip Scale Package)］封装、3 引脚 TO-52（3-pin TO-52）封装、8 引脚小外形集成电路［8-lead SOIC（small out-line integrated circuit)］封装或裸芯片（die form）方式提供。

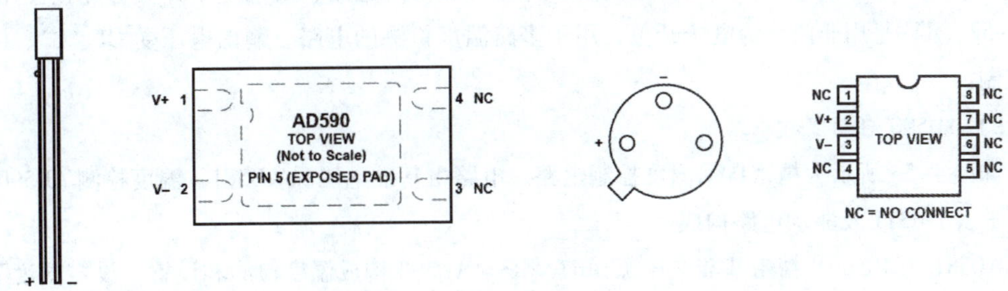

图 4-51 AD590 集成温度传感器的封装形式及引脚功能

4. AD590 集成温度传感器的应用实例

AD590 以其测温范围宽、电压适应范围宽、精度高、输出线性好等优异的性能而得到了广泛的应用。AD590 为线性恒流输出，输出电流与绝对温度成正比，即 $\Delta I = 1\ \mu A/\Delta K$，即绝对温度每变化 1K，输出电流变化 1μA，但实际的电流变化值 298.2 μA 表示 298.2 K 为原点而变化，例如，30℃时，绝对温度为 273.15 K + 30 K = 303.15 K，变化了 5 K，输出电流为 298.2 A + 5 A = 303.2 A。也可以直接按下式计算

$$I = T \times (1\mu A/K) \tag{4-17}$$

式中：T 为绝对温度。

1）AD590 基本应用电路

AD590 的基本应用电路如图 4-52 所示。

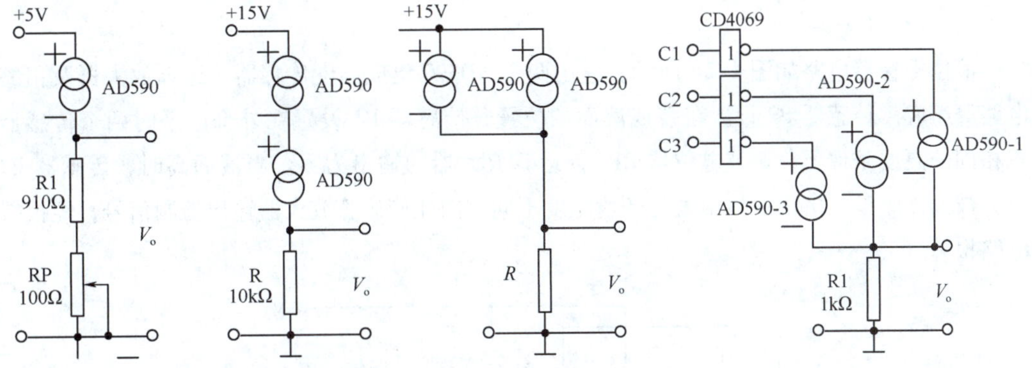

（a）最基本的应用电路 （b）串联应用电路 （c）并联应用电路 （d）多路温度检测电路

图 4-52 AD590 的基本应用电路

由于 AD590 为电流输出，串联电阻即可把输出电流转换为电压。图 4-52（a）基本的应用电路，AD590 输出电流在 R1、RP 上形成电压作为输出 V_o，RP 用作输出微调。例如，当 R1 + RP = 1.0 kΩ，25℃时，输出 $V_o = 298.15\mu A \times 1k\Omega = 298.15mV$。图 4-52（b）、（c）分别为 AD590 的串联、并联应用，它们可以同时串联或并联三个以上。AD590 串联应用可用于小空间内的多点温度检测；图 4-52（b）输出电压以温度最低的 AD590 位置为准，图 4-52（c）输出电压则为几个 AD590 的平均值，可以提高多点温度检测的精确度。

AD590 非常容易与 CMOS 数字电路接口，它可以与门电路、模拟电子开关等连接使用，图 4-52（d）是用非门作为电子开关，用于多路温度检测的电路，输出电压受 C1、C2、C3 端控制。

2）AD590 自动温控电路

如图 4-53 所示为精密自动温度控制电路。电路由基准电压源 AD581、温度检测 AD590、运算放大 LM311 及驱动电路构成。

AD581 为 10.00V 精密基准电压源，R1～R3、AD590 构成温度检测和设置，设定温度下限，设定温度上限，RP 调节温度变化范围；RP 一旦设定后，温度的控制就由 AD590 决定了，其输出电流在 R3 上产生电压，经 LM311 放大后由 VT 驱动电阻丝 RL 加热。

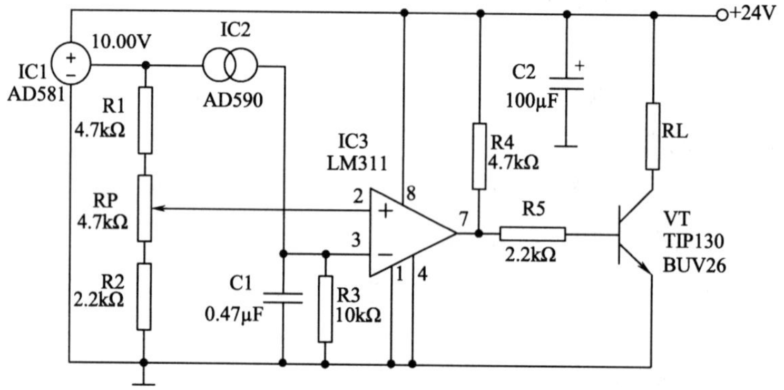

图 4-53　精密自动温度控制电路

3）液位报警器

液位报警器电路如图 4-54 所示，它由两个 AD590 集成温度传感器、运算放大器及报警电路等组成。传感器 B2 设置在警戒液面的位置，传感器 B1 设置在外部。平时两个传感器在相同的温度条件下，调节电位器 RP1 使运算放大器的输出为零。当液面高时，传感器 B2 将会被液体淹没，由于液体温度与环境温度不同，因此使运算放大器输出控制信号，经报警电路报警。

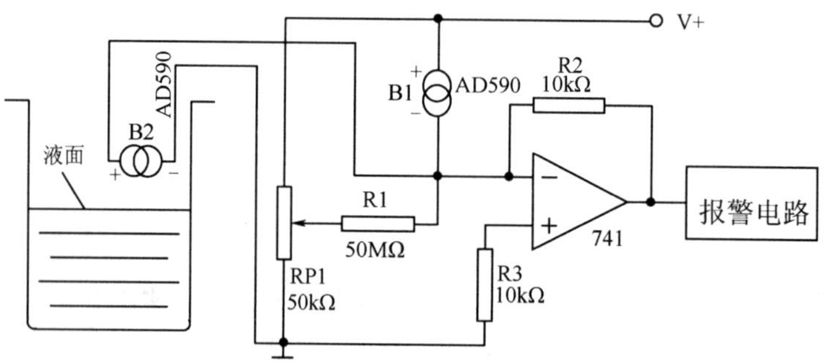

图 4-54　液位报警器电路

4）数字式温度计

图 4-55 是由集成温度传感器 AD590 及 A/D 转换器 7106 等组成的数字式温度计电路。

AD590 是一个电流输出型温度传感器，其线性电流输出为 1μA/℃。该温度计在 0～100℃测温范围内的测量精度为 ±0.7℃，电位器 RP1 用于调整基准电压，以达到满度调节；电位器 RP2 用于在 0℃时调零。当被测温度变化时，流过 R1 的电流不同，使 A 点电位发生变化，检测此电位即能检测到被测温度的高低。

三、电压输出型集成温度传感器的应用

电压型 IC 温度传感器是将温度传感器基准电压、缓冲放大器集成在同一芯片上，制成一四端器件。因器件有放大器；故输出电压高、线性输出为 10 mV/℃；另外，由于其具有输出阻抗低的特性；抗干扰能力强，故不适合长线传输。这类 IC 温度传感器特别适合于工业现场测量，如 LM34、LM35 等。

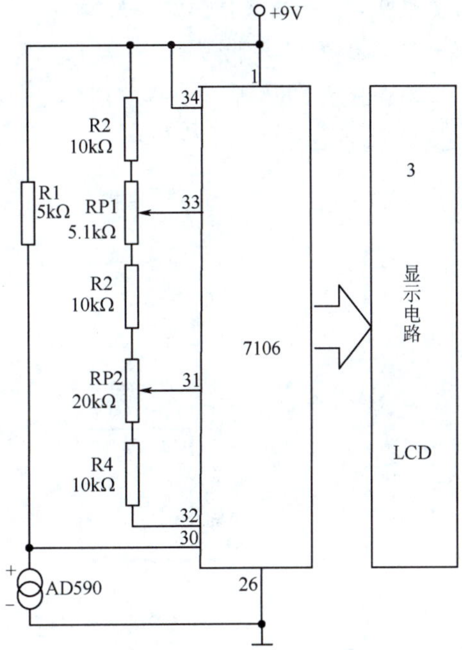

图 4-55　数字式温度计电路

1. LM35 集成温度传感器的简介

LM35 系列精密集成电路温度传感器，其输出电压与摄氏温度成正比。因此 LM35 比用 K 氏温度标值的线性温度传感器具有优越性（因为用户可直接读出摄氏温度标值，无须从 K 氏温度输出值中减去一个常数来再次换算）。LM35 不需要任何外来的校准或微调来保证读数的精度，其中：在室温下误差为 ±0.25℃；在 -55～+150℃的整个温度范围内误差精度为 ±0.75℃。低耗能依靠超薄晶片级的微调和标值来确保。这种 LM35 的输出阻抗低、线性输出，以及内部电路已校准的集成设计使得数据接口到读出装置或控制回路特别容易。它可以和单独供电电源一起使用，也可以与稳压电源一起使用。因为它工作电流一般只有 60μA，所以它的自热效应低，在静止空气中还不到 0.1℃。此 LM35 的额定工作温度范围是 -55～+150℃，而 LM35C 的额定工作温度范围是 -40～+110℃（有 -10℃的可改进精度）。LM35 系列是可以以密封的 TO-46 晶体管封装形式提供，而 LM35C、LM35CA、和 LM35D 还可以用 TO-92 晶体管塑料封装的形式提供。LM35D 还可以提供 8 引脚的表面安装小外形封方式，以及可提供 TO-220 塑料封装。

2. LM35 集成温度传感器的特性

- 工作电压：直流 4～30V。
- 工作电流：小于 133μA。
- 输出电压：+6V～-1.0V。
- 输出阻抗：1mA 负载时 0.1Ω。
- 精度：0.5℃精度（在 +25℃时）。
- 漏泄电流：小于 60μA。

- 比例因数：线性 +10.0mV/℃。
- 非线性值：±1/4 ℃。
- 校准方式：直接用摄氏温度校准。
- 使用温度范围：-55～+150℃额定范围。

3. LM35 集成温度传感器的封装形式及引脚功能

LM35 集成温度传感器的封装形式及引脚功能如图 4-56 所示，包含 3 引脚 TO-CAN（3-pin TO-CAN）封装、3 引脚 TO-92（3-pin TO-92）封装、3 引脚 TO-220（3-pin TO-220）封装、8 引脚小外形集成电路［8 -lead SOIC（Small Out -line Integrated Circuit）］封装。

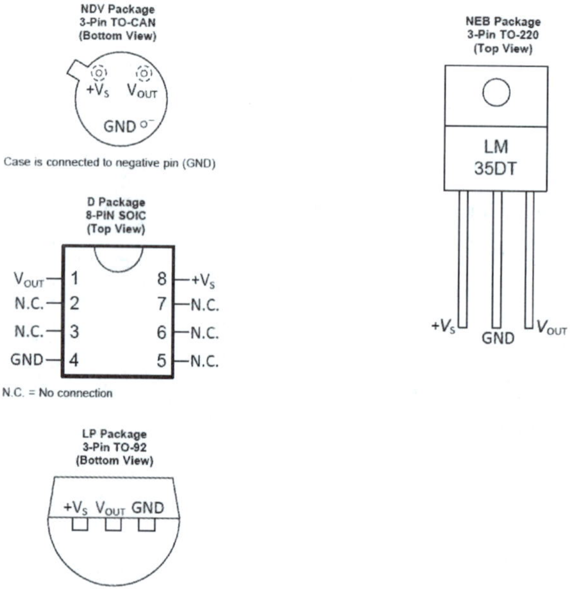

图 4-56　LM35 集成温度传感器的封装形式及引脚功能

引脚介绍：①正电源 $+V_S$；②输出 V_{OUT}；③输出地/电源地 GND

4. LM35 集成温度传感器的应用实例

1）采用 LM35 构成的传感器基本电路

图 4-57 是采用 LM35 构成的单电源温度传感器电路，U_0 为温度相应的输出电压。图 4-58是采用 LM35 构成 +2～+150℃温度传感器电路。图 4-59 是采用 LM35 构成的满程摄氏温度计，输出 U_0 = +1 500 mV，相当于 +150℃，U_0 = +250mV，相当于 +25℃，U_0 = -550mV，相当于 -55℃。

2）采用 LM35 构成的温度控制电路

图 4-60 是采用 LM35 构成的温度控制电路，电路中的 RP 用于设定温度相应的基准电压 U_S，U_N 为 LM35 检测温度相应的电压。当加热丝 RH 加热时，若经过一定时间室内温度升高，超过预先设定值，即 $U_N > U_S$，则 A1 输出高电平，VT1 截止，功率晶体管 VT2 也截止，RH 停止加热，温度降低。降到低于预先设定值时，即 $U_N < U_S$，则过程相反，VT2 导通，

RH 开始加热。这样，周而复始工作，使室内温度保持恒定值，从而达到控制温度的目的。LED 用于显示 RH 的加热情况。

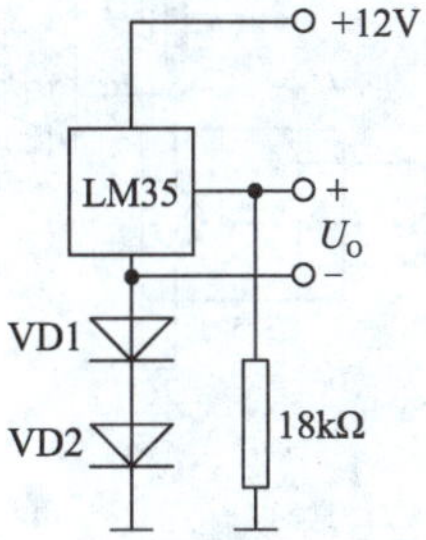

图 4-57 采用 LM35 构成的单电源温度传感器电路

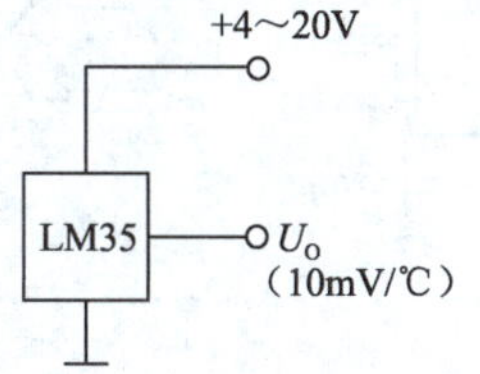

图 4-58 采用 LM35 构成 +2～+150℃温度传感器电路

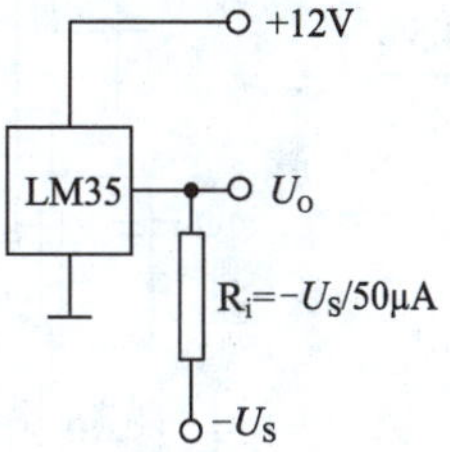

图 4-59 采用 LM35 构成的满程摄氏温度计

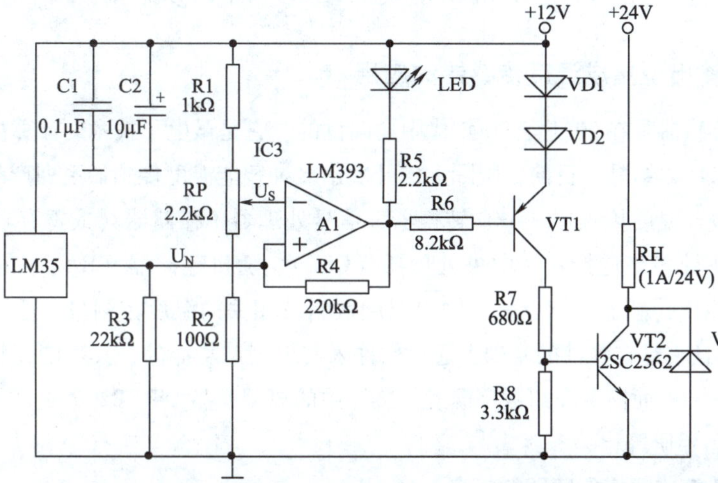

图 4-60 采用 LM35 构成的温度控制电路

3）温度/频率转换电路。

采用温度传感器 LM35D 的温度/频率转换电路如图 4-61 所示。它将 20～150 ℃的温度转换为 200～1 500 Hz 的 TTL 电平的输出频率信号，其测量温度范围为 -55～+150 ℃，灵敏度为 10 mV/℃。当测温范围为 2～150 ℃，其输出电压为 20～1 500 mV。电压/频率（V/F）转换器采用 LM331，R1C1 构成低通滤波器滤除 LM35D 的输出噪声。RP1 用于调零，当温度为 2 ℃时，调整 RP1，使输出频率 f_0 为 20 Hz。RP2 用于满量程调整，当温度为 150 ℃时，调整 RP2，使输出频率 f_0 为 1 500 Hz。

V/F 输出通常是以 TTL 电平脉冲列传送出去，这里 LM331 输出通过 VT 放大为 0 mA/20 mA 的电流脉冲列，即电流 0 对应的逻辑 0 电平，电流 20mA 对应的逻辑 1 电平。采用扭绞二线电缆进行远距离传送，接收部分采用光耦合器 TLP521 进行隔离。0 mA/20 mA 的电流脉冲列直接驱动 TLP501，HC14 输出 f_0 为 20～1 500 Hz 的 TTL 电平的频率信号，接到 F/V 转换器或者计数器进行必要的处理。

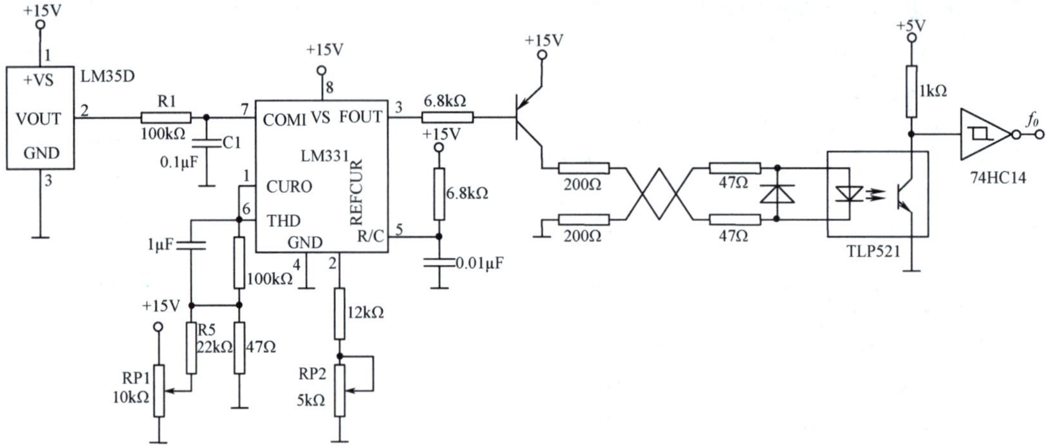

图 4-61　采用 LM35D 的温度/频率转换电路

四、数字输出型集成温度传感器的应用

数字温度传感器是在 20 世纪 90 年代中期问世的。它是微电子技术、计算机技术和自动测试技术（ATE）的结晶。目前，国际上已开发出多种智能温度传感器系列产品。智能温度传感器内部都包含温度传感器、A/D 转换器、信号处理器、存储器（或寄存器）和接口电路。有的产品还带多路选择器、中央处理器（CPU）、随机存储器（RAM）和只读存储器（ROM）。智能温度传感器的特点是能输出温度数据及相关的温度控制量，适配各种微控制器（MCU）；并且它是在硬件的基础上通过软件来实现测试功能的，其智能化程度也取决于软件的开发水平。下面简单介绍数字温度传感器中的典型产品 DS18B20，更详细的资料可参考 DS18B20 产品手册等相关资料。

1. DS18B20 集成温度传感器的简介

DS18B20 数字温度计以 9 位数字量的形式反映器件的温度值。

DS18B20 通过一个单线接口发送或接收信息，因此在中央微处理器和 DS18B20 之间仅需一条连接线（加上地线）。用于读写和温度转换的电源可以从数据线本身获得，无须外部电源。

因为每个 DS18B20 都有一个独特的片序列号，所以多只 DS18B20 可以同时连在一根总线上，这样就可以把温度传感器放在许多不同的地方。这一特性在 HVAC（Heating，Ventilation and Air Conditioning）环境控制、探测建筑物、仪器或机器的温度以及过程监测和控制等方面非常有用。

2. DS18B20 集成温度传感器的特性

- 独特的单线接口仅需一个端口引脚进行通信。
- 简单的多点分布应用。
- 无须外部器件。
- 可通过数据线供电。
- 零待机功耗。

• 测温范围 -55～+125℃，以 0.5℃递增。华氏器件 -67～+257℉，以 0.9℉递增。

• 温度以 9 位数字量读出。

• 温度数字量转换时间 200ms（典型值）。

• 用户可定义的非易失性温度报警设置。

• 报警搜索命令识别并标志超过程序限定温度（温度报警条件）的器件。

• 应用包括温度控制、工业系统、消费品、温度计或任何热感测系统。

3. DS18B20 集成温度传感器的封装形式及引脚功能

DS18B20 集成温度传感器的封装形式及引脚功能如图 4-62 所示，包含 3 引脚 TO-92（3-pin TO-92）封装、8 引脚小外形塑封集成电路［8-pin SO（Small-Outline Package）］封装等多种封装形式。

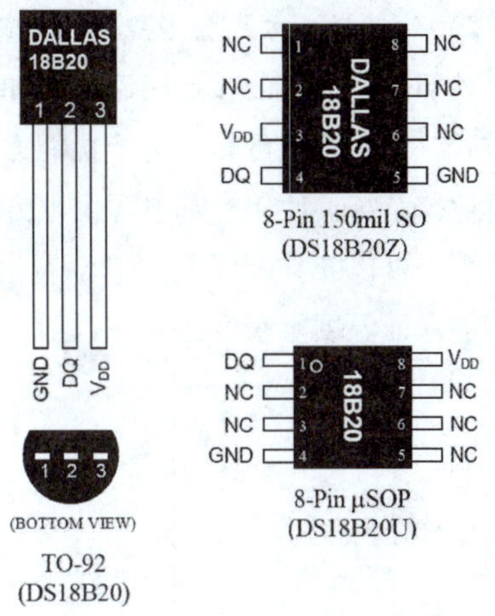

图 4-62　DS18B20 集成温度传感器的封装形式及引脚功能

引脚介绍：①地 GND；②数据输入/输出口 DQ；③可选电源 VDD。④空脚 NC

4. DS18B20 集成温度传感器的应用实例

1）采用寄生电容供电的温度检测系统

由于单线数字温度传感器 DS18B20 有在一条总线上可同时挂接多片的特点，可同时测量多点温度，而且 DS18B20 的连接线可以很长，抗干扰能力强，便于远距离测量，因而得到了广泛应用。

温度检测系统原理图如图 4-63 所示，采用寄生电源供电方式。为保证在有效的 DS18B20 时钟周期内，提供足够的电流，我们用一个 MOSFET 管和 MCU 的一个 I/O 口（P1.0）来完成对 DS18B20 总线的上拉。当 DS18B20 处于写存储器操作和温度 A/D 变换操作时，总线上必须有强的上拉，上拉开启时间最大为 10μs。采用寄生电源供电方式时 VDD 必须接地。由于单线制只有一根线，因此发送接收口必须是三态的，为了操作方便，可用 MCU 的 P1.1 口作发送口 Tx，P1.2 口作接收口 Rx。通过试验发现此种方法可挂接 DS18B20 数十片，距离可达 50m，而用一个口时仅能挂接 10 片 DS18B20，距离仅为 20m，同时，由于读写在操作上是分开的，故不存在信号竞争问题。

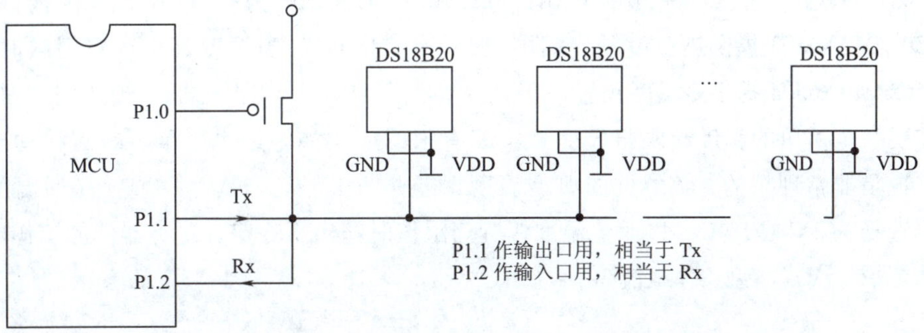

图 4-63　采用寄生电容供电的温度检测系统

2）外部供电方式的多点测温电路

外部供电方式的多点测温电路如图 4-64 所示，外部电源供电方式是 DS18B20 最佳的工作方式，工作稳定可靠，抗干扰能力强，而且电路也比较简单，可以开发出稳定可靠的多点温度监控系统。使用外部电源供电方式，比寄生电源方式只多接一根 V_{CC}引线。在外接电源方式下，可以充分发挥 DS18B20 宽电源电压范围的优点，即使电源电压 V_{CC}降到 3V 时，依然能够保证温度量精度。

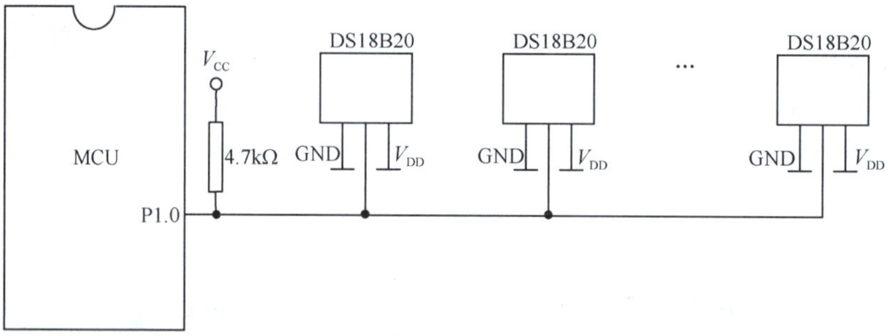

图 4-64　外部供电方式的多点测温电路

五、逻辑输出型温度传感器

在许多应用中，我们并不需要严格测量温度值，只关心温度是否超出了一个设定范围，一旦温度超出所规定的范围，则发出报警信号，启动或关闭风扇、空调、加热器或其他控制设备，此时可选用逻辑输出式温度传感器。LM56、MAX6501～MAX6504、MAX6509/6510 是其典型代表。

1. LM56 温度开关

LM56 是 NS 公司生产的高精度低压温度开关，内置 1.25 V 参考电压输出端。最大只能带 50μA 的负载。电源电压从 2.7～10V，工作电流最大 230μA，内置传感器的灵敏度为 6.20mV/℃，传感器输出电压为 6.20mV/℃ $\times T+395$ mV。

2. MAX6501/02/03/04 温度监控开关

MAX6501/02/03/04 是具有逻辑输出和 SOT-23 封装的温度监视器件开关，它的设计非常简单：用户选择一种接近于自己需要的控制的温度门限（由厂方预设在 -45～+115℃，预设值间隔为 10℃）。直接将其接入电路即可使用，无须任何外部元件。其中 MAX6501/MAX6503 为漏极开路低电平报警输出，MAX6502/MAX6504 为推/拉式高电平报警输出，MAX6501/MAX6503 提供热温度预置门限（35～+115℃），当温度高于预置门限时报警；MAX6502/MAX6504 提供冷温度预置门限（-45～+15℃），当温度低于预置门限时报警。对于需要一个简单的温度超限报警而又空间有限的应用如笔记本电脑、蜂窝移动电话等应用来说是非常理想的，该器件的典型温度误差是 ±0.5℃，最大 ±4℃，滞回温度可通过引脚选择为 2℃或 10℃，以避免温度接近门限值时输出不稳定。这类器件的工作电压范围为 2.7～5.5V，典型工作电流 30μA。

六、采用集成电路温度传感器 LM35 实现的数字显示温度计电路的工作原理

采用集成电路温度传感器 LM35 实现的数字显示温度计电路如图 4-65 所示。温度传感器 LM35 采集到 0～100℃ 温度信号并转换成 0～1 000 mV 的电压信号送到 ICL7107，ICL7107 只需要很少的外部元件就可以精确测量 0～1 000 mV 电压，并驱动数码管实现信号的显示。

ICL7107 是高性能、低功耗的三位半 A/D 转换器，同时包含有七段译码器、显示驱动器、参考源和时钟系统。ICL7107 可直接驱动共阳极 LED 数码管。ICL7107 将高精度、通用性和真正的低成本很好地结合在一起，它有低于 10μV 的自动校零功能，零漂小于 1uV/℃，低于 10pA 的输入电流，极性转换误差小于一个字。真正的差动输入和差动参考源在各种系统中都很有用。在用于测量负载单元、压力规管和其他桥式传感器时会有更突出的特点。

▶ 项目实施

一、集成电路温度传感器 LM35 实现的数字显示温度计电路的绘制

使用 Protel 99 SE 绘制完成图 4-65 所示的原理图。

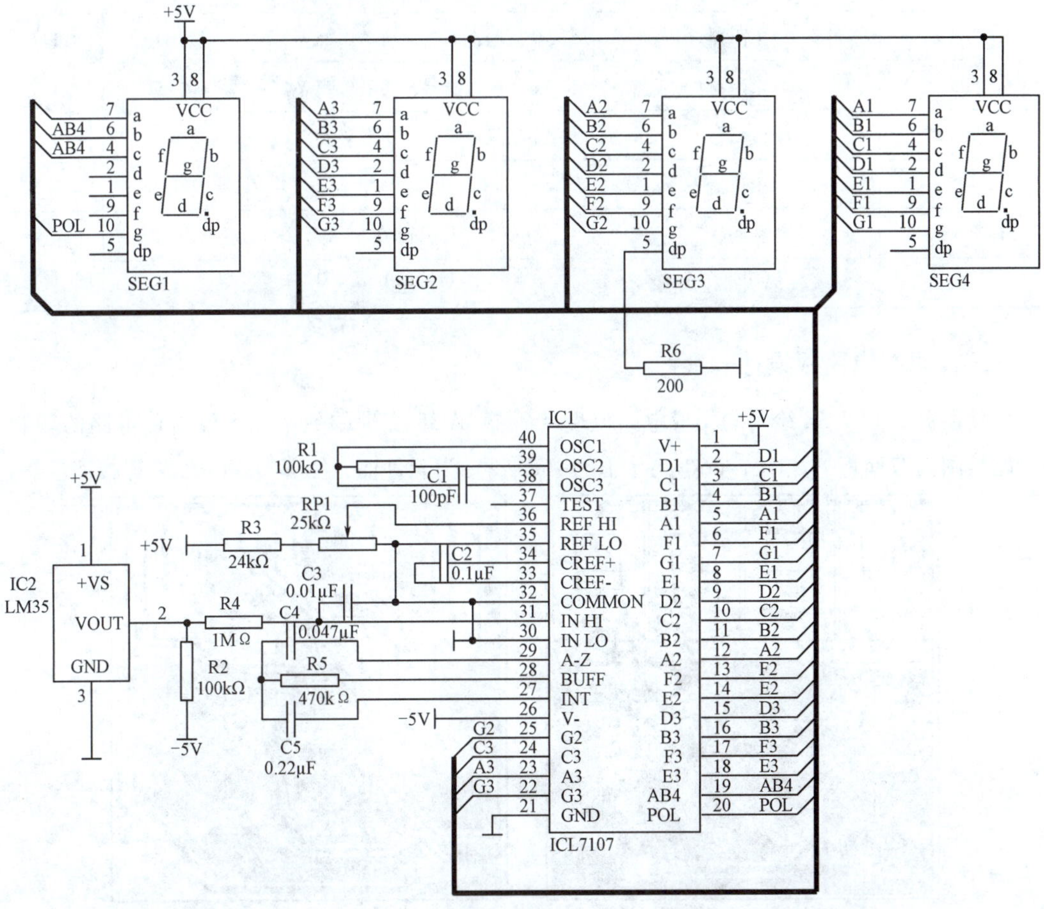

图 4-65　采用集成电路温度传感器 LM35 实现的数字显示温度计电路

二、元器件选择

项目四的元器件清单表如表 4-16 所示。

表 4-16　项目四元器件清单表

元器件序号	元器件名称	元器件型号与规格	元器件参数	数量
IC1	集成电路	ICL7107/DIP40		1
IC2	集成电路温度传感器	LM35/TO－92		1
C1	电容器	涤纶电容或薄膜电容	100pF	1
C2	电容器	涤纶电容或薄膜电容	0. 1μF	1
C3	电容器	涤纶电容或薄膜电容	0. 01μF	1
C4	电容器	涤纶电容或薄膜电容	0. 047μF	1
C5	电容器	涤纶电容或薄膜电容	0. 22μF	1
R1～R2	电阻器	金属膜电阻器，功率 0. 25W	100kΩ	2
R3	电阻器	金属膜电阻器，功率 0. 25W	24kΩ	1
R4	电阻器	金属膜电阻器，功率 0. 25W	1MΩ	1
R5	电阻器	金属膜电阻器，功率 0. 25W	470kΩ	1
R6	电阻器	金属膜电阻器，功率 0. 25W	200Ω	1
RP1	电位器	电位器	25kΩ	1
SEG1～SEG4	数码管	共阳 1 位数码管/0. 56 英寸		4
J1	±5V 电源插座	±5V 稳压电源		1

三、印制电路板设计

使用 Protel 99 SE 绘制的集成电路温度传感器 LM35 实现的数字显示温度计电路的印制电路板图为双面板，如图 4-66 所示。图 4-66（a）为元件面，图 4-66（b）为焊接面。

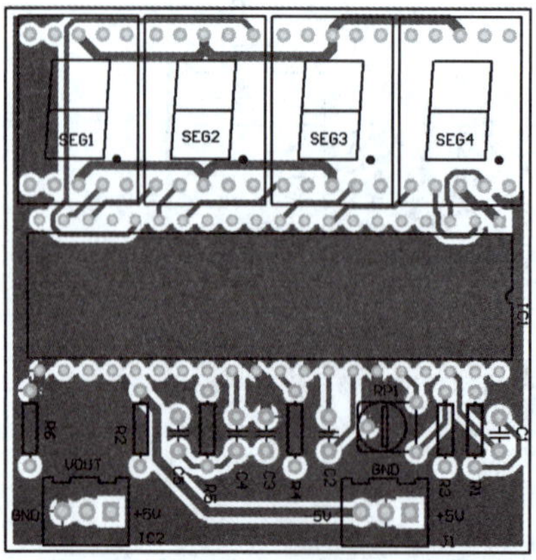

（a）元件面

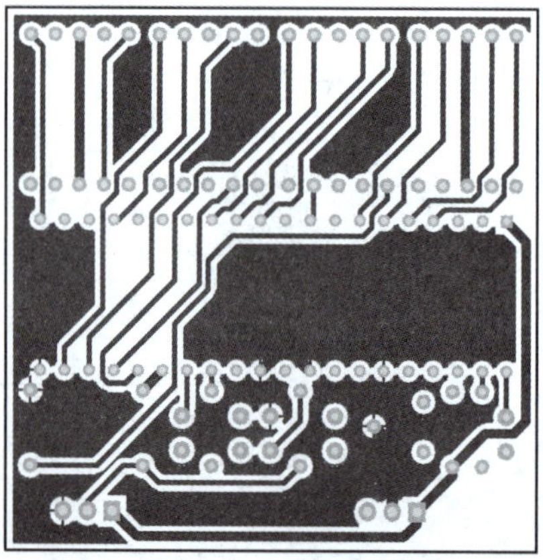

（b）焊接面

图 4-66　数字显示温度计电路的印制电路板图

四、电路调试

将一支100℃的水银温度计与温度传感器一起插入沸水中，待水银柱停止上升后（一般为100℃，但高原地区则不到100℃），此时调节RP1，使数码管显示屏显示100.0；再把水银温度计与温度传感器一起插入冰水混合物中，待水银柱稳定后，微调RP1，使数码管显示屏显示00.0，重复调整多次即可（但要注意从沸水或冰水混合物取出再插入时，要等一些时间，以免损坏传感器LM35，调节完成后应保持RP1的阻值不变（锁紧或用环氧树脂封固旋柄）。

项目拓展与评价

一、训练题目与要求

以集成温度传感器LM35为传感器，设计并制作一个用LCD显示的数字显示温度计，完成测温范围为0～100℃的温度测量电路。

二、考核与评价

考核与评价标准见表4-17。

表4-17 项目四考核与评价标准

考核内容	完成项目实施内容	完成训练
成　绩	50	50

思考与习题

1. 集成温度传感器分哪两大类？模拟集成温度传感器按输出信号的不同又分哪几类？

2. 集成温度传感器的测温原理有何特点？

3. 模拟式传感器的特点有哪些？

4. 数字式传感器的特点有哪些？

5. 已知一个AD590两端集成温度传感器的灵敏度为1μA/℃，并且当温度为25℃时，输出电流为298.2μA。若将该传感器按图4-67接入电路，请问当温度分别为-30℃和120℃时，电压表的读数为多少？（不考虑非线性误差）

6. 利用两个AD590设计一个测量两点温度差的电路。

7. 利用AD590设计一个绝对/摄氏温标的转换电路。

8. AD590、LM135分别是什么器件？它们温度特性如何？

9. DS18B20数字温度传感器有哪些特点？

10. 在本模块中讲述了几种常用的温度传感器，试论述这些传感器的异同。

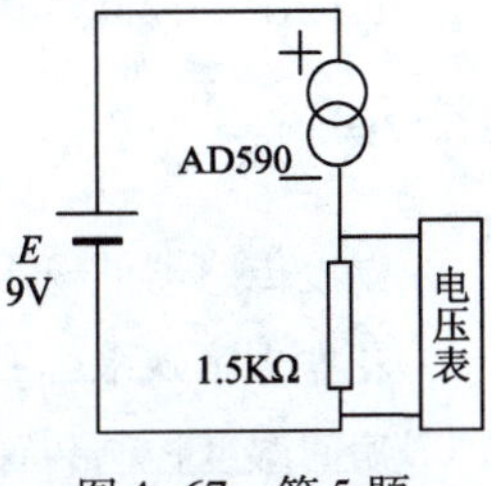

图4-67 第5题

模块五

湿度传感器及其应用

随着时代的发展，在工农业生产、科研、医疗、环保、航空航天、电力、生物制药、食品加工等领域，准确的测量湿度是完全必要的。更重要的是湿度对人体舒适度有着直接影响。越来越需要对湿度进行测量，以便对工业生产、科研、医疗等过程的各种和湿度有关的数据进行有效控制。相对各种物理量（温度、压力、流量、位移等），其各种环境下湿度是最难测量的物理量。这是因为许多物理量都是独立的物理量（和其他物理量无关比如温度），而湿度却不是，湿度受其他因素影响比较严重，湿度受大气压强和温度的影响很大，用常规的方法测量的湿度的误差可达 ±（5%～20%），湿度的校准也是一个难题，湿度的标定对环境要求非常严格。比如温度、压强、干燥空气的纯度等指标都要达到标定的标准。

要想测量湿度，就离不开湿度传感器。最近几年我国在湿度传感器研发领域取得了长足进步。湿敏传感器从单件湿敏元件正在朝向集成化、智能化、多参数方向发展，现在温湿度传感器的厂商比比皆是，各种型号、各种用途的温湿度传感器在互联网上都可以查到。

当前，各行各业对产品质量的要求越来越高，凡是涉及对环境温、湿度的控制以及对工业材料水分值的监测与分析都已成为比较普遍的技术条件之一。

本模块主要学习湿度传感器的基本原理及其应用。

知识点

湿度概念、测量方法及湿度传感器的分类；
常用湿度传感器的结构、工作原理及特点；
湿度传感器实用电路的工作原理；
花盆土壤缺水告警器的工作原理；
房间湿度控制装置的工作原理。

技能点

湿度传感器的选用、调试；
花盆土壤缺水告警器的安装、调试；
房间湿度控制装置的安装、调试。

教学法

本模块主要采用实训为主，讲授为辅的教学方式完成课程教学。教师主要是将项目的基本知识及关键步骤跟学生讲明即可，学生大部分时间自主学习，并进行实训。在实训过程中，教师进行辅导及在项目完成后进行总结。

项目一　花盆土壤缺水告警器的设计

项目说明

利用湿敏元件制作一个简单的花盆土壤缺水告警器，当盆中缺水时，它会发出闪光，提醒及时浇水。

相关知识

湿度与生产、生活、科研、植物生长等有着密切的关系。如湿度过高，会造成粮食霉变、设备腐蚀加快、影响植物果实成熟等；湿度过低、会引起人体感觉不适、易引发火灾事故等问题。因此，环境湿度的检测有重要意义。本项目先对湿度这一物理量的基本概念作简要叙述，然后介绍常用的湿度传感器。

一、湿度测量的基本概念

1. 湿度

湿度是指大气中所含的水蒸气量。它有两种最常用的表示方法，即绝对湿度和相对湿度。

2. 绝对湿度

绝对湿度是指一定大小空间中水蒸气的绝对含量，可用“kg/m^3”表示。绝对湿度也称水汽浓度或水汽密度。绝对湿度也可用水的蒸汽压来表示。设空气的水汽密度为ρ_v，与之相应的水的蒸汽分压为p_v，根据理想气体状态方程，可以得出其关系式为

$$\rho = \frac{p_v M}{RT} \tag{5-1}$$

式中：M——水汽的摩尔质量；

R——摩尔气体普适常数；

T——热力学温度。

3. 相对湿度

在实际生活中，许多现象与湿度有关，如水分蒸发的快慢。然而除了与空气中水汽分压有关外，更主要的是和水汽分压与饱和蒸气压的比值有关。因此有必要引入相对湿度的概念。相对湿度为某一被测蒸汽压与相同温度下的饱和蒸汽压的比值的百分数，常用% RH 表示。这是一个无量纲的值。公式为

$$\% \text{RH} = \frac{p_1(T)}{p_2(T)} \times 100\% \tag{5-2}$$

式中：p_1（T）——温度为 T 时的水蒸气压强；

p_2（T）——温度为 T 时的饱和压强。

显然，绝对湿度给出了水分在空间的具体含量，相对湿度则给出了大气的潮湿程度，故使用更广泛。

4. 水蒸气压强

当空气和水蒸气的混合物与水（或冰）保持平衡时，就处于饱和状态，相对湿度达到100%，此时水蒸气对水（或冰）的饱和压强称为水蒸气压强。

5. 露点

在水汽冷却过程中最初发生结露的温度。若气温低于露点，水汽即开始凝结。

6. 湿度比

它表示水蒸气的质量与干燥空气的质量比。

二、湿敏传感器的定义

湿敏传感器是能感受外界湿度变化，并通过器件材料的物理或化学性质变化，将湿度转换成可用信号的器件或装置。

通常，一个理想的湿敏传感器应具备的性能有：

（1）使用寿命长，稳定性好；

（2）灵敏度高，线性度好，温度系数小；

（3）使用范围宽，测量精度高；

（4）响应迅速；

（5）湿滞回差小，重现性好；

（6）能在恶劣环境中使用，抗腐蚀、耐低温和高温等特性好；

（7）器件的一致性和互换性好，易于批量生产，成本低；

（8）器件感湿特征量应在易测范围内。

三、湿度传感器的主要参数和特性

1. 湿度量程

湿度量程就是湿度传感器技术规范中所规定的感湿范围，全湿度范围用相对湿度0% RH～100% RH 表示。量程是湿度传感器工作性能的一项重要指标。对于通用型湿度传感器，希望它的量程尽可能宽。对用户来说，并非越宽越好，这里还要考虑到经济效益。在低湿或者抽真空情况下用的低湿传感器，主要是要求它在低湿的情况下有足够的灵敏度，并不要求它有很宽的测湿范围；相反的情况，在高湿的情况也是如此。事实上，各种湿度传感器的量程各不相同，所以使用时，要根据具体需求来选择合适量程范围的湿度传感器。

2. 感湿特性曲线

感湿特性曲线是指湿度敏感器件的感湿特征量（如电阻、电容等）随环境相对湿度（或绝对湿度）的变化曲线。从感湿特性曲线可以确定器件的最佳使用范围及其灵敏度。性能良好的湿度敏感器件的感湿特性曲线应当在整个相对湿度范围内连续变化。斜率过小则曲线平坦，灵敏度降低；斜率过大则曲线太陡，测量范围减小。

3. 感湿灵敏度

感湿灵敏度是指在某一相对湿度范围内，相对湿度改变1% RH时而引起的感湿特征量的变化量。当器件感湿特性曲线是直线时，可用直线的斜率来表示湿敏器件的灵敏度，但大多数湿敏器件的灵敏度是非线性的。

4. 感湿特征量温度系数

感湿特征量温度系数是指感湿特征量的相对变化量与对应的温度变化量（某一环境温度与25℃之差）之比。特征量温度系数越小，则环境温度变化引起的相对湿度误差就越小。

5. 感湿温度系数

感湿温度系数是指环境温度变化1℃所引起的相对湿度变化量。它是反映湿度传感器温度特性的另一个物理量。同样，感湿温度系数越小，则环境温度变化引起的相对湿度误差就越小。

6. 响应时间

响应时间反映的是湿度传感器的相对湿度发生变化时，传感器的输出发生改变的快慢程度。响应时间有时也被称为时间常数，响应时间越小，传感器的反映速度越快。显然，响应时间越小对用户是越有利的。

7. 电压特性

当用湿度传感器测量湿度时，所加的测试电压，不能用直流电压。这是由于加直流电压会引起水分子的电解，致使电导率随时间的增加而下降，故测试电压采用交流电压。

当交流电压大于15 V时，由于产生焦耳热的缘故，对湿度传感器的感湿特性会产生较大影响，因而一般湿度传感器的使用电压都小于10 V。

8. 频率特性

频率特性是指湿度传感器的感湿特征量（如阻值）与外加测试电压频率的关系。湿度传感器的使用频率上限由实验确定。由于直流电压会引起水分子的电解，因此，测试电压频率也不能太低。

四、湿敏传感器的分类

湿敏传感器种类繁多，有多种分类方式：

（1）按元件输出的电学量分类可分为电阻式、电容式、频率式等。

（2）按其探测功能可分为相对湿度、绝对湿度、结露和多功能式四种。

（3）按材料则可分为陶瓷式、有机高分子式、半导体式、电解质式等。

另外，根据与水分子亲和力是否有关，可以将湿敏传感器分为水亲和力型湿敏传感器和非水亲和力型湿敏传感器。水分子易于吸附在物体表面并渗透到固体内部的这种特性称为水分子亲和力，水分子附着或浸入湿敏功能材料后，不仅是物理吸附，而且还有化学吸附，其结果是使功能材料的电性能产生变化，如LiCl、ZnO材料的阻抗发生变化。因此，这些材料就可以制成湿敏元件，另外利用某些材料与水分子接触的物理效应也可以测量湿度。因此，这两大类湿敏传感器可细分为表 5-1 所列的各种湿敏传感器。

表 5-1　湿敏传感器分类

湿敏传感器类型	按水分子亲和力分类
水分子亲和力型	尺寸变化式湿敏元件、电解质湿敏元件、高分子材料湿敏元件。 金属氧化物膜湿敏元件、金属氧化物陶瓷湿敏元件、硒膜及水晶振子湿敏元件
非水分子亲和力型	热敏电阻式湿敏传感器、红外线吸收式湿敏传感器、微波式湿敏传感器、超声波式湿敏传感器
其他	CFT 湿敏元件等

在现代工业中使用的湿敏传感器大多是水亲和力型湿敏传感器，它们将湿度的变化转化为阻抗或电容的变化后输出。但是，利用水分子亲和型湿敏元件的共同缺点是响应速度慢，而且可靠性较差，不能很好地满足使用的需要，这种现状迫使人们开始研究非水分子亲和力型湿敏元件。例如，利用水蒸气能吸收特定波长的红外线吸收式湿敏传感器；利用微波在含水蒸气的空气中传播时，水蒸气吸收微波使其产生一定损耗制成的微波湿敏传感器等。开发非水分子亲和力型传感器是湿敏传感器的重要研究方向，因为它能克服水分子亲和力型湿敏传感器的缺点。

五、几类常用的湿敏传感器

常用的湿敏传感器主要有：金属氧化物陶瓷湿敏传感器、金属氧化物膜型湿敏传感器、高分子材料湿敏传感器等。下面介绍一些至今发展比较成熟的湿敏传感器。

1. 氯化锂湿敏电阻

氯化锂湿敏电阻是利用吸湿性盐类潮解，离子导电率发生变化而制成的测湿元件，该元件的结构如图 5-1 所示，由引线、基片、感湿层与电极组成。

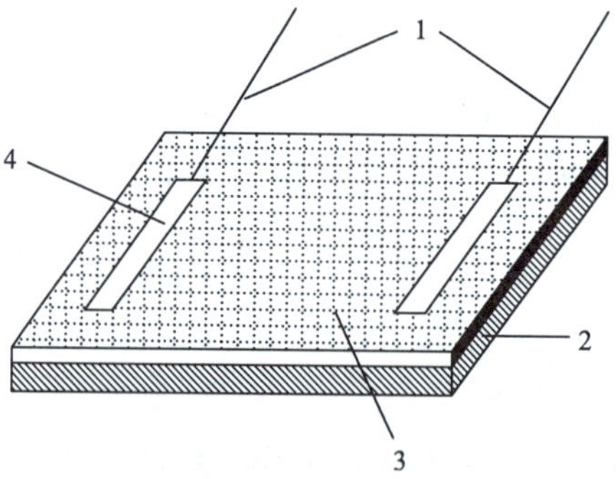

图 5-1　湿敏电阻结构示意图

1—引线；2—基片；3—感湿层；4—金电极

氯化锂通常与聚乙烯醇组成混合体，在氯化锂（LiCl）溶液中，Li 和 Cl 均以正负离子的形式存在，而 Li^+ 对水分子的吸引力强，离子水合程度高，其溶液中的离子导电能力与浓度成正比。当溶液置于一定温湿场中，若环境相对湿度高，溶液将吸收水分，使浓度降低，因此，其溶液电阻率增高。反之，环境相对湿度变低时，则溶液浓度升高，其电阻率下降，从而实现对湿度的测量。氯化锂湿敏元件的相对湿度-电阻特性曲线如图5-2所示。

由图5-2可知，在50% ~80%的相对湿度范围内，电阻与湿度的变化呈线性关系。为了扩大湿度测置的线性范围，可以将多个氯化锂含量不同的器件组合使用，如将测量范围分别为（10%～20%）RH、（20%～40%）RH、（40%～70%）RH、（70%～90%）RH和（80%～99%）RH五种元件配合使用，就可自动地转换完成整个湿度范围的湿度测量。

氯化锂湿敏元件的优点是滞后小，不受测试环境风速影响，检测精度高达±5%，但其耐热性差，不能用于露点以下测量，器件性能的重复性不理想，使用寿命短。

2. **半导体陶瓷湿敏电阻**

半导体陶瓷湿敏电阻通常是用两种以上的金属氧化物半导体材料混合烧结而成的多孔陶瓷。这些材料有$ZnO-LiO_2-V_2O_5$系、$Si-Na_2O-V_2O_5$系、$TiO_2-MgO-Cr_2O_3$系、Fe_2O_3等，前三种材料的电阻率随湿度增加而下降，故称为负特性湿敏半导体陶瓷，最后一种的电阻率随湿度增大而增大，故称为正特性湿敏半导体陶瓷。

（1）$ZnO-Cr_2O_3$陶瓷湿敏元件。$ZnO-Cr_2O_3$湿敏元件的结构是将多孔材料的电极烧结在多孔陶瓷圆片的两表面上，并焊上铂引线，然后将敏感元件装入有过滤网眼的方形塑料盒中，并用树脂固定，其结构如图5-3所示。$ZnO-Cr_2O_3$传感器能连续稳定地测量湿度，而无须加热除污装置，因此功耗低于0.5W，体积小，成本低，是一种常用测湿传感器。

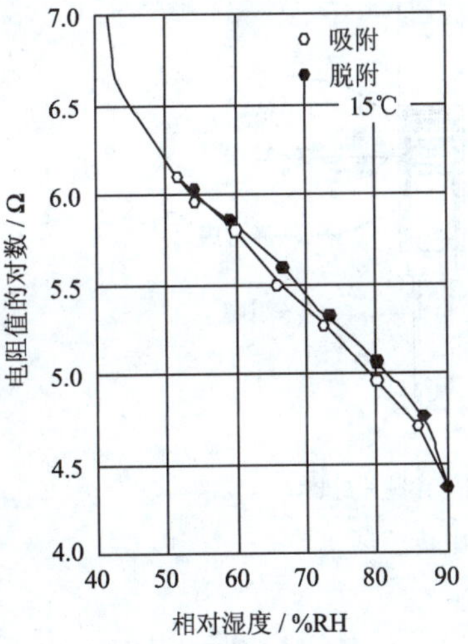

图5-2 氯化锂湿敏元件湿度-电阻特性曲线

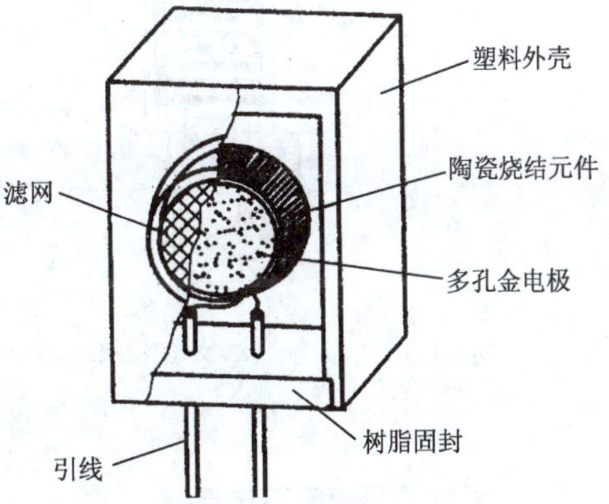

图5-3 $ZnO-Cr_2O_3$陶瓷湿敏元件结构图

（2）$MgCr_2O_4-TiO_2$湿敏元件。氧化镁复合氧化物——二氧化钛湿敏材料通常制成多孔陶瓷型“湿-电”转换器件，它是负特性半导体陶瓷。$MgCr_2O_4$为P型半导体，它的电阻率低，阻值温度特性好，结构如图5-4所示。

在$MgCr_2O_4-TiO_2$陶瓷片的两面涂有多孔金电极。金电极与引出线烧结在一起，为了减少测量误差，在陶瓷片外设置由镍铬丝制成的加热线圈，以便对器件加热清洗，排除有害气体对器件的污染。整个器件安装在陶瓷基片上，电极引线一般采用铂-铱合金。传感器的电阻值既随所处环境的相对湿度的增加而减少，又随周围环境温度的变化而有所变化。

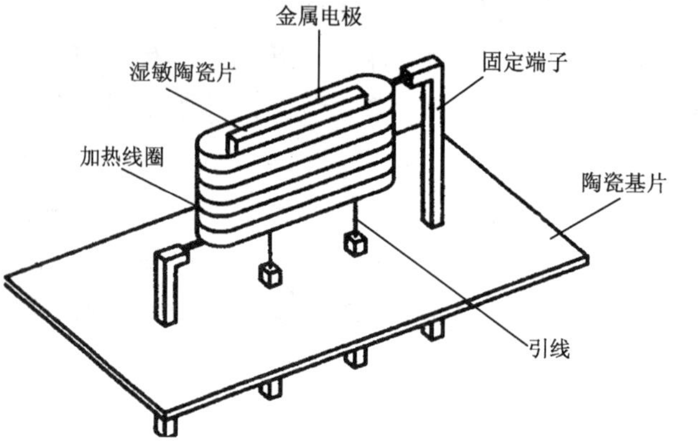

图 5-4　$MgCr_2O_4-TiO_2$湿敏元件结构图

3. 金属氧化物膜型湿敏传感器

二氧化铁、三氧化二铝、氧化镁等金属氧化物的细粉吸附水分后有极快的速干特性，利用这种现象可以研制生产出多种金属氧化物膜型湿敏电阻式传感器。将调制好的金属氧化的糊状物加工在陶瓷基片及电极上，采用烧结或烘干的方法使其固化成膜。这种膜可以吸附或释放水分子而改变其电阻，如图 5-5 所示。

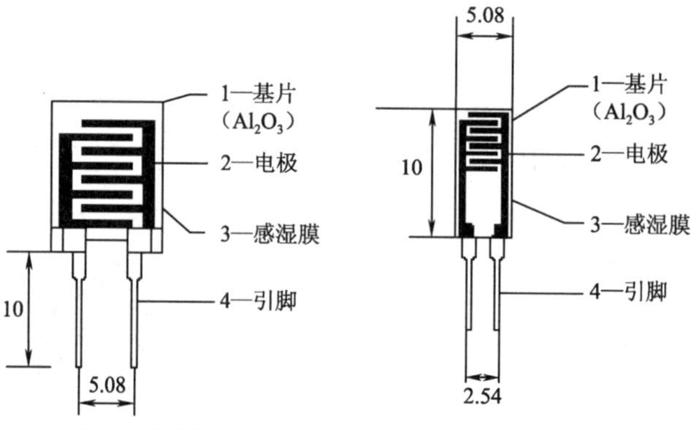

（a）大基片封装　（b）小基片封装

图 5-5　金属氧化物膜型湿敏传感器

4. 高分子湿敏电容传感器

湿敏电容一般用高分子薄膜电容制成，与金属氧化物膜型湿敏传感器结构相似，如图 5-6 所示。常用的高分子材料有聚苯乙烯、聚酰亚胺等。当环境湿度发生改变时，湿敏电容的介电常数发生变化，使其电容量也发生变化，其电容变化量与相对湿度成正比。湿敏电容的主要优点是灵敏度高，产品互换性好，响应速度快，湿度的滞后量小，便于制造，容易实现小型化、集成化，其精度一般比湿敏电阻要低一些。

图 5-6　高分子湿敏电容传感器

高分子湿敏电容传感器具有体积小、感湿范围宽、响应速度快、抗污染能力强、抗结露、灵敏度高、性能稳定可靠、性价比高、低漂移、高精度、一致性好等特点。

六、认识湿度传感器

各类湿度传感器实物图如图 5-7 所示。

（a）集成式相对湿度传感器HIH4602

（b）HS1101/HS1101LF湿敏电容传感器

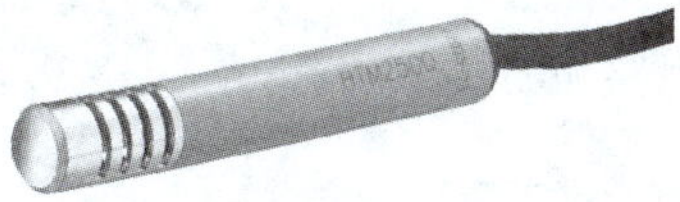

（c）HTM2500LF温湿度传感器

（d）集成式相对湿度传感器HIH4000

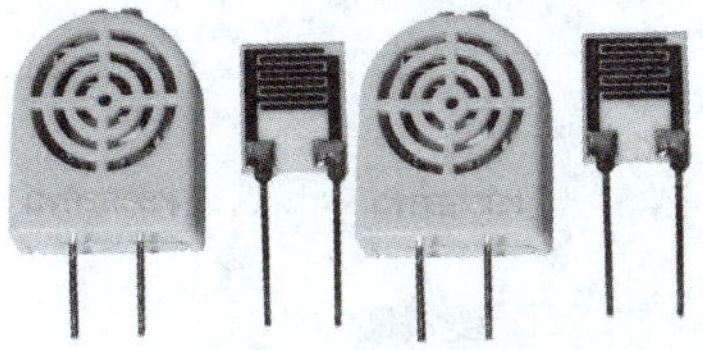

（e）CHR01高可靠性湿敏电阻

（f）DHT11数字温湿度传感器

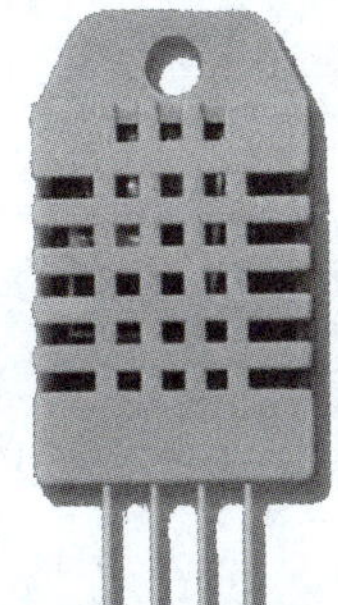

（g）AM2312湿敏电容数字温湿度传感器

（h）SHT21集成温湿度传感器

（i）SHT75插针型高精度温湿度传感器

（j）SM-DZ湿敏电阻

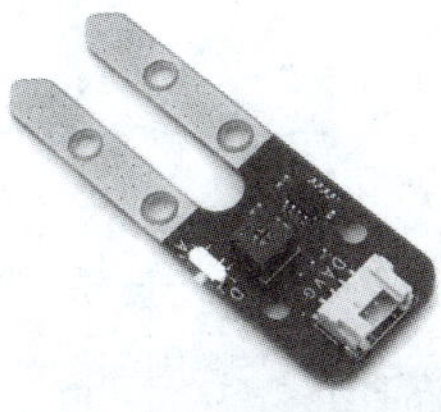

（k）土壤湿度计检测模块

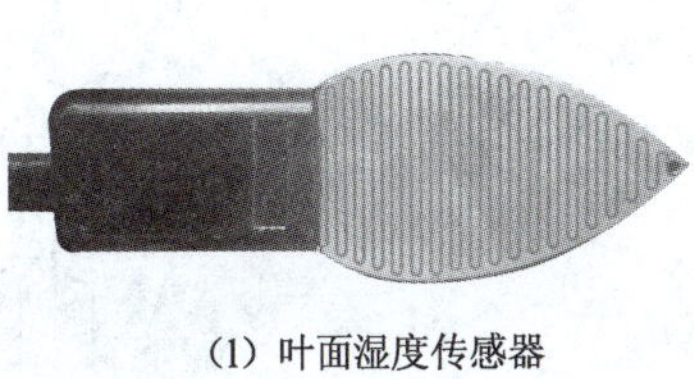

（l）叶面湿度传感器

图 5-7　各种湿度传感器实物图

七、湿度传感器的测量电路

电阻式湿度传感器，其测量电路主要有两种形式：

1. 电桥电路

振荡器对电路提供交流电源。电桥的一臂为湿度传感器，由于湿度变化使湿度传感器的阻值发生变化，于是电桥失去平衡，产生信号输出，放大器可把不平衡信号加以放大，整流器将交流信号变成直流信号，由直流毫安表显示。振荡器和放大器都由 9 V 直流电源供给。电桥法适合于氯化锂湿度传感器。电桥测湿电路框图如图 5-8 所示。便携式湿度计的实际电路如图 5-9 所示。

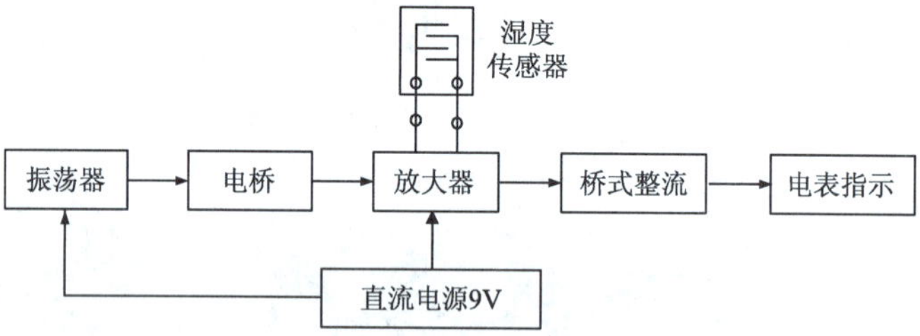

图 5-8　电桥测湿电路框图

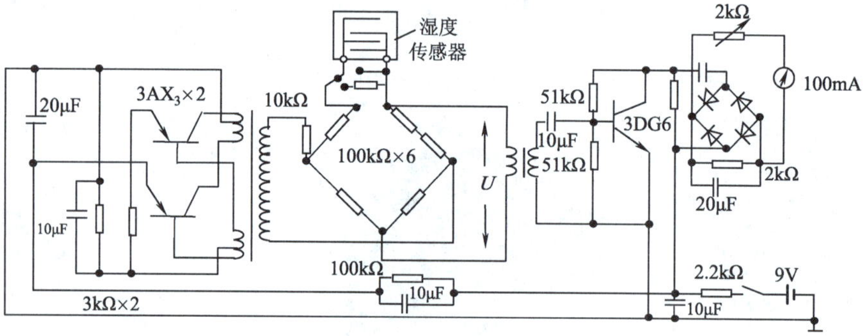

图 5-9　便携式湿度计的实际电路

2. 欧姆定律电路

此电路适用于可以流经较大电流的陶瓷湿度传感器。由于测湿电路可以获得较强信号，故可以省去电桥和放大器，可以用市电作为电源，只要用降压变压器即可。其电路图如图 5-10所示。

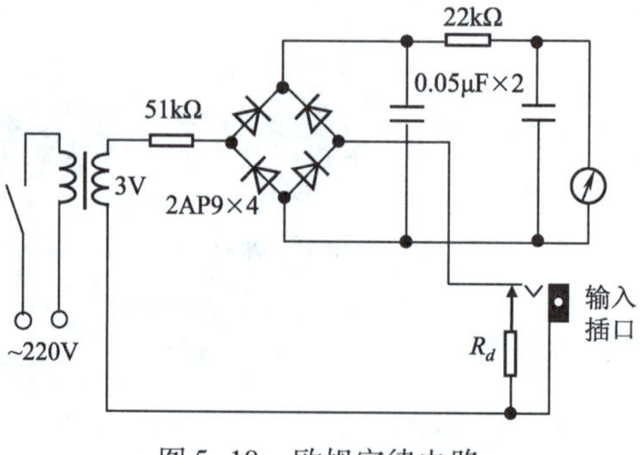

图 5-10　欧姆定律电路

3. 带温度补偿的湿度测量电路

在实际应用中，需要同时考虑对湿度传感器进行线性处理和温度补偿，常常采用运算放大器构成湿度测量电路，如图5-11所示。图中湿度测量电路中 R_t 是热敏电阻器（20kΩ，B = 4 100 K）；RH 为 H204C 湿度传感器，运算放大器型号为 LM2904。该电路的湿度电压特性及温度特性表明：在（30%～90%）RH、15～35℃范围内，输出电压表示的湿度误差不超过3% RH。

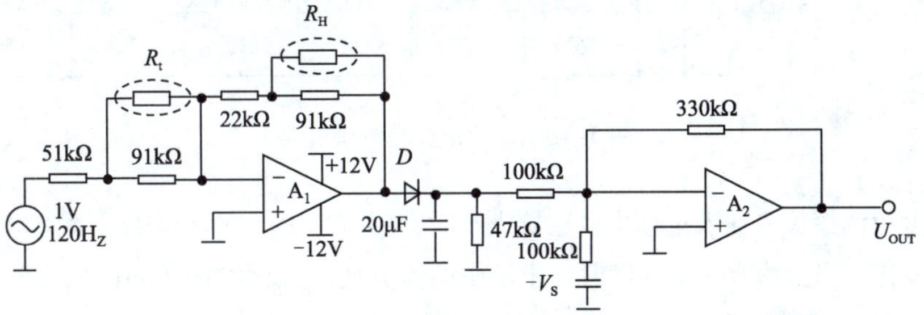

图5-11 带温度补偿的湿度测量电路

八、湿度传感器实用电路

1. 下雨检测仪

下雨检测仪电路如图5-12所示。传感器（湿度检测元件）是由两组细导线丝组成，导线丝每根相距很近，大约2mm。当有雨点降落或者空气湿度很大时，两组导线丝间便构成导电通路，6V的电源电压通过电阻R1加到晶体三极管VT的基极上，使VT导通，R2上的电压降使晶闸管VTH导通，报警器发出报警信号。只有断开开关SA才能停止报警。晶体管VT的型号为2N3706，可用3DK9B替代。

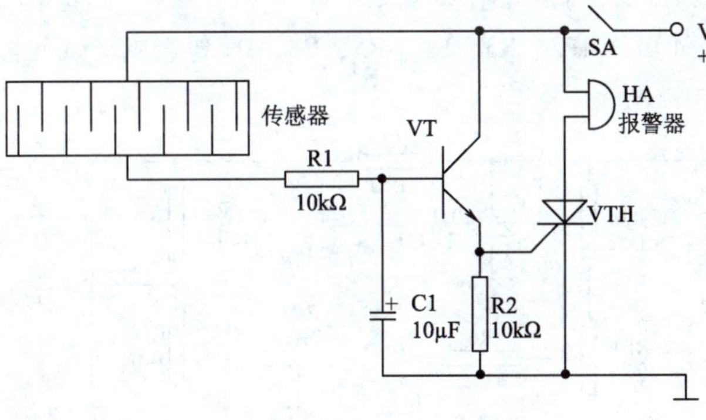

图5-12 下雨检测仪电路

2. 土壤湿度检测仪

简易土壤湿度检测仪可以粗略地判断土壤湿度。采用七色发光二极管来指示土壤相对湿度的大小，使用起来十分方便。

1）电路组成及工作原理

土壤湿度检测仪电路由湿度传感器检测探头、晶体管VT、二极管VD1～VD6、发光二极管VL1～VL7、电位器RP、电源开关S和9V电源组成，如图5-13所示。

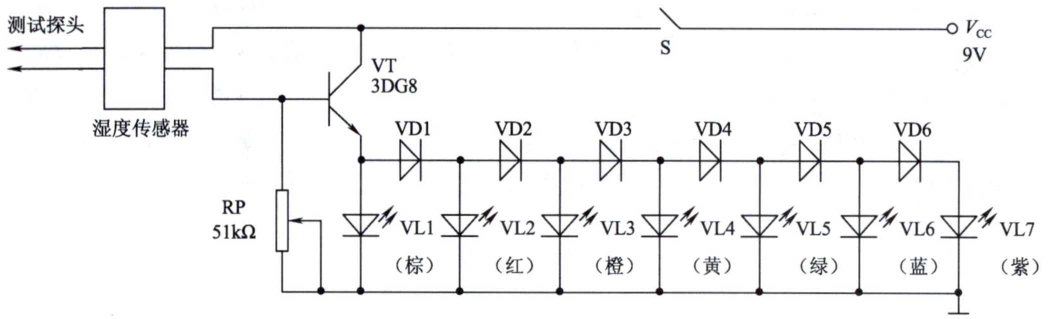

图 5-13　土壤湿度检测仪电路

在湿度检测探头未插入土壤中或土壤太干时，VT 和 VD1～VD6 均处于截止状态，VL1～VL7 均不发光。当土壤有一定湿度时，土壤中的水分使湿度检测探头两电极之间的阻值小，VT 导通，VL1～VL7 顺序点亮，依次发出棕、红、橙、黄、绿、蓝、紫七种颜色，土壤的湿度越大，VT 的导通能力越强，点亮的发光二极管的个数就越多。通过发光二极管点亮个数的多少来说明土壤的湿度大小。

2）元器件选择

RP 选用合成膜电位器。VD1～VD6 均选用 2CP11 型硅普通二极管。VL1～VL7 均选用 ϕ3mm 的高亮度发光二极管。

3. 土壤湿度测量电路

采用硅湿敏电阻的土壤湿度测量电路如图 5-14 所示。在 25℃时其响应时间小于 5s，检测土壤含水量范围为 0%～100%。电路由土壤湿度检测电路、湿度信号放大电路和高精度稳压电源电路组成。土壤湿度检测电路由湿敏电阻 RH、晶体管 VT 以及 R1、R2 等组成。湿度信号放大电路由 IC1、RP1、RP2、R3、R4、R5、R8、D3 等组成。稳压电源电路为湿度检测电路提供 2.5V 的稳压电源。

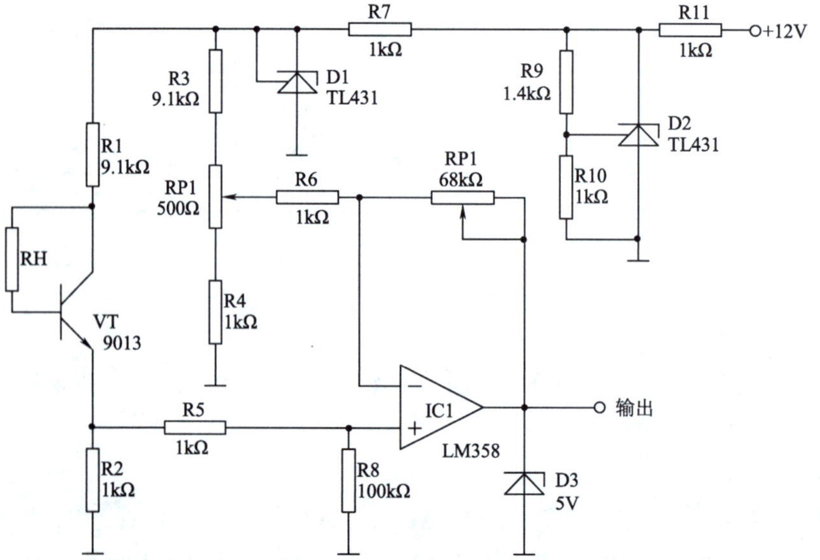

图 5-14　土壤湿度测量电路

当湿敏传感器插入土壤时，由于土壤含水分不同，湿敏传感器的阻值也不同，这个电阻成为 VT 的基极偏置电阻。由于偏置电阻的不同，基极电流也不同，从而改变了 VT 的集电极电流，也改变了发射极电流。在 R2 上射极电流转换成电压，并送至 IC1 的同相输入端，经 IC1 放大后输出由稳压管 D3 稳定输出电压在 5V 以内。

调整时，将 RH 插入水中，调节 RP2 使 IC1 输出为 5V，然后将 RH 从水中取出并擦干，调节 RP1 使输出为 0V，反复调节即可达到要求。

4. 土壤缺水告知电路

土壤的电阻值与其湿度有关，潮湿的土壤电阻仅有几百欧姆，干燥时土壤电阻可增大到数几千欧姆以上，因此，可以利用土壤电阻值的变化来判断土壤是否缺水。

在图 5-15 所示的土壤缺水告知电路中，采用一对金属探板作为土壤湿度传感器。平时将它埋在需要监视的土壤中。为了防止在土壤中的极板发生极化现象，采用交变信号与土壤电阻组成分压器。

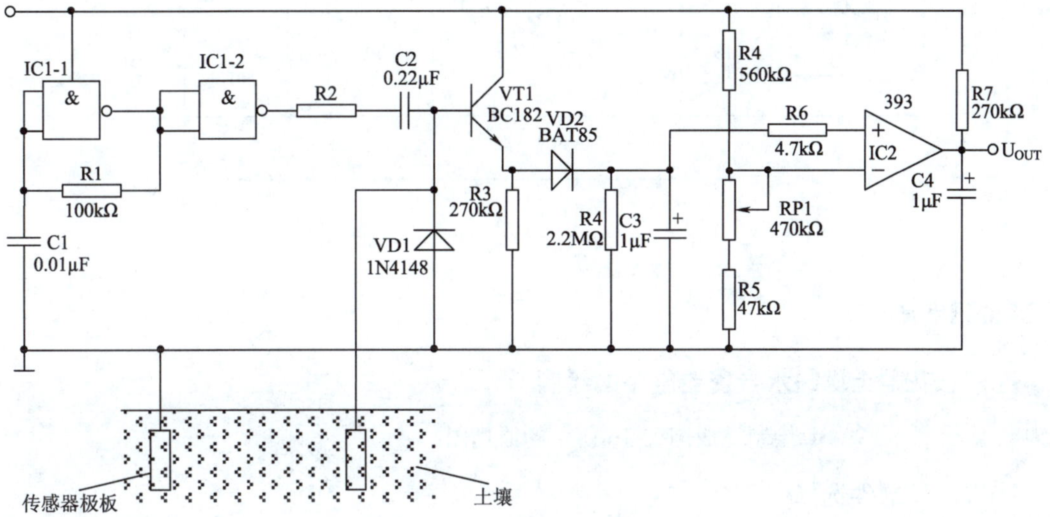

图 5-15 土壤缺水告知电路

电路中由 IC1-1、R1 和 C1 组成一个振荡器，IC1-2 为振荡器的缓冲电路。R2 与传感器测得的电阻形成的分压由 VD1 削去负半部分。经 VT1 缓冲并由 VD2、R4 和 C3 整流，经 R5 加至 IC2 比较器的同相端，与 RP1 设定的基准电压进行比较。当土壤潮湿时，其阻值变小，C3 两端电压较低，比较器 IC2 输出电压 U_{OUT} 为低电位。当土壤缺水干燥时，C3 两端电压高于基准设定电压时，比较器 IC2 输出电压为高电位。U_{OUT} 可对指示报警电路进行控制，达到土壤缺水告知的目的。

九、花盆土壤缺水告警器的工作原理

判断花盆中的花卉是否缺水，仅观察土壤表层是否湿润是不科学的，应监测其土壤含水量。利用湿敏元件制作花盆土壤缺水告警器，当盆中缺水时，它会发出闪光，提醒及时浇水。

花盆土壤缺水告警器电路如图 5-16 所示。其中湿度传感器由埋在土壤中的两个电极组成，如果土壤的湿度较小，其电阻率会明显增加，这时两电极间电阻很大，致使场效应晶体管 VT1 截止，晶体管 VT2 导通，电阻 R4 上产生较大电压降，使 555 时基电路组成的振荡器开始工作。当振荡器工作时，发光二极管 LED 将随着低频振荡信号闪烁发光，提醒人给花盆浇水。

当花盆不缺水时，土壤电阻率很小，两电极间电阻很小，VT1 的栅极相当于接地，则 VT1 导通，VT2 截止，振荡电路停止工作，发光二极管 LED 熄灭。

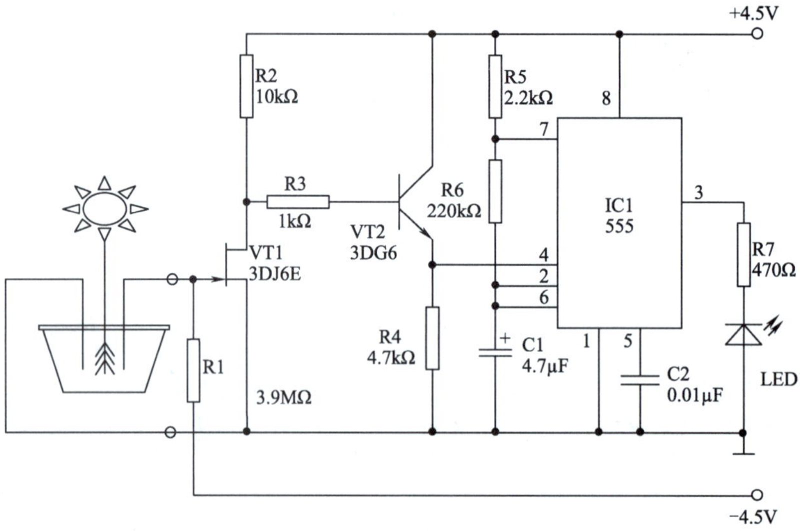

图 5-16　花盆土壤缺水告警器电路

项目实施

一、花盆土壤缺水告警器电路的绘制

使用 Protel 99 SE 绘制完成图 5-16 所示的原理图。

二、元器件选择

IC1 选用运算放大器 NE555。R1～R7 均选用 0. 25W 碳膜电阻器。VD1 选用场效应晶体管，VD2 选用三极管。C1 选用耐压为 16V 的电解电容，C2 选用瓷片电容。LED1 选用 Φ5MM 红色发光二极管。同时准备 ±4. 5V 稳压电源、实验板等。

项目一的元器件清单表如表 5-2 所示。

表 5-2　项目一元器件清单表

元器件序号	元器件名称	元器件型号与规格	元器件参数	数量
RH	湿敏元件插座	湿敏元件插座		1
VT1	场效应晶体管	3DJ6E		1
VT2	三极管	3DG6		1
IC1	集成电路	运算放大器 NE555/DIP8		1
R1	电阻器	碳膜电阻器，功率 0. 25W	3. 9MΩ	1
R2	电阻器	碳膜电阻器，功率 0. 25W	10kΩ	1

续表

元器件序号	元器件名称	元器件型号与规格	元器件参数	数量
R3	电阻器	碳膜电阻器，功率 0.25W	1kΩ	1
R4	电阻器	碳膜电阻器，功率 0.25W	4.7kΩ	1
R5	电阻器	碳膜电阻器，功率 0.25W	2.2kΩ	1
R6	电阻器	碳膜电阻器，功率 0.25W	220kΩ	1
R7	电阻器	碳膜电阻器，功率 0.25W	470Ω	1
C1	电解电容器	耐压为 16V 的电解电容	4.7μF	1
C2	电容器	瓷片电容	0.01μF	1
LED1	发光二极管	ϕ5mm 红色发光二极管		1
J1	电源插座	±4.5V 稳压电源		1

三、印制电路板设计

使用 Protel 99 SE 绘制的花盆土壤缺水告警器的印制电路板图为单面板，如图 5-17 所示。图 5-17（a）为元件面，图 5-17（b）为焊接面。

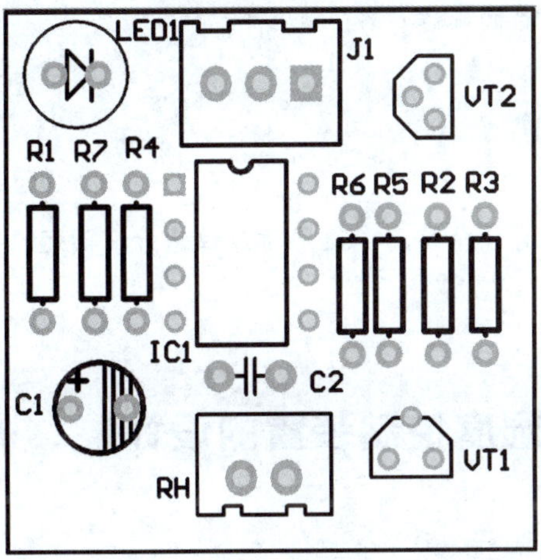

（a）元件面

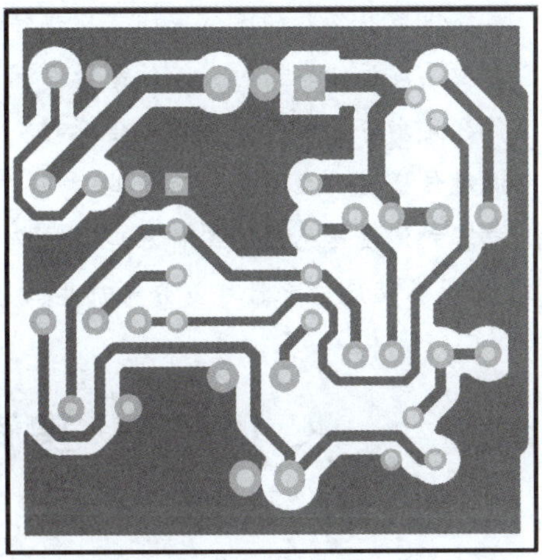

（b）焊接面

图 5-17 花盆土壤缺水告警器的印制电路板图

四、电路调试

此电路相对简单，只要安装无误，就能正常工作。制作完成后，需要反复试验湿度条件与电路的输出关系，直至在合适的湿度下发光二极管刚好不点亮为止。调节关键是改变两个电极插入土壤的深度。

项目拓展与评价

一、训练题目与要求

将图 5-14 所示的土壤湿度检测电路的输出，接到 ICL7106 显示驱动集成电路和液晶显示器上，成为液晶显示土壤湿度检测器。

二、考核与评价

考核与评价标准见表5-3。

表5-3 项目一考核与评价标准

考核内容	完成项目实施内容	完成训练
成　绩	50	50

思考与习题

1. 什么叫绝对湿度和相对湿度?
2. 什么叫露点?
3. 湿度传感器可以分为哪些类型?
4. 氯化锂和半导体陶瓷湿敏电阻各有什么特点?
5. 试述湿敏电容式和湿敏电阻式湿度传感器的工作原理
6. 在应用湿度传感器时，应注意什么问题?
7. 什么是水分子亲和力型湿敏传感器?
8. 湿度传感器的主要参数有哪些?
9. 电容式湿度传感器的工作原理是什么? 有什么特点? 使用时应注意什么问题?
10. 半导体湿度传感器可以分为哪些类型?

项目二　房间湿度控制装置的设计

项目说明

利用湿度传感器设计并制作一个简易的房间湿度控制装置。当湿度下降时，接通增湿设备进行增湿。当湿度上升时，接通干燥设备进行干燥。

相关知识

近年来，国内外在湿度传感器研发领域取得了长足进步。湿度传感器正从简单的湿敏元件向集成化、智能化、多参数检测的方向迅速发展，为开发新一代湿度/温度测控系统创造了有利条件，也将湿度测量技术提高到了新的水平。

一、集成湿度传感器

目前，国外生产集成湿度传感器的主要厂家及典型产品分别为Honeywell公司的HIH-3602、HIH-3605、HIH-3610、HIH-4000型和Humirel公司的HM1500、HMI1520、HF3223、HTF3223型等。这些产品可分成线性电压输出式、线性频率输出和频率/温度输出式集成湿度传感器三种类型。

1. 线性电压输出式集成湿度传感器

线性电压输出式集成湿度传感器典型产品有 HIH3605/3610、HM1500/1520。其主要特点是采用恒压供电，内置放大电路，能输出与相对湿度呈比例关系的伏特级电压信号，响应速度快，重复性好，抗污染能力强。

2. 线性频率输出集成湿度传感器

线性频率输出集成湿度传感器的典型产品为 HF3223 型，如图 9-14 所示。它采用模块式结构，属于频率输出式集成湿度传感器，在 55% RH 时的输出频率为 8 750 Hz，当相对湿度从 10% 变化到 95% 时，输出频率就从 9 560 Hz 减小到 8 030 Hz。这种传感器具有线性度好、抗干扰能力强、便于配数字电路或单片机、价格低等优点。

3. 频率/温度输出式集成湿度传感器

频率/温度输出式集成湿度传感器的 HTF3223 型。它除具有 HF3223 的功能以外，还增加了温度信号输出端，利用负温度系数（NTC）热敏电阻作为温度传感器。当环境温度变化时，其电阻值也相应改变并且从 NTC 端引出，配上二次仪表即可测量出温度值。

4. 本项目所用 HIH-4000 系列测湿传感器

1）湿度传感器 HIH-4000 系列简介

HIH-4000 系列测湿传感器是专为大量生产的原始设备制造（OEM）用户而设计的。利用这种传感器的线性电压输出可直接输入控制器或其他装置。一般仅需取出 200μA 电流，HIH-4000 系列测湿传感器就能理想地用于电池供电系统。传感器良好的互换性减少或消除了 OEM 的生产校验成本。可以提供单个传感器校准数据。

HIH-4000 系列测湿传感器作为一个低成本的单个直插式组件（SIP）提供仪表测量质量的相对湿度（RH）传感性能。RH 传感器是一个热固塑料型电容传感元件，其芯片具有信号处理功能。

2）湿度传感器 HIH-4000 系列特性

- 精度：±3.5% RH（0%～100% RH 非凝结）。
- 温度范围：-40～85℃。
- 热固性聚合物电容传感器，带集成信号处理电路。
- 3 针可焊塑封。
- 5V DC 恒压供电，0.8～3.9 V DC 放大线形电压输出。
- 低功耗设计。
- 快速响应 15s 慢流动的空气中。
- 稳定性好，抗化学腐蚀性能强。

更详细的信息可查阅 HIH-4000 系列测湿传感器的产品手册及有关资料。

二、单片智能化湿度/温度传感器

2002 年 Sensiron 公司在世界上率先研制成功 SHT11、SHT15 型智能化湿度/温度传感器，其外形尺寸仅为 7.6 mm×5 mm×2.5 mm，体积与火柴头相近。出厂前，每只传感器都在温室中做过精密标准，标准系数被编成相应的程序存入校准存储器中，在测量过程中可对相对湿度进行自动校准。它们不仅能准确测量相对湿度，还能测量温度和露点。测量相对湿度的范围是0%～100%，分辨力达0.03% RH，最高精度为±2% RH。测量温度的范围是-40～+123.8℃，分辨力为0.01℃。测量露点的精度<±1℃。在测量湿度、温度时A/D转换器的位数分别可达12位、14位。利用降低分辨力的方法可以提高测量速率，减小芯片的功耗。SHT11/15的产品互换性好，响应速度快，抗干扰能力强，不需要外部元件，适配各种单片机，可广泛用于医疗设备及温度/湿度调节系统中。

芯片内部包含相对湿度传感器、温度传感器、放大器、14位A/D转换器、校准存储器（EEPROM）、易失存储器（RAM）、状态寄存器、循环冗余校验码（CRC）寄存器、二线串行接口、控制单元、加热器及低电压检测电路。其测量原理是首先利用两只传感器分别产生相对湿度、温度的信号，然后经过放大，分别送至A/D转换器进行模/数转换、校准和纠错，最后通过二线串行接口将相对湿度及温度的数据送至上位机。鉴于SHT11/15输出的相对湿度读数值与被测相对湿度呈非线性关系，为获得相对湿度的准确数据，必须利用上位机对读数进行非线性补偿。此外当环境温度 $T_a \neq +25℃$ 时，还需要对相对湿度传感器进行温度补偿。

芯片内部有一个加热器。将状态寄存器的第2位置“1”时该加热器接通电源，可使传感器的温度大约升高5℃，电源电流亦增加8 mA（采用+5V电源）。使用加热器可实现以下三种功能：①通过比较加热前后测出的相对湿度值及温度值，可确定传感器是否正常工作；②在潮湿环境下使用加热器，可避免传感器凝露；③测量露点时也需要使用加热器。

露点也是湿度测量中的一个重要参数，它表示在水气冷却过程中最初发生结露的温度。为了计算露点，Sensirion公司还向用户提供一个测量露点的程序“SHT xdp. bsx”，利用该程序可以控制内部加热器的通、断，再根据所测得的温度值及相对湿度值计算出露点。在命令响应界面上运行此程序时，计算机屏幕上就显示提示符用户首先从键盘上输入字母“S”，然后输入相应的数字，即可获得下述结果：

输入数字“1”时，测量并显示出摄氏温度。

输入数字“2”时，测量并显示出相对湿度。

输入数字“3”时，打开加热器，使传感器温度升高5°C。

输入数字“4”时，关闭加热器，使传感器降温。

输入数字“5”时，显示露点温度。

三、湿度传感器应用电路设计要点

湿度传感器应用电路设计时要考虑提供传感器的电压波形、传感器输出信号处理、温度补偿及线性化等问题。

1. 提供湿度传感器的电压波形

通常使用湿度传感器时提供交流信号。由于交流信号直接影响传感器的特性、寿命和可靠性，因此，最理想的是选用失真非常小的正弦波。所选择的波形应以0V为中心对称，并且是没有叠加直流偏置的信号。交流信号的频率以厂家数据表中所提供的参数为宜，由于振荡电路设计上的不同，稍有差异也可。

另外，使用方波也可以使湿度传感器正常工作，不过在使用方波时应注意同正弦波一样须以0V为中心对称，无直流偏置电压，并且要使用占空比为50%的对称波形。

加到湿度传感器上的交流供电电压应按厂家数据表上的要求来确定。通常最大供电电压普遍要求确保有效值为12V，在1V左右使用一般不会对传感器有影响。如果供电电压过低，则湿度传感器阻抗高，低湿度端将受到噪声的影响；相反，如果供电电压过高，则将影响可靠性。

供给湿度传感器的波形、频率和电压等参数发生变化时，将不可能得到厂家保证的湿敏特性。因此，必须事先加以确认。

2. 对湿度传感器阻抗特性的处理方法

湿度电阻传感器的湿度-阻抗特性成指数规律变化，由此湿度传感器输出的电压（电流）也是按指数规律变化。在（30%～90%）RH范围内，电阻变化1万至10万倍。可采用一种对数压缩电路来解决此问题，即利用硅二极管正向电压和正向电流呈指数规律变化构成运算放大电路。

另外，在低湿度时，湿度传感器的电阻达几十兆欧，因此，在信号处理时必须选用场效应管输入型运算放大器。为了确保低湿度时的测量准确性，应在传感器信号输入端周围制作电路保护环，或者用聚四氟乙烯支架来固定输入端，使它从印制板上浮空，从而消除来自其他电路的漏电流。

3. 温度补偿

湿度传感器与温度有关，因此，要进行温度补偿，方法之一就是采用对数压缩电路。在这种电路中，硅二极管的正向电压具有-2mV/℃的温度系数，利用这一特点来补偿湿度传感器对温度的依存性是完全可能的，也就是说，借助对数压缩电路，可以同时进行对数压缩和温度补偿。

另外，还有使用负温度系数热敏电阻的温度补偿方法，这时，湿度传感器的温度特性必须接近一般的热敏电阻的B常数（$B=4\,000$），因此，湿度传感器的温度特性比较大时，往往难以用负温度系数热敏电阻进行温度补偿。

4. 线性化电路

在大多数情况下，难以得到相对于湿度变化而线性变化的输出电压。为此，在需要准确地显示湿度值的场合，必须加入线性化电路，它将传感器电路的输出信号变换成正比于湿度变化的电压。

线性化的方法有很多，但常用的是折线近似方法。在要求不太高的情况下，或者限定湿度测量范围，也可不用线性化电路而采用电平移动的方法获取湿度信号。

四、湿度传感器的使用

湿度传感器要安装在空气流动的环境中，这样，响应速度快。延长传感器的引线时需要注意，延长线应使用屏蔽线，最长距离不要超过1m，裸露部分的引线要尽量短；特别是在（10%～20%）RH的低湿度区，由于受到的影响较大，必须对测量值和精度进行确认；在进行温度补偿时，温度补偿元件的引线也要同时延长，使它尽可能靠近湿度传感器安装，此时温度补偿元件的引线仍要使用屏蔽线。

五、湿度传感器实用电路

1. 空气湿度检测电路

空气湿度检测电路如图5-18所示。图中808H5V5为湿度传感器集成电路，内部包括湿度传感器和信号放大电路，工作电源电压为+5V，可检测湿度范围为0%～100%，相应输出电压为0.8～3.9 V。可将808H5V5安放于需检测湿度的位置，用引线将输出信号电压引出，直接驱动电压表指针指示，也可以经ICL7106显示驱动集成电路A/D转换后，驱动液晶显示器显示。

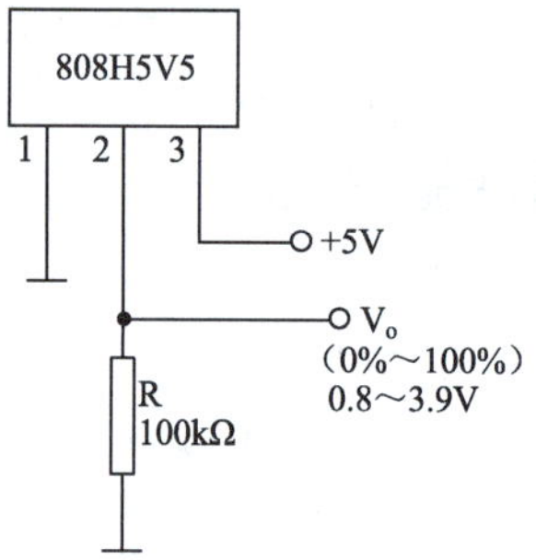

图5-18　空气湿度检测电路

2. 自动去湿装置

自动去湿装置电路图如图5-19所示。H为湿敏传感器，Rs为加热电阻丝，将VT1和VT2接成施密特触发器，VT2的集电极负载KM为继电器线圈。在常温常湿情况下调好各电阻值，使VT1导通，VT2截止。当阴雨等天气使室内环境湿度增大而导致H的阻值下降达到某值时，Rf与R2并联阻值小到不足以维持VT1导通，使VT1截止而使VT2导通，其负载继电器KM通电，KM的常开触点闭合，加热电阻丝导通，Rs由电源U通电加热，驱散湿气。当湿度减小到一定程度时，施密特电路又翻转到初始状态，VT1导通，VT2截止，常开触点断开，Rs断电停止加热，从而实现了去湿的自动控制。

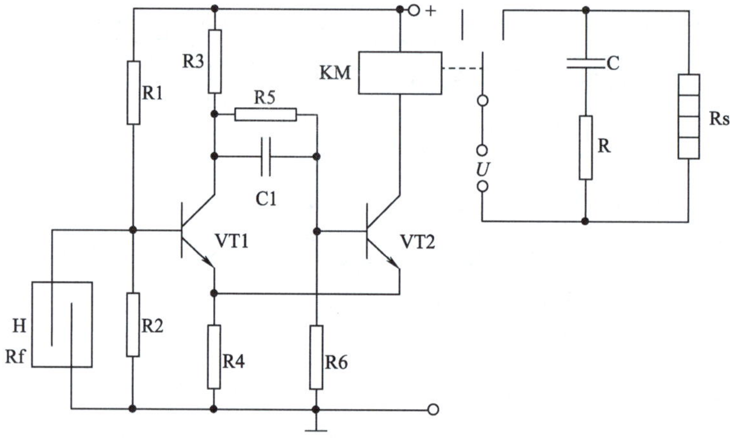

图5-19　自动去湿装置电路图

3. 湿度检测器电路

湿度检测器电路如图5-20所示。由555时基电路、湿度传感器C_H等组成多谐振荡器，在振荡器的输出端接有电容器C2，它将多谐振荡器输出的方波信号变为三角波。当相对湿度变化时，湿度传感器C_H的电容量将随着改变，它将使多谐振荡器输出的频率及三角波的幅度都发生相应的变化，输出的信号经VD1、VD2整流和C4滤波后，可从电压表上直接读出读数。RP电位器用于仪器的调零。

4. 高湿度显示器

高湿度显示器电路如图5-21所示，它能在环境相对湿度过高时做出显示，告知人们应采取排湿措施了。湿度传感器采用 MSOI—A 型湿敏电阻，当环境的相对湿度在（20%～90%）RH 变化时，它的电阻值在几十千欧到几百欧范围内改变。为防止湿敏电阻产生极化现象，采用变压器降压供给检测电路 9 V 交流电压，湿敏电阻 RH 和电阻 R1 串联后接在它的两端。当环境湿度增大时，阻值减小，电阻 R1 两端电压会随之升高。这个电压经 VD1 整流后加到由 T1 和 T2 组成的施密特电路中，使 T1 导通，T2 截止，T3 随之导通，发光二极管 LED1 发光。高湿度显示电路可应用于蔬菜大棚、粮棉仓库、花卉温室、医院等对湿度要求比较严格的场合。

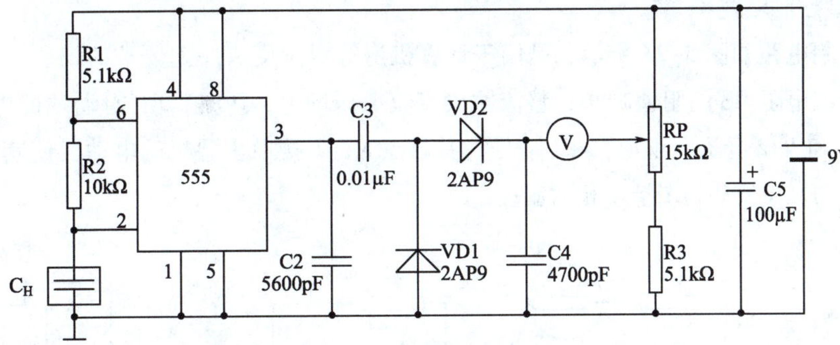

图 5-20　湿度检测器电路

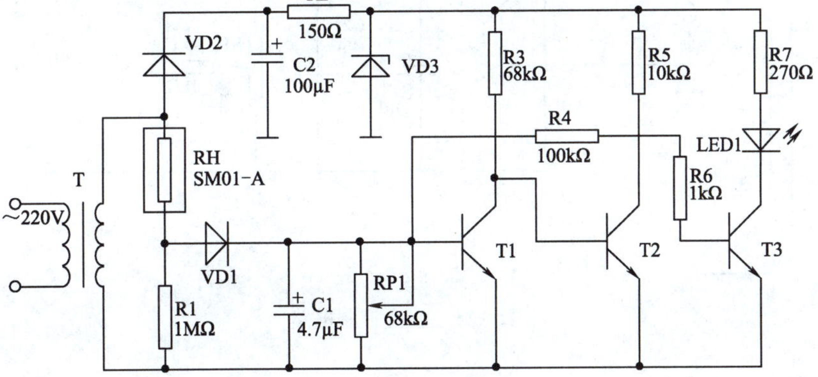

图 5-21　高湿度显示器电路图

5. 结露报警输出电路

结露报警输出电路如图 5-22 所示。图中，H0S103 为结露传感器。在低湿时，结露传感器的电阻值为 2kΩ 左右，VT1 基极电压低于 0.6V 而截止，VT2 基极电压为 +5V，发射结无偏置电压而截止，结露指示 LED 发光二极管不亮。

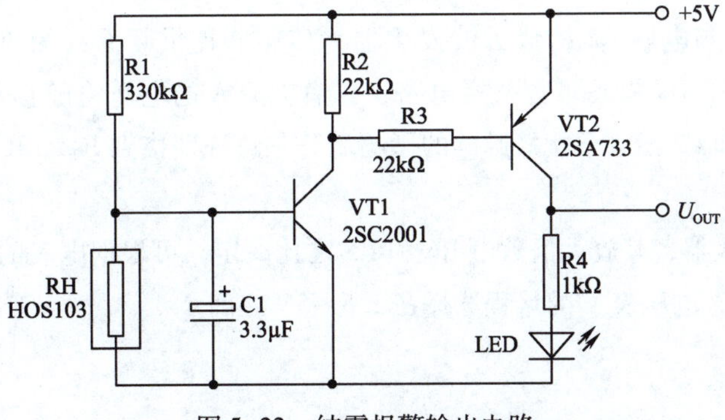

图 5-22　结露报警输出电路

在结露时，结露传感器的电阻值大于50kΩ，VT1 基极电压高于0.6V 而导通，VT2 基极电压降低，使发射结为正偏置且饱和导通，结露指示 LED 发光二极管被点亮。输出电压 U_{OUT}可用于控制数码摄像机、数码照相机等设备进入结露的停机保护，也可以用于浴室镜面水气自动清除。

装配该结露报警电路，可将结露传感器用引线引出放到窗台外，进行结露报警试验。结露传感器也可使用 HDS05、HDS10、HDP07 等型号。

6. 湿度控制电路

湿度控制电路如图 5-23 所示，是用于计算机房等对湿度有一定要求的场所。环境湿度增高时，湿敏电阻 RS 的阻值减小，整流输出直流电压增大，于是，RP 滑动端的电位增高，晶体管 VT1 和 VT2 导通，继电器 K1 动作，其触点 K1-1 接通去湿机的电动机使其工作，达到去湿的目的。微安表 μA 指示相对湿度。

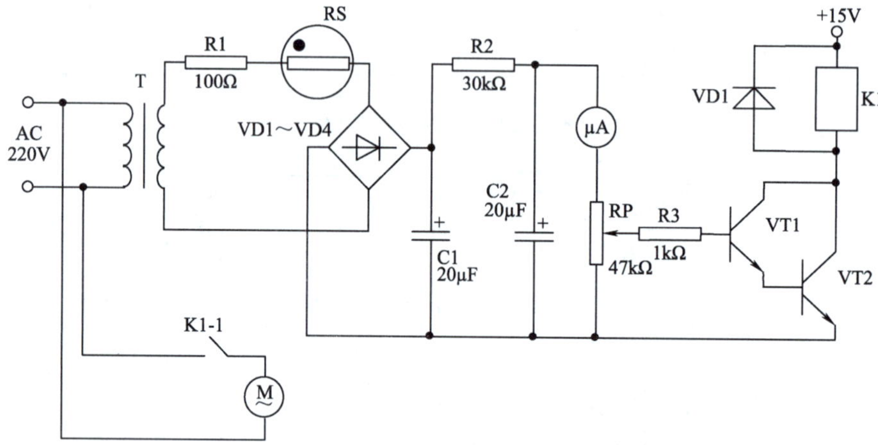

图 5-23　湿度控制电路

7. 湿度控制器

该湿度控制器可以自动控制室内的湿度并发出湿度报警，同时可以用电表显示相对湿度数值，适用于农村中培育蘑菇的房内。

湿度控制器电路如图 5-24 所示，湿度控制器的核心是湿度传感器（HPR）。传感器的直流电阻大小随相对湿度的增加按对数规律减小。湿度控制器由方波发生器、对数变换电路、电压比较器等电路构成。

由 555（IC1）与电容 C2 构成方波发生器为传感器提供频率约为 300Hz 的对称方波。IC2 和二极管 VD2～VD4 构成对数变换电路，其输出端 A 的电压将随相对湿度的增加而增大。该电压经 R3 和 C2 滤去干扰短脉冲的影响后分三路分别接到 IC3、IC5 的同相输入端和 IC4 的反相输入端。

IC3 为同相放大器，其放大倍数由 R6 和 R5 之比决定，可根据电表的量程来选择。RP1 为零点调整电位器，电压表 V 的量程选择在 2.5～5V 之间。

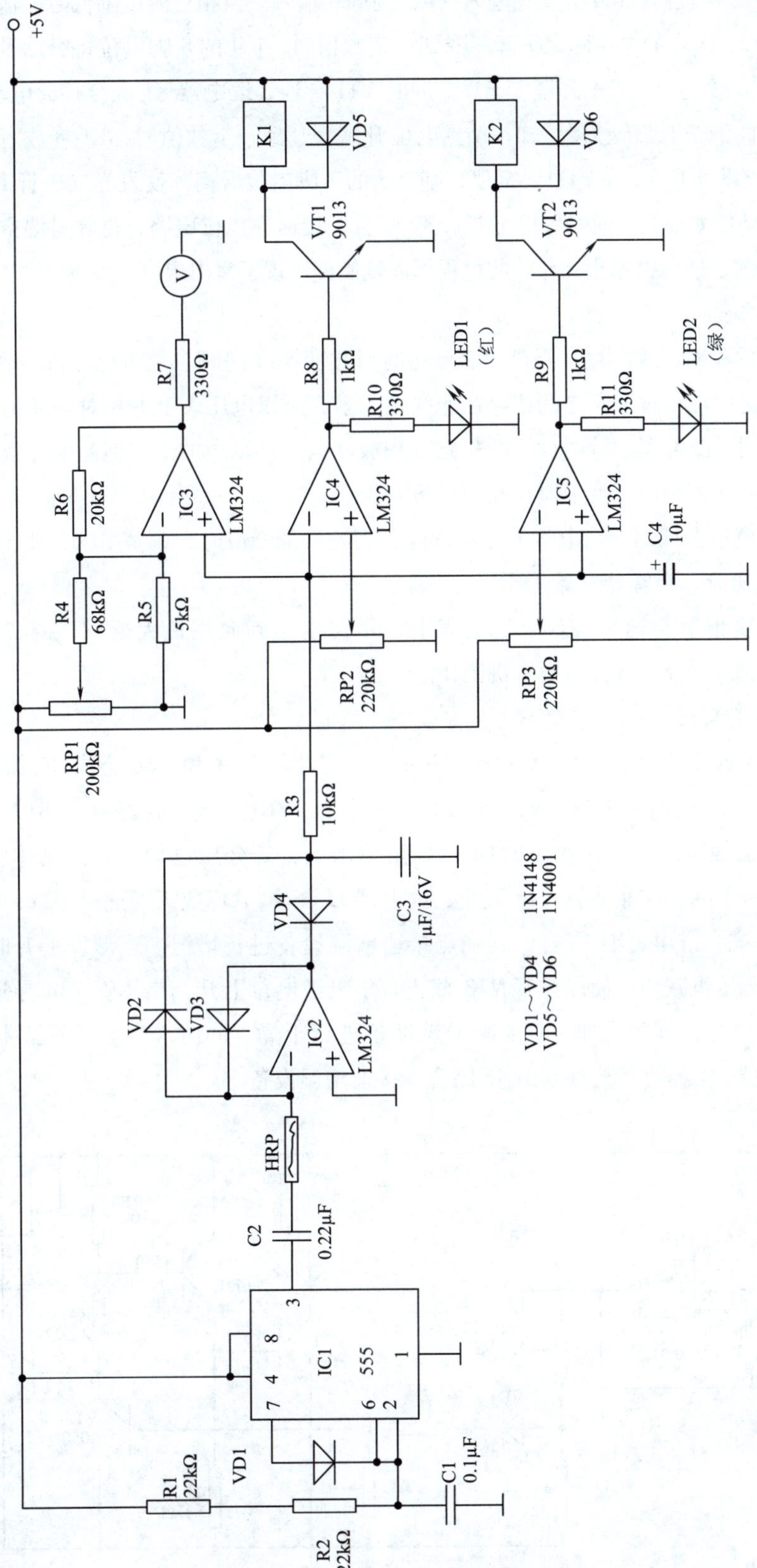

图5-24 湿度控制器电路

IC4 和 IC5 为比较器。IC4 为反相输入，IC5 为同相输入。当相对湿度降低时，适当调整电位器 RP2 和 RP3，A 点的电压随之下降。降到一定数值时，IC4 的 8 脚电位将突然升高，使二极管 LED1 点亮（红色），表示环境太干燥。同时 VT1 导通、继电器 K1 吸合接通电动喷雾器。空气中湿度增加后，可经传感器感知。A 点电位升高，升到一定数值时，K1 释放。随着雾滴水分蒸发，湿度继续升高，如超过设定值，则 IC5 的 7 脚电位升高，使发光二极管 LED2 点亮（绿色），表示环境太潮湿。同时 VT2 导通，K2 吸合，接通通风机电路，排除过湿空气。湿度降低后，K2 释放，通风机停止工作。此过程周而复始即实现了室内湿度的控制。

电路调整过程：

（1）电表的相对湿度刻度。虽然 IC2 已进行对数变换（同时对交流电压进行调整），但 A 点的电压变化量与相对湿度之间还存在非线性关系，所以电压表上的相对湿度刻度也不是线性的。可利用干湿泡温度计对此进行标定。用放在同一环境中的干湿泡温度计查出相对湿度值，然后在电压表相应刻度上画出相对湿度标度。

（2）低湿度报警控制。当电表上显示湿度达到允许最低值时，调节 RP2，使 LED1 正好发光报警，K1 吸合，喷雾器开始工作。

（3）高湿度报警与通风控制。当电表上显示湿度达到允许最大值时，调节 RP3，使 LED2 刚好发光报警，K2 吸合，通风机工作。

8. 湿度控制装置

湿度控制装置原理图如图 5-25 所示。它由两个与非门 U1A 和 U2B 组成 *RC* 振荡器，振荡频率为 2.5 kHz，输出电压为 4 V，经 RP1、Rs 分压，VD1 整流，再经 R3、RP2 分压后送至 VT3。Rs 为湿敏电阻，当湿度下降时，Rs 阻值增大，其分压也增大，使晶体管 VT3 导通，集电极电位下降，使晶体管 VT4 截止，继电器 J2 释放，LED2 灭。此时 VT1、VT2 晶体管导通，LED1 亮，继电器 J1 吸合，其触点接通增湿设备进行增湿。当湿度上升时，Rs 阻值减小，其上分压也减小，使晶体管 VT3 截止，集电极电位上升，晶体管 VT4 导通，LED2 亮，继电器 J2 吸合，其触点 J2-1 接通干燥设备进行干燥。同时 VT1、VT2 晶体管截止，LED1 灭，继电器 J1 释放，其触点 J1-1 闭合，接通增湿设备。

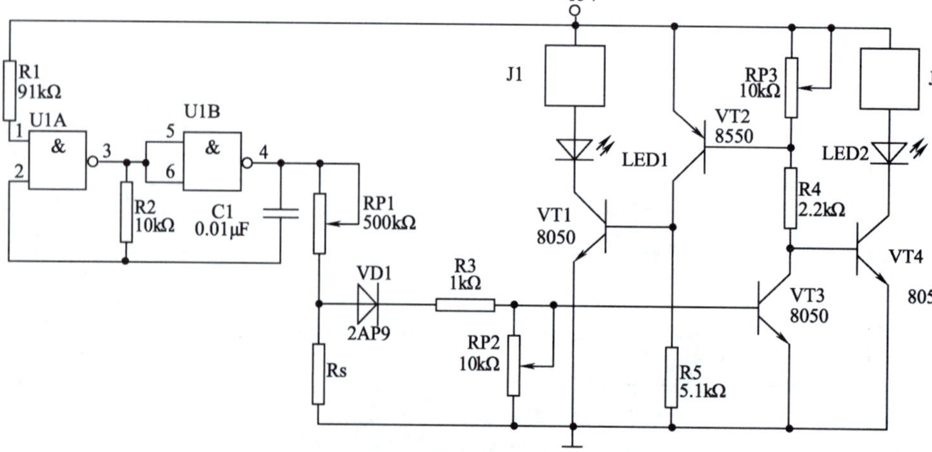

图 5-25　湿度控制装置电路原理图

六、房间湿度控制装置的工作原理

由 HIH-4000 集成湿度传感器构成的房间湿度控制装置原理图如图 5-26 所示，适用于需要对湿度进行控制且控制在一定范围之内的场所，如房间湿度控制。

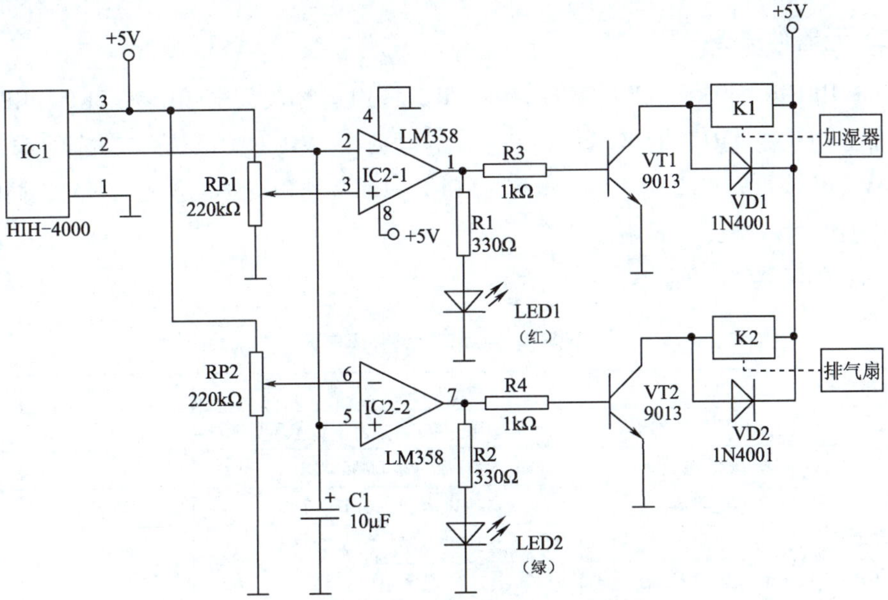

图 5-26 房间湿度控制装置电路原理图

电路主要由运算放大器 LM358，湿度传感器 KS06V，晶体管 VT1、VT2，继电器 K1、K2 等组成。HIH-4000 集成湿度传感器所测的相对湿度值为 0%～100% 时所对应的输出信号为 0.8～3.9 V。该信号分为 2 路分别加到 LM358 的 IC2-1 反相输入端 2 脚、IC2-2 同相输入端 5 脚，在电路中，LM358 运算放大器连接成电压比较电路，RP1 与 RP2 可调电阻分别是这两个电压比较器的基准电压设定的调节元件，分别设定基准电压，两个基准电压的差值也标志着湿度的控制范围，当湿度传感器输出电压处于两个基准电压之间时，两个电压比较器输出低电平，继电器不工作。当湿度变化时，电压比较器工作，从而控制继电器工作。K1 继电器用于控制超声波加湿器的工作状态，K2 用于控制排气扇的工作状态。

当相对湿度下降时，传感器输出电压值也随之下降。当降到设定数值时，IC2-1 输出端将变为高电平，使 VT1 导通，LED1 发光以表示空气太干燥，继电器常开触点吸合，接通超声波加湿机的工作电源使其工作，增加湿度。当相对湿度上升但未超过设定值时，传感器输出电压值也随之上升，当升到一定值时，K1 释放。

当相对湿度上升且超过设定值时，IC2-2 输出高电平，VT2 导通，LED2 发光，表示空气太潮湿。K2 继电器触点吸合，接通排气扇，驱除空气中的潮气。当相对湿度降到一定值时，湿度传感器输出电压随之下降，降到一定值时，K2 释放。

上述控制过程周而复始，从而可使相对湿度控制在一定范围之内。

项目实施

一、房间湿度控制装置电路的绘制

使用 Protel 99 SE 绘制完成图 5-26 所示的原理图。

二、元器件选择

IC1 选用 HIH-4000 集成湿度传感器。IC2 选用运算放大器 LM358。RP～RP2 选用 220kΩ 精密电位器。R1～R4 均选用 0.25W 碳膜电阻器。VD1～VD2 选用三极管。C1 选用耐压为 16V 的电解电容，C2 选用瓷片电容。LED1～LED2 选用 ϕ5mm 发光二极管。同时准备 5V 稳压电源、实验板、标准温度计等。

项目二的元器件清单如表 5-4 所示。

表 5-4 项目二元器件清单表

元器件序号	元器件名称	元器件型号与规格	元器件参数	数量
IC1	集成湿度传感器	HIH-4000 集成湿度传感器		1
IC2	集成电路	运算放大器 LM358/DIP8		1
R1～R2	电阻器	碳膜电阻器，功率 0.25W	330Ω	2
R3～R4	电阻器	碳膜电阻器，功率 0.25W	1kΩ	2
RP1～RP2	电位器	精密电位器	220kΩ	2
VT1～VT2	三极管	9013		2
LED1	发光二极管	ϕ5mm 红色发光二极管		1
LED2	发光二极管	ϕ5mm 绿色发光二极管		1
VD1～VD2	二极管	1N4004		2
K1～K2	继电器	5V 继电器 HK4100F-DC5V-SHG		2
C1	电解电容器	耐压为 16V 的电解电容	10μF	1
J1	5V 电源插座	5V 稳压电源		1

三、印制电路板设计

使用 Protel 99 SE 绘制的房间湿度控制装置电路的印制电路板图为单面板，如图 5-27 所示。图 5-27（a）为元件面，图 5-27（b）为焊接面。

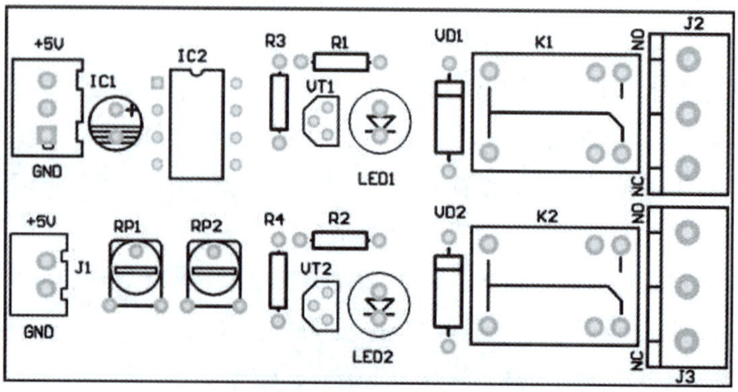

（a）元件面

图 5-27 房间湿度控制装置电路的印制电路板图

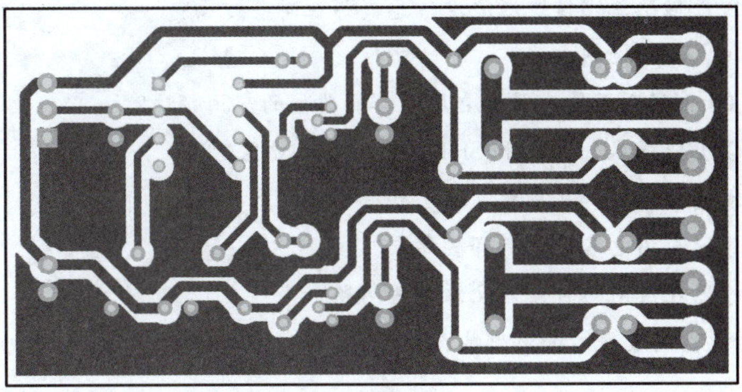

(b)焊接面

图 5-27 房间湿度控制装置电路的印制电路板图(续)

四、电路调试

此电路相对简单，只要安装无误，就能正常工作。主要调试以下两部分。

1. 低湿报警控制

将安装完的电路与标准湿度计放在同一地方，当标准的湿度计上显示湿度达到允许最低值时，调节 RP1，使 LED1 正好发光报警，K1 吸合，超声波加湿器开始工作。

2. 高湿报警与通风控制

将安装完的电路与标准湿度计放在同一地方，当标准的湿度计上显示湿度达到允许最大值时，调节 RP2，使 LED1 刚好发光报警，K2 吸合，排气扇工作。

项目拓展与评价

一、训练题目与要求

将 HIH-4000 集成湿度传感器的输出，接到 ICL7106 显示驱动集成电路和液晶显示器上，成为液晶显示土壤湿度检测器。

二、考核与评价

考核与评价标准见表 5-5。

表 5-5 项目二考核与评价标准

考核内容	完成项目实施内容	完成训练
成　绩	50	50

思考与习题

1. 国外生产的集成湿度传感器的分类。
2. 设计一个用湿敏电阻进行土壤湿度测量的电路，并说明原理。

3. 数字温湿度传感器比传统温湿度传感器强在哪些方面？
4. 简述湿敏电阻的检测方法？
5. HIH-4000 系列测湿传感器主要用于哪些典型的应用领域？
6. 集成温湿度传感器 SHT11 和 SHT10 有哪些主要区别？
7. 电阻式湿度传感器，其测量电路主要有哪几种形式？
8. 湿度传感器应用电路设计有哪些要点？
9. 湿度传感器在使用的时候应注意哪些问题？
10. 湿度传感器的发展方向有哪些？

模块六

气敏传感器及其应用

气体与人类的日常生活密切相关，对气体的检测已经是保护和改善生态居住环境不可缺少的手段。气敏传感器发挥着极其重要的作用。气敏传感器是用来检测气体浓度和成分的传感器，它对于环境保护和安全监督起着极其重要的作用。

气敏传感器是暴露在各种成分的气体中使用的，由于检测现场温度、湿度的变化很大，又存在大量粉尘和油雾等，所以其工作条件较恶劣，而且气体对传感元器件的材料会产生化学反应物，附着在元器件的表面，往往会使其性能变差。所以，对气敏传感器有下列要求：能够检测报警气体的允许浓度和其他标准数值的气体浓度，能长期稳定工作，重复性好，响应速度快，共存物质所产生的影响小等。常用的气体传感器主要有半导体气敏传感器和红外吸收式气敏传感器等。

本模块主要学习气敏传感器的基本原理及其应用。

知识点

气敏传感器的种类、结构与原理；

气敏传感器的特性参数；

气敏传感器的典型应用电路；

简易室内有害气体检测和报警电路的工作原理；

酒精测试仪电路的工作原理。

技能点

气敏传感器的选用；

简易室内有害气体检测和报警电路的设计、制作、调试；

酒精测试仪电路的设计、制作、调试。

教学法

本模块主要采用实训为主，讲授为辅的教学方式完成课程教学。教师主要是将项目的基本知识及关键步骤跟学生讲明即可，学生大部分时间自主学习，并进行实训。在实训过程中，教师进行辅导及在项目完成后进行总结。

项目一　简易室内有害气体检测和报警电路的设计

项目说明

分别采用MQ-2（可燃气体/烟雾）、MQ-4（天然气/甲烷）、MQ-5（液化气/甲烷/煤制气）、MQ-6（液化气/异丁烷/丙烷）；MQ-8（氢气/煤制气）作为敏感元件，设计制作一个简易室内有害气体检测和报警电路，测试它们的气敏特性，并能控制继电器动作，发出声光报警。

相关知识

一、半导体气敏传感器

气敏传感器是用来测量气体的类别、浓度、成分的传感器。由于气体种类繁多、性质各不相同，不可能用一种传感器检测所有类别的气体，因此，能实现气电转换的传感器种类很多。近年来随着半导体材料和加工技术的迅速发展，实际使用最多的是半导体气敏传感器，这类传感器一般多用于气体的粗略鉴别和定性分析，具有结构简单、使用方便等优点。

半导体气敏传感器利用待测气体与半导体（主要是金属氧化物）表面接触时，产生的电导率等物性变化来检测气体。

半导体气敏元件有N型和P型之分。N型在检测时阻值随气体浓度的增大而减小；P型阻值随气体浓度的增大而增大。

目前国产的气敏元件有两种。一种是直热式，加热丝和测量电极一同烧结在金属氧化物半导体管芯内；另一种是旁热式，旁热式气敏元件以陶瓷管为基底，管内穿加热丝，管外侧有两个测量极，测量极之间为金属氧化物气敏材料，经高温烧结而成。

1. 电阻型气敏器件

电阻型气敏器件按结构可分为烧结型、薄膜型和厚膜型三种。

1）烧结型

烧结型气敏电阻有直热式和旁热式两种结构如图6-1、图6-2所示。

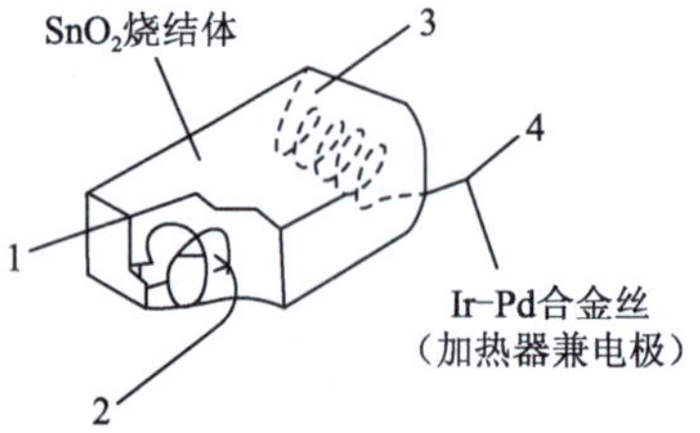

（a）结构

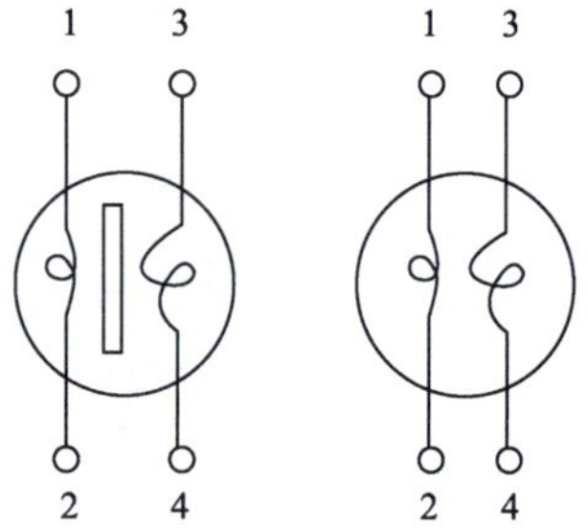

（b）符号

图6-1　直热式气敏器件

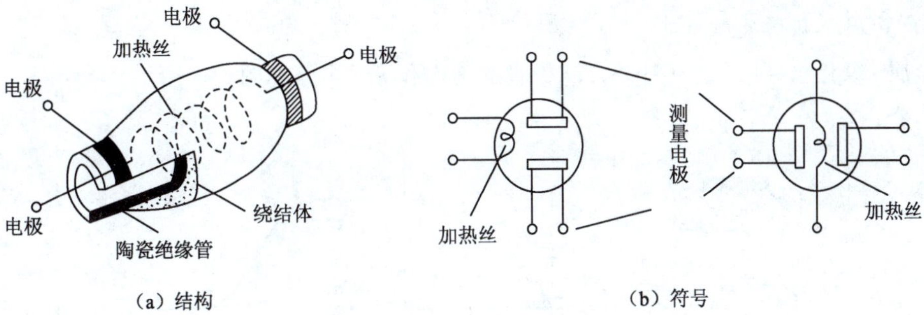

图 6-2　旁热式气敏器件

2）薄膜型

薄膜型气敏器件的制作首先须处理基片（玻璃石英式陶瓷），焊接电极；之后采用蒸发或溅射方法在石英基片上形成一层氧化物半导体薄膜。薄膜型器件结构图如图 6-3 所示。

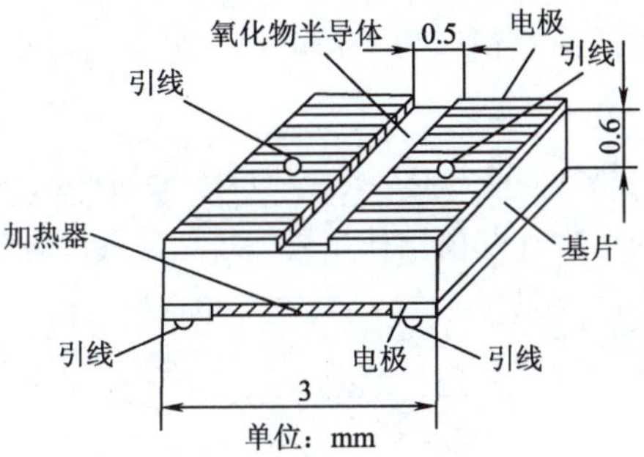

图 6-3　薄膜型器件结构图

3）厚膜型

厚膜型器件结构图如图 6-4 所示。

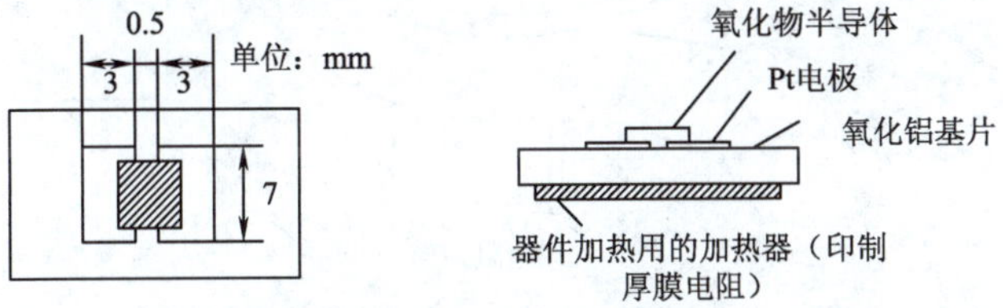

图 6-4　厚膜型器件结构图

以上三种气敏器件都附有加热器。在实际应用时，加热器能使附着在控测部分上的油雾，尘埃等烧掉，同时加速气体的吸附，从而提高了器件的灵敏度和响应速度，一般加热到 200～400℃，具体温度视所掺杂质不同而异。

这种气敏器件的优点是：工艺简单，价格便宜，使用方便；对气体浓度变化时的响应快；即使在低浓度（3 000 mg/kg）下，灵敏度也很高。其缺点在于：稳定性差，老化较快，气体识别能力不强，各器件之间的特性差异大等。

2. 非电阻型气敏器件

1）二极管气敏传感器

这种传感器可用来检测氢气。

2）MOS 二极管气敏器件

金属-氧化物-半导体（MOS）二极管的结构和等效电路如图 6-5 所示。

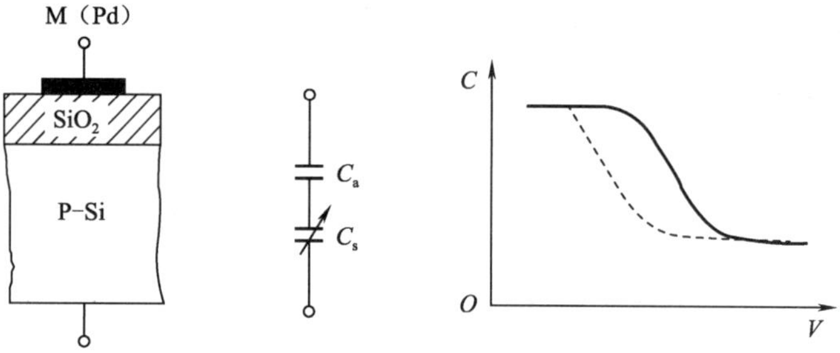

图 6-5　金属-氧化物-半导体（MOS）二极管的结构和等效电路

MQN 型气敏半导体器件是由塑料底座、电极引线、不锈钢网罩、气敏烧结体以及包裹在烧结体中的两组铂丝组成。一组铂丝为工作电极，另一组（图 6-6 中的左边铂丝）为加热电极兼工作电极。

气敏电阻工作时必须加热到 200～300 ℃，其目的是加速被测气体的化学吸附和电离的过程并烧去气敏电阻表面的污物（起清洁作用）。MQN 型气敏电阻结构及测量电路如图 6-6 所示，气敏电阻外形如图 6-7 所示。

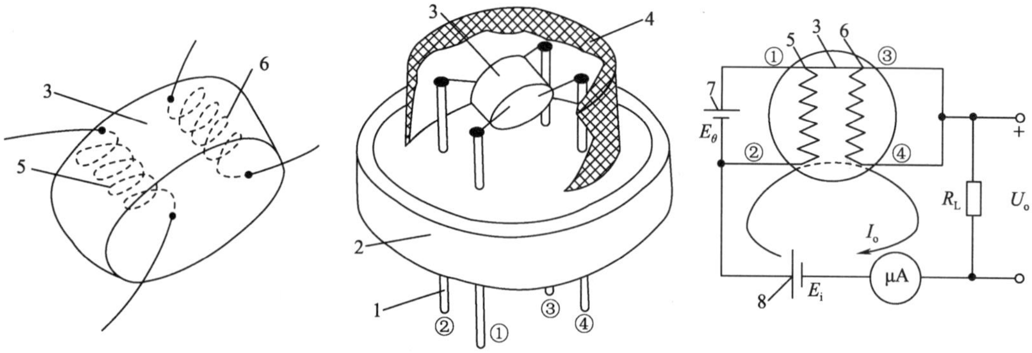

（a）气敏烧结体　（b）气敏电阻外形　（c）基本测量转换电路

图 6-6　MQN 型气敏电阻结构及测量电路

1—引脚；2—塑料底座；3—烧结体；4—不锈钢网罩；5—加热电极
6—工作电极；7—加热回路电源；8—测量回路电源

图 6-7　气敏电阻外形

3. 半导体气敏元件的特性参数

1）气敏元件的电阻值

电阻型气敏元件在常温下洁净空气中的电阻值。

2）气敏元件的灵敏度

（1）电阻比灵敏度：

$$K=\frac{R_a}{R_g} \tag{6-1}$$

（2）气体分离度：

$$\alpha=\frac{R_{c1}}{R_{c2}} \tag{6-2}$$

（3）输出电压比灵敏度：

$$K_V=\frac{V_a}{V_g} \tag{6-3}$$

（4）气敏元件的分辨率。表示气敏元件对被测气体的识别（选择）以及对干扰气体的抑制能力。

（5）气敏元件的响应时间。表示在工作温度下，气敏元件对被测气体的响应速度。

（6）气敏元件的恢复时间。表示在工作温度下，被测气体由该元件上解吸的速度，一般从气敏元件脱离被测气体时开始计时，直到其阻值恢复到在洁净空气中阻值的63%时所需时间。

（7）初期稳定时间。

（8）气敏元件的加热电阻和加热功率。

气敏半导体的灵敏度特性曲线如图6-8所示。

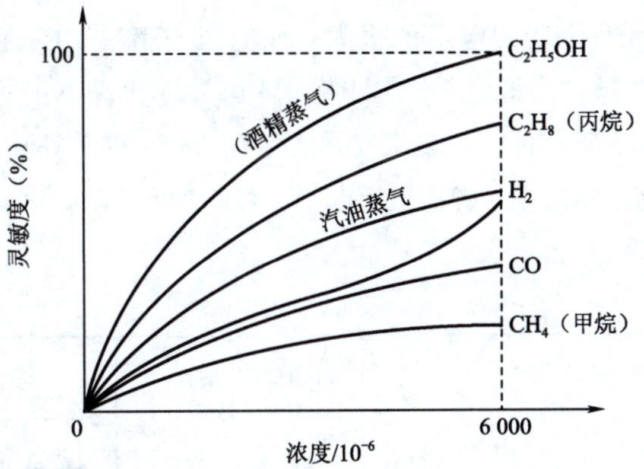

图6-8 气敏半导体的灵敏度特性曲线

二、红外吸收式气敏传感器

1. 测量原理

光是由一系列单色光组成，红外光即是由一系列处于红外频率的单色光组成。大部分非对称双原子和多原子分子气体（如 CH_4、H_2O、NH_3、CO、C_2H_2、SO_2、NO 和 NO_2 等）在红外区都有自己特征频率的吸收频率。每种气体都有吸收自己对应频率红外光能量的性质，气体吸收红外光最强的频率就称作该气体的特征吸收频率。

光线能量减弱的程度与气体浓度和光线在气体中经过的路程成比例，而这个关系服从朗伯-比尔定律。

$$I = I_0 e^{-\mu CL}$$

式中：μ——气体吸收系数；

C——待测气体浓度；

L——光程长度。

光强在气体介质中随浓度及厚度按指数规律衰减。吸收系数取决于气体特性，各种气体的吸收系数互不相同。对同一气体，吸收系数则随入射波长而变。若吸收介质中含多种吸收气体，则式（6-5）应改为

$$I = I_0 e^{-\sum \mu_i c_i}$$

2. 优点分析

（1）选择性好；

（2）不易受有害气体的影响而中毒、老化；

（3）响应速度快、稳定性好；

（4）防爆性好；

（5）信噪比高，使用寿命长，测量精度高；

（6）应用范围广。

三、简易室内有害气体检测和报警电路的设计

简易室内有害气体检测和报警电路原理图如图 6-9 所示。正常情况下，即没烟雾等有害气体泄漏时，气敏元件 MQ 的电阻值很大，该电阻与 R3、RP1 组成分压电路，使 IC1（NE555）的触发端（2 脚）为低电平，输出端（3 脚）输出高电平，继电器不吸合，不报警。当气敏元件检测到有害气体时（如煤气、液化石油气、烟雾等）气敏器件的内阻减小，NE555 的 2 脚电压升高，输出端 3 脚输出低电平，蜂鸣器和 LED2 得电发出声光报警，同时继电器吸合，模拟风扇开始排风。

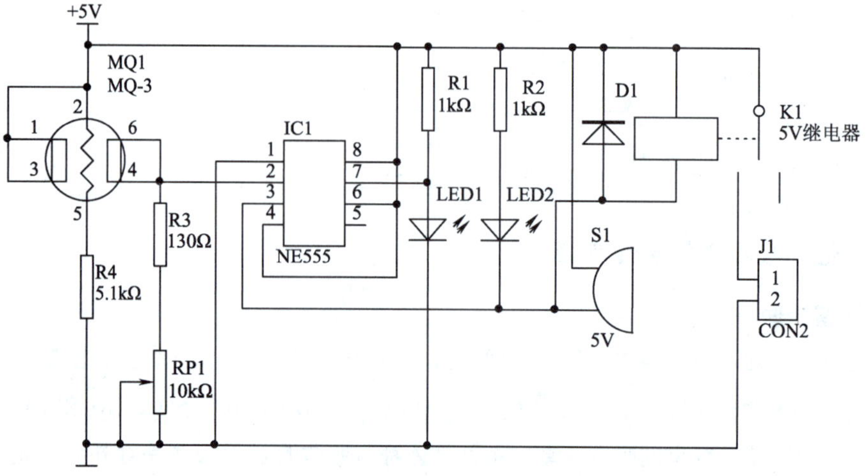

图 6-9　简易室内有害气体检测和报警电路原理图

项目实施

一、简易室内有害气体检测和报警电路的绘制

使用 Protel 99 SE 绘制完成图 6-9 所示的原理图。

二、元器件选择

项目一的元器件清单表如表 6-1 所示。

表 6-1　项目一元器件清单表

元器件序号	元器件名称	元器件型号与规格	元器件参数	数量
IC1	集成电路	LM555/DIP8		1
R1～R2	电阻器	碳膜电阻器，功率 0.25W	1kΩ	1
R3	电阻器	碳膜电阻器，功率 0.25W	130Ω	1
R4	电阻器	碳膜电阻器，功率 0.25W	5.1 kΩ	1
RP1	可调电阻		10 kΩ	1
LED1	发光二极管	5mm 红		1
LED2	发光二极管	5mm 绿		1
D1	二极管	1N4007		1
S1	蜂鸣器	5V		1
K1	继电器	5V，2A		1
MQ1	气敏传感器	MQ-2、MQ-4、MQ-5、MQ-6、MQ-8		5
J1	插座	3.5mm		1
J2	5V 电源插座	5V 稳压电源		1

三、印制电路板设计

使用 Protel 99 SE 绘制的简易室内有害气体检测和报警电路的印制电路板图为单面板，如图 6-10 所示。图 6-10（a）为元件面，图 6-10（b）为焊接面。

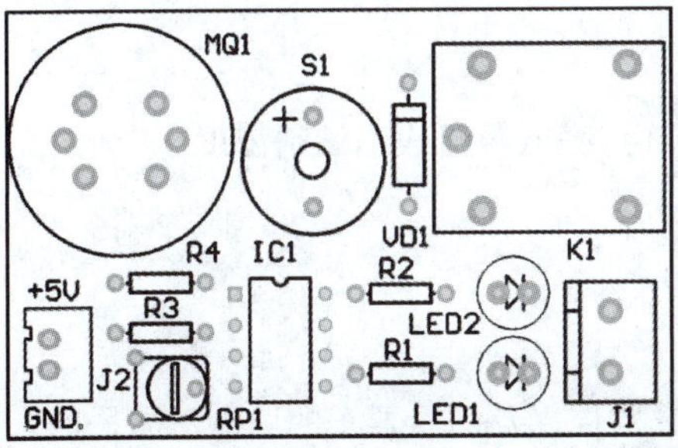

（a）元件面

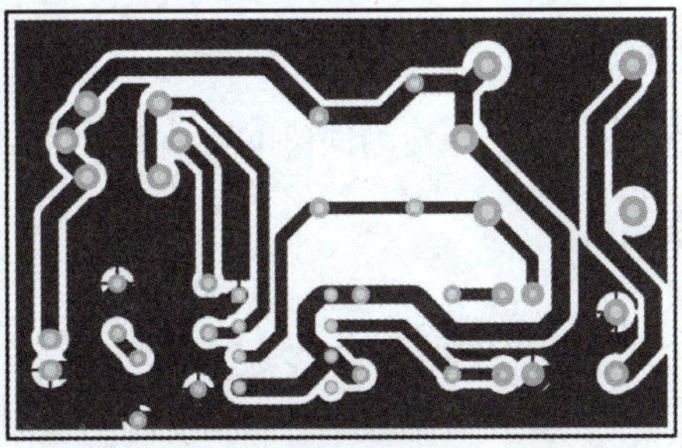

（b）焊接面

图 6-10　简易室内有害气体检测和报警电路的印制电路板图

四、电路调试

此电路相对简单，只要安装无误，就能正常工作，调试时通电 2～3min 待电路稳定后，将打火机或其他气源置于气敏传感器附近，调节 RP 使继电器动作，红灯亮，蜂鸣器发出声响即可。分别接入 MQ-2、MQ-4、MQ-5、MQ-6、MQ-8 可测试不同气体的检测情况。

项目拓展与评价

一、训练题目与要求

利用多种气敏传感器，设计制作一个气体种类识别器，要求用 3～5 个 LED 表示气体种类。

二、考核与评价

考核与评价标准见表 6-2。

表 6-2 项目一考核与评价标准

考核内容	完成项目实施内容	完成训练
成　　绩	50	50

思考与习题

1. 简述半导体气敏传感器的分类？
2. 电阻型气敏器件为什么都附有加热器？
3. 简述红外吸收式气敏传感器的测量原理？

项目二　酒精测试仪电路的设计

项目说明

设计制作一个酒精测试仪电路，要求用 LED 点亮的数目表示酒精浓度。

相关知识

一、酒精检测的意义

从工厂企业到居民家庭，酒精泄漏的检测、监控以及酒后驾车的监测对居民的人身和财产安全都是十分重要且必不可少的。同时，随着我国经济的高速发展，人民的生活水平迅速提高，越来越多的人有了自己的私家车，酒后驾车是导致交通事故的一个主要因素，有资料显示，我国近几年发生的重大交通事故中，有将近三分之一是由酒后驾车引起的。由于人们安全意识增强，对环境安全性和生活舒适性要求的提高，为了防止机动车驾驶人员酒后驾车，现场实时对人体呼气中酒精含量的检测已日益受到重视，酒精浓度测试仪逐渐得到广泛应用。此外，其也可应用于食品加工、酿酒等需要监控空气中酒精浓度的场合。

二、酒精传感器的选择

市面上用得最广的酒精传感器是 MQ–3 酒精传感器。

MQ–3 酒精传感器可以应用于机动车驾驶人员及其他严禁酒后作业的现场检测，也用于其他场所乙醇蒸气的检测。其技术特点为：

- 对乙醇蒸气有很高的灵敏度和良好的选择性；
- 响应恢复快速；
- 寿命长、可靠性高；
- 简单的驱动回路。

MQ–3 酒精传感器灵敏度曲线如图 6–11 所示，其传感原理为气敏电阻的输出阻值随酒精气体等浓度变化而变化。

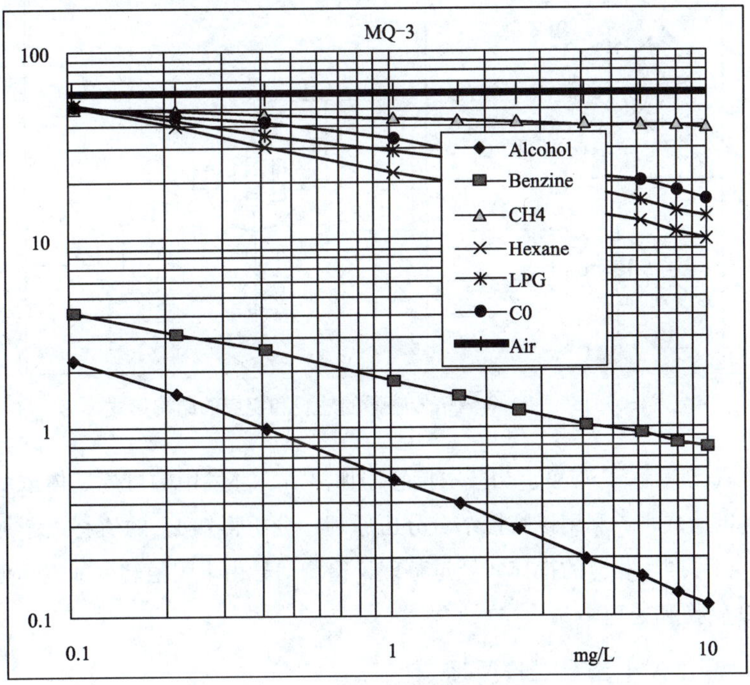

图 6–11 MQ–3 酒精传感器灵敏度曲线

传感器输出电压与酒精浓度的关系：

通过测量 MQ–3 输出信号同酒精浓度为近似的线性关系，如图 6–12 所示。

MQ–3 气敏传感器的外观和相应的结构形式如图 6–13 所示，它由微型氧化铝陶瓷管、氧化锌敏感层、测量电极和加热器构成，敏感元件固定在塑料或不锈钢制成的腔体内，加热器为气敏元件提供了必要的工作条件。封装好的气敏元件有 6 个引脚，其中 4 个引脚用于信号取出，2 个引脚用于提供加热电流。

图 6-13 中①、②、③分别表示 MQ-3 酒精传感器的引脚排布图、引脚功能图、使用接线图。其中 H-H 表示加热极（如 5V），A-A、B-B 传感器表示敏感元件的 2 个极，③中“V”为传感器的工作电压，同时也是加热电压。

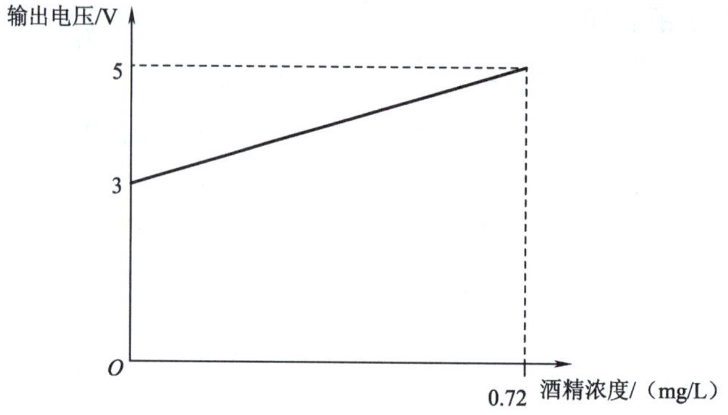

图 6-12　酒精浓度同输出电压的近似关系

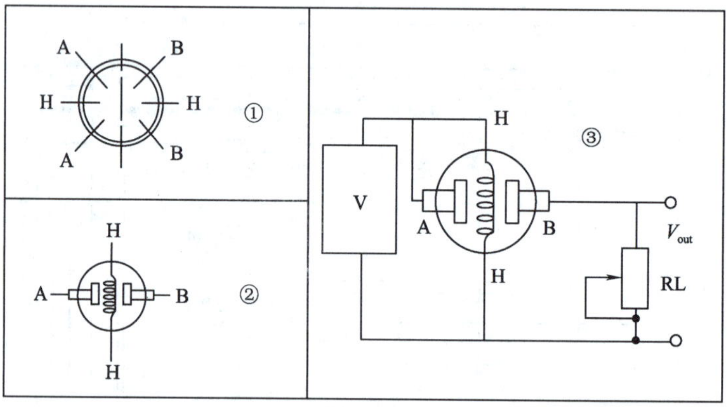

图 6-13　MQ-3 酒精传感器的外观和相应的结构形式

加热电压取交直流 5V 均可。当气敏传感器加热后，环境中的可燃气体浓度加大时，传感器的内阻将迅速减小，利用该特性结合分压原理，分析得知 V_{out} 的值将逐渐加大，当超过设定的阈值时，可产生相应的操作。经过整理，检测信号由电阻值转变成电压值，便于后续电路进行 A/D 转换和处理。

三、酒精测试仪电路及工作原理

酒精测试仪电路原理图如图 6-14 所示。可测试饮酒者的醉酒程度。图 6-14 中采用对酒精有较高灵敏度的 MQ-3 气敏传感器，LM3914 是 LED 显示驱动集成电路。传感器的负载为电阻 R1 及可调电阻 RP1。当无酒精蒸气时，气敏电阻的阻值很大，负载获得的电压很低，即对外输出电压很低，LED 不点亮；当有酒精蒸气时，随着酒精蒸气浓度的增加，气敏电阻值减小，其输出电压上升，则 LM3914 的 LED（共 10 个）点亮数目也随之增加。测试时，人只要向传感器呼一口气，根据 LED1～LED10 点亮的情况与数目可知其是否喝酒，并可大致了解饮了多少酒，确定被试者是否适宜驾驶车辆。

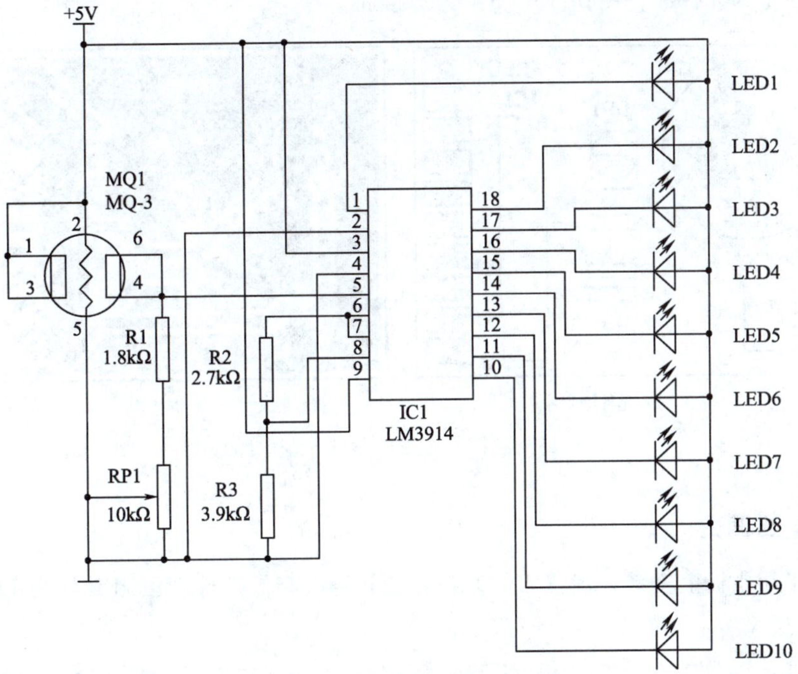

图 6-14 酒精测试仪电路原理图

项目实施

一、酒精测试仪电路的绘制

使用 Protel 99 SE 绘制完成图 6-14 所示的原理图。

二、元器件选择

项目二的元器件清单如表 6-3 所示。

表 6-3 元器件清单表

元器件序号	元器件名称	元器件型号与规格	元器件参数	数量
MQ1	酒精传感器	MQ-3		1
IC1	集成电路	LM3914		1
R1	电阻器	碳膜电阻器，功率 0.25W	1.8kΩ	1
R2	电阻器	碳膜电阻器，功率 0.25W	2.7kΩ	1
R3	电阻器	碳膜电阻器，功率 0.25W	3.9kΩ	4
RP1	电位器	精密电位器	20kΩ	1
LED1～LED5	发光二极管	ϕ5mm 红色发光二极管		5
LED6～LED10	发光二极管	ϕ5mm 绿色发光二极管		5
J1	5V 电源插座	5V 稳压电源		1

三、印制电路板设计

使用 Protel 99 SE 绘制的酒精测试仪电路的印制电路板图为单面板，如图 6-15 所示。

图6-15（a）为元件面，图6-15（b）为焊接面。

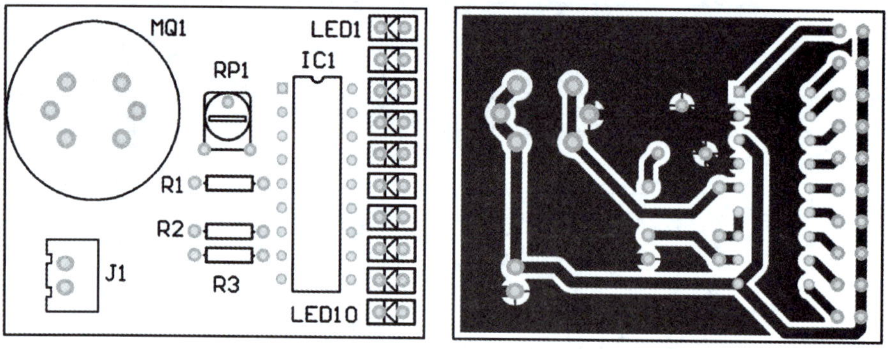

（a）元件面　　（b）焊接面

图6-15　酒精测试仪电路的印制电路板图

四、电路调试

（1）在万能板上安装、焊接LM3914集成电路插座，将外围电阻元件与LED连接并焊接。

（2）加上5V的直流电压，用万用表电压挡测试LM3914集成电路插座的5脚电压，将装有酒精的小瓶瓶口靠近传感器，观察此电压的变化。

（3）断开电源，插上LM3914集成电路，再将酒精瓶口靠近传感器，观察LED1～LED10点亮的情况。反复将酒精瓶口靠近、远离传感器，观察LED1～LED10的变化。

项目拓展与评价

一、训练题目与要求

利用单片机、LCD与MQ-3制作酒精浓度测试仪。

二、考核与评价

考核标准见表6-4。

表6-4　项目三考核与评价标准

考核内容	完成项目实施内容	完成训练
成　　绩	50	50

思考与习题

简述半导体气敏器件的分类和它们有代表性的被测气体分别是什么？

模块七

磁敏传感器及其应用

磁敏传感器，顾名思义就是感知磁性物体（或者磁场）的存在，电磁学是一门久远并不断出新的技术。时至今日，磁敏传感器技术已应用在家庭自动化、工业控制、汽车、医疗、交通、测量等广泛领域，实现对位置、速度、转速等物理量的测量，以及电路控制（开关）等功能，是现代生活中必不可少的基础器件之一。

磁敏传感器的种类包括：霍尔元件、磁敏电阻、磁敏二极管、磁敏晶体管、干簧管等类型的器件，它们的工作原理不同，响应磁场的方式和灵敏度也不同。应用时，应根据实际环境和器件特性，选择合适的器件。

磁敏传感器器件主要生产商：Honeywell（霍尼韦尔）、Infineon（英飞凌）、ALLEGRO、Ti（得州仪器）、AKM（旭化成）、南京新捷中旭等厂商。

本模块主要学习磁敏传感器的基本原理及其应用。

知识点

磁场的概念及磁场的产生方法；

磁敏传感器的结构、工作原理及特点；

常用磁敏传感器驱动电路的工作原理；

使用霍尔元件测量电机转速电路的工作原理；

电子指南针电路（使用磁阻元件）的工作原理。

技能点

磁敏传感器的选用、调试；

测量电机转速电路的安装、调试；

电子指南针电路（使用磁阻元件）的安装、调试。

教学法

本模块主要采用实训为主，讲授为辅的教学方式完成课程教学。教师的主要任务是，将项目的基本知识及关键步骤讲授给学生；学生以自主学习为主，并进行实际项目实训，来达到学习目的。在实训过程中，教师进行辅导及在项目完成后进行总结。

项目一　使用霍尔元件测量电机转速电路的设计

项目说明

自动化机电设备的动力多来自电动机，因此对电机转速的控制，成为自动控制系统中必不可少的部分。要想实现对电机的控制，测量其转速是关键，利用霍尔元件可以简单、可靠且低成本地解决转速测量问题，实践中得到广泛应用。

相关知识

一、概述

磁场包围着生活在地球上的每一个人。随着人类对磁现象的深入了解，不断有新的利用磁场的技术出现，磁敏传感器就是其中的典型例子。它的诞生，不仅仅提高了人们的生活质量，有时甚至是革命性的。例如，中国古代四大发明之一的司南（指南针）。使用霍尔元件测量电机转速电路包括三部分：直流电机转速调整部分、转速数据采集部分、数据处理及显示部分。

二、磁场的基本性质

1. 磁场的主要特性

1）磁极

每一个磁体的磁性都有最强的部位，这个部位称作该磁体的磁极，一个磁体无论其体积有多么小，都会有两个磁极。可以在水平面内自由转动的磁体，静止时总是一个磁极指向南方，另一个磁极指向北方，指向南方的叫作南极（S 极），指向北的叫作北极（N 极）。磁极之间呈现同性磁极相互排斥、异性磁极相互吸引的现象。

2）磁场方向及磁感线（磁力线）

磁场是一种看不见、摸不着的特殊物质，磁场不是由原子或分子组成的，但磁场是客观存在的。磁场具有波粒的辐射特性。磁体周围存在磁场，磁体间的相互作用就是以磁场作为媒介的，所以两磁体不用接触就能发生作用。磁场的强弱和方向可以用假想的磁感线（磁力线）来描绘，如图 7-1 所示。

磁场的磁感线（磁力线）有以下特征：

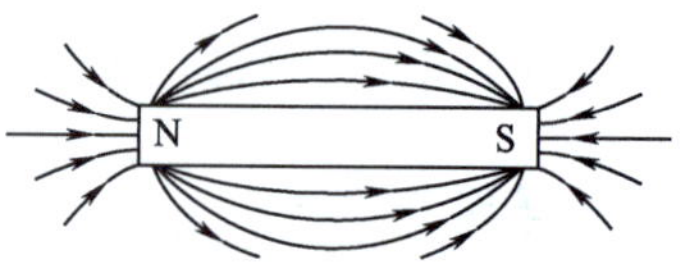

图 7-1　磁体及磁感线

- 磁感线（磁力线）是有方向的，在磁体外部磁感线（磁力线）的方向是由 N（北）极出发再回到 S（南）极，而在磁体内部，方向是 S 极指向 N 极。
- 磁感线（磁力线）的疏密表示了磁场的强弱，某点的磁场方向为该点的切线方向。

- 磁感线（磁力线）总是闭合的。
- 磁感线（磁力线）互不相交，而且有相互排斥的特点。

3）*磁场强度*

磁场强度的定义有两个，即磁场强度 H 和磁感应强度 B。

（1）磁场强度

单独由电流或者运动电荷所引起的磁场，其强度用磁场强度 H 来表示，其单位为安/米（A/m）。

（2）磁感应强度

在均匀磁介质的情况下，若将介质由于磁化（因外磁场作用）而产生的磁场（内部）包括在内时，这个总磁场则用磁感应强度 B 表示，其单位为特［斯拉］（T）。常用的单位还有高斯（Gs），$1T=10^4Gs$。

通常情况下，如果不特殊指明，描述磁场强度时，使用的是磁感应强度概念。

4）*磁通*

在磁感应强度为 B 的均匀磁场中，有一个面积为 S，且与磁场方向垂直的平面，则 B 与 S 的乘积称为磁通量，用 Φ 表示，$\Phi=B\cdot S$；单位为［韦伯］（Wb）。

2. 磁场的产生

1）*一般的永久磁铁*

其附近的磁感应强度：0.4～0.7 T。

2）*人造磁铁（汝铁硼）*

其附近的磁感应强度：1～1.5 T。

3）*通电线圈*

普通线圈附近的磁感应强度：0.8～1.4 T。

超导线圈附近的磁感应强度：10 T。

4）*地磁场*

地磁场 $\approx 5\times10^{-5}$T（0.5 Gs）。

三、认识霍尔元件

1. 霍尔元件基本原理

1）*霍尔效应*

金属或半导体薄片置于磁感应强度为 B 的磁场中，磁场方向垂直于薄片。当有电流 I 流过薄片时，在垂直于电流和磁场的方向上将产生电动势 E_H，这种现象称为霍尔效应。E_H 称为霍尔电动势，如图 7-2 所示。

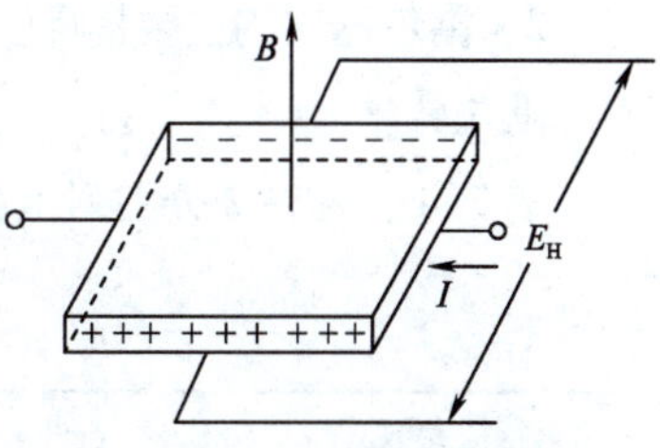

图 7-2 霍尔效应原理图

2）*霍尔元件*

霍尔元件由霍尔片、四根引线和壳体组成的，其结构示意图、图形符号和元件外形如图 7-3（a）(b)(c) 所示。

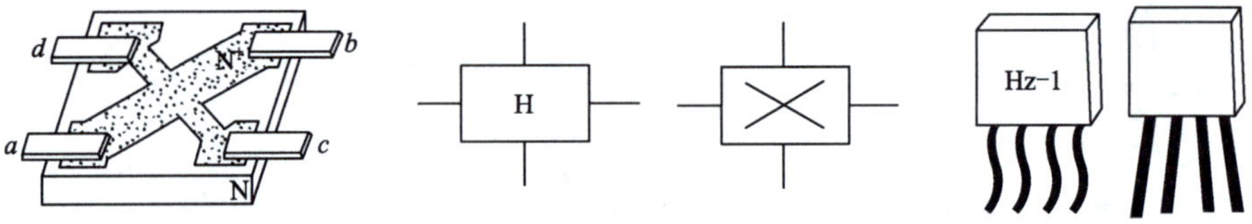

（a）结构示意图　　（b）图形符号　　（c）元件外形

图 7-3　霍尔元件

3）霍尔器件（集成电路）

随着微电子技术的发展，将霍尔元件与外围电路集成化，构成霍尔器件。以霍尔效应为基础的磁敏传感器，通常是由霍尔器件形式提供。其内部模块图、器件外形图和图形符号如图 7-4 所示。

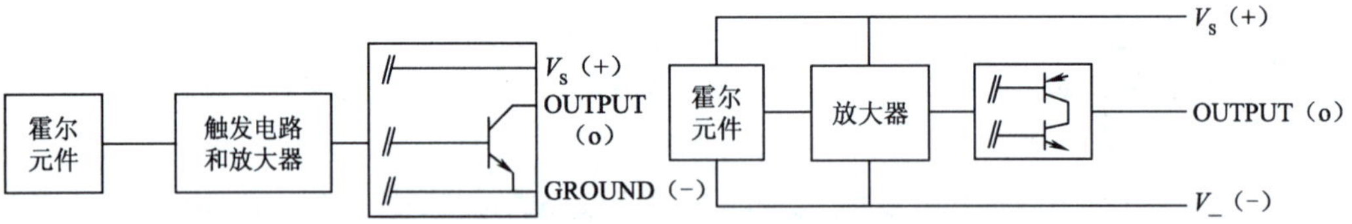

（a）内部模块图

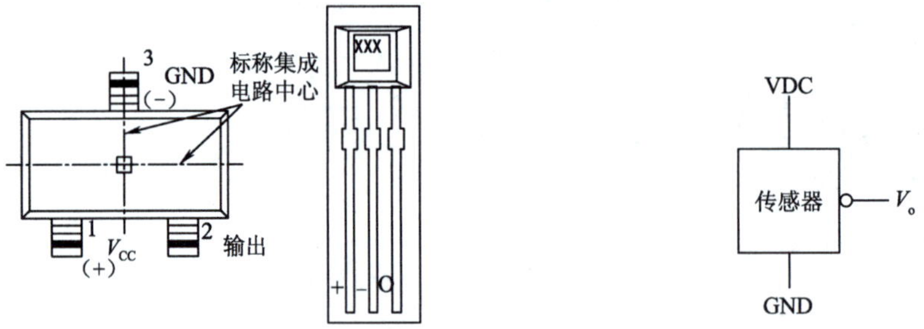

（b）器件外形图　　（c）图形符号

图 7-4　霍尔器件图

这些器件通常分成两类：

① 霍尔线性器件：输出信号为模拟量，具有精度高、线性度好等特点。

② 霍尔数字（开关）器件：输出信号为数字量，具有无触点、无磨损、输出波形清晰、无抖动、无回跳等优点。数字型（开关）器件有根据多磁场的响应情况，分为单极型器件、双极性器件和全极型器件。

2. 霍尔器件的主要指标

电气特性

表 7-1、表 7-2 分别列出霍尔线性器件和霍尔数字（开关）器件的主要参数。

表 7-1　霍尔线性器件操作特征参数

特征参数	条件	最小值	典型值	最大值	单位
输出形式	—	线性，电流源			—
磁场类型	—	模拟			—

续表

特征参数	条件	最小值	典型值	最大值	单位
供电电压	—	2.7	—	6.5	V
供电电流	25℃	—	6	10	mA
输出电压	—	1.0	1.4	1.75	mV/Gs
输出电流	V_S > 3.0V	1.0	1.5	—	mA
零位	0 Gs，25℃	2.25	2.50	2.75	V
输出电压范围		1.05V～ (V_S-1.05V)	0.95V～ (V_S-0.95V)	—	V
磁场范围	—	±650	±1 000	—	Gs
灵敏度	25℃	1.0	1.4	1.75	mV/Gs
工作温度	—	-40	—	100	℃
温度误差： 零漂	—	-0.10	—	0.10	%/℃
灵敏度变化	≥25℃ <25℃	-0.15 -0.04		0.05 0.185	
线性度	—	—	-0.7	—	%（范围）
响应时间	—	—	3		μs

注1：表中列出了以 Honeywell 公司 SS39ET/SS49E/SS59ET 为例的霍尔线性器件主要参数。

注2：除有特别说明外，其他操作参数为 V_S = 5.0V，T_A = -40～85℃

表 7-2 霍尔数字（开关）器件操作特征参数

特征参数	工作条件	最小值	典型值	最大值	备注
磁驱动类型	单级/双极/全极				
供电电压		3.8 V	—	30 V	—
电流损耗		—	—	10 mA	—
供电电流	25℃，V_S = 5V	—	6.5 mA	—	—
输出电压（工作）				0.40 V	sinking， 20 mA
输出电流（工作）				20 mA	—
输出漏电电流（释放）				10μA	—
输出开关时间： 上升：10%～90% 下降：90%～10%		— —	0.05μs 0.15μs	1.5μs 1.5μs	V_{CC} = 12 V， R_L = 1.6 kΩ， C_L = 20 pF

注：表 7-2 是以 Honeywell 公司 SS400 Series 为例的霍尔数字（开关）器件主要参数。

3. 霍尔器件的选择

霍尔器件的使用方便性和可靠性都要比霍尔元件有较大的提高，在通常的使用中，应首选霍尔器件。器件选择时，要根据使用环境选择线性类器件还是数字（开关）类器件，再根据表 7-1 或表 7-2 提供的参数类型，根据工作条件，对照器件的数据手册，选择适当的器件。由于霍尔器件为磁敏性传感器，对磁场的分布敏感，选择器件时，还要注意器件对磁场方向是否敏感。对器件的封装类型，也要注意它们的异同，确定其适用于所应用的环境。

本电路中选用霍尼韦尔公司的器件 SS413A。该器件为数值式霍尔传感器，对磁场的响应为双极性（对 N、S 极均响应），响应速度快；输出电平型信号，且采用灌流（sinking）的方式。参见表 7-2。使用钕铁硼磁铁（圆片状 8mm × 0. 6mm）产生磁场。

四、电机转速测试电路及其原理

1. 直流电机驱动与调速

工业化的生产设备的动力多来自电动机，电动机分为交流电动机和直流电动机，直流电动机又分为有刷电动机和无刷电动机。当设备的动力需要改变时，通常是通过改变电机速度来实现的。因此，能够及时准确地获得电机的转速，是现代控制系统必不可少的部分。

电机转速测试电路的原理图如图 7-5 所示。

本电路选择直流有刷电机。这类电机简单，实用，成本低，其转速及稳定性能够满足测速要求。转速控制也很方便，改变工作电压或使用脉冲宽度调制（PWM）驱动，都可以改变电机转速。本电路采用后者，可以方便地调节电机转速，转速较稳定，为测量提供必要环境。

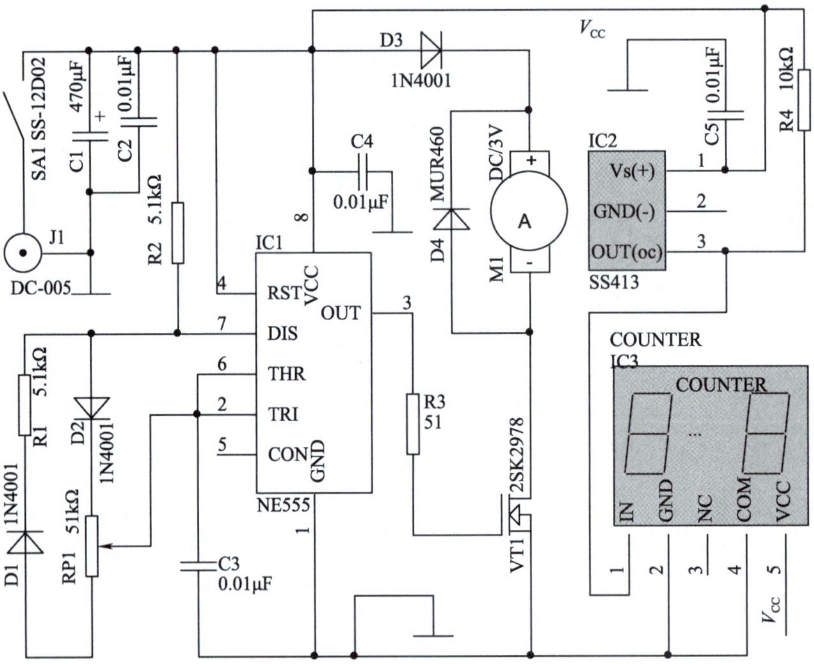

图 7-5　电机转速测试电路原理图

该电路的电机驱动部分由 NE555 时基电路组成的 PWM 电路及功率驱动电路组成。时基电路的频率由 R1、R2、RP1、C3 及 NE555 等器件组成，构成无稳态多谐振荡器，其工作频率计算公式为

$$f=\frac{1}{T}=\frac{1.44}{(R_1+R_2+R_{P1})C_3} \tag{7-1}$$

在本电路的参数下，NE555 的输出频率约为 2.35kHz。

通过调节 RP1，可改变其占空比，从而实现 PWM，用于控制电机的速度。由于 NE555 电路的驱动能力有限，需要外接驱动电路和释流保护电路，以便电路能可靠稳定地工作。驱动部分由 VT1（NMOS 型管）及 D3、D4（快恢复整流二极管）构成。

2. 霍尔器件电路

工作电压使用 +5V。由于 SS413A 的输出端使用灌流的方式提供电源，因此需要将输出端通过一个 10kΩ 电阻连接到工作电源上。

3. 转速测量电路

转速测量电路由频率计模块完成，可根据测量范围和精度要求来选择。也可以使用专用频率计来替代。频率计模块的输入采用脉冲输入方式，能较好地与霍尔器件的输出相配合，完成对电机转速的测量工作。

本电路需要外接直流 5V/2A 电源，纹波系数不大于 100mV。

项目实施

一、使用霍尔元件测量电机转速电路的绘制

使用 Protel 99 SE 绘制完成图 7-5 所示的原理图。

二、元器件选择

M1 选用 130 型直流有刷电机，工作电压为 3 V；C1 选用耐压值为 25 V 的铝电解电容器，C2～C5 均选用独石电容器；Dl～D3 均选用 1N4001 型硅整流二极管；IC1 选用 NE555 型时基集成电路。R1～R4 均选用 1/4W 碳膜电阻器；RP1 选用普通电位器；频率计模块使用 6 位显示的类型；电源插座采用 DC 插座（5.5 mm/2.5 mm）；电源开关采用单刀单掷钮子开关。

项目一的元器件清单表如表 7-3 所示。

表 7-3 项目一元器件清单表

元器件序号	元器件名称	元器件型号与规格	元器件参数	数量
M1	电机	130 型直流电机，工作电压 3V		1
C1	铝电解电容器	电解电容器，耐压值 25V	470μF	1
C2～C5	电容器	独石电容器	0.01μF	4
D1～D3	二极管	1N4007 硅整流二极管		3
D4	二极管	MUR460 快恢复二极管		1
IC1	集成电路	NE555/DIP8		1
IC2	集成电路	SS413A 霍尔器件		1
IC3	频率计模块	YM5135-FR	6 位	1
R1～R2	电阻器	碳膜电阻器，功率 1/4W	5.1kΩ	2
R3	电阻器	碳膜电阻器，功率 1/4W	56Ω	1

续表

元器件序号	元器件名称	元器件型号与规格	元器件参数	数量
R4	电阻器	碳膜电阻器，功率 0.25W	10kΩ	1
RP1	电位器	16mm 金属柄（R16SNBB2）	51kΩ	1
J1	直流插座	DC-005 电源插座	5.5mm/2.5mm	1
SA1	波动开关	SS-12D02	单刀单掷	1
VT1	晶体管	2SK2978	低 V_{GS}	1
	磁铁	钕铁硼		1
	圆片	亚克力（中心带孔）	50mm/1mm	1

三、印制电路板设计

使用 Protel 99 SE 绘制的测量电机转速电路的印制电路板图为双面板，如图 7-6 所示。图 7-6（a）为元件面，图 7-6（b）为焊接面。

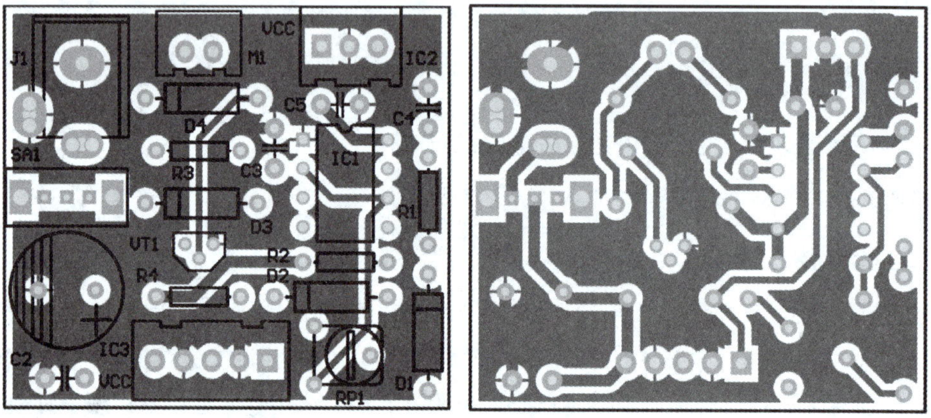

（a）元件面　　（b）焊接面

图 7-6　测量电机转速电路的印制电路板图

四、电路调试

此电路相对简单，只要安装无误，就能正常工作，调试时可以在 NE555 的 3 脚接示波器，看是否产生约 2kHz 的矩形波；通过调节 RP1，观察上述信号的占空比是否可以改变。通过调整 R1、R2 的阻值或 C2 的容量，可以改变多谐振荡器的工作频率。直到频率符合要求。

项目拓展与评价

一、训练题目与要求

由式（7-1）可知，可以通过改变 R1、R2、PR1、C1 的值来改变电路的工作频率。通过实验，找到一个最佳的工作频率，即电路工作在该频率下，脉冲宽度的改变，能有效地控制电机的转速，且电机工作平稳。

二、考核与评价

考核与评价标准见表7-4。

表7-4 项目一考核与评价标准

考核内容	完成项目实施内容	完成训练
成 绩	50	50

思考与习题

1. 如何表述磁场？常用的强弱表示方法及度量单位是什么？
2. 什么是霍尔效应？
3. 霍尔器件的主要参数是什么？

项目二 电子指南针电路（使用磁阻元件）的设计

项目说明

设计制作一个使用磁阻元件HMC1021构成的简易测量地理方向（罗盘）电路，它在工作时能准确地指示南方，既可以代替传统的机械式指南针，也可以通过适当的电路改进（如使用三轴传感器），进行精确的方位测量，应用于精确导航等领域。

相关知识

一、地球磁场简介

1. 地球磁场（简称“地磁场”）

地磁场：地球周围存在的磁场，该磁场的两磁极，分别为位于地理北极附近的S极和位于地理南极附近的N极，但不与地理南北极重合，磁轴与地球自转轴的夹角现在约11.5°。1980年实测的地磁北极位于北纬78.2°、西经102.9°（加拿大北部），磁南极位于南纬65.5°，东京139.4°（南极洲）。通过长期观测证实，地磁极围绕地理极附近，进行着缓慢的迁移。地磁场如图7-7所示。

在地球表面的任意点，地磁场可以用其大小和方向描述，并且可以通过测量，获得其具体值。

2. 地球磁场参数与测量

在地球的表面某地点的磁场，可以用以下参数描述，这些参数之间的关系如图7-8所示。

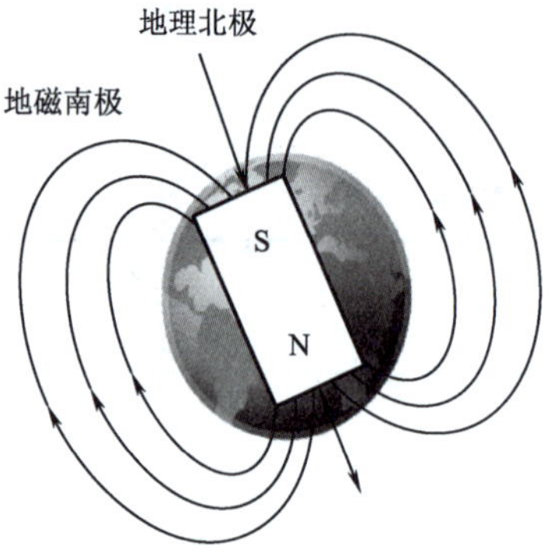

图 7-7　地球磁场示意图

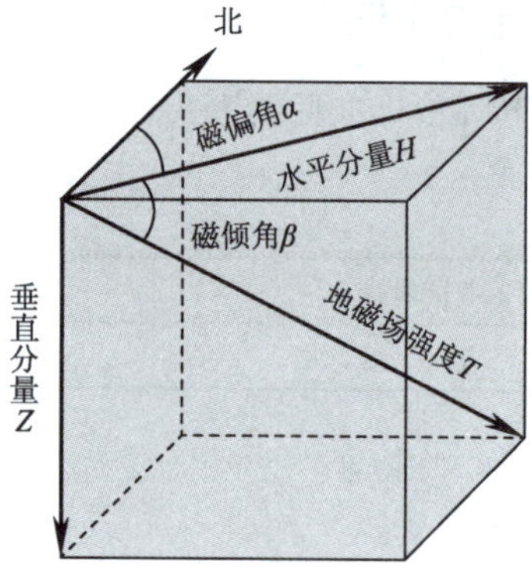

图 7-8　地球的磁场强度矢量及地磁要素

1）*总磁感应强度 T*

地球表面某点的总磁感应强度。这是一个矢量，其矢量线不与水平面重合。

2）*水平磁感应强度 H*

总磁感应强度 T 在水平面上的分量，$H = T\cos\beta$。

3）*垂直磁感应强度 Z*

总磁感应强度 T 在垂直方向上的分量，$Z = T\sin\beta$。

4）*磁偏角 α*

水平磁感应强度 H 与地理北极向的夹角。对于给定位置，可以通过查找有关资料获取。

5）*磁倾角 β*

总磁感应强度 T 与水平面的夹角。对于给定位置，可以通过查找有关资料获取。

6）*水平 X 分量 H_x（北向）*

水平磁感应强度 H 在水平面北向上的分量，$H_x = H\cos\alpha$。

7）*水平 Y 分量 H_y（东向）*

水平磁感应强度 H 在水平面东向上的分量，$H_y = H\sin\alpha$。

3. 水平面上地理方向测量

本设备只是为了找到水平面上地理方向，因此，假定本设备始终保持水平放置，从而可以忽略垂直方向上的磁场变化，但对于以较高速度移动的物体，特别是在空中运动的物体（如飞机），很难始终保持水平位置，此时的需要对垂直磁感应强度 Z 进行测量，才可以得到准确的方向。

建立平面直角坐标，其中，x 轴指向地理东向，y 轴指向地理北极，A 为物体的前进方向，θ 为 H 与 A 的夹角，称为方位角，只要测出该方位角，即可得出物体的运动方向。水平磁感应强度 H 与物体的运动方向（指向）关系如图 7-9 所示。

通过磁阻传感器，分别测出水平磁感应强度 H，在前进向的磁场分量 H_F 和前进右向磁场分量 H_R，便可以计算出方位角 θ，

$$\theta = \arctan(H_R/H_F) \times 180°/\pi - \alpha(°)$$

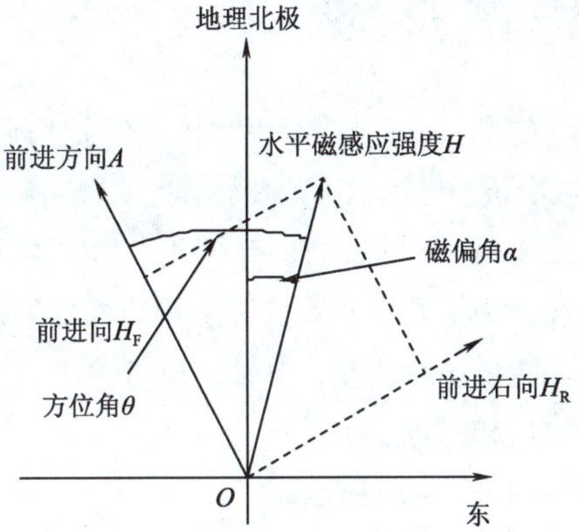

图 7-9 水平面磁场强度矢量图

由此，可以确定前进方向。当精度要求不高时，可以忽略磁偏角 α 的大小，此时，

$$\theta = \arctan(H_R/H_F) \times 180°/\pi \ (°)$$

本项目中使用单只磁阻传感器，只能测出所在地的前进方向磁场 H_F 大小，不能通过计算获得方位角 θ，但可以通过改变方位角的大小（水平旋转），找到水平磁感应强度最强的方向，该方向即为水平磁感应强度 H 的方向，当忽略磁偏角 α 时，此方向即为地理方向。

二、HMC1021、AD623、TLV431 集成电路的功能

集成电路 HMC1021 是霍尼韦尔公司设计生产的一种单轴各向异性磁阻（AMR）器件，是一种具有灵敏度高，安装使用方便、可靠，价格低廉等特性的一种磁场强度传感器，可用于磁场测量、方位测试导航等领域。集成电路 AD623 是集成运算放大器，采用独立设计，可单、双电源供电，使用单电阻即可调节电压放大倍数，线性度好。这些优点，使其常用于传感器接口、数据采集等仪表设备的差分输入型前置放大器。集成电路 TLV431 提供 1.24 V 基准参考电压。

1. HMC1021 器件的基本原理

1）磁阻效应

物质在磁场中电阻率发生变化的现象称为磁阻效应，利用这个原理，可制成磁阻传感器。磁阻通常分为半导体磁阻（MR），各向异性磁阻（AMR），巨磁阻（GMR），庞磁阻（CMR）等类型，这也是磁阻类器件的发展阶段。其中，各向异性磁阻（AMR）的磁阻变化与磁场和电流间夹角有关，可用来精确测量磁场。

2）HMC1021 器件原理

HMC1021 器件属于各向异性磁阻类器件。它是由四只磁阻传感器构成，这四只磁阻传感器组成惠斯通电桥电路。磁阻传感器由坡莫合金（或镍铁导磁合金）薄膜制成，并布置成一个电阻带，如图 7-10 所示。图中，易磁化轴方向与电流的夹角为

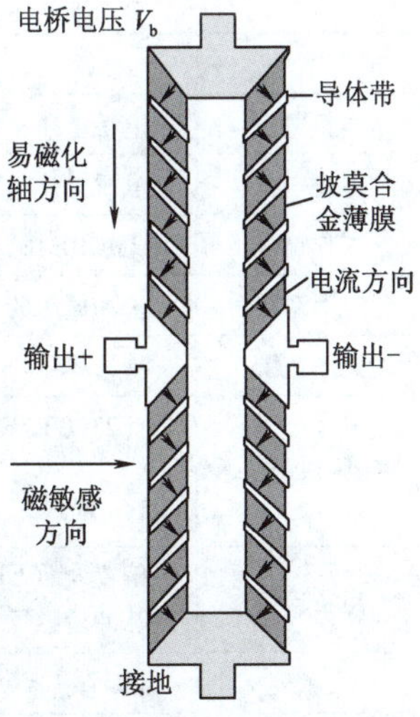

图 7-10 HMC1021 器件磁阻排列结构图

45°。当沿与易磁化轴垂直的方向施加外磁场，且外磁场强度不太大时，电桥输出与外加磁场强度呈线性关系。

通常施加在薄膜侧的外部磁场，使磁力线产生旋转，并改变其角度。这使磁敏电阻值发生变化（$\Delta R/R$），并造成惠斯通电桥的电压输出的变化，它直接与电流的方向和磁化矢量有关。

沿敏感轴的强磁场（大于 10 Gs）的影响，会扰乱或翻转薄膜磁化的极性，改变传感器的特性。针对这样的扰动磁场，为了恢复或置位传感器的特性，必须短暂地施加一个强的恢复磁场，这种做法被称作施加置位脉冲或复位脉冲。电桥输出信号的极性取决于此内部薄膜的磁化方向，并且与零磁场输出相对称。

HMC1021 内部构成等效图如图 7-11 所示。

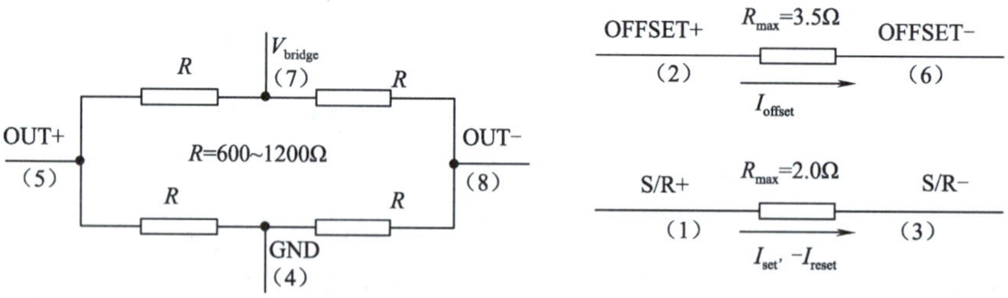

图 7-11　HMC1021 内部构成等效图

除了电桥电路外，传感器的芯片上有两个磁耦合的电流带——偏置电流带和置位/复位电流带，它省去了外部加装线圈的需要。

当测试环境有外干扰磁场时，可以通过偏置电流带，在外电路的作用下进行补偿，提高测量精度。

3）器件的主要参数

（1）HMC1021/1022 技术规格如表 7-5 所示。

表 7-5　HMC1021/1022 技术规格表

特　性	条　件	最小值	典型值	最大值	单位
电桥电源	电桥电压，参照于接地电压		5	12	V
电桥电阻	电桥电流 = 5mA	800	1 100	1 300	Ω
工作温度	HMC1021S，1021Z	-40		125	℃
贮存温度	未加偏压的	-55		125	℃
磁场范围	满量程（FS），总外加磁场	-6		+6	Gs
线性误差	（25°C 时）最符合直线 ±1Gs ±3Gs ±6Gs		0.05 0.4 1.6		%（满量程）
电桥偏置	偏置 =（OUT +）-（OUT -）；在设定脉冲后磁场 = 0Gs，V_{bridge} = 5V	-10	±2.5	11.25	mV
灵敏度	在 V_{bridge} = 5V 时	0.8	1.0	1.2	mV/V/Gs
噪声密度	在 1Hz/V 电桥 = 5V 时的噪声		48		$nV/Hz^{\frac{1}{2}}$

续表

特　性	条　　件	最小值	典型值	最大值	单位
分辨率	带宽 = 10Hz，V_{bridge} = 5V		85		μGs
带宽	磁信号（下限 = DC）		5		MHz
偏置带	在 OFFSET + 至 OFFSET - 之间进行测量	40	50	60	Ω
偏置磁场	以敏感方向外加的磁场	4.0	4.6	6.0	mA/Gs
置位/复位带	从 S/R + 至 S/R - 之间测量	6	7.7	9	Ω
置位/复位电流	2μs 电流脉冲	0.5	0.5	4.0	A
干扰磁场	灵敏度开始降低，使用 S/R 脉冲来恢复灵敏度	20			Gs
电阻温度系数	V_{bridge} = 8V，40～125°C		2 500		10^{-6}/℃
垂直轴线效应	垂直磁场 = 1Gs 外加磁场 = ±1Gs		+0.3		%（满量程）
置位/复位	S/R 电流 2）.5A			30	

（2）输出电压与施加外磁场关系

输出电压与施加外磁场关系如图 7-12 所示

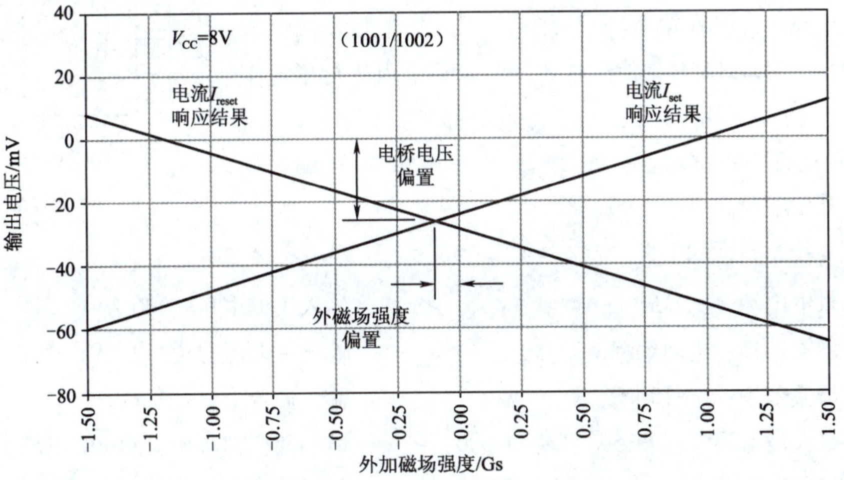

图 7-12　HMC1021 输出电压与外加磁场强度关系

（3）器件外形封装

器件外形封装如图 7-13 所示。

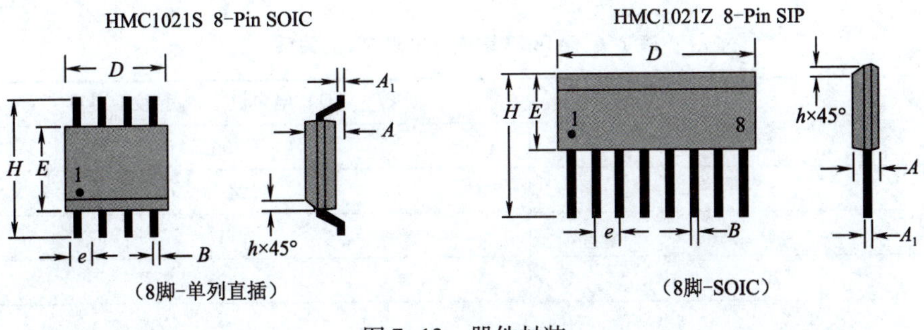

图 7-13　器件封装

（4）典型应用

一个简单应用如图 7-14 所示。

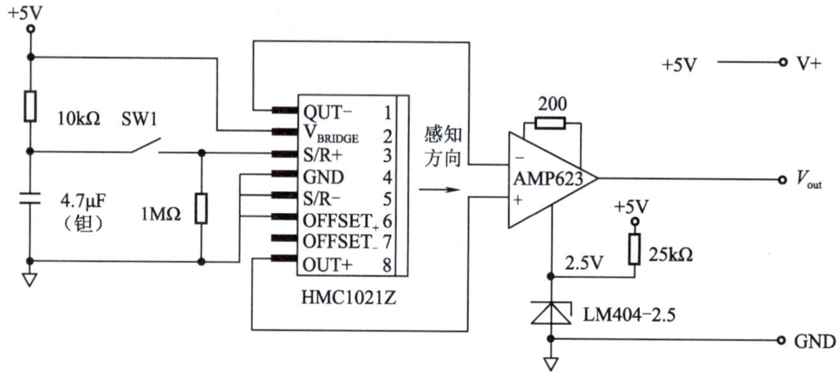

图 7-14　HMC1021 器件的简单应用

2. AD623 器件的基本原理

1）主要功能

AD623A 是一个集成单电源仪表放大器。其引脚排列如图 7-15 所示。它能在单电源（+3～+12V）下提供满电源幅度的输出，AD623A 允许使用单个增益设置电阻进行增益编程，以得到良好的用户灵活性。在无外接电阻的条件下，AD623A 被设置为单位增益；外接电阻后，AD623A 可编程设置增益，其增益最高可达 1 000 倍。

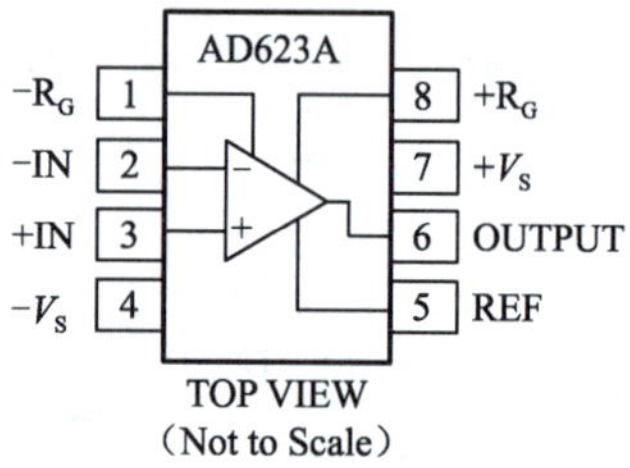

图 7-15　AD623A 管脚排列图

其主要技术指标如下：

供电电源：±2.5～±6 V。

增益选择：电阻编程。

增益范围：1～10 kΩ。

最大增益误差：0.35%（$G=1\ 000$）。

带 宽：800kHz（$G=1$，小信号 -3 dB）。

功 耗：650 mW。

输入失调电压：200 μV。

输入失调漂移模：2 μV。

输入偏置电流：2 nA。

最小共模抑制比：90 dB（$G=10$）。

温度范围：-40～+85 ℃。

2）增益调节

通过单一电阻 R_G 的阻值，确定放大器增益，其对应关系见表 7-6。

表 7-6　AD623 增益与电阻 R_G 的关系

增　益	R_G（Ω）电阻值（1% 精度）/kΩ
2	100
5	24.9
10	11
20	5.23

续表

增　益	R_G（Ω）电阻值（1% 精度）/kΩ
33	3.09
40	2.55
50	2.05
65	1.58
100	1.02
200	0.499
500	0.200
1000	0.100

3）典型应用

AD623 典型应用如图 7-16 所示。

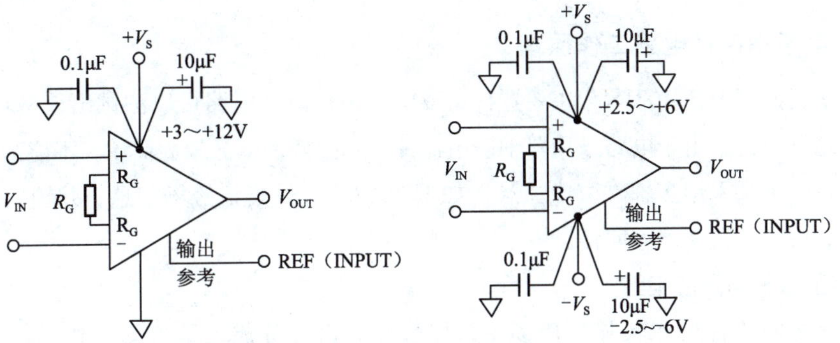

图 7-16　典型应用电路

3. TLV431 器件的基本原理

1）主要功能

该器件为 TI 公司生产的低电压可调节精密并联稳压器。其功能框图和主要技术指标如图 7-17 和表 7-7 所示。

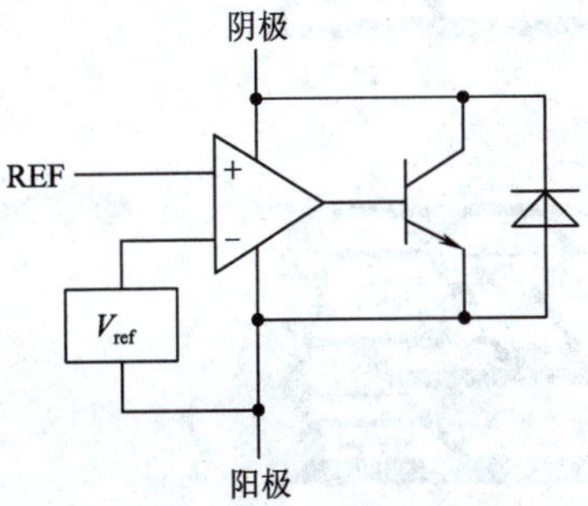

图 7-17　TLV431 电路原理图

表 7-7　TLV431 主要技术指标

参数名称	代　号	典　型　值
参考电压	V_{REF}	1.24V
动态阻抗	$\lvert z_{KA}\rvert$	0.25Ω
最小阴极电流	I_K（min）	80μA
参考电压变化率	$\frac{\Delta V_{REF}}{\Delta V_{KA}}$	-1.5 mV/V
阴极电流范围（极限）	I_K	-20～25 mA

2）典型应用

提供并联 1.24V 基准电源，参考电路如图 7-18 所示。

此时，提供并联可调整输出基准电源，参考电路如图 7-19 所示，即 $V_o = V_{REF}$。

$$V_o = \left(1 + \frac{R_1}{R_2}\right) V_{REF}$$

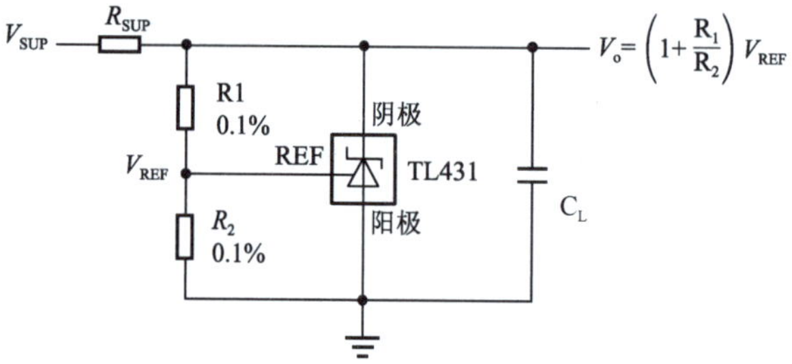

图 7-18　输出固定基准电压原理图

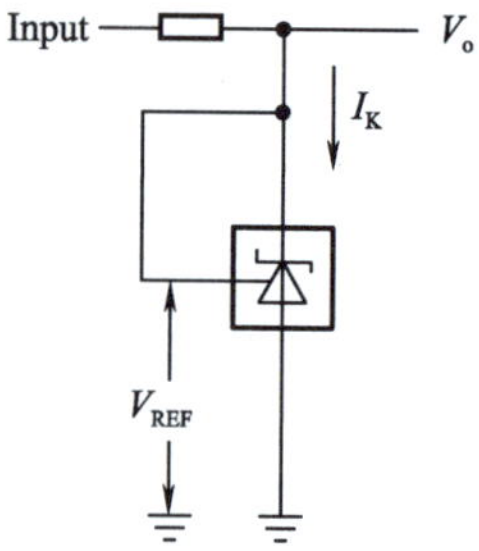

图 7-19　输出可调整基准电压原理

三、电子指南针电路工作原理

由磁敏传感器 HMC1021S 为主要器件组成的电子指南针电路可以测试出地磁场的方向，从而确定地理方向。由于电路采用单轴磁敏器件，数据处理部分较为简单，不能给出高精度的方向指示。如果采用多轴磁敏传感器（如 HMC5883）采集地磁场信息，并辅以较强的计算和显示，则可获得精确方向信息。

1. 电源管理与复位电路

当磁敏电阻器件处于较强外磁场中，传感器元件会分成若干方向随机的磁区域，如图 7-20（a）所示，从而导致灵敏度衰减。峰值电流高于最低要求电流的脉冲电流通过置位/复位电流带，将生成一个强磁场，该磁场可以重新将此区域对准到一个方向上［如图 7-20（b）、（c）所示］，恢复器件性能。

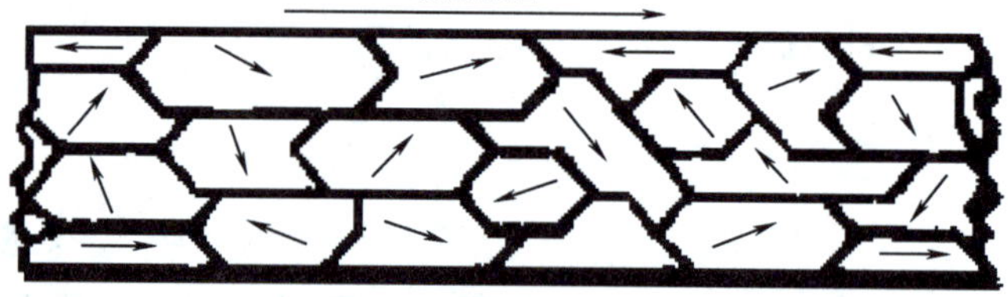

（a）随机磁区域方位

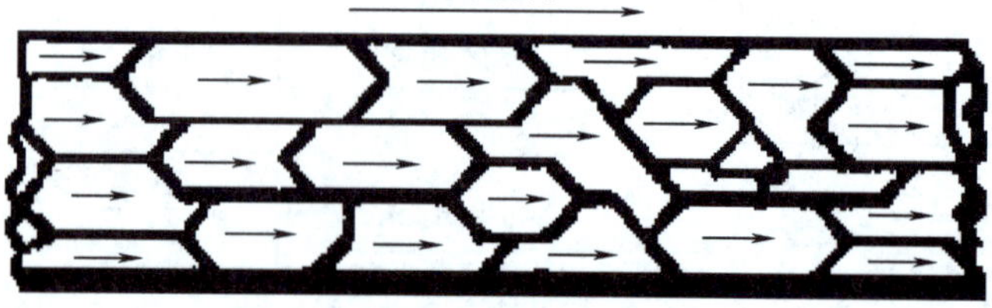

（b）在“置位”脉冲作用之后

图 7-20　磁区域方位

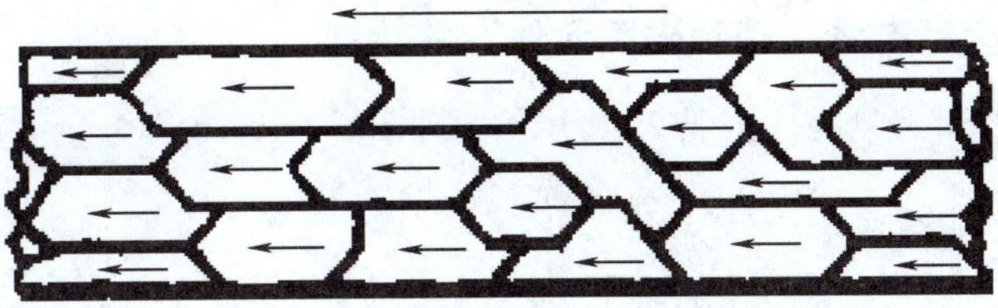

(c) 在"复位"脉冲作用之后

图 7-20　磁区域方位（续）

本电路的置位脉冲有 IC2、IC3、VT1、R1～R3、C5、C6、C8、C10、SA1（自复位开关）等器件组成。当按下开关 SA1 时，电源接通，R1、C5、IC2 产生一个低位脉冲，该脉冲又控制由 NE555 等电路构成的单稳电路，产生高位脉冲，该脉冲送到驱动电路，经电流放大后，加载到由电容和置位/复位电流带（小电阻）构成的微分电路，形成窄脉冲，从而实现此区域复位的目的。当释放开关 SA1 时，断开主电源，并把线路 V_{CC} 接地，达到了省电目的，又可以保持电路的初态，使电路能够稳定工作。

2. 信息采集及信号放大电路

该部分电路由 IC4～IC6 构成。当磁敏传感器 HMC1021S 外加适当工作电压（+5V）时，四只磁阻构成的惠斯通电桥的输出端（OUT+、OUT-），输出大小和极性均与外磁场相关的差分电压。由于该电压很低（毫伏级），需要放大后再用于驱动显示电路。该放大器由 IC5、IC6、R4 等组成，包括差分直流输入、线性电压放大（其放大倍数由单只电阻决定，当 $R_4=200\Omega$ 时，电压放大倍数为 500）等功能，其输出为伏特级。IC5 构成基准参考电压（1.24V），为放大器提供输出参考电压，即放大器的输入电压为零时的输出电平。

3. 显示电路

显示电路由参考电压、比较器、LED 及限流电阻等器件组成。参考电压由 IC5 提供 1.24V 的参考电压基准，对于高于 1.24V 的电压，由电阻 R5～R8、RP1 网络组成分压器，将其划分成 5 个非线性参考电压值，用于判断当测试器与地磁场同方向时，放大器输出的情况（即测试器的指向与地磁方向偏差情况）；对于低于 1.24V 的电压，由电阻 R9～R11 网络组成分压器，将其划分成 3 个线性参考电压值，用于判断当测试器与地磁场反方向时，放大器输出的情况。比较器由两块 LM324 集成运算放大器（每块集成电路有 4 只运算放大器）组成，比较器的输入电压（来自放大器的输出端）与其对应的参考电压进行比较，当条件满足时，驱动 LED 发光，用以显示测试设备与地磁方向的接近度。LED 有两组，LED1～LED5 为绿色发光二极管，用以指示同相（测试设备与地磁场）的接近度，亮灯的数量越多，表示测试器的指向越接近地磁北方；LED6～LED8 为红色发光二极管，用以指示反相（测试设备与地磁场）的接近度，亮灯的数量越多越接近地磁北（南）方。指向北方测试时，设备的测试精度较高。

项目实施

一、电子指南针电路（使用磁阻元件）的绘制

使用 Protel 99 SE 绘制完成图 7-21 所示的原理图。

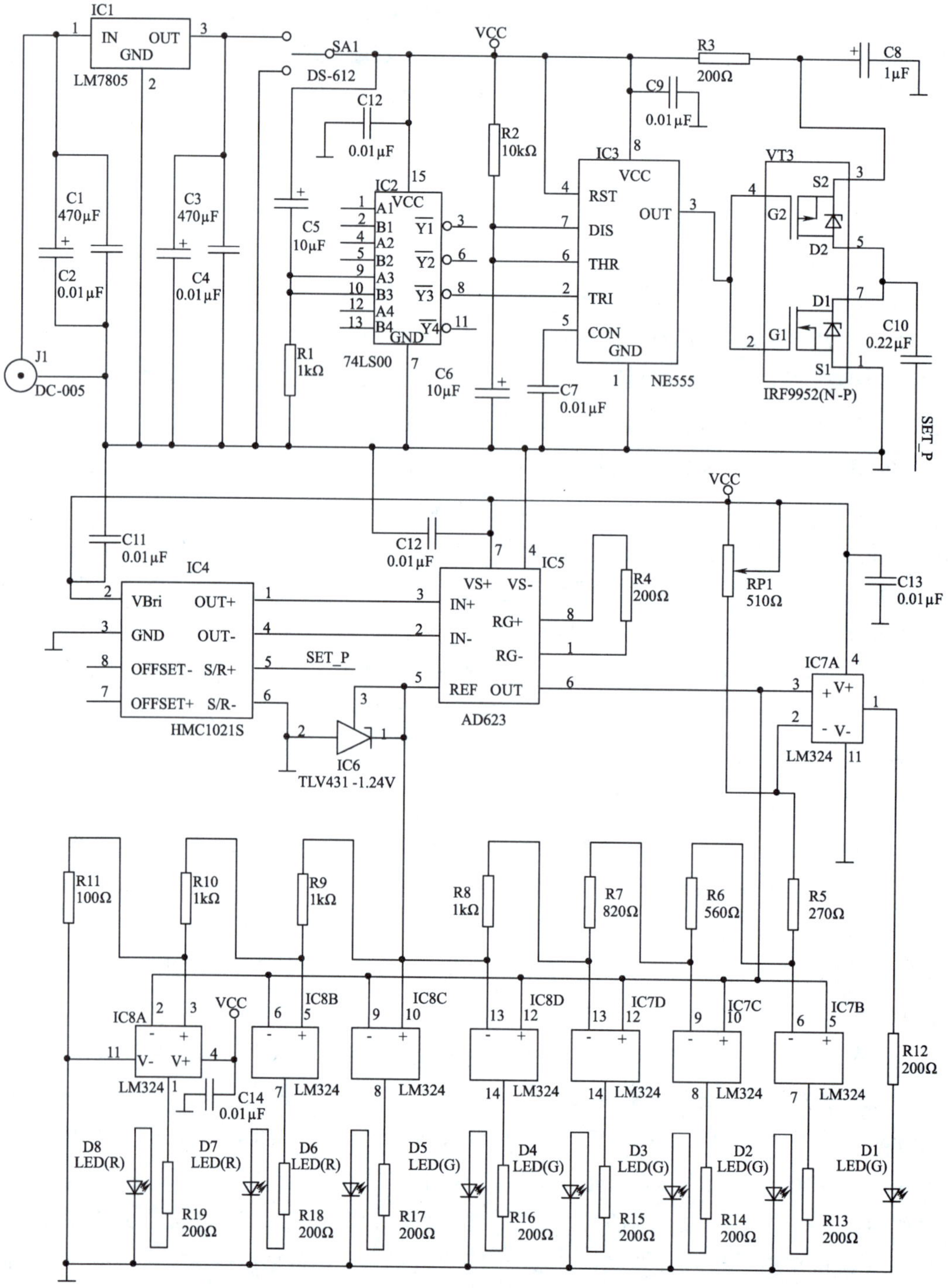

图 7-21　电子指南针电路（使用磁阻元件）

二、元器件选择

项目二元器件清单表如表7-8所示，选择器件时请参考器件的主要参数。电容器件要注意C8、C10分别选用钽电容和聚丙烯电容，其他无特殊要求。电阻器件中R4～R11选用功率0.25W、精度1%的金属膜电阻器，其他电阻选用功率0.25W、精度5%碳膜电阻器。RP1选用精密多圈电位器，功率为0.5W。SVT1为N-P通道的MOS对管，低驱动电压V_{GS}，可换用分离的MOS管，但要注意选用低V_{GS}器件。IC4、IC5、IC6以所列型号为主。工作电源为7～15 V、1A，SA1选用自动复位（无锁）单刀双掷按钮式开关。所有器件的封装以直插封装为主。

表7-8 项目二元器件清单表

元器件序号	元器件名称	元器件型号与规格	元器件参数	数量
C1、C3	电容器	电解电容器，耐压值25V	470μF	2
C2、C4、C7、C9、C11、C12、C13、C14	电容器	高频瓷介电容器	0.01μF	8
C5、C6	电容器	电解电容器，耐压值25V	10μF	2
C8	电容器	钽电解电容器，耐压值25V	1μF	1
C10	电容器	聚丙烯电容器	0.22μF	1
R1	电阻器	碳膜电阻器，功率0.25W	1kΩ	1
R2	电阻器	碳膜电阻器，功率0.25W	10kΩ	1
R3	电阻器	碳膜电阻器，功率0.25W	200Ω	1
R4	电阻器	金属膜电阻器，功率0.25W，1%	200Ω	1
R5	电阻器	金属膜电阻器，功率0.25W，1%	270Ω	1
R6	电阻器	金属膜电阻器，功率0.25W，1%	560Ω	1
R7	电阻器	金属膜电阻器，功率0.25W，1%	820Ω	1
R8、R9、R10	电阻器	金属膜电阻器，功率0.25W，1%	1kΩ	3
R11	电阻器	金属膜电阻器，功率0.25W，1%	100Ω	1
R12～R19	电阻器	碳膜电阻器，功率0.25W	200Ω	8
RP1	电位器	精密多圈电位器，功率0.5W	510Ω	1
IC1	集成电路	LM7805/TO-220		1
IC2	集成电路	74LS00/DIP14		1
IC3	集成电路	NE555/DIP8		1
IC4	集成电路	HMC1021S/SOIC8		1
IC5	集成电路	AD623/DIP8		1
IC6	集成电路	TLV431-1.24V/TO-92		1
IC7、IC8	集成电路	LM324/DIP14		2
D1～D5	发光二极管	5mm/绿色		5
D6～D8	发光二极管	5mm/红色		3
J1	电源插座	DC-005		1

续表

元器件序号	元器件名称	元器件型号与规格	元器件参数	数量
SA1	开关	DS-612 自动复位	单刀双掷	1
VT1	晶体管	IRF9952	N-P	1

三、印制电路板设计

使用 Protel 99 SE 绘制的电子指南针电路（使用磁阻元件）的印制电路板图为双面板，如图 7-22 所示。图 7-22（a）为元件面，图 7-22（b）为焊接面。

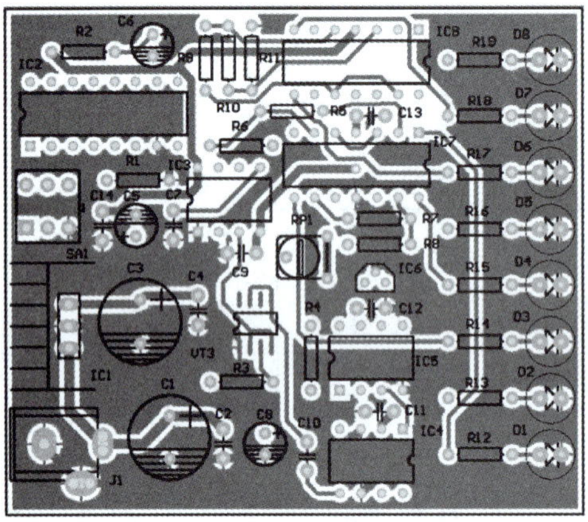

（a）元件面

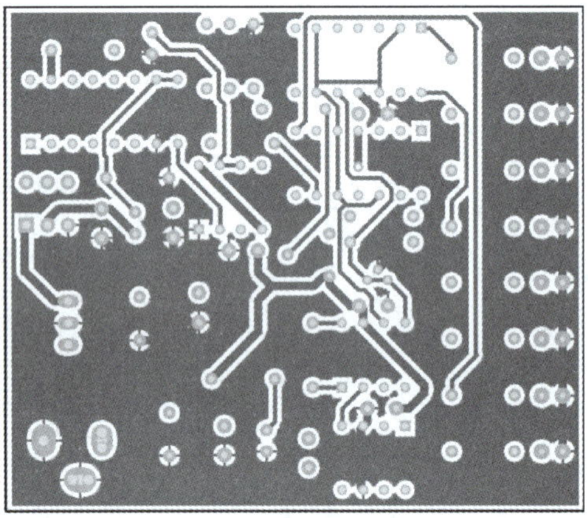

（b）焊接面

图 7-22 电子指南针电路（使用磁阻元件）的印制电路板图

四、电路调试

① 指示灯（LED）单排直线安装（5 绿 +3 红），传感器的易磁化轴与 LED 的安装轴线平行，且易磁化轴的方向应有红色 LED 指向绿色 LED。按钮开关安装在便于操作的位置。

② 各点工作电压符合设计要求，特别是参考电源的输出电压，需要保证其输出为 $1.24\times(1\pm2\%)$ V。

③ 方向指示的校正。将测试设备的指示灯（红色→绿色）对准北方（非南方），调节 RP1，尽量使更多的绿色 LED 点亮即可。

项目拓展与评价

一、训练题目与要求

自行查阅资料，当使用双轴（相互垂直）的磁阻传感器进行地磁测试时，如何确定地理极向，如何修正地理极性与地磁极性的偏差，从而得到精准的地理极性的方向。

二、考核与评价

考核与评价标准见表 7-9。

表 7-9 项目二考核与评价标准

考核内容	完成项目实施内容	完成训练
成　绩	50	50

思考与习题

1. 简述地理磁极的特点及与地理极性的关系。
2. 如何提高测试精度？

模块八

超声波传感器及其应用

超声波技术是一门以物理、电子、机械及材料学为基础的、被各行各业广泛使用的通用技术。我国对超声波技术及其传感器的研究十分活跃，目前超声波技术已被广泛应用于冶金、船舶、机械、医疗等各个工业部门的超声波清洗、超声波焊接、超声波加工、超声波检测和超声波医疗等方面，具体良好的社会效益和经济效益。

本模块主要学习超声波传感器的基本原理及其应用。

知识点

超声波概念、分类；
超声波传感器的结构、工作原理及特点；
超声波常见发射电路及接收电路的工作原理；
超声波驱虫器电路的工作原理；
超声波倒车防撞报警器电路的工作原理；
超声波测距仪电路的工作原理。

技能点

超声波传感器的选用、调试；
超声波驱虫器的安装、调试；
超声波倒车防撞报警器的安装、调试；
超声波测距仪的安装、调试。

教学法

本模块主要采用实训为主，讲授为辅的教学方式完成课程教学。教师主要是将项目的基本知识及关键步骤跟学生讲明即可，学生大部分时间自主学习，并进行实训。在实训过程中，教师进行辅导及在项目完成后进行总结。

项目一 简易超声波驱虫器电路的设计

项目说明

采用555时基集成电路设计制作一个简易超声波驱虫器，它在工作时能产生40 kHz的超声波，用于驱赶周围活动的蚊子、苍蝇、蟑螂和老鼠等动物。

相关知识

一、概述

我们周围充满各种各样的声音：交谈声、音乐声、车辆运行声、自然界风雨声等。从物理学角度讲，声音是由物体振动产生的一种波，并通过媒质（一般是空气）传播而作用于我们的耳鼓，使我们能够感知。声音的传播需要媒质，在真空中声波不能传播。声音的高低叫作音调，它是由声源振动的频率决定的，由于物体的振动有快有慢，所以发出的声音也就有高有低，一般来说，正常人能够听到频率为20Hz～20kHz的声波。

声音作为一种波，它具有波的所有特性，包括反射、干涉、衍射等。我们应该会判断一些常见声现象的实质，如空谷回声、夏日雷声轰鸣不绝等属于声波的反射；“隔墙有耳”或“闻其声不见其人”属于声波的衍射等。

声波是机械波的一种，在弹性介质（固体、液体、气体）中，频率在20Hz～20kHz的机械振动称为声振动。由声振动激起的波动称为声波。频率低于20Hz的机械波称为次声波，不引起听觉，频率高于20kHz的机械波称为超声波，也不引起听觉。次声波、声波和超声波除频率不同外，其他性质完全相同。用于检测的超声波频率范围通常为1×10^4～1×10^7 Hz。声波的分类如图8-1所示。

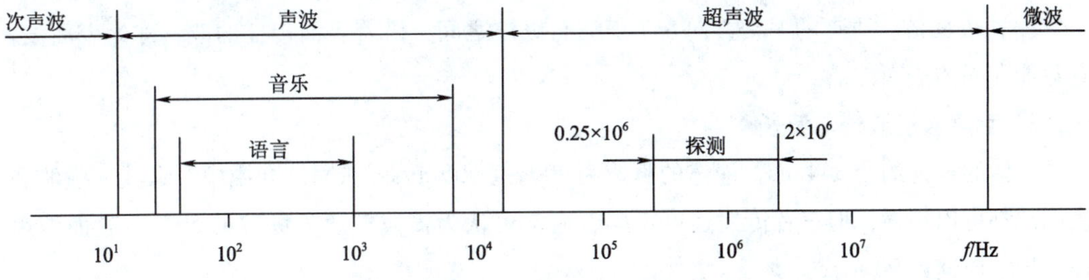

图8-1 声波的分类图

1）次声波

次声波是频率低于20 Hz的声波，人耳听不到，但可与人体器官发生共振，7～8Hz的次声波会引起人的恐怖感，动作不协调，甚至导致心脏停止跳动。次声波不容易衰减，不易被水和空气吸收。次声波的波长往往也很长，因此能绕开某些大型障碍物发生衍射。某些次声波能绕地球2～3周。鲸、海豚之类的海生动物可以感受到，大洋彼岸的风暴、地震和海啸引起的次声波，数千公里外鲸能感知到，并做出反应。在自然界，次声波的自然发生源有狂风暴雨、雷鸣电闪、台风寒潮、龙卷冰雹、晴空湍流、地震海啸、陨石落地、极光放电、太阳磁爆及日全食等，频率一般都在0.1Hz以下。人为发生源包括飞机飞行、车辆高速行驶、机器飞速运转、打桩机喷气打桩、火箭发射、核爆炸等，它们所产生的频率一般在1～15 Hz。

2）可闻声波

正常人耳朵可以听到声音频率范围在20 Hz～20 kHz之间，如果是美妙的音乐可使人陶醉。

3）超声波

超声波是频率高于20 kHz声波，通常可用机械法或电磁法来产生，例如利用石英晶体的弹性振动可产生10^9 Hz甚至更高频率的超声波。由于频率高、波长短，故超声波具有许多一般声波所没有的特性。超声波人耳感受不到，但很多动物都有完善的发射和接收超声波的器官，如蚊子、蝙蝠、猫、狗和家畜就能听到超声波。

二、超声波物理性质

频率高于20 kHz的机械振动波称为超声波。它的指向性很好，能量集中，因此穿透本领大，能穿透几米厚的钢板，而能量损失不大。在遇到两种介质的分界面（例如钢板与空气的交界面）时，能产生明显的反射和折射现象，超声波的频率越高，其声场指向性就愈好。

1. 超声波的波形分类

由于声源在介质中施力方向与波在介质中传播方向不同，声波的波形也会不同。通常有以下三种：

（1）纵波：质点振动方向与传播方向一致的波，称为纵波。它能在固体、液体和气体中传播。

（2）横波：质点振动方向垂直于传播方向的波，称为横波。它只能在固体中传播。

（3）表面波：质点的振动方向介于横波与纵波之间，沿着表面传播的波，称为表面波。它只能在固体表面传播。

2. 超声波的波速与波长

气体的声速约为344m/s，液体的声速为900～1 900 m/s。在固体介质中，纵波、横波和表面波都可以传播，但三者传播速度不同，通常可认为横波声速为纵波的50%，表面波声速为横波声速的90%。

三、认识超声波传感器

以超声波作为检测手段，必须产生超声波和接收超声波。完成这种功能的装置就是超声波传感器转换元件，也可以称为超声波探头或换能器。它可以分直探头（纵波）、斜探头（横波）、表面波探头（表面波）、兰姆波探头（兰姆波）和双探头（一个探头发射、一个探头接收）。图8-2所示是各种超声波传感器的转换元件。

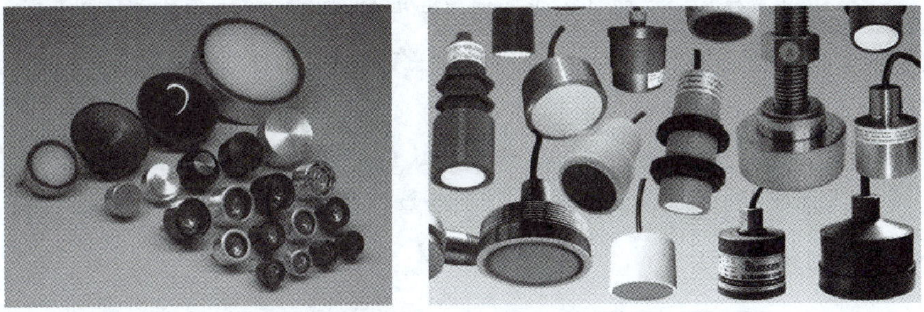

图 8-2　各种超声波传感器的转换元件

超声波由换能器（交变电能和机械能相互转换）来产生，换能器有压电式、磁致伸缩式、电磁式几种。我们在这里以压电式换能器为例说明其工作原理。

压电器换能器是利用压电晶体的谐振来工作的，超声波发声器内部结构有并联的两个压电晶片和一个共振板，当压电晶片的两个极外加频率等于压电晶片固有的振荡频率的脉冲信号时，压电晶片将会发生共振，并带动共振板振动，产生超声波。反之，如果两电极间未外加电压，当共振板接收到超声波时，将压迫压电晶片振动，将机械能转换为电信号，这时它就成为超声波接收器了。

四、超声波传感器的基本电路

1. 超声波传感器的发射电路

1）使用分立元件构成的超声波发射电路

图 8-3 所示电路为用两个低频小功率三极管 2SC9013 组成的发射电路。三极管 VT1 和 VT2 构成了两级放大器，由于超声波发射器 ST 的正反馈作用，所以使得这个原本是放大器的电路变成了振荡器。同时，超声波发射器可以等效为一个串联 LC 谐振电路，具有选频作用。该电路不需要调整，超声波发射器在电路中同时担任将电能转换为机械能、选频、正反馈三个任务。图 8-3（b）中用电感取代了图 8-3（a）中的 R3，可以增大激励电压。

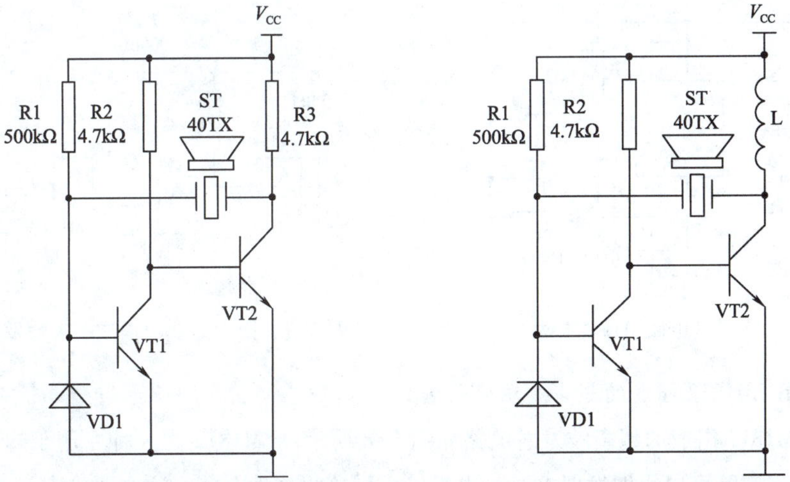

（a）三极管2SC9013组成的发射电路　　（b）增大激励电压的发射电路

图 8-3　三极管组成的超声波发射电路

图 8-4 所示为另一种分立元器件构成的超声波发射电路，T-40-16 可发射出一串 40kHz 的超声波信号。此电路工作电压 9V，工作电流 25mA，控制距离可达 8 m。

2）555 构成的超声波发射电路

555 构成的超声波发射电路如图 8-5 所示。从 555 的 3 脚输出 40 kHz 的振荡脉冲驱动 T-40-16 工作，使之发射出 40 kHz 的超声波信号。电路工作电压为 9 V，工作电流为 40～45 mA，控制距离大于 8 m。

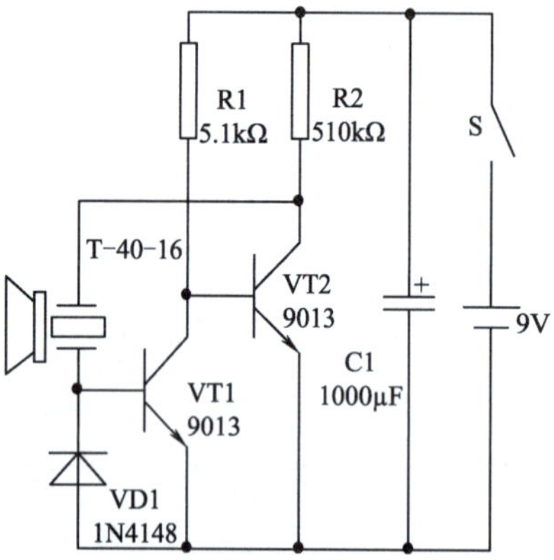

图 8-4　分立元器件构成的超声波发射电路

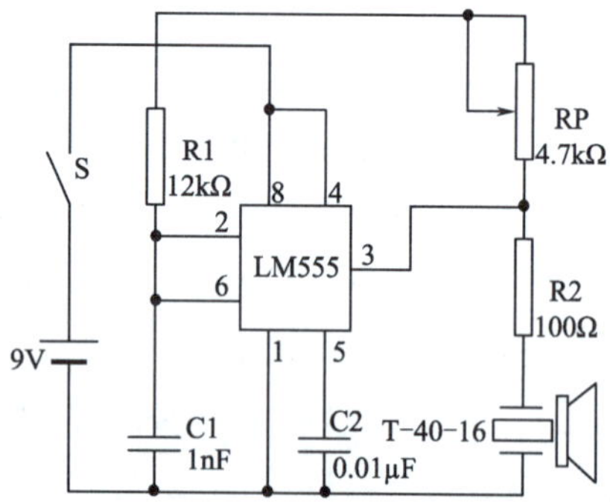

图 8-5　555 构成的超声波发射电路

图 8-6 所示为另一种由 555 时基电路组成的振荡发射电路，调整 RP1 可调电阻器的值，可以使发射电路的振荡频率保持在 40kHz 上。超声波传感器连接在 IC1 的 3 脚与地之间。当按下电源按钮开关 SA1 以后，发射电路就会启振工作，并向外发射超声波。

3）使用与非门构成超声波发射电路

使用与非门构成超声波发射电路如图 8-7 所示，其中 G3 为驱动器。该电路的振荡频率 f_0 近似等于 $1/(2.2RC)$，调制信号由 G2 输入。

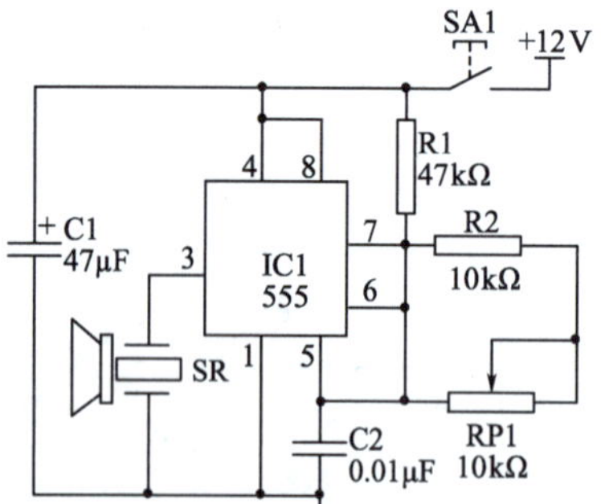

图 8-6　由 555 时基电路组成的振荡发射电路

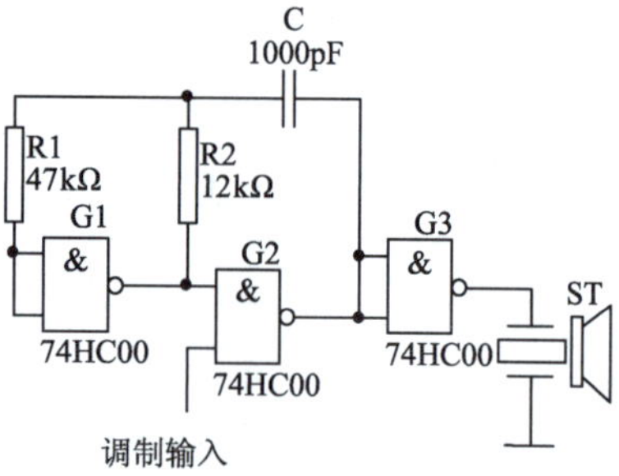

图 8-7　使用与非门构成超声波发射电路

4）使用 LM1812 组成的超声波发射电路

使用 LM1812 组成的超声波发射电路如图 8-8 所示。LM1812 为一种专用于超声波收/发的集成电路，它既可以用做发射电路，也可以用做接收放大电路，这主要决定于其 8 脚的接法。其 1 脚接 L1、C1 并联谐振回路以确定振荡器的频率。输出变压器接在 6、13 脚间，电容 C2 起退耦、滤波、信号旁路作用。C3 应与变压器的次级绕组谐振于发射载频。变压器的变比大致为 $N_1 : N_2 = 1 : 2$. 当然，超声波发射电路也可直接接在 6、13 脚间，但其发射功率小。

2. 超声波传感器的接收电路

1）使用三极管构成的超声波接收电路

由三极管构成的超声波接收电路如图 8-9 所示。图中的 VT1、VT2 和若干电阻、电容组成两级阻容耦合交流放大电路。信号最后从 C3 输出。

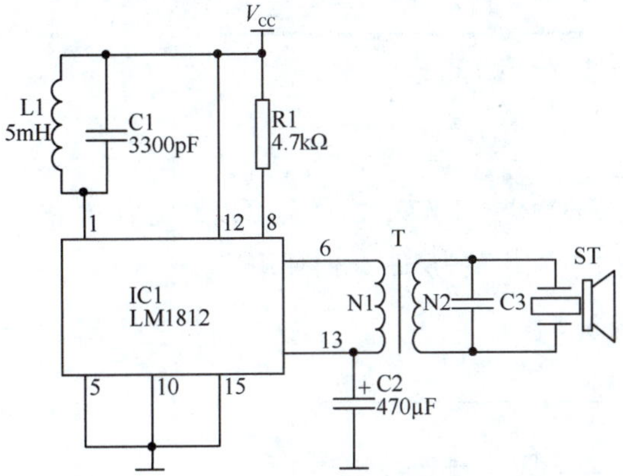

图 8-8　由 LM1812 组成的超声波发射电路

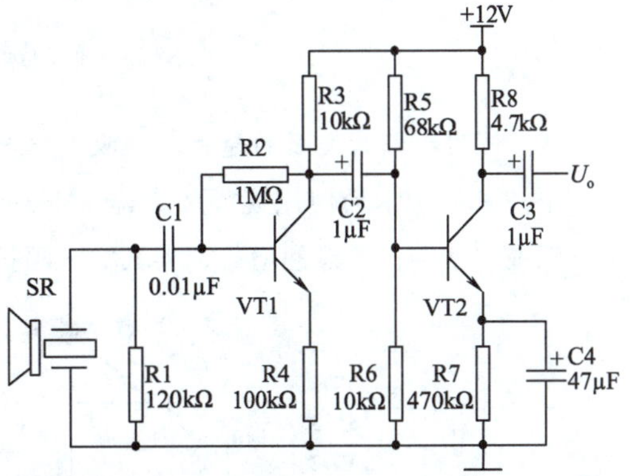

图 8-9　由三极管构成的超声波接收电路

2）CMOS 非门构成的超声波接收电路

如图 8-10 所示电路中使用了 CMOS 非门作为放大器，它具有输入阻抗高、功耗低、成本低、电路简单等优点。C_f 为防止高频自激而设，其容量约为 1000pF，其具体数字可在调试时设定。

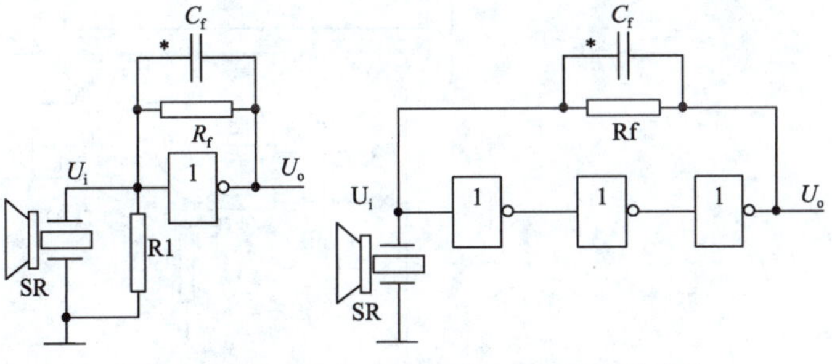

图 8-10　由 CMOS 非门构成的超声波接收电路

3）使用运算放大器的超声波接收电路

超声波传感器接收的信号最大约为 1V，最小约为 1mV。为了将该电压放大到后续电路易于处理的电压，增益至少也应当达到 100 倍以上。

图 8-11 所示为使用运算放大器的放大电路。由于超声波传感器谐振频率高达 40kHz，因此运算放大器必须是高速型的。而系统对于精度和失真度的要求却比较宽容，所以只需要通用型的 TL080 系列和 LF356、LF357、MC34080 系列即可。如果增益不足，可以不由 U1A 直接输出，而是再增加一级放大器，而且这时每一级放大器的增益也可以降低到 100 以下。

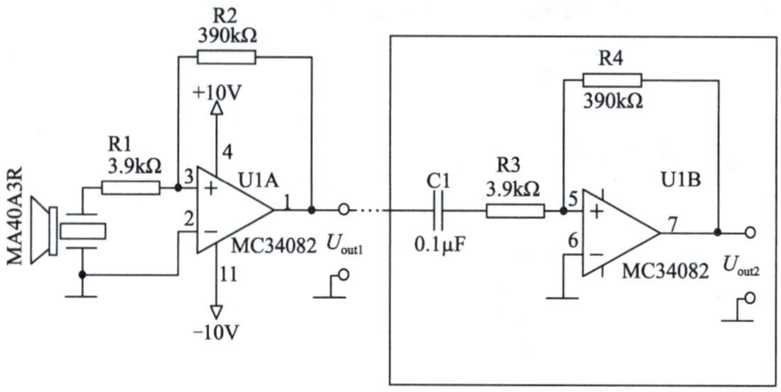

图 8-11　使用运算放大器的放大电路

4）使用视频放大器的超声波接收电路

图 8-12 所示为使用视频放大器 LM733 的接收电路。LM733 的增益可以设定为 10 倍、100 倍或 400 倍；考虑到增益越大其输入阻抗越小，在增益为 100 倍时使用它。

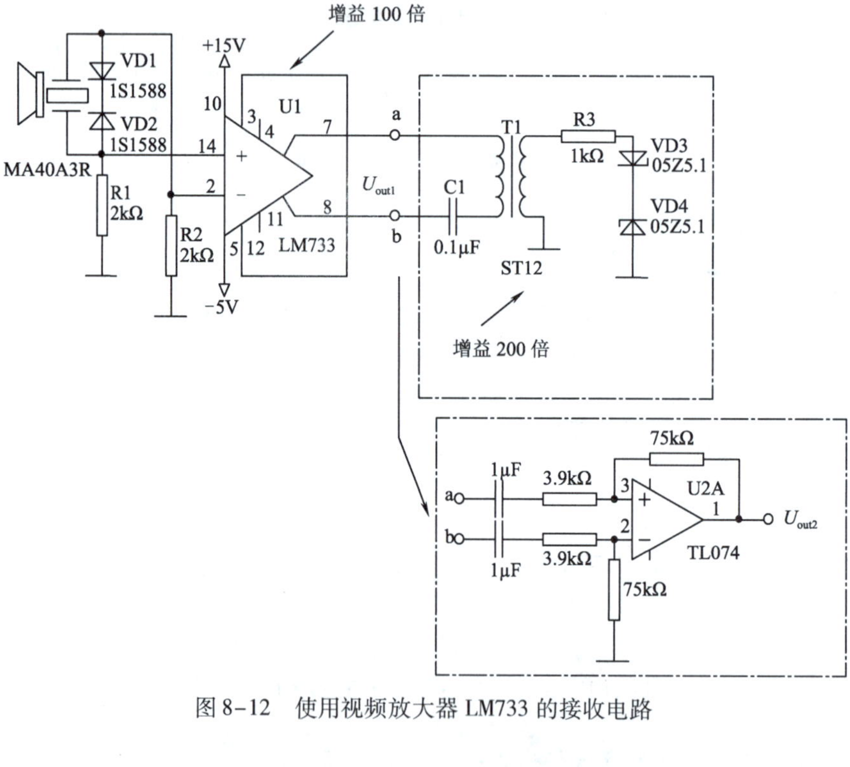

图 8-12　使用视频放大器 LM733 的接收电路

因为其输入和输出都采用差动放大方式，所以有必要将差动电压输出转换成单端输出，这样就需要图 8-12 中那样使用输出变压器。这里也可以使用 ST12 进行电压放大。

输入端的二极管和输出端的雪崩二极管都是起保护作用的。图中还给出了在不使用变压器（可以使用运算放大器替代变压器）的方法。

5）使用比较器的超声波接收电路

图 8-13 所示为使用比较器集成电路 LM393 的接收电路。比较器和运算放大器一样不进

行相位补偿，因此也可以像运算放大器那样高速运行。

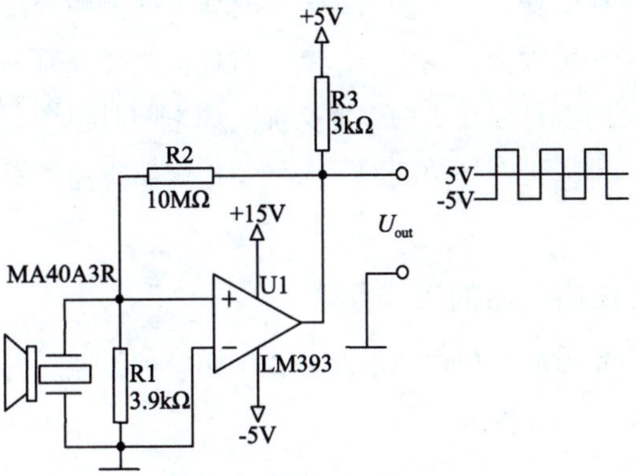

图 8-13 使用比较器集成电路 LM393 的接收电路

但是，如果将它作为放大器使用，就容易产生自激振荡．因此这里仅把它作为比较器使用。为此，其输出就只取 +5V 或 -5V 两个值。由于其本身属于数字输出，因此使用起来反倒很容易。另外，为了避免噪声，可以通过正反馈的方式给它一个很小的（约 ±1mV）滞后电压。

6）由 LM1812 组成的超声波接收电路

由 LM1812 组成的超声波接收电路如图 8-14 所示。8 脚接地，使芯片工作于接收模式。输出信号可以从第 16 脚或 14 脚输出。注意第 14 脚的输出是集电极开路形式，其结构形式与发射电路的功率的输出级相同。

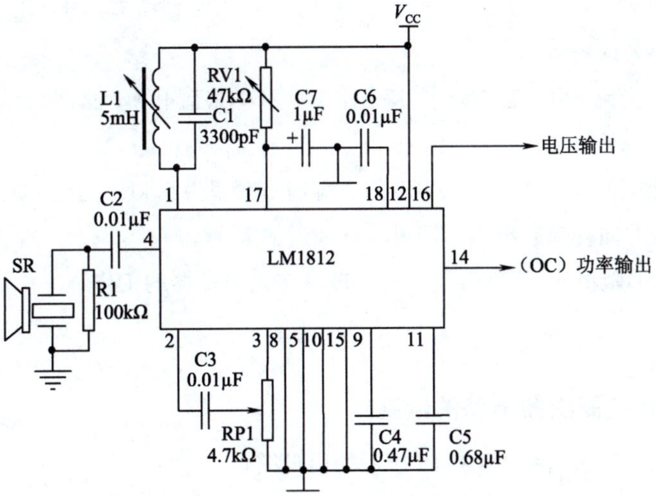

图 8-14 由 LM1812 组成的超声波接收电路

五、超声波驱虫器工作原理

应用超声波驱鼠虫类由来已久，经实验证明，超声波可以攻击大部分害虫的听觉及神经系统，引起它们极度的疼痛感和极度不舒适感，从而迫使它们迁离超声波驱虫器的发声范围以达到驱虫的效果。根据动物学家长期研究有关蚊子生活习惯的资料显示，只有母蚊子才会吸人畜血液，因为母蚊子在交配后一星期内需要补充营养才能顺利排卵生产，而在此期间母蚊子不能再与公蚊子交配，否则会影响生产，甚至有性命之忧，简单来说就是母蚊子怀孕后才会叮人吸血，此时最怕的就是公蚊子的追逐交配。如果同时包含着各种公蚊子在飞翔追逐母蚊子时所发出的频率，母蚊子在怀孕期间一听到超声波驱虫器所发出的公蚊子频率时，就会逃离超声波驱虫器的发声范围。

六、简易超声波驱虫器电路的工作原理

超声波驱虫器电路跟超声波发射机的电路相差不多，工作原理也一样。该电子驱虫器由电源电路和多谐振荡器组成，如图 8-15 所示。

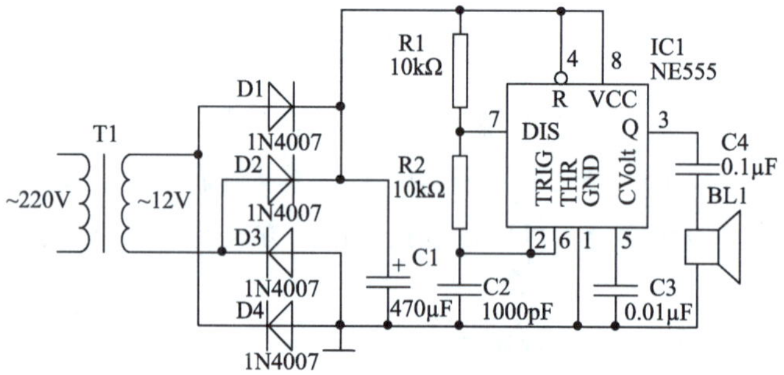

图 8-15　超声波驱虫器电路

电源电路由电源变压器 T1，整流二极管 D1～D4 和滤波电容器 C1 组成。

多谐振荡器由时基集成电路 IC1 和电阻器 R1，R2，电容器 C2，C3 组成部分成。C4 为耦合电容器；BL1 为扬声器。

接通电源后，交流 220V 电压经 T1 降压，D1～D4 整流和 C1 滤波后，产生 12V（V_{CC}）直流电压供给 IC1。

多谐振荡器通电振荡工作后，从 IC1 的 3 脚输出频率为 40kHz 的矩形波，该矩形波通过 BL1 转换成超声波并向外辐射出去，即可驱赶附近的害虫。

调整 R1、R2 的阻值或 C2 的容量，可以改变多谐振荡器的工作频率。

项目实施

一、简易超声波驱虫器电路的绘制

使用 Protel 99 SE 绘制完成图 8-15 所示的原理图。

二、元器件选择

BL1 选用 0.25W、8Ω 的电动式扬声器。C1 选用耐压值为 25V 的铝电解电容器，C2 选用高频瓷介电容器，C3 和 C4 均选用独石电容器。Dl～D4 均选用 1N4007 型硅整流二极管。IC1 选用 NE555 型时基集成电路。R1 和 R2 均选用 0.25W 碳膜电阻器。T1 选用 3W、二次电压为 12V 的电源变压器。

项目一的元器件清单表如表 8-1 所示。

表 8-1 项目一元器件清单表

元器件序号	元器件名称	元器件型号与规格	元器件参数	数量
BL1	扬声器	电动式扬声器，功率 0.25W	8Ω	1
C1	电容器	电解电容器，耐压值 25V	470μF	1
C2	电容器	高频瓷介电容器	1000P	1
C3	电容器	独石电容器	0.01μF	1
C4	电容器	独石电容器	0.1μF	1
D1～D4	二极管	1N4007 硅整流二极管		4
IC1	集成电路	NE555/DIP8		1
R1～R2	电阻器	碳膜电阻器，功率 0.25W	10kΩ	2
T1	电源变压器	3W，二次电压为 12V		1

三、印制电路板设计

使用 Protel 99 SE 绘制的超声波驱虫器的印制电路板图为单面板，如图 8-16 所示。图 8-16（a）为元件面，图 8-16（b）为焊接面。

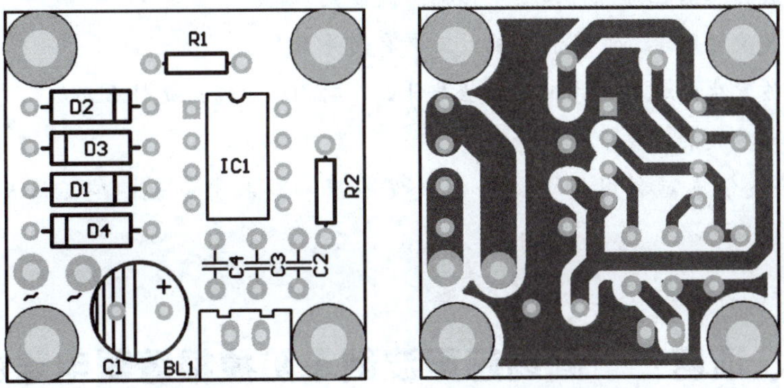

（a）元件面　　（b）焊接面

图 8-16　超声波驱虫器的印制电路板图

四、电路调试

此电路相对简单，只要安装无误，就能正常工作，调试时可以在 NE555 的 3 脚接示波器，看是否产生 40kHz 的矩形波，通过调整 R1、R2 的阻值或 C2 的容量，可以改变多谐振荡器的工作频率。直到频率符合要求。

项目拓展与评价

一、训练题目与要求

利用 NE555 和 CD4017 构成时钟振荡器、计数器和多谐振荡器，由扬声器和三极管构成发生设备，产生频率范围为 23～64 kHz 的超声波（分为 10 个频段）驱虫器。

二、考核与评价

考核与评价标准见表 8-2。

表 8-2　项目一考核与评价标准

考核内容	完成项目实施内容	完成训练
成　绩	50	50

思考与习题

1. 何谓超声波？
2. 超声波在介质中有哪些传播特性？
3. 什么是纵波、横波和表面波？它们各有什么不同？
4. 什么是超声波的干涉现象？
5. 简述影响超声波在介质中传播速度的影响有哪些？
6. 超声波传感器在哪一种介质中传播速度最快？
7. 什么是波动频率、波速和波长？三者有何关系？
8. 超声波发生器种类及其工作原理是什么？它们各自特点是什么？
9. 产生超声波的必要条件是什么？
10. 超声波传感器利用压电材料制成发射器和接收器，说明它们各利用哪种压电效应？

项目二　简易超声波倒车防撞报警器电路的设计

项目说明

设计制作一个使用 LM1812 构成的简易超声波倒车防撞报警器电路，它在工作时能产生 40kHz 的超声波，用于汽车在倒车时检测车尾 3m 左右是否有障碍物并进行声光提醒。

相关知识

一、LM1812 集成电路的功能

LM1812 是一种性能优良，且既能发送又能接收超声波的通用型超声波集成器件。芯片内部包括：脉冲调制 C 类振荡器、高增益接收器、脉冲调制检测器及噪声抑制器。它除了可用于遥控器、报警器、自动门控制及通信方面外，还可用于工业上的料位或液位的测量与控制、测距及测厚等方面，应用非常广泛。

1. LM1812 内部电路框架图

LM1812 内部电路框架图如图 8-17 所示。

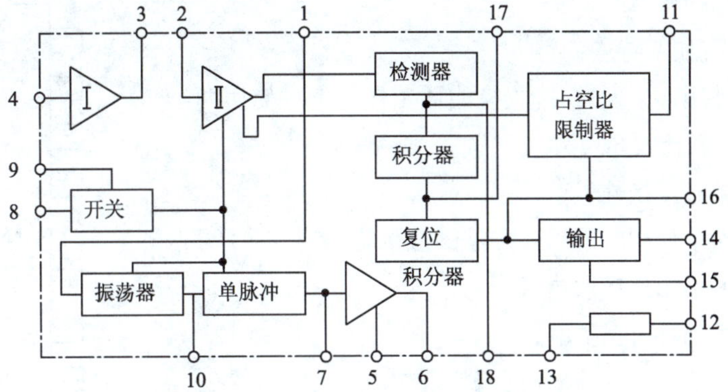

图 8-17　LM1812 内部电路框架图

2. LM1812 外部引脚特性

LM1812 超声波专用器件外形为 18 脚双列直插塑料封装形式，外部引脚图如图 8-18 所示。相应引脚功能为：1 脚第二增益级输出/振荡器端，6 脚发射器输出端，7 脚发射驱动器端，13 脚外接电源退耦电容端，14 脚检出器输出端，16 脚输出驱动器端，17 脚噪声控制端，18 脚积分器复位时间常数控制端。LM1812 各引脚功能详细介绍如下：

1 脚，当作接收器时，该脚是内部二级放大电路的输出端，也是收、发 *LC* 选频回路点。

2 脚，当作接收器时，该脚是内部二级放大电路的输入端。

3 脚，当作接收器时，该脚是内部一级放大电路的输出端。

4 脚，当作接收器时，该脚是内部一级放大电路的输入端。

5 脚，接地端。

6 脚，载频功率输出端，集电极开路，吸收脉冲峰值电流小于 1A。

7 脚，载频电压输出端。

8 脚，功能转换控制端，低电平为接收模式，高电平为发射模式，高电平控制电流为 1～10mA。

9 脚，功能转换延时端，由该端外接电容确定延时时间，一般可以按外接 104，延时 1ms 计，推荐值为 474。

10 脚，接地端。

11 脚，接收输出脉冲占空比限制端，该端接一电容（224pF～2μF）到地，当该端直接接地时，功能失效。

12 脚，电源正端，+12～18 V。

13 脚，电源端，该端实际就是在内部用一个小阻值的电阻接到（12）正电源端。

14 脚，接收器的功率放大输出端，集电极开路，吸收电流最大为 1 A。

15 脚，接地端。

16 脚，接收器的功率放大（电压）输出端。

17 脚，外接 R、C 端，起到抑制噪声、抗干扰的作用。

18 脚，积分器复位时间控制端，由该端外接电容确定。

3. LM1812 的特点

LM1812 具有如下特点：

（1）可以使用一个发送/接收换能器工作，也可使用两个换能器分别发送和接收超声波。

（2）器件具有互换性。

（3）在电路中使用时不用外接晶体管驱动。

（4）使用时不用外接散热器。

（5）器件内部具有保护电路。

（6）检测器输出可驱动 1A 的峰值电流。

（7）在水中测距超过 30m，在空气中测距超过 6m。

（8）发送功率可达 12W（峰值）。

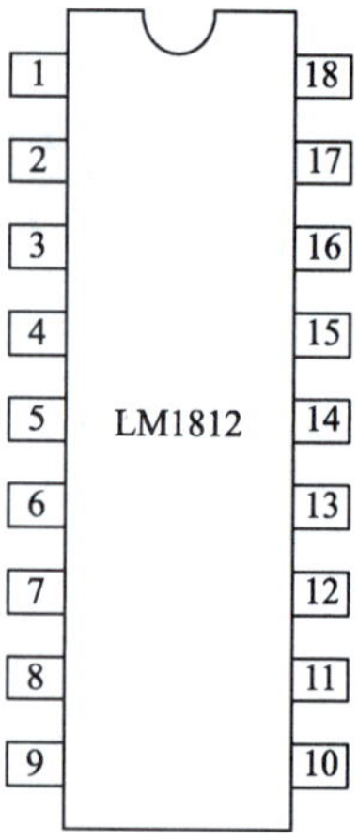

图 8-18　LM1812 外部引脚图

表 8-3 为 LMl812 超声波专用电路的极限工作参数表。

表 8-3　LMl812 超声波专用电路的极限工作参数表

参数名称	单位	极限参数值
电源电压	V	18
耗散功率*	mW	700
峰值电流（6、14 脚）	A	1
输人电流（4、8 脚）	mA	50
工作温度范围	℃	0－70
储存温度范围	℃	－65～＋150
备注	*对在高温下的工作情况，LM1812 必须根据 125℃ 的最高结温并用 120℃/W 的热阻降低额定值来使用	

二、超声波倒车防撞报警器工作原理

倒车防撞报警器主要是利用了超声波来检测汽车与障碍物之间的距离，与障碍物达到一定距离后，防撞报警器发出报警信息，提醒车辆驾驶员。超声波测距的原理一般采用渡越时间法 TOF（Time Of Flight）。首先测出超声波从发射到遇到障碍物返回所经历的时间 t，再乘以超声波的速度 v 就得到 2 倍的声源与障碍物之间的距离 s。

三、简易超声波倒车防撞报警器电路工作原理

图 8-19 所示是由 LM1812 组成的超声波车辆倒车防撞报警电路，其防撞距离为 3m 左右，报警灵敏度可由 RP2 进行调节。该倒车防撞报警器主要是由 40 kHz 的超声波振荡器、超声波接收、控制和报警等电路组成。

1. 40kHz 的超声波振荡器

40kHz 的超声波振荡器主要由一块 555 时基集成电路 IC3（NE555）和 R11、R2、C16 等

元件构成，是一种无稳态多谐振荡器。振荡电路工作后产生的方波信号从 IC3 的 3 脚输出，经 R13 电阻器加到 VT2 的基极，经 VT2 放大后的信号从其集电极输出，直接加到 LM1812 的 8 脚内。

在这部分电路中，R13 起限流作用；R9 为 VT2 集电极负载电阻器；R11、R2、C16 为振荡器的振荡频率设定元件，调整其值，可以改变振荡电路的振荡频率。

2. 功率放大与发射电路

功率放大电路由 LM1812 集成电路 8 脚与 6 脚内的部分电路及驱动管 VT1 等组成。用于将振荡电路产生的信号进行功率放大以满足发射电路的幅度要求。

加到 LM1812 的 8 脚的振荡信号经过其内部有关电路处理后从 6 脚输出，给由两只电阻器（R5 和 R6）和一只电容器 C14 组成的“T”字形滤波电路滤波后加到 VT1 功率放大管基极。给 VT1 进行功率放大后，加到 L2 线圈抽头处。

L2 与 C3 两者组成的并联谐振网络经对信号进一步滤波选频后，由带状屏蔽电缆线传送给超声波发射头 MA40EIS，经超声波发射头对信号进一步处理后向外空间发射。

在这部分电路中，高阻抗的超声波发射头 MA40EIS 与由 C3、L2 组成的 40kHz 的输出谐振回路采用并联方式。为了防止负载对该谐振回路产生影响，回路电感器 L2 采用中间抽头的方式与 VT1 的集电极相连接。

3. 接收传感器

接收传感器采用与发射传感器 MA40EIS 相配套的 MA40EIR，其接收、放大用的谐振回路与发射回路一样，谐振在 40kHz 频率上。接收传感器接收到的信号，经其内部电路进行整形放大等一系列电路处理后，得到的信号由带屏蔽电缆引入控制电路后，经 C13 电容器→R4 电阻器，送到 LM1812 集成电路 4 脚内。

4. 单稳态及声光报警电路

声光报警电路受 IC2（NE555）时基集成电路和 R10、C15 等组成的单稳态电路的控制，单稳态电路输出的脉冲宽度为：

$$t_a = 1.1 \times R_{10} \times C_{15}$$

因此，电子蜂鸣器发出的是断续的报警声。同时，发光二极管 LED 发出可见的闪烁光，进行同步闪烁。其工作过程如下：

当超声波发射传感器发生的超声波在倒车时碰到物体反射回来，被超声波接收传感器 MA40EIR 接收处理后，得到的信号经 C13、R4 进入 LM1812 的 4 脚，经处理识别后，就会从其 14 输出控制信号，该控制信号经 C4 电容器耦合加到 IC2 的 2 脚，触发单稳态电路翻转，从 IC2 的 3 脚输出高低变化的电平。当输出高电平时，导致电子蜂鸣器发出报警声并使 LED 发光二极管导通（经 R12）发光；当输出低电平时，声、光均消失，由此完成了防撞报警工作。

项目实施

一、简易超声波倒车防撞报警器电路的绘制

使用 Protel 99 SE 绘制完成图 8-19 所示的原理图。

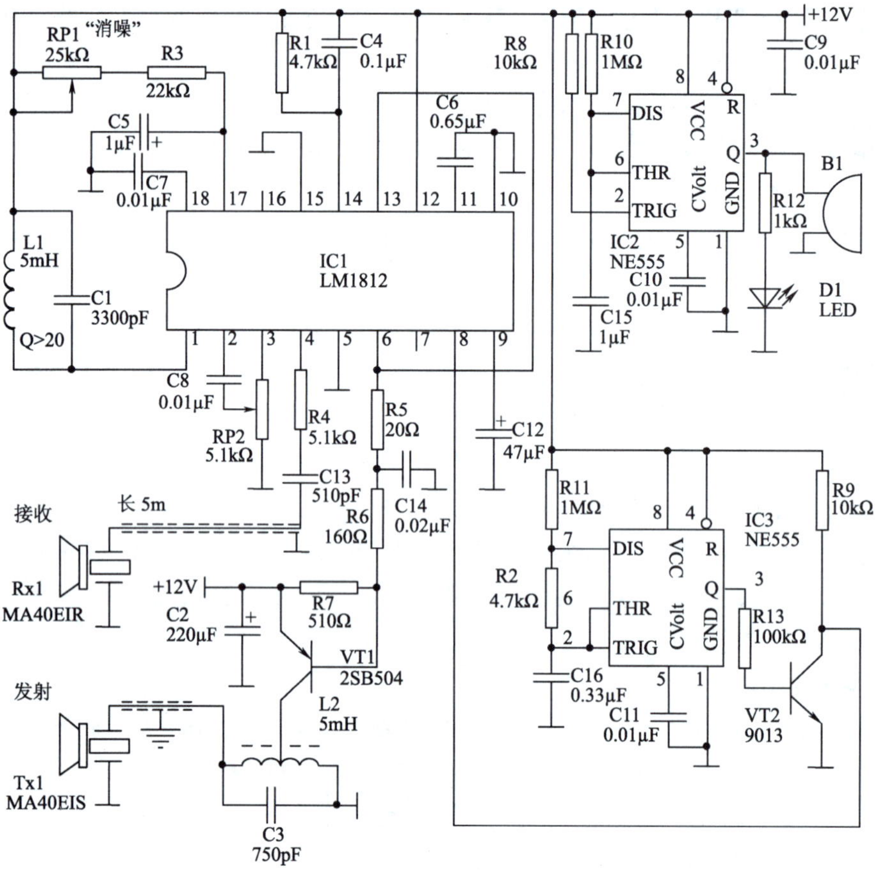

图 8-19　由 LM1812 组成的超声波倒车防撞报警电路

二、元器件选择

B1 选用 5V 有源一体蜂鸣器。C1、C3～C4、C6～C11、C13～C16 均选用高频瓷介电容器，C2、C5、C12 均选用耐压值为 25V 的铝电解电容器。Dl 选用 5MM 红色的发光二极管。IC1 选用 LM1812 集成电路，IC2～IC3 均选用 NE555 型时基集成电路。R1～R13 均选用 1/4W 碳膜电阻器。RP1～RP2 均选用 RM. 065 的蓝白可调电阻。Rx1 选用 MA40EIR 超声波接收器，Tx1 选用 MA40EIT 超声波发射器。VT1 选用型号为 2SB504 的 PNP 型三极管，VT1 选用型号为 9013 的 NPN 型三极管。

项目二元器件清单表如表 8-4 所示。

表 8-4　项目二元器件清单表

元器件序号	元器件名称	元器件型号与规格	元器件参数	数量
B1	蜂鸣器	5V 有源一体蜂鸣器		1
C1	电容器	高频瓷介电容器	3300P	1
C2	电容器	电解电容器，耐压值 25V	220μF	1

续表

元器件序号	元器件名称	元器件型号与规格	元器件参数	数量
C3	电容器	高频瓷介电容器	750P	1
C4	电容器	高频瓷介电容器	0.1μF	1
C5、C15	电容器	电解电容器，耐压值25V	1μF	2
C6	电容器	高频瓷介电容器	0.65μF	1
C7～C11	电容器	高频瓷介电容器	0.01μF	2
C12	电容器	电解电容器，耐压值25V	47μF	1
C13	电容器	高频瓷介电容器	510pF	1
C14	电容器	高频瓷介电容器	0.02μF	1
C16	电容器	高频瓷介电容器	0.33μF	1
D1	发光二极管	红色5MM红色发光二极管		1
IC1	集成电路	LM1812/DIP18		1
IC2～IC3	集成电路	NE555/DIP8		2
L1	电感器	$Q>20$	5mH	1
L2	电感器	中心抽头	5mH	1
R1～R2	电阻器	碳膜电阻器，功率0.25 W	4.7kΩ	2
R3	电阻器	碳膜电阻器，功率0.25 W	22kΩ	1
R4	电阻器	碳膜电阻器，功率0.25 W	5.1kΩ	1
R5	电阻器	碳膜电阻器，功率0.25 W	20Ω	1
R6	电阻器	碳膜电阻器，功率0.25 W	160Ω	1
R7	电阻器	碳膜电阻器，功率0.25 W	510Ω	1
R8～R9	电阻器	碳膜电阻器，功率0.25 W	10kΩ	2
R10～R11	电阻器	碳膜电阻器，功率0.25 W	1MΩ	2
R12	电阻器	碳膜电阻器，功率0.25 W	1kΩ	1
R13	电阻器	碳膜电阻器，功率0.25 W	100kΩ	1
RP1	电位器	RM.065/蓝白可调电阻	25kΩ	1
RP2	电位器	RM.065/蓝白可调电阻	5.1kΩ	1
Rx1	超声波接收器	MA40EIR		1
Tx1	超声波发射器	MA40EIS		1
VT1	三极管	PNP/2SB504		1
VT2	三极管	NPN/9013		1

三、印制电路板设计

使用Protel 99 SE绘制的超声波倒车防撞报警器的印制电路板图为双面板，如图8-20所示。图8-20（a）为元件面，图8-20（b）为焊接面。

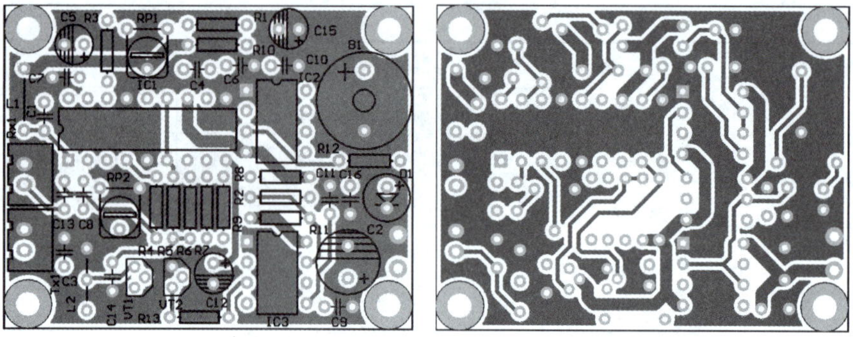

（a）元件面　　（b）焊接面

图 8-20　超声波倒车防撞报警器的印制电路板图

四、电路调试

此电路相对简单，只要安装无误，就能正常工作。

1. 超声波发射频率的调整

调试时可以在 IC3（NE555）的 3 脚接示波器，看是否产生 40kHz 的矩形波，通过调整 R11、R2 的阻值或 C16 的容量，可以改变多谐振荡器的工作频率。直到频率符合要求。

2. 报警灵敏度的调整

调节 RP2 进行报警灵敏度的调整。

3. 单稳态及声光报警电路的调整

可通过调整 R10、C15 的参数使 IC2（NE555）时的 3 脚产生出合适的频率能声光报警。

项目拓展与评价

一、训练题目与要求

自行查阅资料，采用 SB0012 超声波专用测距集成电路实现超声波倒车防撞报警器电路。

二、考核与评价

考核与评价标准见表 8-5。

表 8-5　项目二考核与评价标准

考核内容	完成项目实施内容	完成训练
成　绩	50	50

思考与习题

1. 什么叫超声波的衰减？简述衰减的种类和原因？
2. 简述超声波检测距离的原理？有哪些因素影响了检测的精度？
3. 由 LM1812 组成的超声波车辆倒车防撞报警电路中如何调整防撞的距离？
4. 利用超声波测厚的基本方法是什么？已知超声波在工件中的声速为 5 640 m/s，测得

的时间间隔 t 为 22μs，试求工件厚度。

5. 分析超声波汽车倒车防撞装置的工作原理。

6. 超声波探伤中应用了哪些超声波的哪些主要性质？

7. 工业探伤应用的频率范围是多少？

8. 根据你已学过的知识设计一个超声波探伤实用装置（画出原理框图），并简要说明它探伤的工作过程？

9. 超声波探伤方法多种多样，最常用的是脉冲反射法，而脉冲反射法根据波形不同又可分为哪几种方法？

10. 用超声波探头测工件时，往往要在工件与探头接触的表面加层耦合剂，这是为什么？

项目三　超声波测距仪的设计

项目说明

设计制作一个不使用单片机的超声波测距仪。通过测量超声波从发射到反射回来的时间差来测量与被测物体的距离。要求可以测量 0.35～10m 的距离范围。

相关知识

一、超声波检测距离的原理

超声波测距的方法有多种，如相位检测法、声波幅值检测法和渡越时间检测法等。相位检测法精度高，但检测范围有限，声波幅值检测法易受反射波的影响。在超声波检测技术中，主要利用超声波反射、折射、衰减等一些物理性质来实现检验的目的。渡越时间检测法应用最广泛，它的基本工作原理是：超声波传感器由脉冲信号激励发出超声波，通过传声介质传到被测物体，形成反射波；反射波再通过传声介质返回到接收传感器，传感器把声信号转换成电信号，由系统计算出超声波从发射到接收所传播的时间，再根据超声波在介质中传播的速度，利用公式

$$s = ct/2$$

就可以确定超声波传感器到被测物体之间的距离了。根据所用传感器的工作方式，测距又可分为自发自收单传感器和一发一收双传感器。一般来说，单探头的自发自收方式是优先考虑采用的。这是因为单探头方式检测系统简单，安装维护也方便。但是这里采用的是压电陶瓷传感器，由于压电陶瓷传感器的余震比较严重，单发单收的探头检测死区比较大。为避免这点，本系统采用双探头的设计，即采用两个超声波传感器：一个用来接收，一个用来发射。采用的传播介质为空气，超声波测距原理如图 8-21 所示。

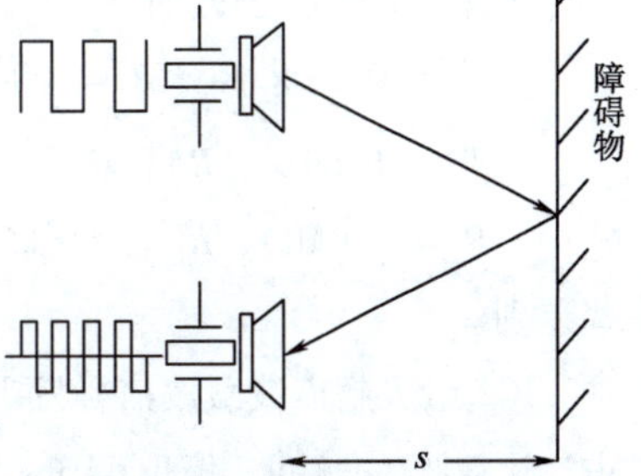

图 8-21　超声波测距原理图

测渡越时间测量法：

1）直接计数法

发射一串超声波脉冲，在发射脉冲串时刻计时器开始计时，在超声波接收器接收到反射信号时刻，停止计时。计时器所计时间，即为传播时间。

2）相位法

测距仪发出一定频率变化的正弦波，发出的声波到达被测物产生反射回波，接收端接收到回波，经放大电路转换后，得到与放大的相位完全相同的信号，此信号放大后与光源的驱动电压相比较，测得两个正弦电压的相位差，根据所测相位差就可算得所测距离。

二、影响超声波测距精度的一些因素

影响超声波波测试精度的一些因素主要包括以下几点：

（1）声速误差；

（2）测距时间的误差；

（3）其他误差，主要包括探头固定误差、噪声干扰带来的误差等。

要提高测距精度，必须减小时间和声速测量的误差，并且对噪声干扰进行合理的分析和处理。

由于声速对测距影响较大，所以必须补偿超声波在空气中的传播速度，对声速的补偿，现在大多采用温度补偿的方法，在系统设计中加入温度检测部分对环境温度进行检测，以提高超声波的测距精度。但是通过温度测量补偿声速的方法也存在着问题，由于引入了环境温度这个参数，必然会存在环境温度测量的误差，如果没有合适的处理温度测量的误差，将会导致温度补偿声速的误差加大，达不到预期的目的。

测距时间的误差是无可避免的，因为不管你采用何种方法，计时都存在着误差。这是由硬件本身决定的，但是如何选择合适的渡越时间测量法来减少渡越时间测量的误差，就是提高超声波测距精度的关键所在。

三、超声波测距仪电路的工作原理

1. 超声波发射电路

超声波发射电路由两块555集成电路和一块CD4069集成电路组成。IC1（555）组成超声波脉冲信号发生器，如图8–22所示。

工作周期计算公式如下。

$$T_L = 0.69 \times R_b \times C = (0.69 \times 150 \times 10^3 \times 0.01 \times 10^{-6})\ \text{ms} = 1\ \text{ms}$$

$$T_H = 0.69 \times (R_a + R_b) \times C = (0.69 \times 9\,250 \times 10^3 \times 0.01 \times 10^{-6})\ \text{ms} = 64\ \text{ms}$$

式中，$R_a = 9.1\ \text{M}\Omega$，$R_b = 150\ \text{k}\Omega$，$C = 0.01\ \mu\text{F}$，实际电路中由于元器件等误差，会有一些差别。

IC2组成超声波载波信号发生器。由IC1输出的脉冲信号控制，输出1 ms频率40 kHz，占空比50%的脉冲，停止64 ms，如图8–23所示。

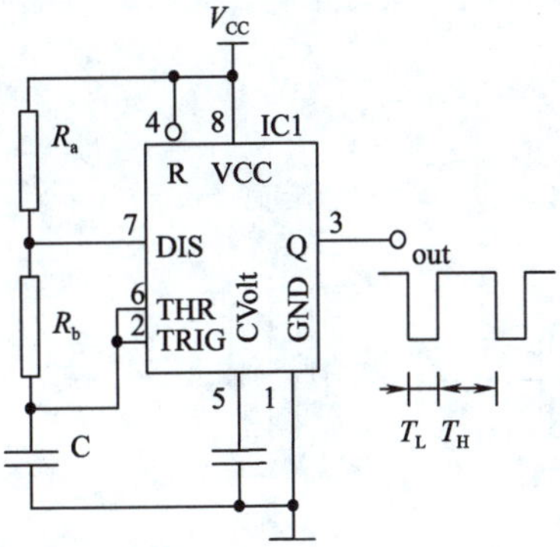

图 8-22 555 组成超声波脉冲信号发生器

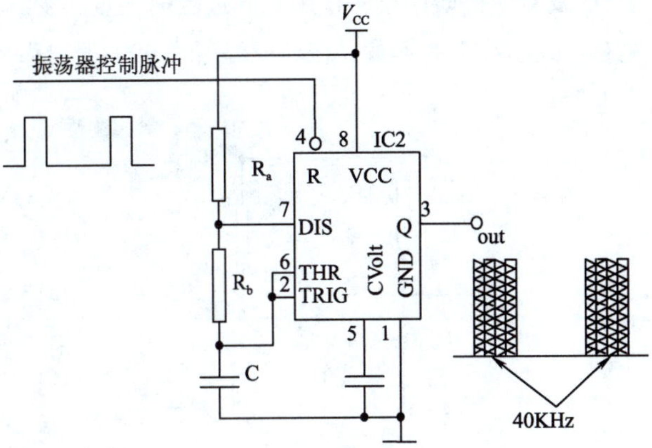

图 8-23 555 组成超声波载波信号发生器

计算公式如下。

$$T_L = 0.69 \times R_a \times C = (0.69 \times 15 \times 10^3 \times 1000 \times 10^{-12})\ \mu s = 10\ \mu s$$

$$T_H = 0.69 \times (R_a + R_b) \times C = (0.69 \times 16.5 \times 10^3 \times 1000 \times 10^{-12})\ \mu s = 11\ \mu s$$

$$f = 1/(T_L + T_H) = [1/(10.35 + 11.39)] \times 10^6\ kHz = 46.0\ kHz$$

其中 $R_a = 1.5\text{k}\Omega$，$R_b = 15\text{k}\Omega$，C = 1 000 pF，实际电路中由于元器件等误差，会有一些差别。

IC3（CD4069）组成超声波发射头的驱动电路，对外输出超声波信号。

2. 超声波接收电路

超声波接收头和 IC4 组成超声波信号的检测和放大。反射回来的超声波信号经 IC4 的 2 级放大 1 000 倍（60dB），第 1 级放大 100 倍（40dB），第 2 级放大 10 倍（20dB）。由于一般的运算放大器需要正、负对称电源，而该装置电源用的是单电源（+9V）供电，为保证其可靠工作，这里用 R10 和 R11 进行分压，这时在 IC4 的同相端有 4.5V 的中点电压，这样可以保证放大的交流信号的质量，不至于产生信号失真。

C9、D1、D2、C10 组成的倍压检波电路取出反射回来的检测脉冲信号送至 IC5 进行处理。

IC5、IC6、IC7、IC8、IC9 组成信号比较、测量、计数和显示电路，即比较和测量从发出的检测脉冲和该脉冲被反射回来的时间差。它是超声波测距电路的核心，下面分析其工作原理。由 Ra、Rb、IC5 组成信号比较器，如图 8-24 所示。

其中 $V_{rf} = (R_b \times V_{CC}) / (R_a + R_b) = (47\text{k}\Omega \times 9\text{V}) / (1\text{M}\Omega + 47\text{k}\Omega) = 0.4\text{V}$。所以当 A 点（IC5 的反相端）过来的脉冲信号电压高于 0.4V 时，B 点电压将由高电平“1”到低电平“0”。同时注意到在 IC5 的同相端接有电容 C11 和二极管 D3，这是用来防止误检测而设置的。在实际测量时，在测距仪的周围会有部分发出的超声波直接进入接收头而形成误检测。为避免这种情况发生，这里用 D3 直接引入检测脉冲来适当提高 IC5 比较器的门限转换电压，并且这个电压由 C11 保持一段时间，这样在超声波发射器发出检测脉冲时，由于 D3 的作用使 IC5 的门限转换电压也随之被提高，并且由于 C11 的放电保持作用，可防止这时由于检测脉冲自身的干扰而形成的误检测。由以上可知，当测量距离小到一定程度时，由于 D3 及 C11 的防误检测作用，其近距离测量会受到影响。图示参数的最小测量距离在 40cm 左右。减小 C11 的容量，在环境温度为 20℃时可做到 30cm 测量最短距离。此时其放电时间为 1.75ms。

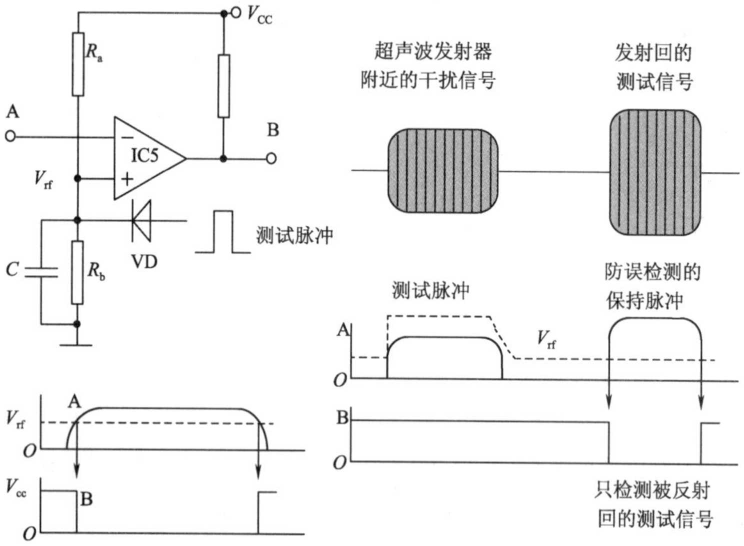

图 8-24　由 Ra、Rb、IC5 组成信号比较器

IC6 组成 R-S 触发器构成时间测量电路如图 8-25 所示。可以看出，在发出检测脉冲时（A 端为高电平），D 端输出高电平，当收到反射回来的检测脉冲时，C 端由高变低，此时 D 端变为低电平，故输出端 D 的高电平时间即为测试脉冲往返时间。

计数和显示电路由 IC6、IC7、IC8、IC9 组成，IC7 组成计数电路脉冲发生器，原理图如图 8-26 所示。

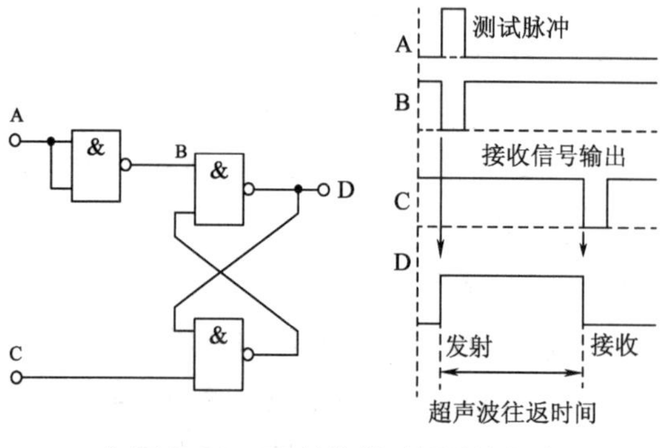

如图 8-25　RS 触发器时间测量电路

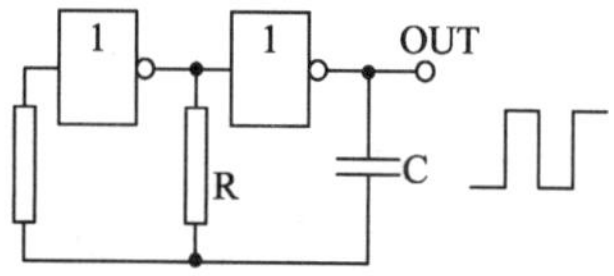

图 8-26　计数电路脉冲发生器

其工作频率 $f=1/(2.2CR)$。电路频率设计在 17.2kHz 左右。这个频率是根据声波在环境温度为 20℃时的传播速度为 343.5m/s 确定的。我们知道在不同的环境温度下，声波的传播速度会有所改变，其关系为 $v=331.5+0.6t$，其中 v 的单位为 m/s，t 为环境温度，单位为℃。超声波温度与速度的对应关系如表 8-6 所示。

表 8-6 超声波温度与速度的对应关系

温度/℃	声音速度/（m/s）	温度/℃	声音速度/（m/s）
-10	325.5	30	349.5
0	331.5	40	355.5
10	337.5	50	361.5
20	343.5		

有关计算如下：

测量距离为 1m 的物体时，声波的往返时间为：2m/(343.5m/s)＝5.82ms。这时计数器显示应为 100，即 1m，此时计数电路脉冲发生器的频率 $f=100/(5.82\times10^{-3})=17.18$ (kHz)。如电容 C（即 C14）为 2 200pF，此时电阻 $R=1/(2.2Cf)=1/(2.2\times2\,200\times10-12\times17.18\times10^{3})=12\text{k}\Omega$。

由于在不同的环境温度下，声波的传播速度会不同，为适应不同环境温度下测量的需要，我们要求电阻 R 具有一定的调节范围，这里用 VR2、VR3 进行调节，其中 VR2 为粗调电阻，VR3 为精调电阻。同样我们可以算出在不同温度下的计数脉冲频率值，如环境温度为 46.5℃时，$f=1/(2.2CR)=1/(2.2\times2\,200\times10^{-12}\times11.5\times10^{3})=17.97\text{kHz}$；环境温度为 1.5℃时 $f=1/(2.2CR)=1/(2.2\times2\,200\times10^{-12}\times12.5\times10^{3})=16.53\text{kHz}$。

实际上，在不同环境温度下时，我们只要测试标准距离 1m，调节计数电路脉冲发生器的频率（VR2 和 VR3），使其显示为 100 即可。

3）计数、显示电路

这里简单介绍一下计数器的清零及数据锁存过程，如图 8-27 所示。A 点波形即表现测试脉冲往返的时间，当 A 点电位由低变高时，由于 C1 电压不能突变，故 B 点会产生一个复位脉冲信号使计数器清零，同时 IC6 内与非门被打开，IC8 开始通过 CLOCK 脚计数；同样当 A 点电位由高变低时，由于 C2 电压不能突变，故 C 点会产生一个锁存脉冲信号使计数器数据被锁存，同时 IC6 的有关与非门被关闭，IC8 开始停止计数，完成计数过程。

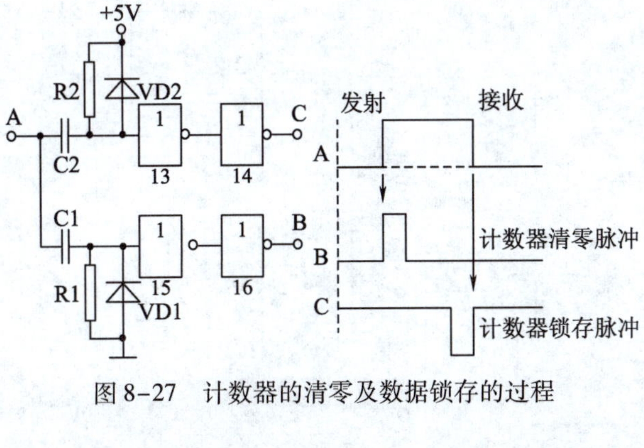

图 8-27 计数器的清零及数据锁存的过程

C15 用于控制显示部分的刷新频率，当 C15 为 1 000 pF 时，刷新频率为 1 100 Hz，由 IC9、LED1～LED3、VT1～VT3 组成显示电路。

超声波测距仪的仿真原理图如图 8-28 所示。

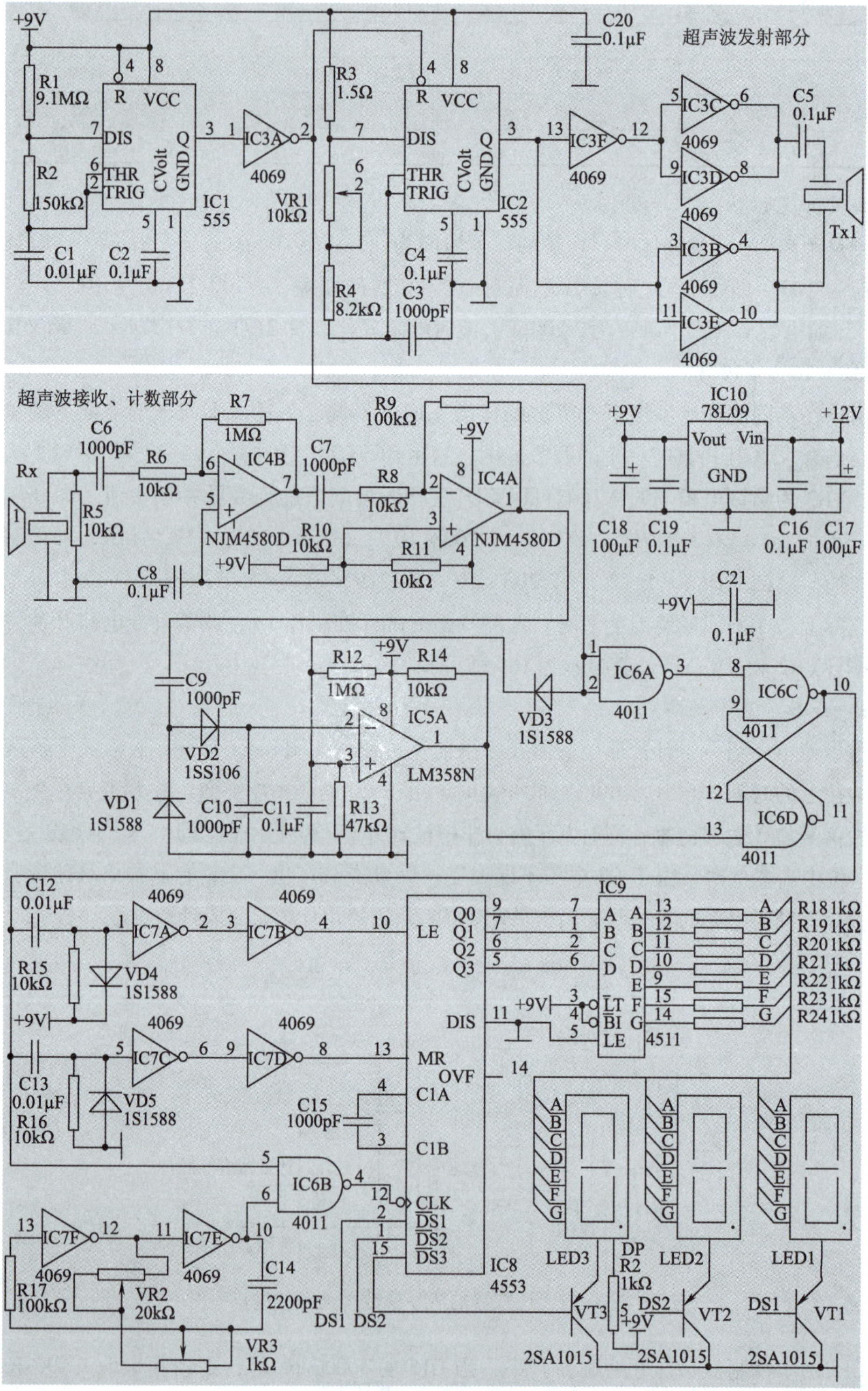

图 8-28　超声波测距仪的原理图

项目实施

一、超声波测距仪电路的绘制

使用 Protel 99 SE 绘制完成图 8-28 所示的原理图。

二、元器件选择

C1～C16 均选用高频瓷介电容器，C17～C18 均选用耐压值为 25V 的铝电解电容器。IC1～IC2 均选用 NE555 型时基集成电路，IC3、IC7 均选用 CD4069 集成电路，IC4 选用 NJM4580D 集成电路，IC5 选用 LM358N 集成电路，IC6 选用 CD4011 集成电路，IC8 选用 CD4553 集成电路，IC9 选用 CD4511 集成电路，IC10 选用 78L09 三端稳压集成电路。R1～R25 均选用 0.25W 碳膜电阻器。VR1～VR3 均选用 RM.065 的蓝白可调电阻。Rx1 选用 R40-16 超声波接收器，Tx1 选用 T40-16 超声波发射器。VT1～VT3 选用型号为 2SA1015 的 PNP 型三极管。

项目三元器件清单表如表 8-7 所示。

表 8-7 项目三元器件清单表

元件序号	元件名称	元件型号与规格	元件参数	数量
C1、C12～C13	电容器	高频瓷介电容器	0.01μF	3
C2、C4、C5、C8、C11、C16、C19～C21	电容器	高频瓷介电容器	0.1μF	9
C3、C6～C7、C9～C10、C15	电容器	高频瓷介电容器	1000pF	6
C14	电容器	高频瓷介电容器	2200pF	1
C17～C18	电容器	电解电容器，耐压值 25V	100μF	2
IC1～IC2	集成电路	NE555/DIP8		2
IC3、IC7	集成电路	CD4069/DIP14		2
IC4	集成电路	NJM4580D/DIP8		1
IC5	集成电路	LM358N/DIP8		1
IC6	集成电路	CD4011/DIP14		1
IC8	集成电路	CD4553/DIP16		1
IC9	集成电路	CD4511/DIP16		1
IC10	集成电路	78L09/三端稳压器		1
R1	电阻器	碳膜电阻器，功率 0.25W	9.1MΩ	1
R2	电阻器	碳膜电阻器，功率 0.25W	150kΩ	1
R3	电阻器	碳膜电阻器，功率 0.25W	1.5kΩ	1
R4	电阻器	碳膜电阻器，功率 0.25W	8.2kΩ	1
R5～R6、R8、R10～R11、R14～R16	电阻器	碳膜电阻器，功率 0.25W	10kΩ	8
R7、R12	电阻器	碳膜电阻器，功率 0.25W	1MΩ	2
R9、R17	电阻器	碳膜电阻器，功率 0.25W	100kΩ	2

续表

元件序号	元件名称	元件型号与规格	元件参数	数量
R13	电阻器	碳膜电阻器，功率 0.25W	47kΩ	1
R18～R25	电阻器	碳膜电阻器，功率 0.25W	1kΩ	8
VR1	电位器	RM.065/蓝白可调电阻	10kΩ	1
VR2	电位器	RM.065/蓝白可调电阻	20kΩ	1
VR3	电位器	RM.065/蓝白可调电阻	1kΩ	1
Rx1	超声波接收器	R40－16		1
Tx1	超声波发射器	T40－16		1
VT1～VT3	三极管	PNP/2SA1015		3

三、印制电路板设计

使用 Protel 99 SE 绘制超声波测距仪的印制电路板图为双面板，如图 8-29 所示。图 8-29（a）为元件面，图 8 -29（b）为焊接面。

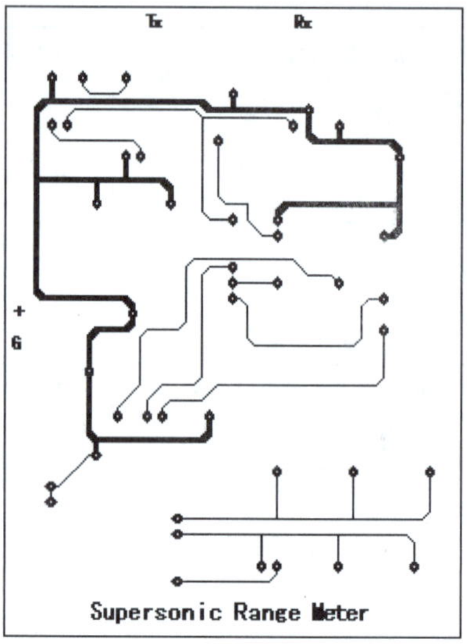

（a）元件面

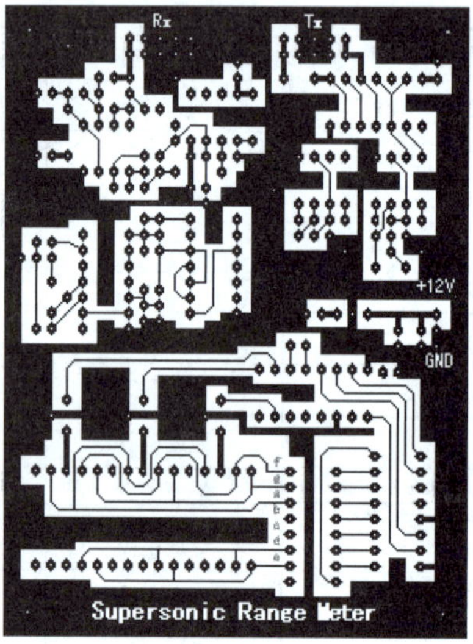

（b）焊接面

图 8-29　超声波测距仪的印制电路板图

四、实物制作

焊接完成后的超声波测距仪的实物图如图 8－30 所示。

图 8-30　超声波测距仪的实物图

五、电路调试

1. 发射接收电路的调整

把 IC1 从插座上拔下，并短接 IC1 插座的 1 和 3 脚，这时 IC2 的 4 脚应为高电平，并会持续发出高频载波信号，频率约为40kHz，此时可用示波器监测IC4的1脚信号。让超声波探头朝向一面墙，使发出的超声波返回而被接收器检测到，同时用示波器检测IC4的1脚信号，慢慢调节VR1，使IC4的1脚输出信号最大。断开IC1插座的1和3脚短接线并插上IC1，此时再用示波器监视IC4的1脚信号，应能看到超声波脉冲串，如图8-31所示。

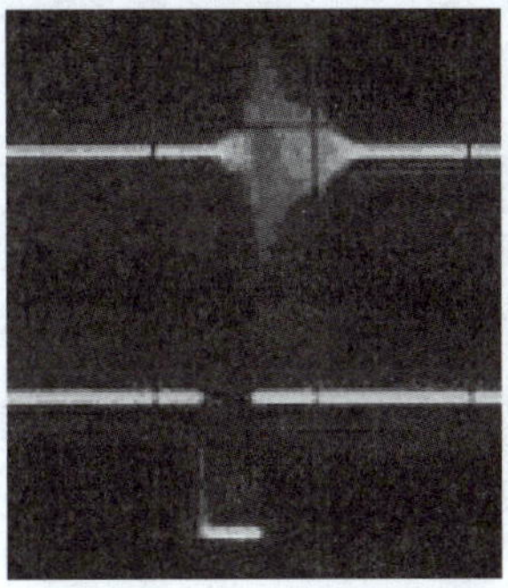

图8-31　测试脉冲与超声波脉冲

2. 调整误检测电路

通常该部分电路不需要调整，但如果发现测量几米外的物体，电路始终显示为0.40，这表明该仪器受到自身发出的检测脉冲干扰。这时我们需检查C11或稍许增多C11的容量，如图8-32所示。

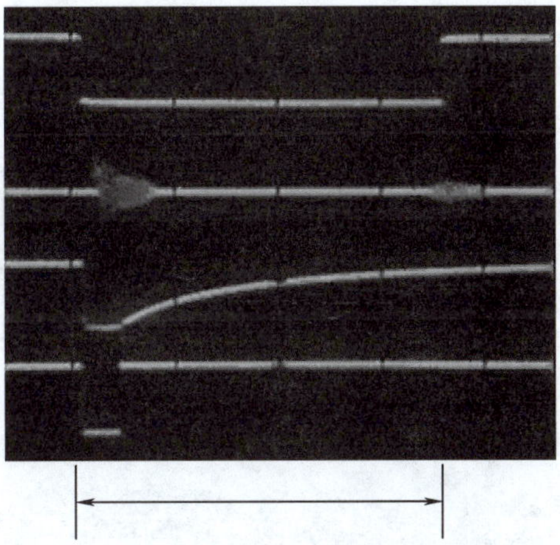

图8-32　几个关键脚测得的波形图

说明：图8-32中第1条线是IC6第1脚的测量结果，第2条线是IC5第3脚的测量结果，第3条线是IC4第1脚的测量结果，第4条线是IC6第10脚的测量结果。

3. 调节计数电路脉冲频率

让电路板垂直于墙面1m处，调节VR3在中间位置，再调节VR2使其显示1.00，但在环境温度改变时，一般需再次调节VR2，校准测距仪。

4. 关于短距离的测量

当我们将测距仪逐渐靠近被测物体，最终读数显示在34cm左右。因为这个电路C11取值为0.1μF，由于防误检测电路的保护作用，所以最小测试距离限制为34cm左右，如要进一步缩短测试距离，由前面分析可知，我们必须让发出的测试脉冲宽度更窄，同时减小防误检测电路C11的容量。但由于超声波发射器的输出功率有限，如果缩短测试脉冲时间，意味着减小了测试脉冲的输出功率，在测试距离增加时，会使反射回来的信号很弱，造成仪器在长距离测量时受到影响。

5. 关于长距离测量

长距离测量由于各种因素的影响会困难一些。有几点测量时我们必须注意以下几点：

（1）被测目标必须垂直于超声波测距仪。

（2）被测目标表面必须平坦。

（3）测量时在超声波测距仪周围没有其他可反射超声波的物体。

由于发射功率有限，测距仪无法测量10m外的物体。

项目拓展与评价

一、训练题目与要求

采用其他技术方案实现超声波测距仪电路。

二、考核与评价

考核与评价标准见表8-8。

表8-8　项目三考核与评价标准

考核内容	完成项目实施内容	完成训练
成　　绩	50	50

思考与习题

1. 采用超声波传感器设计机器人的自动避障控制电路。（画出检测示意图、说明检测原理。）

2. 请列举超声波的一些应用实例。

3. 超声波应用需要注意哪些问题？

4. 超声波传感器的主要性能指标有哪些？

5. 采用超声波或光脉冲信号，由从对象反射回来的脉冲的时间进行距离检测，空气中的声速为340m/s，软钢中纵波的因素为5900m/s，光速为3×10^8m/s，求这三种情况下1ms的往复时间对应得距离。根据计算结果，比较采用光脉冲所需要系统得信号处理速度要比采用超声波脉冲时的系统速度快几倍？

6. 根据上一题的结果，讨论利用脉冲往复时间测距，采用超声波和光波各有什么特点。

7. 利用超声波可以探测鱼群的位置，在一只装有超声波发射和接收装置的渔船上，当它向选定的方向发射出频率为 5.8×10^4 Hz 的超声波后，经过 0.64 s 收到从鱼群反射回来的反射波，已知 5.8×10^4 Hz 的超声波在水中的波长为 2.5cm，则这群鱼到渔船的距离为多少米？

8. 潜艇探测水中目标时常用声呐，声呐向水中目标发射超声波，超声波被目标反射后又被潜艇的声呐系统所接收。测出发送到接收经过的时间就可知潜艇和目标之间的距离。声呐发出的超声波频率为 4×10^4 Hz，发出一个脉冲时间 0.015s，超声波在水中的波速为 1 450 m/s，从声波发出到接收到目标的回波经历时间 0.6s，则：该超声波波长多少米？一列声波有多少个完全波？潜艇到目标距离为多少？

9. 用超声测位仪垂直向海底发射声波，经过 6s 后收到回波. 如果海水中声音的平均传播速度为 1 500 m/s，求：

(1) 此处海水有多深？

(2) 能否用这种方法测量地球和月球之间的距离？请说明原因。

10. 利用超声波测量流体流量的原理图如图 8-33 所示，设超声波在静止流体中的流速为 c，试完成下列各题：

(1) 简要分析其工作原理。

(2) 求流体的流速 v。

(3) 求流体的流量 Q。

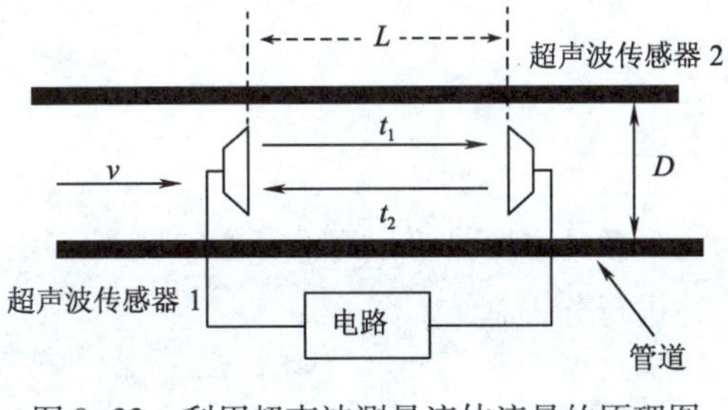

图 8-33 利用超声波测量流体流量的原理图

模块九

新型传感器及其应用

本模块主要了解新型传感器的基本应用情况。

知识点

新型传感器的概念、分类；
新型传感器的结构、工作原理及特点；
新型传感器的应用领域。

技能点

新型传感器的应用分析。

教学法

本模块以拓宽视野为主。教师主要是将项目的基本知识及应用前景跟学生讲明即可，学生大部分时间自主学习，并进行分析总结。

项目一　生物传感器应用实例分析

项目说明

近年来，传感器技术新原理、新材料和新技术的研究更加深入、广泛，新品种、新结构、新应用不断涌现。生物传感器就是其中之一。

生物传感器是由固定化的生物敏感材料作为识别元件（包括酶、抗体、抗原、微生物、细胞、组织、核酸等生物活性物质）与适当的理化换能器（如氧电极、光敏管、场效应管、压电晶体等等）及信号放大装置构成的分析工具或系统，具有接收器与转换器的功能。目前，生物传感器已广泛应用于食品毒性检测、医学检测、工业加工和监测、农业应用、环境污染控制等方面。

相关知识

生物传感器又称仿生传感器，是一种采用新的检测原理的新型传感器，它采用固定化的细胞、酶或者其他生物活性物质与换能器相配合组成传感器。这种传感器是近年来生物医学和电子学、工程学相互渗透而发展起来的一种新型的信息技术。这种传感器的特点是机能高、寿命长。在仿生传感器中，比较常用的是生体模拟的传感器。

生物传感器按照使用的介质不同可以分为：酶传感器、微生物传感器、细胞器传感器、组织传感器等。

生物传感器（Biosensor），是一种对生物物质敏感并将其浓度转换为电信号进行检测的仪器。是由固定化的生物敏感材料作识别元件（包括酶、抗体、抗原、微生物、细胞、组织、核酸等生物活性物质）、适当的理化换能器（如氧电极、光敏管、场效应管、压电晶体等）及信号放大装置构成的分析工具或系统。

生物传感器具有接收器与转换器的功能。

1. 组成结构

生物传感器由分子识别部分（敏感元件）和转换部分（换能器）构成：

分子识别部分由敏感元件组成，是可以引起某种物理变化或化学变化的主要功能元件，是以分子识别部分去识别被测目标，它是生物传感器选择性测定的基础。

各种生物传感器有以下共同的结构：包括一种或数种相关生物活性材料（生物膜）及能把生物活性表达的信号转换为电信号的物理或化学换能器（传感器），二者组合在一起，用现代微电子和自动化仪表技术进行生物信号的再加工，构成各种可以使用的生物传感器分析装置、仪器和系统。

生物传感器实现以下三个功能：

感受：提取出动植物发挥感知作用的生物材料，包括：生物组织、微生物、细胞器、酶、抗体、抗原、核酸、DNA 等。实现生物材料或类生物材料的批量生产，反复利用，降低检测的难度和成本。

观察：将生物材料感受到的持续、有规律的信息转换为人们可以理解的信息。

反应：将信息通过光学、压电、电化学、温度、电磁等方式展示给人们，为人们的决策提供依据。

2. 主要功能

生物传感器是对生物物质敏感并将其浓度转换为电信号进行检测的仪器。具有接收器与转换器的功能。

生物体中能够选择性地分辨特定物质的物质有酶、抗体、组织、细胞等。这些分子识别功能物质通过识别过程可与被测目标结合成复合物，如抗体和抗原的结合，酶与基质的结合。

在设计生物传感器时，选择适合于测定对象的识别功能物质，是极为重要的前提。要考虑到所产生的复合物的特性。根据分子识别功能物质制备的敏感元件所引起的化学变化或物理变化，去选择换能器，是研制高质量生物传感器的另一重要环节。敏感元件中光、热、化学物质的生成或消耗等会产生相应的变化量。根据这些变化量，可以选择适当的换能器。生物化学反应过程产生的信息是多元化的，微电子学和现代传感技术的成果已为检测这些信息提供了丰富的手段。

3. 发展历程

第一个生物传感器是1967年S. J. 乌普迪克等制出的葡萄糖传感器。将葡萄糖氧化酶包含在聚丙烯酰胺胶体中加以固化，再将此胶体膜固定在隔膜氧电极的尖端上，便制成了葡萄糖传感器。当改用其他的酶或微生物等固化膜，便可制得检测其对应物的其他传感器。

固定感受膜的方法有直接化学结合法、高分子载体法、高分子膜结合法三种。现已发展了第二代生物传感器（微生物、免疫、酶免疫和细胞器传感器），研制和开发第三代生物传感器，将系统生物技术和电子技术结合起来的场效应生物传感器，90年代开启了微流控技术，生物传感器的微流控芯片集成为药物筛选与基因诊断等提供了新的技术前景。由于酶膜、线粒体电子传递系统粒子膜、微生物膜、抗原膜、抗体膜对生物物质的分子结构具有选择性识别功能，只对特定反应起催化活化作用，因此生物传感器具有非常高的选择性。缺点是生物固化膜不稳定。生物传感器涉及的是生物物质，主要用于临床诊断检查、治疗时实施监控、发酵工业、食品工业、环境和机器人等方面。

生物传感器是用生物活性材料（酶、蛋白质、DNA、抗体、抗原、生物膜等）与物理化学换能器有机结合的一门交叉学科，是发展生物技术必不可少的一种先进的检测方法与监控方法，也是物质分子水平的快速、微量分析方法。在未来21世纪知识经济发展中，生物传感器技术必将是介于信息和生物技术之间的新增长点，在国民经济中的临床诊断、工业控制、食品和药物分析（包括生物药物研究开发）、环境保护以及生物技术、生物芯片等研究中有着广泛的应用前景。

4. 技术特点

传感器是一种可以获取并处理信息的特殊装置，如人体的感觉器官就是一套完美的传感系统。通过眼、耳、皮肤来感知外界的光、声、温度、压力等物理信息，通过鼻、舌感知气味和味道这样的化学刺激。而生物传感器是一类特殊的传感器，它以生物活性单元（如酶、抗体、核酸、细胞等）作为生物敏感单元，对目标测物具有高度选择性的检测器。

（1）采用固定化生物活性物质作催化剂，价值昂贵的试剂可以重复多次使用，克服了过去酶法分析试剂费用高和化学分析烦琐复杂的缺点。

（2）专一性强，只对特定的底物起反应，而且不受颜色、浊度的影响。

（3）分析速度快，可以在一分钟得到结果。

（4）准确度高，一般相对误差可以达到1%。

（5）操作系统比较简单，容易实现自动分析。

（6）成本低，在连续使用时，每例测定仅需要几分钱。

（7）有的生物传感器能够可靠地指示微生物培养系统内的供氧状况和副产物的产生。在生产控制中能得到许多复杂的物理化学传感器综合作用才能获得的信息。同时它们还指明了增加产物获得率的方向。

5. 设备分类

用固定化生物成分或生物体作为敏感元件的传感器称为生物传感器（Biosensor）。生物传感器并不专指用于生物技术领域的传感器，它的应用领域还包括环境监测、医疗卫生和食品检验等。生物传感器主要有下面三种分类命名方式：

（1）根据生物传感器中分子识别元件（即敏感元件）不同可分为五类：酶传感器（Enzymesensor），微生物传感器（Microbialsensor），细胞传感器（Organallsensor），组织传感器（Tis-suesensor）和免疫传感器（Immunolsensor）。显而易见，所应用的敏感材料依次为酶、微生物个体、细胞器、动植物组织、抗原和抗体。

（2）根据生物传感器的换能器（即信号转换器）不同分类有：生物电极（Bioelectrode）传感器，半导体生物传感器（Semiconductbiosensor），光生物传感器（Opticalbiosensor），热生物传感器（Calorimetricbiosensor），压电晶体生物传感器（Pi-ezoelectricbiosensor）等，换能器依次为电化学电极、半导体、光电转换器、热敏电阻、压电晶体等。

（3）以被测目标与分子识别元件的相互作用方式不同进行分类有生物亲和型生物传感器（Affinitybiosensor）、代谢型或催化型生物传感器。

三种分类方法之间实际互相交叉使用。

例如便携式心脏监护器就是采用了生物传感器的一种设备，如图 9-1 所示。

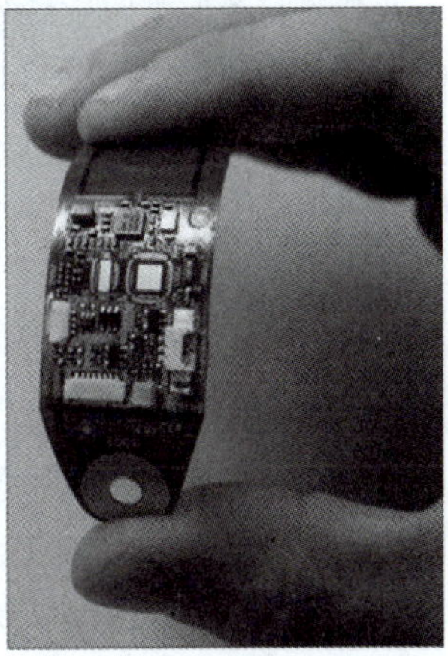

图 9-1 便携式心脏监护器

监护器内整合了电极、生物传感器、微型计算机芯片和无线发射电路。将监护器安置在患者身上或植入体内，24 小时监测心律不齐症状。医生通过无线网络可以及时了解每位病人的病情。这种便捷诊断可以大范围实施，并可降低急救成本。

6. 应用分析

1）综述

生物传感器是一门由生物、化学、物理、医学、电子技术等多种学科互相渗透成长起来的高新技术。因其具有选择性好、灵敏度高、分析速度快、成本低、在复杂的体系中进行在线连续监测，特别是它的高度自动化、微型化与集成化的特点，使其在近几十年获得蓬勃而迅速的发展。在国民经济的各个部门如食品、制药、化工、临床检验、生物医学、环境监测等方面有广泛的应用前景。特别是分子生物学与微电子学、光电子学、微细加工技术及纳米技术等新学科、新技术结合，正改变着传统医学、环境科学动植物学的面貌。生物传感器的研究开发，已成为世界科技发展的新热点，形成 21 世纪新兴的高技术产业的重要组成部分，具有重要的战略意义。

2）食品工业

生物传感器在食品分析中的应用包括食品成分、食品添加剂、有害毒物及食品鲜度等的测定分析。

（1）食品成分分析

在食品工业中，葡萄糖的含量是衡量水果成熟度和贮藏寿命的一个重要指标。已开发的酶电极型生物传感器可用来分析白酒、苹果汁、果酱和蜂蜜中的葡萄糖。其他糖类，例如，果糖，啤酒、麦芽汁中的麦芽糖，也有成熟的测定传感器。Niculescu 等人研制出一种安培生物传感器，可用于检测饮料中的乙醇含量。这种生物传感器是将一种配蛋白醇脱氢酶埋在聚乙烯中，酶和聚合物的比例不同可以影响该生物传感器的性能。在目前进行的实验中，该生物传感器对乙醇的测量极限为 1nmol/L。

（2）食品添加剂的分析

亚硫酸盐通常用作食品工业的漂白剂和防腐剂，采用亚硫酸盐氧化酶为敏感材料制成的电流型二氧化硫酶电极可用于测定食品中的亚硫酸盐含量，测定的线性范围为 $0\sim6\times10^{-4}$mol/L。又如饮料、布丁、醋等食品中的甜味素，Guibault 等采用天冬氨酶结合氨电极测定，线性范围为 $2\times10^{-5}\sim1\times10^{-3}$ mol/L。此外，也有用生物传感器测定色素和乳化剂的报道。

（3）农药残留量分析

人们对食品中的农药残留问题越来越重视，各国政府也不断加强对食品中的农药残留的检测工作。Yamazaki 等人发明了一种使用人造酶测定有机磷杀虫剂的电流式生物传感器，利用有机磷杀虫剂水解酶，对硝基酚和二乙基酚的测定极限为 10^{-7}mol，在 40℃下测定只要 4 min。Albareda 等用戊二醛交联法将乙酰胆碱醋酶固定在铜丝碳糊电极表面，制成一种可检测浓度为 10^{-10}mol/L 的对氧磷和 10^{-11} mol/L 的克百威的生物传感器，可用于直接检测自来水和果汁样品中两种农药的残留。

（4）微生物和毒素的检验

食品中病原性微生物的存在会给消费者的健康带来极大的危害，食品中毒素不仅种类很多而且毒性大，大多有致癌、致畸、致突变作用，因此，加强对食品中的病原性微生物及毒素的检测至关重要。

食用牛肉很容易被大肠杆菌 0157. H7 所感染，因此，需要快速灵敏的方法检测和防御大肠杆菌 0157. H7 一类的细菌。Kramerr 等人研究的光纤生物传感器可以在几分钟内检测出食物中的病原体（如大肠杆菌 0157. H7），而传统的方法则需要几天。这种生物传感器从检测出病原体到从样品中重新获得病原体并使它在培养基上独立生长总共只需 1 天时间，而传统方法需要 4 天。还有一种快速灵敏的免疫生物传感器可以用于测量牛奶中双氢除虫菌素的残余物，它是基于细胞质基因组的反应，通过光学系统传输信号。已达到的检测极限为 16. 2ng/mL。一天可以检测 20 个牛奶样品。

（5）食品鲜度的检测

食品工业中对食品鲜度尤其是鱼类、肉类的鲜度检测是评价食品质量的一个主要指标。Volpe 等人以黄嘌呤氧化酶为生物敏感材料，结合过氧化氢电极，通过测定鱼降解过程中产生的一磷酸肌苷（IMP）、肌苷（HXR）和次黄嘌呤（HX）的浓度，从而评价鱼的鲜度，其线性范围为 $5\times10^{-10}\sim2\times10^{-4}$mol/L。

3）环境监测

环境污染问题日益严重，人们迫切希望拥有一种能对污染物进行连续、快速、在线监测的仪器，生物传感器满足了人们的要求。已有相当部分的生物传感器应用于环境监测中。

（1）水环境监测

① 生化需氧量。生化需氧量（BOD）是一种广泛采用的表征有机污染程度的综合性指标。在水体监测和污水处理厂的运行控制中，生化需氧量也是最常用、最重要的指标之一。常规的BOD测定需要5天的培养期，而且操作复杂，重复性差，耗时耗力，干扰性大，不适合现场监测。SiyaWakin等人利用一种毛孢子菌（Trichosporoncutaneum）和芽孢杆菌（Bacilluslicheniformis）制作一种微生物BOD传感器。该BOD生物传感器能同时精确测量葡萄糖和谷氨酸的浓度。测量范围为0.5～40 mg/L。该生物传感器稳定性好，在58次实验中，标准偏差仅为0.0362。所需反应时间为5～10 min。

② 硝酸根离子 硝酸根离子是主要的水污染物之一，如果添加到食品中，对人体极其有害。Zatsll等人提出了一种整体化酶功能场效应管装置检测硝酸根离子的方法。该装置对硝酸根离子的检测极限为7×10^{-5}mol，响应时间不到50 s，系统操作时间约为85 s。

③ 三氯乙烯浓度 Han等人发明了一种新型微生物传感器，可用于测定三氯乙烯。该传感器将假单细胞菌JI104固定在聚四氟乙烯薄膜（直径：25 mm；孔径：0.45 μm）上。再将薄膜固定在氯离子电极上。带有$AgCl/Ag_2S$薄膜的氯离子电极和Ag/AgCl参比电极连接到离子计上，记录电压的变化，与标准曲线对照，测出三氯乙烯的浓度。该传感器线性浓度范围为0.1～4 mg/L，适于检测工业废水。在最优化条件下，其响应时间不到10 min。

（2）大气环境监测

二氧化硫（SO_2）是酸雨酸雾形成的主要原因，传统的检测方法很复杂。Martyr等人将亚细胞类脂类（含亚硫酸盐氧化酶的肝微粒体）固定在醋酸纤维膜上，和氧电极制成安培型生物传感器，对SO_2形成的酸雨酸雾样品溶液进行检测，10 min可以得到稳定的测试结果。

NOx不仅是造成酸雨酸雾的原因之一，同时也是光化学烟雾的罪魁祸首。Charles等人用多孔渗透膜、固定化硝化细菌和氧电极组成的微生物传感器来测定样品中亚硝酸盐含量，从而推知空气中NOx的浓度。其检测极限为0.01×10^{-6}mo1/L。

4）发酵工业

在各种生物传感器中，微生物传感器具有成本低、设备简单、不受发酵液混浊程度的限制、可能消除发酵过程中干扰物质的干扰等特点。因此，在发酵工业中广泛地采用微生物传感器作为一种有效的测量工具。

（1）原材料及代谢产物的测定

微生物传感器可用于测量发酵工业中的原材料（如糖蜜、乙酸等）和代谢产物（如头孢霉素、谷氨酸、甲酸、醇类、乳酸等）。测量的装置基本上都是由适合的微生物电极与氧电极组成，原理是利用微生物的同化作用耗氧，通过测量氧电极电流的变化量来测量氧气的减少量，从而达到测量底物浓度的目的。

2002 年，Tkac 等人将一种以铁氰化物为媒介的葡萄糖氧化酶细胞生物传感器用于测量发酵工业中的乙醇含量，13s 内可以完成测量，测量灵敏度为 3.5nA/mm。该微生物传感器的检测极限为 0.85nm，测量范围为 2～270nm，稳定性能很好。在连续 8.5h 的检测中，灵敏度没有任何降低。

（2）微生物细胞数目的测定

发酵液中细胞数的测定是重要的。细胞数（菌体浓度）即单位发酵液中的细胞数量。一般情况下，需取一定的发酵液样品，采用显微计数方法测定，这种测定方法耗时较多，不适于连续测定。在发酵控制方面迫切需要直接测定细胞数目的简单而连续的方法。人们发现：在阳极（Pt）表面上，菌体可以直接被氧化并产生电流。这种电化学系统可以应用于细胞数目的测定。测定结果与常规的细胞计数法测定的数值相近。利用这种电化学微生物细胞数传感器可以实现菌体浓度连续、在线的测定。

5）医学

医学领域的生物传感器发挥着越来越大的作用。生物传感技术不仅为基础医学研究及临床诊断提供了一种快速简便的新型方法，而且因为其专一、灵敏、响应快等特点，在军事医学方面，也具有广阔的应用前景。

（1）临床医学

在临床医学中，酶电极是最早研制且应用最多的一种传感器，已成功地应用于血糖、乳酸、维生素 C、尿酸、尿素、谷氨酸、转氨酶等物质的检测。其原理是：用固定化技术将酶装在生物敏感膜上，检测样品中若含有相应的酶底物，则可反应产生可接受的信息物质，指示电极发生响应可转换成电信号的变化，根据这一变化，就可测定某种物质的有无和多少。利用具有不同生物特性的微生物代替酶，可制成微生物传感器，在临床中应用的微生物传感器有葡萄糖、乙酸、胆固醇等传感器。若选择适宜的含某种酶较多的组织，来代替相应的酶制成的传感器称为生物电极传感器。如用猪肾、兔肝、牛肝、甜菜、南瓜和黄瓜叶制成的传感器，可分别用于检测谷酰胺、鸟嘌呤、过氧化氢、酪氨酸、维生素 C 和胱氨酸等。

DNA 传感器是目前生物传感器中报道最多的一种，用于临床疾病诊断是 DNA 传感器的最大优势，它可以帮助医生从 DNA、RNA、蛋白质及其相互作用层次上了解疾病的发生、发展过程，有助于对疾病的及时诊断和治疗。此外，进行药物检测也是 DNA 传感器的一大亮点。Brabec 等人利用 DNA 传感器研究了常用铂类抗癌药物的作用机理并测定了血液中该类药物的浓度。

下面以尿素传感器为例介绍生物传感器的应用。

尿素传感器，主要是由生体膜及其离子通道两部分构成。生体膜能够感受外部刺激影响，离子通道能够接收生体膜的信息，并进行放大和传送。当膜内的感受部位受到外部刺激物质的影响时，膜的透过性将产生变化，使大量的离子流入细胞内，形成信息的传送。其中起重要作用的是生体膜的组成成分膜蛋白质，它能产生保形网络变化，使膜的透过性发生变化，进行信息的传送及放大。

生体膜的离子通道，由氨基酸的聚合体构成，可以用有机化学中容易合成的聚氨酸的聚合物（L－谷氨酸，PLG）为替代物质，它比酶的化学稳定性好。PLG是水溶性的，本不适合电机的修饰，但PLG和聚合物可以合成嵌段共聚物，形成传感器使用的感应膜。

生体膜的离子通道的原理基本上与生体膜一样，在电极上将嵌段共聚膜固定后，如果加感应PLG保性网络变化的物质，就会使膜的透过性发生变化，从而产生电流的变化，由电流的变化，便可以进行对刺激性物质的检测。

尿素传感器经试验证明是稳定性好的一种生体模拟传感器，检测下限为10^{-3}的数量级，还可以检测刺激性物质，但是暂时还不适合生体的计测。

（2）军事医学

军事医学中，对生物毒素的及时快速检测是防御生物武器的有效措施。生物传感器已应用于监测多种细菌、病毒及其毒素，如炭疽芽孢杆菌、鼠疫耶尔森菌、埃博拉出血热病毒、肉毒杆菌类毒素等。

此外，在法医学中，生物传感器可用作DNA鉴定和亲子认证等。

7．操作实例

各种类型的传感器有许多潜在的应用。在研究与商用领域对于生物传感器的需求主要来自于对于特定目标分子的辨别、生物识别成分的实用性以及在某些场合中优于实验室技术的可以一次性使用的检测系统。

下面应用于探测葡萄糖浓度的实例。

美国普渡大学等机构的研究人员制成了新型生物传感器，能够以非侵入的方式进行糖尿病测试，探测出人体唾液和眼泪中极低的葡萄糖浓度。这项技术无须过于繁复的生产步骤，从而可降低传感器的制造成本，并可能帮助消除或降低利用针刺进行糖尿病测试的概率。

8．发展前景

1）概述

随着生物科学、信息科学和材料科学发展成果的推动，生物传感器技术飞速发展。但是，目前，生物传感器的广泛应用仍面临着一些困难，今后一段时间里，生物传感器的研究工作将主要围绕选择活性强、选择性高的生物传感元件；提高信号检测器的使用寿命；提高信号转换器的使用寿命；生物响应的稳定性和生物传感器的微型化、便携式等问题。

2）功能多样化

未来的生物传感器将进一步涉及医疗保健、疾病诊断、食品检测、环境监测、发酵工业的各个领域。生物传感器研究中的重要内容之一就是研究能代替生物视觉、嗅觉、味觉、听觉和触觉等感觉器官的生物传感器，这就是仿生传感器，也称为以生物系统为模型的生物传感器。

3）微型化

随着微加工技术和纳米技术的进步，生物传感器将不断的微型化，各种便携式生物传感器的出现使人们在家中进行疾病诊断，在市场上直接检测食品成为可能。

4）智能化集成化

未来的生物传感器必定与计算机紧密结合，自动采集数据、处理数据，更科学、更准确地提供结果，实现采样、进样、结果输出一条龙，形成检测的自动化系统。同时，芯片技术将愈加进入传感器，实现检测系统的集成化、一体化。

5）低成本高灵敏度高稳定性高寿命

生物传感器技术的不断进步，必然要求不断降低产品成本，提高灵敏度、稳定性和寿命。这些特性的改善也会加速生物传感器市场化，商品化的进程。在不久的将来，生物传感器会给人们的生活带来巨大的变化，它具有广阔的应用前景，必将在市场上大放异彩。

6）实用性

生物传感器实用性是生物体成分（酶、抗原、抗体、激素、DNA）或生物体本身（细胞、细胞器、组织），它们能识别各种被测物质并与之反应；后者主要有电化学电极、离子敏场效应晶体管（ISFET）、热敏电阻器、光电管、光纤、压电晶体（PZ）等，其功能为将敏感元件感知的生物化学信号转变为可测量的电信号。

生物传感器按所用分子识别元件的不同，可分为酶传感器、微生物传感器、组织传感器、细胞器传感器、免疫传感器等；按信号转换元件的不同，可分为电化学生物传感器、半导体生物传感器、测热型生物传感器、测光型生物传感器、测声型生物传感器等；按对输出电信号的不同测量方式，又可分为电位型生物传感器、电流型生物传感器和伏安型生物传感器。微生物传感器是生物传感器的一个重要分支。1975 年 Divies 制成了第一支微生物传感器，由此开辟了生物传感器发展的又一个新领域。

在不损坏微生物机能情况下，可将微生物固定在载体上制作出微生物传感器。微生物传感器与酶传感器相比，有以下特点：

（1）微生物的菌株比分离提纯酶的价格低得多，因而制成的传感器便于推广普及；

（2）微生物细胞内的酶在适当环境下活性不易降低，因此微生物传感器的寿命更长；

（3）即使微生物体内的酶的催化活性已经丧失，也可以因细胞的增殖使之再生；

（4）对于需要辅助因子的复杂连续反应，用微生物则更易于完成。

9. 衍生设备

1）DNA 生物传感器

DNA 生物传感器是一种能将目标 DNA 的存在转变为可检测电信号的传感装置。它由两部分组成，一部分是识别元件，即 DNA 探针，另一部分是换能器。识别元件主要用来感知样品中是否含有待测的目标 DNA；换能器则将识别元件感知的信号转化为可以观察记录的信号。通常是在换能器上固化一条单链 DNA，通过 DNA 分子杂交，对另一条含有互补序列的 DNA 进行识别，形成稳定的双链 DNA，通过声、光、电信号的转换，对目标 DNA 进行检测。

DNA 生物传感器原理是通过固定在传感器或称换能器探头表面上的已知核苷酸序列的单链 DNA 分子和另一条互补的 SS－DNA 分子杂交，形成的双链 DNA 会表现出一定的物理信号，最后由换能器反映出来。

2）*皮肤生物传感器*

验血也许是目前跟踪某些人体健康指标的常用方法，但一个新项目有可能改变监测健康状况的方式。事实表明，人体血液中流动的健康指标有很多在汗液中也存在。这个项目旨在开发出能对人汗液中的流动物质进行跟踪的皮肤“生物传感器”，以监测军人的健康状况。研究人员说，这种高技术装置看上去和摸上去都像胶布绷带，可以用来收集心率、呼吸频率等实时测量数据。这种传感器是一种被嵌入绷带中的扁平状电子芯片，其设计初衷是记录可以下载到智能手机和电脑上的健康信息。

项目二 机器人传感器应用实例分析

项目说明

随着传感器技术的推广应用，机器人的发展也备受关注，同时也因为传感器技术的进步，使得工业机器人的发展有了支持。

传感器为推动中国机器人产业快速有序发展立下了汗马功劳。传感器是用来检测机器人自身的工作状态，以及机器人智能探测外部工作环境和对象状态的核心部件。能感受规定的被测量，并按照一定的规律转换成可用输出信号的器件或装置。

相关知识

为了检测作业对象及环境或机器人与它们的关系，在机器人上安装了触觉传感器、视觉传感器、倾角传感器（或倾角模块）、力觉传感器、近觉传感器、超声波传感器和听觉传感器，大大改善了机器人工作状况，使其能够更充分地完成复杂的工作。同样的，为了实现在复杂、动态及不确定性环境下的自主性，目前各国研制人员逐渐将视觉、听觉、压觉、热觉、力觉传感器等多种不同功能的传感器合理地组合在一起，形成机器人的感知系统，为机器人提供更为详细的外界环境信息，进而促使机器人对外界环境变化做出实时、准确、灵活的行为响应。

根据传感器在机器人中的作用，一般传感器分为：

内部传感器（体内传感器）：主要测量机器人内部系统，如温度，电机转速，电机载荷，电池电压等。

外部传感器（外界传感器）：主要测量外界环境，比如距离测量，声音，光线。

根据传感器的运行方式，可以分为：

被动式传感器：传感器本身不发出能量，比如 CCD、CMOS 摄像头传感器，靠捕获外界光线来获得信息。

主动式传感器：传感器会发出探测信号。比如，超声波、红外、激光。但是此类传感器的反射信号会受到很多物质的影响，从而影响准确的信号获得。同时，信号还很容易受到干扰，比如相邻两个机器人都发出超声波，这些信号就会产生干扰。

下面介绍机器人常用的传感器，主要有以下几种。

1. 碰撞传感器

碰撞传感器是使机器人有感知碰撞环上的碰撞信息能力的传感器。通常在机器人的前、左前、右前设置了三个碰撞开关（常开），它们与碰撞环一起构成了碰撞传感器，如图 9-2 所示，可以通过扩展在机器人的后、左后、右后设置三个碰撞开关。碰撞环与底盘柔性连接，在受力后与底盘产生相对位移，触发固连在底盘上相应的碰撞开关，使之闭合。碰撞传感器方位如图 9-3 所示。

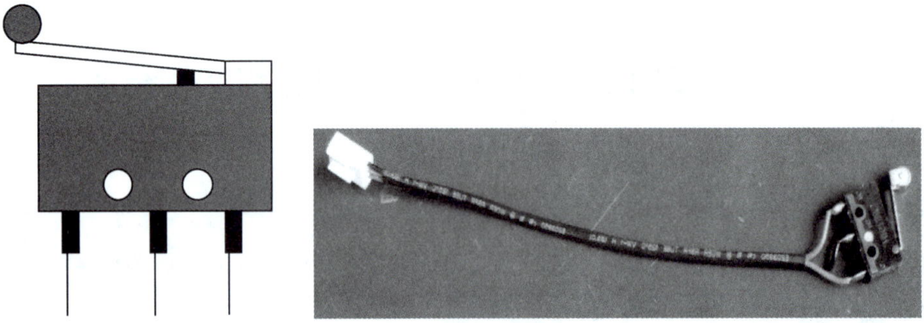

图 9-2　碰撞开关

机器人的前后挡板上放置了碰撞系统，保证机器人的正常活动。机器人的碰撞机构能够检测到来自前后各 120°范围内物体的碰撞，使机器人遭遇到来自不同方向的碰撞后，能够转弯避开并保持正常活动。前后的碰撞系统各由一个被弹性固定到机器人主体上的半环状金属片和碰撞开关组成。来自不同方向的碰撞将使不同的碰撞开关闭合，从而可以判断出障碍物的方向，从而进行避障。碰撞传感器结构如图 9-4 所示。

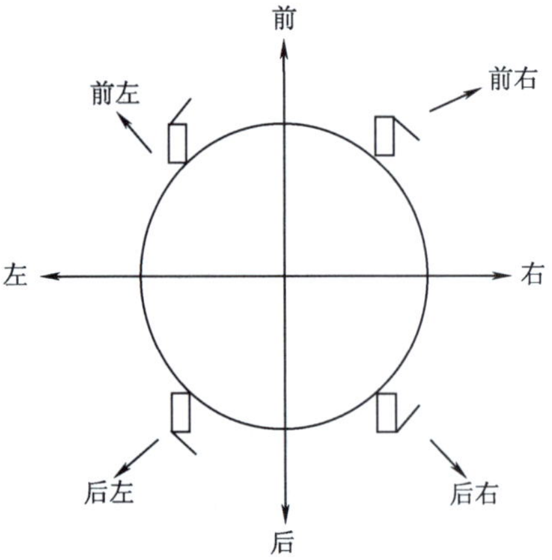

图 9-3　碰撞传感器方位

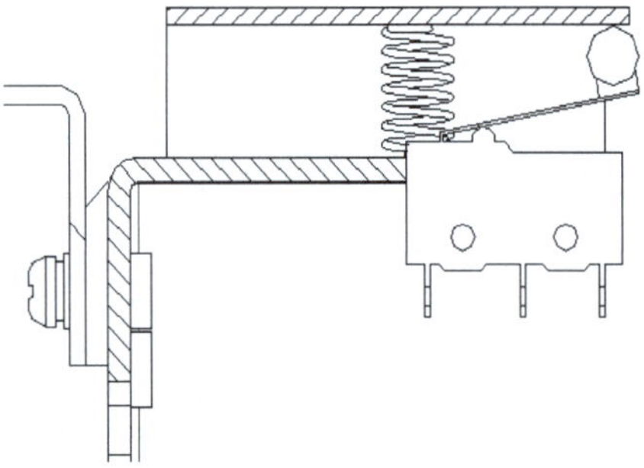

图 9-4　碰撞传感器结构示意图

2. 红外传感器

机器人的红外传感器共包含两种器件：红外发射管和红外接收管，由图 9-5 就可以发现红外接收管可以安装于机器人的正前方，两只红外发射管安装于红外接收管的两侧；

同时红外发射管也可以安装于机器人的正前方，两只红外接收管安装于红外发射管两侧。它们也可以安装到灭火风扇支架上面，可以说机器人给用户提供了更多的自主创新空间去发挥。

红外发射管可以发出红外线，红外线在遇到障碍后被反射回来，红外接收管接收到被反射回来的红外线以后，通过 A/D 转换送入 CPU 进行处理。机器人的红外传感器能够看到前方 10～80 cm，90°范围内的比 210mm × 150mm 面积大的障碍物，如果障碍物太小，或者在它的可视范围以外，就没法看到了。

一般机器人配置了 2 只远红外光电接收二极管（700～1000nm）构成红外传感系统，如图 9-6 所示，其主要用来检测左前方和右前方的热源，检测距离范围为 0～1m。用户可以通过调节电位器来调节远红外传感器的灵敏度。

图 9-5 红外发射、接收传感器

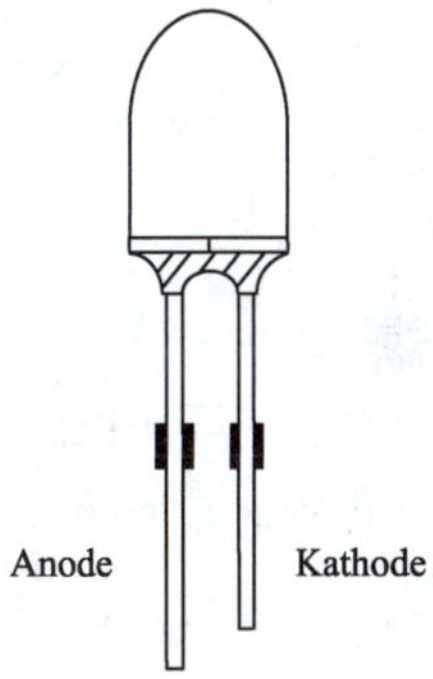

图 9-6 远红外传感器

远红外传感器将外界红外光的变化转化为电流的变化，在电阻上产生电压，通过 A/D 转换器反映为 0～1 023 范围内的数值。外界红外光越强，数值越小。因此越靠近热源，机器人显示读数越小。根据函数返回值的变化能判断红外光线的强弱，从而能大致判别出热源的远近。

注意：由于远红外火焰探头工作温度为 -25～ +85℃，存放温度为 -30～ +100℃，超出以上温度范围，远红外火焰探头可能会出现工作失常甚至损坏，所以在使用过程中应注意火焰探头离热源的距离不能太近，以免造成损坏。

远红外传感器探测角度为 60°，如图 9-7 所示，测试时最好让热源处于探头的检测范围内。

3. 光敏传感器

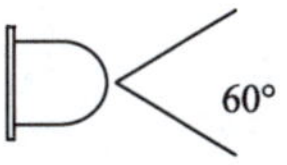

图 9-7 远红外传感器探测角度

光敏传感器是由两个光敏电阻组成，它可以安装在机器人的传感器支架、灭火风扇支架上的任意位置。

光敏传感器能够探测光线，我们在机器人的光敏传感器上罩了一层滤光纸，通过滤纸的颜色来决定机器人所能探测到的光线颜色，使它能看见的颜色特定化。

机器人上有 2 个光敏传感器，如图 9-8 所示，它可以检测到光线的强弱。

光敏传感器其实是一个光敏电阻，光敏电阻的电极如图 9-9 所示，它的阻值受照射在它上面的光线强弱的影响。机器人所用的光敏电阻的阻值在很暗的环境下为75kΩ，室内光照条件下为几千欧姆，阳光或强光下为几十欧姆。

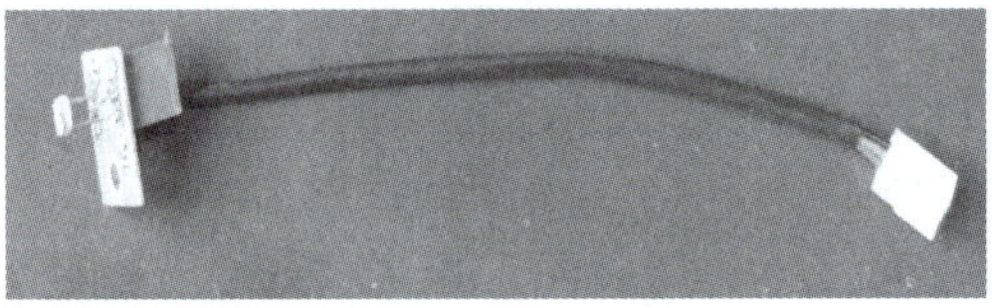

图 9-8　光敏传感器

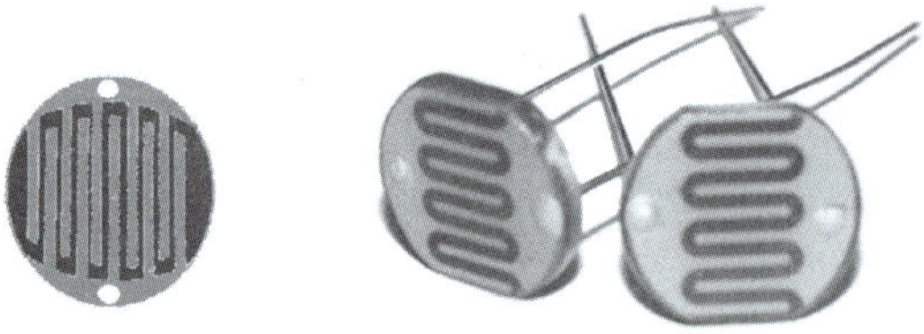

图 9-9　光敏电阻

4. **传声器**

机器人的传声器可以感受到声音的强弱。人并不是所有声音都可以听见的，当声音的频率在一定范围内时我们才能听到，机器人的“耳朵”也是这样，它的功能较强，能听见的声音频率范围跟人能听到的范围大致是一样的，即16～20 000Hz。

机器人在听到声音命令后，会根据指示（由程序事先输入）采取行动。

机器人上的传声器（microphone）是能够识别声音声强大小的声音传感器，如图9-10所示。

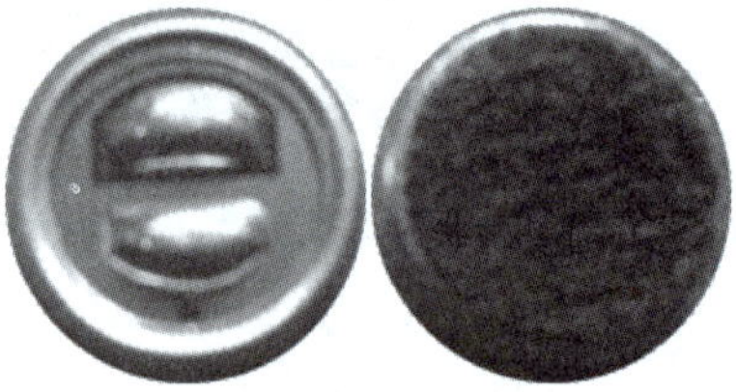

图 9-10　传声器

传声器采集到的信号通过LM386进行放大，放大倍数为200，输出信号接至MIC（AD8）。返回值为0～1 023。电路原理如图9-11所示。

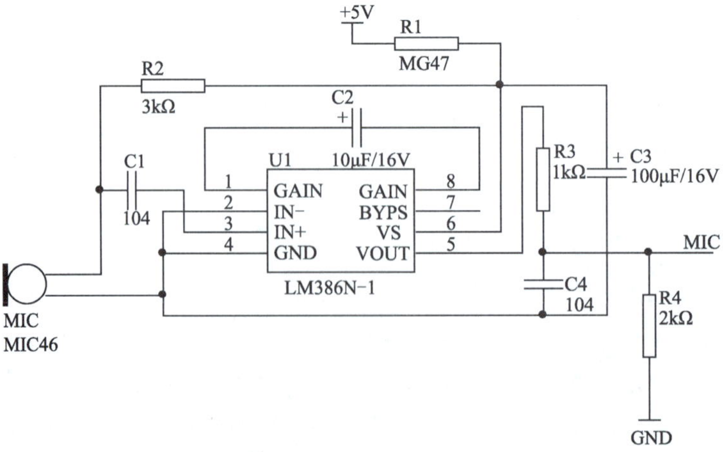

图 9-11　传声器电路图

5. 光电编码器

在机器人里装有码盘和光耦（光电编码器）。光电编码器主要用于产生控制的反馈信号。码盘随轮轴一起转动，光耦通过对码盘转动角度的测定，得出轮子所转动的圈数，从而测定距离。

光电编码器是一种能够传递位置信息的传感器，它由光电编码模块及码盘组成，如图9-12所示。机器人有2个光电编码器，运用反射式红外发射接收模块。反射器（即码盘）是黑白相间的铝合金制成的圆片，40等分。当码盘随轮子旋转时，黑条和白条交替经过光电编码器，反馈的信号状态不同，即构成一个脉冲。因此360共产生20个脉冲，因为这里的码盘是A、B相的，两相相差1/4个周期，所以实际一个周期得到的是40个脉冲，经过2倍频后，一周得到的脉冲数目80，所以轮子转一周，我们读到的编码器数据为80。机器人轮子直径为64 mm。

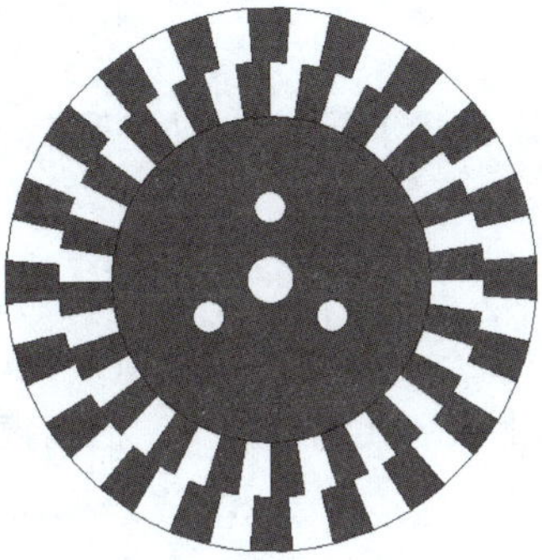

A、B相码盘

编码器电路板

图9-12 码盘及光电编码传感器

6. 地面灰度传感器

地面灰度传感器又称寻迹传感器，它由一个红外光发射管和一个红外接收管组成。地面的灰度不同，接收管接收到的反射信号也不同，从而可以得到地面上灰度的信息。如图9-13所示。

7. 金属接近开关

金属接近开关为一种反射式接近传感器，可以探测到一定距离内的金属物体。其接近开关及其安装方式如图9-14所示。

图9-13 灰度传感器

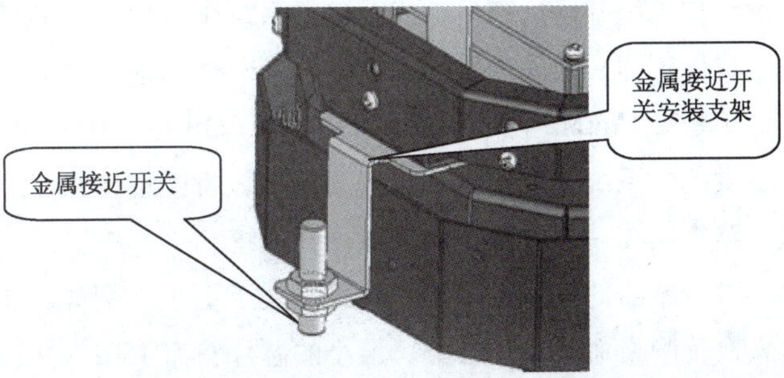

图9-14 金属接近开关及其安装方式

8. **其他传感器**

机器人还能集成很多其他的传感器，下面仅作简单介绍。

1）热释电传感器

热释电传感器对移动的人体热源敏感，可以探测几米外的人体。机器人装上1个或几个热释电传感器后，你可以让他一看见你，就向你迎过来，让他跟着你走。

2）超声传感器

超声传感器是机器人测距的专业传感器，测量距离一般为0.2～6 m，测量精度为1%，是测量声波发射与收到回波之间的时间差来测量距离的。运用机器人本体上带的传感器在房间里找到门不容易，但运用声呐对房间扫描一周后，就能较方便找到房门。

3）连续测距红外传感器

SHARP公司推出了创新的GP2D02/GP2D12连续测距红外传感器，测量范围为10～80 cm，参加灭火比赛时，它可用来找到房间门。

4）数字指南针

自主机器人的导航至今仍是世界性难题，借助数字指南针，可以使机器人辨别方向。

5）温度传感器

可以想让机器人动态告诉当前气温是多少。

6）无线视觉传感器

用机器人来做移动的监视平台。可以在机器人上安装无线摄像头，把视频信号发射出来，用PC接收后进行图像处理。

项目三　微型传感器实例分析

项目说明

微型传感器是目前最为成功并最具实用性的微型机电器件，主要包括利用微型膜片的机械形变产生电信号输出的微型压力传感器和微型加速度传感器；此外，还有微型温度传感器、磁场传感器、气体传感器等，这些微型传感器的面积大多在1mm^{2}以下。

随着微电子技术的进步，微处理器、存储器等电子器件日益微型化，而传感器、执行器的微型化程度却远远落后，成了信息系统微型化的“瓶颈”。

将传感器、微处理器、执行器合为一体，构成微电子机械系统，是人们很久的愿望。

于是，“MEMS技术”应运而生。MEMS是“微机械电子系统”的英文缩写。

微机电系统是采用微机械加工技术，将微型传感器、微型执行器、微型机构和相应的处理电路集成在一起的微型器件或微型系统。

微传感器的尺寸大多为毫米级，甚至更小。例如：压力微传感器可以放在注射针头内，送入血管测量血液流动情况。最小的芯片只有150μm×150μm×7.5μm。

随着微机电系统、传感器、无线通信，以及集成电路等技术的发展和成熟，低成本、低功耗微型传感器的大量生产成为可能。

同时，传感器的信息获取技术，已经从过去的单一化逐渐向集成化、微型化和网络化的方向发展。

相关知识

1. 概念

（1）就单一传感器而言，微传感器是指尺寸微小的传感器，如敏感元件的尺寸从微米级到毫米级，甚至达到纳米级，主要采用精密加工、微电子以及微机电系统技术，实现传感器尺寸的缩小，如图9–15所示。

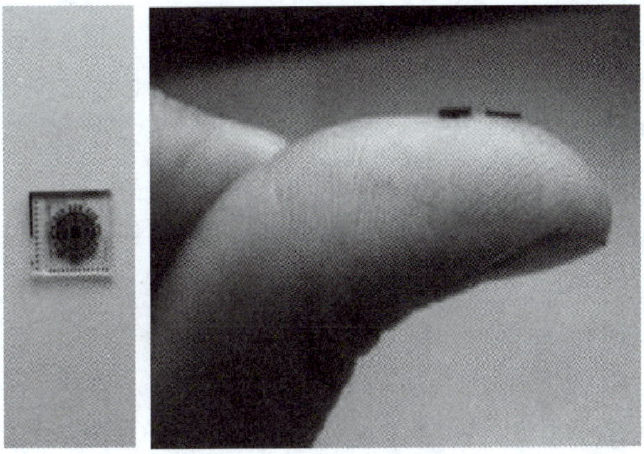

图9–15　微型传感器

（2）就集成的传感器而言，微传感器是指将微小的敏感元件、信号处理器、数据处理装置封装在一块芯片上而形成的集成的传感器。

（3）就传感器系统而言，微传感器是指传感系统中不但包括微传感器，还包括微执行器，可以独立工作，甚至由多个微传感器组成传感器网络，或者可实现异地联网。

2. 特点

（1）体积小、重量轻。

（2）功耗低。

（3）性能好。

（4）易于批量生产、成本低。

（5）便于集成化和多功能化。

（6）提高传感器化智能化水平。

3. 分类

按照被测量的物理性质，将微型传感器分为化学微传感器、生物微传感器、物理微传感器等，简要介绍一下每种类型中典型的微传感器：

（1）离子传感器——化学型

离子传感器是将溶液中的离子活度转换为电信号的传感器。基本原理是利用固定在敏感膜上的离子识别材料有选择性的结合被传感的离子，从而发生膜电位或膜电压的改变，达到检测目的。离子传感器广泛用在化学、医药、食品以及生物工程等行业中。

（2）基因传感器——生物型

基因传感器通过固定在感受器表面上的已知核苷酸序列的单链脱氧核糖核酸（Deoxyribo Nucleic Acid，DNA）分子（也称为SS-DNA探针），和另一条互补的SS-DNA分子（也称为目称DNA或靶DNA）杂交，形成双链DNA，换能器将杂交过程或结果所产生的变化转换成电、光、声等物理信号，通过解析这些响应信号，给出相关基因的信息。基因传感器也称DNA传感器。

（3）声表面波传感器——物理型

声表面波（Surface Acoustic Wave，SAW）传感器是利用声表面波技术和微机电系统技术，将各种非电量信息，如压力、温度、流量、磁场强度、加速度、角速度等的变化转换为声表面波振器振荡频率的变化的装置。

4. 应用

微型传感器是目前最为成功并最具实用性的微型机电器件，主要包括利用微型膜片的机械形变产生电信号输出的微型压力传感器和微型加速度传感器；此外，还有微型温度传感器、磁场传感器、气体传感器等，这些微型传感器的面积大多在$1mm^2$以下。

随着微电子加工技术，特别是纳米加工技术的进一步发展，传感器技术还将从微型传感器进化到纳米传感器。这些微型传感器体积小，可实现许多全新的功能，便于大批量和高精度生产，单件成本低，易构成大规模和多功能阵列，这些特点使得它们非常适合于汽车方面的应用。

汽车用传感器是用于汽车显示和电控系统的各种传感器的统称。它涉及很多物理量传感器和化学量传感器。这些传感器要么是使司机了解汽车各部分状态的；要么是用于控制汽车各部分状态的。

汽车用温度传感器主要用于检测发动机温度、吸入气体温度、冷却水温度、燃油温度以及催化温度等。温度传感器有热敏电阻式、线绕电阻式和热偶电阻式三种主要类型。这三种类型传感器各有特点，其应用场合也略有区别。热敏电阻式温度传感器灵敏度高、响应特性较好，但线性差、适应温度较低。

其中，通用型的测温范围为-50～30℃，精度为1.5%，响应时间为10 ms；高温型为600～1000℃，精度为5%，响应时间为10 ms；线绕电阻式温度传感器的精度高，但响应特性差；热偶电阻式温度传感器的精度高，测量温度范围宽，但需要配合放大器和冷端处理一起使用。其他已实用化的产品有铁氧体式温度传感器（测温范围为-40～120℃，精度为2.0%）、金属或半导体膜空气温度传感器（测温范围为-40～150℃，精度为2.0%和5%，响应时间约20 ms）等。

微型传感器应用于提高员工工作效率，传感器通常内置于徽章，或者放在办公家具上，它们会记录员工从办公桌起立、咨询其他团队和举行会议的频率。让数据带来了难以从其他途径获得的有关员工工作情况的见解。为了推动协作和提高员工工作效率，它们正利用相关信息做出大大小小的改变，从确定休息时间到编排小组工作。传感器还能够揭示员工对办公空间的使用方式。

思考与习题

开展市场调查，收集新型传感器的应用资料。

附录 A

Pt_{100}分度表

温度/℃	0	1	2	3	4	5	6	7	8	9
	电阻值/Ω									
-200	18.52									
-190	22.83	22.4	21.97	21.54	21.11	20.68	20.25	19.82	19.38	18.95
-180	27.1	26.67	26.24	25.82	25.39	24.97	24.54	24.11	23.68	23.25
-170	31.34	30.91	30.49	30.07	29.64	29.22	28.8	28.37	27.95	27.52
-160	35.54	35.12	34.7	34.28	33.86	33.44	33.02	32.6	32.18	31.76
-150	39.72	39.31	38.89	38.47	38.05	37.64	37.22	36.8	36.38	35.96
-140	43.88	43.46	43.05	42.63	42.22	41.8	41.39	40.97	40.56	40.14
-130	48	47.59	47.18	46.77	46.36	45.94	45.53	45.12	44.7	44.29
-120	52.11	51.7	51.29	50.88	50.47	50.06	49.65	49.24	48.83	48.42
-110	56.19	55.79	55.38	54.97	54.56	54.15	53.75	53.34	52.93	52.52
-100	60.26	59.85	59.44	59.04	58.63	58.23	57.82	57.41	57.01	56.6
-90	64.3	63.9	63.49	63.09	62.68	62.28	61.88	61.47	61.07	60.66
-80	68.33	67.92	67.52	67.12	66.72	66.31	65.91	65.51	65.11	64.7
-70	72.33	71.93	71.53	71.13	70.73	70.33	69.93	69.53	69.13	68.73
-60	76.33	75.93	75.53	75.13	74.73	74.33	73.93	73.53	73.13	72.73
-50	80.31	79.91	79.51	79.11	78.72	78.32	77.92	77.52	77.12	76.73
-40	84.27	83.87	83.48	83.08	82.69	82.29	81.89	81.5	81.1	80.7
-30	88.22	87.83	87.43	87.04	86.64	86.25	85.85	85.46	85.06	84.67
-20	92.16	91.77	91.37	90.98	90.59	90.19	89.8	89.4	89.01	88.62
-10	96.09	95.69	95.3	94.91	94.52	94.12	93.73	93.34	92.95	92.55
0	100	99.61	99.22	98.83	98.44	98.04	97.65	97.26	96.87	96.48
0	100	100.39	100.78	101.17	101.56	101.95	102.34	102.73	103.12	103.51
10	103.9	104.29	104.68	105.07	105.46	105.85	106.24	106.63	107.02	107.4
20	107.79	108.18	108.57	108.96	109.35	109.73	110.12	110.51	110.9	111.29
30	111.67	112.06	112.45	112.83	113.22	113.61	114	114.38	114.77	115.15
40	115.54	115.93	116.31	116.7	117.08	117.47	117.86	118.24	118.63	119.01

续表

温度/℃	0	1	2	3	4	5	6	7	8	9
	电阻值/Ω									
50	119.4	119.78	120.17	120.55	120.94	121.32	121.71	122.09	122.47	122.86
60	123.24	123.63	124.01	124.39	124.78	125.16	125.54	125.93	126.31	126.69
70	127.08	127.46	127.84	128.22	128.61	128.99	129.37	129.75	130.13	130.52
80	130.9	131.28	131.66	132.04	132.42	132.8	133.18	133.57	133.95	134.33
90	134.71	135.09	135.47	135.85	136.23	136.61	136.99	137.37	137.75	138.13
100	138.51	138.88	139.26	139.64	140.02	140.4	140.78	141.16	141.54	141.91
110	142.29	142.67	143.05	143.43	143.8	144.18	144.56	144.94	145.31	145.69
120	146.07	146.44	146.82	147.2	147.57	147.95	148.33	148.7	149.08	149.46
130	149.83	150.21	150.58	150.96	151.33	151.71	152.08	152.46	152.83	153.21
140	153.58	153.96	154.33	154.71	155.08	155.46	155.83	156.2	156.58	156.95
150	157.33	157.7	158.07	158.45	158.82	159.19	159.56	159.94	160.31	160.68
160	161.05	161.43	161.8	162.17	162.54	162.91	163.29	163.66	164.03	164.4
170	164.77	165.14	165.51	165.89	166.26	166.63	167	167.37	167.74	168.11
180	168.48	168.85	169.22	169.59	169.96	170.33	170.7	171.07	171.43	171.8
190	172.17	172.54	172.91	173.28	173.65	174.02	174.38	174.75	175.12	175.49
200	175.86	176.22	176.59	176.96	177.33	177.69	178.06	178.43	178.79	179.16
210	179.53	179.89	180.26	180.63	180.99	181.36	181.72	182.09	182.46	182.82
220	183.19	183.55	183.92	184.28	184.65	185.01	185.38	185.74	186.11	186.47
230	186.84	187.2	187.56	187.93	188.29	188.66	189.02	189.38	189.75	190.11
240	190.47	190.84	191.2	191.56	191.92	192.29	192.65	193.01	193.37	193.74
250	194.1	194.46	194.82	195.18	195.55	195.91	196.27	196.63	196.99	197.35
260	197.71	198.07	198.43	198.79	199.15	199.51	199.87	200.23	200.59	200.95
270	201.31	201.67	202.03	202.39	202.75	203.11	203.47	203.83	204.19	204.55
280	204.9	205.26	205.62	205.98	206.34	206.7	207.05	207.41	207.77	208.13
290	208.48	208.84	209.2	209.56	209.91	210.27	210.63	210.98	211.34	211.7
300	212.05	212.41	212.76	213.12	213.48	213.83	214.19	214.54	214.9	215.25
310	215.61	215.96	216.32	216.67	217.03	217.38	217.74	218.09	218.44	218.8
320	219.15	219.51	219.86	220.21	220.57	220.92	221.27	221.63	221.98	222.33
330	222.68	223.04	223.39	223.74	224.09	224.45	224.8	225.15	225.5	225.85
340	226.21	226.56	226.91	227.26	227.61	227.96	228.31	228.66	229.02	229.37
350	229.72	230.07	230.42	230.77	231.12	231.47	231.82	232.17	232.52	232.87
360	233.21	233.56	233.91	234.26	234.61	234.96	235.31	235.66	236	236.35
370	236.7	237.05	237.4	237.74	238.09	238.44	238.79	239.13	239.48	239.83
380	240.18	240.52	240.87	241.22	241.56	241.91	242.26	242.6	242.95	243.29
390	243.64	243.99	244.33	244.68	245.02	245.37	245.71	246.06	246.4	246.75

续表

温度/℃	0	1	2	3	4	5	6	7	8	9
	电阻值/Ω									
400	247.09	247.44	247.78	248.13	248.47	248.81	249.16	249.5	245.85	250.19
410	250.53	250.88	251.22	251.56	251.91	252.25	252.59	252.93	253.28	253.62
420	253.96	254.3	254.65	254.99	255.33	255.67	256.01	256.35	256.7	257.04
430	257.38	257.72	258.06	258.4	258.74	259.08	259.42	259.76	260.1	260.44
440	260.78	261.12	261.46	261.8	262.14	262.48	262.82	263.16	263.5	263.84
450	264.18	264.52	264.86	265.2	265.53	265.87	266.21	266.55	266.89	267.22
460	267.56	267.9	268.24	268.57	268.91	269.25	269.59	269.92	270.26	270.6
470	270.93	271.27	271.61	271.94	272.28	272.61	272.95	273.29	273.62	273.96
480	274.29	274.63	274.96	275.3	275.63	275.97	276.3	276.64	276.97	277.31
490	277.64	277.98	278.31	278.64	278.98	279.31	279.64	279.98	280.31	280.64
500	280.98	281.31	281.64	281.98	282.31	282.64	282.97	283.31	283.64	283.97
510	284.3	284.63	284.97	285.3	285.63	285.96	286.29	286.62	286.85	287.29
520	287.62	287.95	288.28	288.61	288.94	289.27	289.6	289.93	290.26	290.59
530	290.92	291.25	291.58	291.91	292.24	292.56	292.89	293.22	293.55	293.88
540	294.21	294.54	294.86	295.19	295.52	295.85	296.18	296.5	296.83	297.16
550	297.49	297.81	298.14	298.47	298.8	299.12	299.45	299.78	300.1	300.43
560	300.75	301.08	301.41	301.73	302.06	302.38	302.71	303.03	303.36	303.69
570	304.01	304.34	304.66	304.98	305.31	305.63	305.96	306.28	306.61	306.93
580	307.25	307.58	307.9	308.23	308.55	308.87	309.2	309.52	309.84	310.16
590	310.49	310.81	311.13	311.45	311.78	312.1	312.42	312.74	313.06	313.39
600	313.71	314.03	314.35	314.67	314.99	315.31	315.64	315.96	316.28	316.6
610	316.92	317.24	317.56	317.88	318.2	318.52	318.84	319.16	319.48	319.8
620	320.12	320.43	320.75	321.07	321.39	321.71	322.03	322.35	322.67	322.98
630	323.3	323.62	323.94	324.26	324.57	324.89	325.21	325.53	325.84	326.16
640	326.48	326.79	327.11	327.43	327.74	328.06	328.38	328.69	329.01	329.32
650	329.64	329.96	330.27	330.59	330.9	331.22	331.53	331.85	332.16	332.48
660	332.79									

参 考 文 献

［1］李敏，夏继军．传感器应用技术［M］．北京：人民邮电出版社，2011．

［2］郭颖．检测技术基础与传感器原理［M］．北京：中国石化出版社，2015．

［3］徐军，冯辉．传感器技术基础与应用实训［M］．北京：电子工业出版社，2010．

［4］刘水平，杨寿智．传感器与检测技术应用［M］．北京：人民邮电出版社，2009．

［5］张米雅．传感器应用技术［M］．北京：北京理工大学出版社，2014．

［6］王雅芳．传感器原理与实用技术［M］．北京：机械工业出版社，2014．

［7］马林联．传感器技术及实用教程［M］．北京：中国电力出版社，2013．

［8］冯柏群．检测与传感技术［M］．2 版．北京：人民邮电出版社，2014．

［9］金发庆．传感器技术与应用［M］．3 版．北京：机械工业出版社，2013．

［10］于彤．传感器原理及应用（项目化教学）［M］．北京：机械工业出版社，2013．

［11］刘伦富，周志文．传感器技术应用与技能训练［M］．北京：机械工业出版社，2012．

［12］韩裕生，乔志花，张金．传感器技术及应用［M］．北京：电子工业出版社，2013．

［13］林锦实．传感器与检测技术［M］．北京：机械工业出版社，2013．

［14］刘传玺，王以忠、袁照平．自动检测技术［M］．2 版．北京：机械工业出版社，2012．

［15］梁森，王侃夫，黄杭美．自动检测与转换技术［M］．北京：机械工业出版社，2013．

［16］胡向东，刘京诚．传感技术［M］．重庆：重庆大学出版社，2006．

［17］卿太全，梁渊，郭明琼，等．传感器应用电路集萃［M］．北京：中国电力出版社，2008．

［18］李红星．自动测试与检测技术［M］．北京：北京邮电大学出版社，2008．

［19］陈圣林，侯成晶．图解传感器技术及应用电路［M］．北京：中国电力出版社，2009．

［20］宋雪臣，单振清．传感器与检测技术项目式教程［M］．北京：人民邮电出版社，2015．

［21］刘迎春，叶湘滨．传感器原理、设计与应用［M］．北京：国防工业出版社，2015．

［22］王卫兵，张宏，金飞虎，等．传感器技术及其应用实例［M］．北京：机械工业出版社，2013．

［23］付少波，付兰芳．传感器及其应用电路［M］．北京：化学工业出版社，2011．

［24］王俊峰，孟令启．现代传感器应用技术［M］．北京：机械工业出版社，2006．

［25］陈东群．传感器技术及实训［M］．北京：机械工业出版社，2012．

［26］何希才，薛永毅．传感器及其应用实例［M］．北京：机械工业出版社，2004．

[27] 唐文彦. 传感器 [M]. 5版. 北京：机械工业出版社，2014.
[28] 张洪润. 传感器应用设计300例（上册）[M]. 北京：北京航空航天大学出版社，2008.
[29] 刘红丽. 传感与检测技术 [M]. 2版. 北京：国防工业出版社，2012.
[30] 张岩，胡秀芳. 传感器应用技术 [M]. 福建：福建科学技术出版社，2006.
[31] 刘振廷. 传感器原理及应用 [M]. 西安：西安电子科技大学出版社，2011.
[32] 孙余凯，吴鸣山，项绮明. 传感技术基础与技能实训 [M]. 修订版. 北京：电子工业出版社，2012.
[33] 刘映群，解相吾. 机器人创新与实践教程 [M]. 北京：机械工业出版社，2016.